亚述

[美]埃卡特·弗拉姆 ◆ 著　　翟思诺 ◆ 译　　刘昌玉 ◆ 审校

Assyria

The Rise and Fall of the World's First Empire

Eckart Frahm

世界历史上
第一个帝国的兴衰

中信出版集团 | 北京

图书在版编目（CIP）数据

亚述：世界历史上第一个帝国的兴衰 /（美）埃卡特·弗拉姆著；翟思诺译 . -- 北京：中信出版社，2024.11. -- ISBN 978-7-5217-6786-5

I. K37

中国国家版本馆 CIP 数据核字第 2024N68L21 号

For the Work entitled Assyria: The Rise and Fall of the World's First Empire
Copyright © Eckart Frahm 2023
Simplified Chinese translation copyright © 2024 by CITIC Press Corporation
ALL RIGHTS RESERVED
本书仅限中国大陆地区发行销售
本书插附地图系原文插附地图

亚述：世界历史上第一个帝国的兴衰
著者：　　[美] 埃卡特·弗拉姆
译者：　　翟思诺
审校：　　刘昌玉
出版发行：中信出版集团股份有限公司
　　　　　（北京市朝阳区东三环北路 27 号嘉铭中心　邮编　100020）
承印者：　　河北鹏润印刷有限公司

开本：880mm×1230mm　1/32　　印张：15.5
字数：374 千字　　　　　　　　　插页印张：0.5
版次：2024 年 11 月第 1 版　　　 印次：2024 年 11 月第 1 次印刷
京权图字：01-2024-3493　　　　　审图号：GS（2024）3337 号
书号：ISBN 978-7-5217-6786-5

定价：98.00 元

版权所有·侵权必究
如有印刷、装订问题，本公司负责调换。
服务热线：400-600-8099
投稿邮箱：author@citicpub.com

目 录

导言　1

第一部分　通向辉煌的长路

第一章　底格里斯河畔的小城　29

第二章　王国的诞生　55

第三章　混乱与复苏　81

第四章　危机中的王权　103

第二部分　帝国时代

第五章　大扩张　121

第六章　帝国边缘　147

第七章　一个幽灵的故事　171

第八章　在耶路撒冷的城门前　185

第九章　辛那赫里布的巴比伦难题　205

	第 十 章　母亲最清楚　227
	第十一章　公元前671年　245
	第十二章　学者、施虐狂、猎人、国王　265
	第十三章　帝国的日常生活　291
	第十四章　帝国的黄昏　311

第三部分 **亚述的** **"身后事"**	第十五章　亚述在地面上的遗存　337
	第十六章　模范帝国　353
	第十七章　变形的镜像　369
	第十八章　第二次毁灭　391

尾声　407

亚述最重要的统治者　411

致谢　417

重要文本的缩略语　421

注释　425

地图　481

导言

公元前671年夏，亚述国王埃萨尔哈东派遣了一支军队穿过西亚，越过西奈半岛，进入埃及境内。法老塔哈尔卡（Taharqa）设法逃离，但他的妻子、继承人和他后宫里的许多女性被俘。他们连同数百名政治人质、工匠、驱邪者和术士以及大量的战利品，被带到了尼尼微（Nineveh）——埃萨尔哈东在伊拉克东北部底格里斯河畔的宏伟首都。

这件事对亚述来说，是一次空前的胜利。两年前，埃萨尔哈东国王在他的一篇铭文中说，他所有的敌人"就像暴风雨中的芦苇一样在颤抖"，他们"心惊肉跳"，"没有一个对手是我的武器不能对付的"。这一次，在他对埃及取得大胜之后，这位亚述国王可以实现他的豪言壮语了。他派人送信给地中海几块遥远领土的统治者，从塞浦路斯到希腊，再到现在的西班牙，要求他们为他献上礼物并对他表示敬意。他们服从之后，埃萨尔哈东就有充分的理由这样宣称了："我对四海的统治者都取得了胜利，并将死亡的毒液洒在我所有的敌人身上。"[1]

亚述人对埃及的征服，代表了一段漫长的历史进程的顶点。在这个进程开始时，也就是公元前三千纪的后半段，几乎没有迹象表明，这个国家有一天会对几乎整个西亚和一些毗邻地区实现霸权统治。事实上，亚述在一开始甚至都不是一个国家，因为它只是一座城市，那就是阿淑尔城（Ashur）。阿淑尔城位于尼尼微以南约100千米处，这里有许多重要的神庙，其中一座神庙供奉的神同样名为阿淑尔，但阿淑尔城在政治上并未扮演重要角色。

公元前2000年左右，在被美索不达米亚南部的强大王国支配了几个世纪后，阿淑尔在政治上获得了独立。在接下来的300年里，即所谓的古亚述时期，它由一个民众大会和一个世袭王朝共同统治。作为锡和纺织品的国际贸易中心，阿淑尔城在这一时期积累了大量的财富。

从公元前1700年左右开始的一段衰落期，让古亚述城邦及其许多制度走向终结，但是亚述的历史进程并没有在这里结束。当阿淑尔在公元前14世纪重新崛起时，它承担了一个很不寻常的角色——一个渴望通过军事手段扩大其边界的领土国家（territorial state）的首都。一个包含尼尼微、迦拉（Calah）和阿尔贝拉（Arbela）等大城市的领土国家出现了，并很快把更远的地方也纳入了版图。亚述这才算在真正意义上诞生了，这也标志着一个新时代的开始：中亚述时期。在这一时期，亚述成了一个成熟的君主制国家，亚述人开始将他们的土地视为当时最强大的国家，可以与南部的巴比伦和西部的埃及相提并论。

在公元前11世纪，亚述王国经历了一场新的危机，这次危机是由气候变化、移民和内部的紧张局势造成的。它因此失去了大部分省份，尤其是西部的省份。但当尘埃落定时，它又能够比该地区的任何其他国家更快地从灾难中崛起。新亚述时期（约公元前934—前612年）的一些精力充沛、冷酷无情的亚述统治者，利用其政治对手的弱点，开始系统性地征服、破坏和吞并其他地区。他们最初是为了重新征服亚述以前统治的地区，后来则向更远的地方扩张。他们在此过程中心狠手辣，经常果断地使用暴力。后人在埃萨尔哈东的另一篇铭文中发现的一个警句，就是其残酷行为的缩影："我的面前是城市，我的身后是废墟。"[2]

但同样，他们也会遭遇挫折。曾有几次内部和外部的叛乱威胁过亚述的霸权，甚至在辉煌的公元前671年都出现过这种状况。抵抗亚述军事干预的行动在以色列（Israel）和犹大（Judah）地区催生了反帝国的新宗教形式，其长期后果在当时是无法预见的。而到了公元前8世纪末，亚述人已经成功地建立了一个在权力、规模和组织的复杂性上超越所有前辈的国家。

在埃萨尔哈东统治的最后几年，亚述的版图西达非洲东北部和地中海东部，东到伊朗西部，北抵安纳托利亚，南至波斯湾。亚述宫殿两旁的园林里种着奇异的植物，新建的综合性图书馆是亚述国王的骄傲，来自五湖四海、民族各异的外乡人在尼尼微和迦拉等亚述城市的街道上随处可见。然而这一切并不持久：在埃萨尔哈东死去仅半个世纪后，亚述国家就急剧衰落，最终在公元前612年随着尼尼微的陷落和毁灭而彻底崩溃。

亚述的灭亡远早于古代世界一些著名帝国的建立：公元前539年居鲁士二世（Cyrus II）建立的波斯帝国，公元前4世纪亚历山大大帝的希腊-亚洲帝国及其继业者的国家，公元前3世纪印度统治者阿育王和中国皇帝秦始皇建立的帝国，还有建立于公元前1世纪的最突出和最有影响力的罗马帝国。亚述王国可能没有与之相当的知名度，但从大约公元前730年到前620年的100多年里，亚述一直是个庞大而强盛的政治体，所以称得上是世界上第一个帝国。

因此，亚述很重要。"世界历史"不是从希腊或罗马开始，而是从亚述开始的。"世界性宗教"在亚述帝国的外围地区诞生，亚述的衰落是第一次"世界大战"的结果。而亚述精英们在2 700多年前创建的官僚机构、通信网络和统治模式，作为蓝本对后世许多大国的政治体制先后产生了直接和间接的影响，直到今天依然如此。本书不仅要讲述这个杰出的古代文明缓慢崛起和辉煌时期的故事，也会讲述它的急速衰落和耐人寻味的"晚年生活"。

在两个世纪前，对于一个接受过基本教育的西方公民来说，亚述比今天更有名气，但人们对它的认识远远比不上如今。在当时，尼尼微几乎是一个家喻户晓的名字。他们是通过《希伯来圣经》熟悉尼尼微的，它将尼尼微描述为"给以色列王国敲响丧钟"的国家的首都。广为流传的《约拿书》声称尼尼微城是座巨城，从一端走到另一端需要三天时间；而当尼尼微人忏悔时，上帝已经赦免了他们的罪过。《那鸿书》则描绘了一幅更为黑暗的画面，将尼尼微比作一个堕落的妓女，称这座城市因为上帝要惩罚亚述帝国的狂妄而即将毁灭。在各种希腊语和拉丁语的古典文献中，亚述是由尼努斯（Ninus）国王和他美丽的妻子塞弥拉弥斯建立的，在最后一位国王、放荡不羁的萨尔达纳帕鲁斯（Sardanapalus）统治期间被巴比伦人和米底人摧毁。

直到公元19世纪中期，大多数西方人对亚述的看法基本上是负面的。古代以色列、希腊和罗马世界是他们身份认同的范本。他们认为，他们的宗教信仰诞生于耶路撒冷，他们的思维方式来自雅典，他们的政治组织产生于罗马。尼尼微，就像巴比伦或迦太基一样，则代表了"他者"，用《那鸿书》的话说，它是"流人血的城，充满谎诈和强暴"。不过亚述在西方的形象并不全是负面的。人们既厌恶与亚述联系在一起的"东方专制主义"，也钦佩该王国的政治、军事成就，尼努斯国王及其继承者们的帝国野心则与19世纪英国人和法国人的相似愿望产生了共鸣。[3]

在这些对亚述的描述中，缺少的是古亚述人自己的声音。在公元2世纪之后，已经没有人知道如何读懂楔形文字。可亚述人、苏美尔人、巴比伦人以及其他古代近东民族，都曾经用这种文字来写王家铭文、文学作品、医学论文、信件、地契和行政文件。这些人使用过的各种语言，包括亚述语，都被人们遗忘了。亚述文明的物质遗迹，从神庙和宫殿到私人住宅，也基本上消失了。它们隐藏在后来的定居点或是被草覆盖的巨大土丘之下，已不太看得出是人类居住地的遗迹。这样的结果在某种程度上是由于亚述的主要城市在公元前7世纪末遭到了破坏。但它也来自这样一个事实：与古埃及的石砌神庙和陵墓相比，古代美索不达米亚的所有建筑都是用泥砖建造的，这些泥砖在几代人之后就会坍塌，让曾经的大城市变成一堆废墟。

1843年4月5日，一个名叫保罗-埃米尔·博塔（Paul-Émile Botta）的41岁法国人坐在摩苏尔（Mosul）城的办公桌前写了一封信，"真实的"亚述人，而不是《圣经》和古典文献所传递的扭曲的亚述人形象，开始在现代世界对历史的认知中重新得到应有的地位。博塔是法国驻摩苏尔领事，他当时所在的摩苏尔是奥斯曼帝国边缘地带的一个偏远省城，但他的信件无关政治。这封信是给巴黎的亚洲协会的秘书写的，事关一个惊人的考古发现。博塔透露，在前几天，他的一些工人在摩苏尔城东北约25千米的小村庄豪尔萨巴德（Khorsabad）附近挖出了几块奇怪而有趣的浮雕和刻着铭文的石头。在信的结尾，博塔自豪地宣布："我相信，我是第一个发现这类雕刻的人，它们很可能来自尼尼微的鼎盛时期。"[4]

在19世纪上半叶，有几个因素让欧洲人对古代近东失落文明重新产生了兴趣。其中一个重要因素就是当时的浪漫主义精神。浪漫主义寻求逃离世俗生活，痴迷于探索事物的起源，法国领事兼探险家博塔就深受其影响。就像著名的浪漫主义诗人拜伦勋爵一样，博塔在希腊独立战争期间也身处希腊。后来，博塔作为一名船医周游世界。他还热衷于吸食鸦片，他的博士学位论文写的就是鸦片。在那部论文中，博塔反思说，人"在任何时候都在被迫寻找方法来逃避现实生活，并进入一个想象中的世界"。他认可这种逃避的心态，这种心态也推动了后来他对亚述古物的探索。[5]

同时，19世纪也出现了一种强烈的探究历史的兴趣，这种历史探究旨在重建"实际发生过的"过去。探索古亚述，有望为揭开《圣经》故事的历史真相提供重要线索。因此，这种努力非常契合当时的史学追求。[6]

人们终于第一次有机会实地考察该地区的亚述遗址与其他考古遗址了。随着法国和英国崛起为帝国主义大国，那些雄心勃勃、冷酷无情的欧洲人得以前往遥远的地方进行探索。诚然，奥斯曼帝国与非洲及东南亚的大部分地方不同，并不从属于任何欧洲帝国，但它的政治脆弱性有利于欧洲大国对其施加干预，包括一些学术上的干预。其中，最著名的是拿破仑在1798年至1801年的战役后对埃及的考古探索，这最终促使让-弗朗索瓦·商博良（Jean-François Champollion）在1822年破译了埃及的象形文字。

拿破仑派出了一支学者大军来到埃及进行科学考察，相比之下，19世纪四五十年代重新发掘摩苏尔周围亚述遗址的工作可以说是孤军奋战，仅仅依靠着几个欧洲探险家以及当地工人的劳动。然而，他们的努力取得了惊人的成果。第一个重大突破要归功于博塔，他在豪尔萨巴德发现了一座巨大的亚述宫殿，还发现了被一条大约7千米长的城墙包围的城市的一部分。后来，人们得知这座城市在亚述人的时代被称为杜尔-沙鲁金（Dur-Sharrukin），由亚述国王萨尔贡二世（公元前721—前705年在位）建造。对挖掘者来说幸运的是，新亚述时期的国王在其宫殿的泥砖墙上铺设了大石块或竖石板（orthostat）。这使得人们很容易看出建筑物的轮廓和结构，这些建筑物在豪尔萨巴德位于接近地表的地方。竖石板上雕刻的图案，以及几扇宫殿大门上露出的带着翅膀的巨大公牛雕像，让人们首次得以一窥大约2 500年前亚述王国灭亡后的古亚述人的世界。[7]

1845年，在博塔开始发掘豪尔萨巴德的两年后，一个名叫奥斯汀·亨利·莱亚德（Austen Henry Layard）的年轻英国人开始探索位于底格里斯河东岸、摩苏尔下游约32千米处的另一片亚述遗址。他是富有影响力的英国驻奥斯曼帝国大使斯特拉特福德·坎宁爵士（Sir Stratford Canning）的门生，也是一位业余考古学家。尽管在探索期间，当地人将这里称为尼姆鲁德（Nimrud），但莱亚德最终发现它是一座名为卡尔胡（Kalḫu，或《希伯来圣经》中所称的迦拉）的王城。在短短的几个月内，莱亚德和他机灵的助手霍尔姆兹德·拉萨姆（Hormuzd Rassam）——一位来自摩苏尔的迦勒底派基督徒——在尼姆鲁德的主卫城发现了数百米长的浮雕，上面描绘了王室的战争、狩猎探险以及神话场景。他们还发现了许多纪念碑，上面雕刻着当时无人能够读懂的铭文。他们甚至还发现，公元前9世纪的亚述国王沙尔马内塞尔三世的王座基座上，刻有这位国王和一位巴比伦国王握手的形象。这是已知最早的关于握手这一广泛使用的礼仪动作的图像描绘。

最初，人们在距离摩苏尔最近的考古遗址，也就是底格里斯河东岸由巨大城墙包围的大片区域，并没有重大发现，尽管从一开始看来，亚述最著名的城市尼尼微在这里繁荣过。虽然《那鸿书》对其大加谴责，但是尼尼微的古老名字从未被人完全遗忘。城市的废墟被埋在一层又一层的泥土和瓦砾之下，当地人称此处为努尼雅（Nuniya）。此外，遗址的西南边缘还有一个名为拿比约拿（Nebi Yunus）的土丘，上面有一座清真寺，人们认为这里就是《圣经》中先知约拿［Jonah，阿拉伯语为"优努斯"（Yūnus）］的埋葬地，根据《圣经》，约拿的人生旅程结束于尼尼微。

前往中东的西方游客早就对努尼雅遗址及其藏有古代宝藏的可能性感兴趣了。1820年，英国东印度公司驻巴格达的代表克劳迪厄斯·里奇（Claudius Rich）在摩苏尔及其周边地区逗留了一段时间。在拿比约拿，有人向他展示了一块地下厨房中的浮雕石板。他还带回了一些古董，其中包括一个到处刻着奇怪未知文字的黏土圆柱，这都使他对探索这片区域产生了更大的兴趣。事实上，法国人派博塔前往摩苏尔的初衷就是扩大里奇在该地区的有限早期探索。在1842年12月至1843年3月，这位法国领事在库云吉克（Kuyunjik）进行了发掘，这是一个位于拿比约拿以北约1千米的大土丘。但是，他尝试在该地找到有价值的文物时却一无所获，于是他把注意力转向了豪尔萨巴德。因此，与尼尼微的重新发现紧密联系在一起的是莱亚德的名字。在1846年至1851年期间，莱亚德的工人比博塔的工人挖得更深，并建造了一个隧道网络，他们在库云吉克的西南侧发现了另一座巨大的亚述宫殿，其墙壁上的浮雕板总长超过3千米。更重要的是，他们还在该宫殿的几个房间里发现了数以千计的烘烤过的泥板，这些泥板上的字体与宫殿墙壁上许多竖石板上的字体是相同的。

1847年5月，巴黎卢浮宫成为第一个公开展示亚述文物的欧洲博物馆，这些用一种对现代人来说完全陌生的艺术语言创作的不朽作品，令参观者们感到惊讶。大英博物馆不甘心扮演次要角色，它很快像卢浮宫一样展出了亚述文物。最终，欧洲和美国的其他博物馆也都这样做了。这便是"亚述热潮"的开始，它在数十年间席卷了整个西方世界，影响了时尚、艺术和设计等领域。

这些文物往往体积巨大，将其从摩苏尔附近的偏远地带运到西方国家的首都并不是一件容易的事。宫殿大门上的公牛巨像重达四五十吨，发掘者们将它们拖到底格里斯河边，然后放在木筏上，他们所采用的运输方法并不比古亚述人使用的方法更先进。1853年发生了一起悲剧性的事故，无数宝贵的亚述文物在这次意外中丢失。当时，工人们准备了一些木筏，在上面放了200多个装满文物的板条箱，木筏从豪尔萨巴德顺流而下，前往巴士拉。这些箱子原本会在那里被装上一艘开往法国的船，然而木筏却在巴格达南部沉没了，包括图纸和现场笔记在内的所有东西都丢失了。[8]

在今天，人们可能会怀疑，将如此大规模的古代艺术品从中东转移到西方的博物馆和收藏地是否明智。事实上，早期的发掘者和在政治上为他们撑腰的人也很难说服奥斯曼帝国政府允许他们这样做，甚至有时还要用诡计来欺骗奥斯曼官方。当然，在19世纪中叶，以及之后相当长的一段时间内，将考古发现的物品从出土地点移走是常见的做法。但是，中东的考古发掘工作基本是作为"西方的"项目展开的，这一事实无疑促使当地的许多群体对前伊斯兰历史产生了疏远感。这也无疑是"伊斯兰国"（Islamic State）在2015年和2016年掠夺和蓄意破坏许多亚述遗址的一个原因。[9]

19世纪40年代末和50年代初，在豪尔萨巴德、尼姆鲁德和尼尼微的发掘工作仍在继续之时，英国和法国的一些学者开始研究在这些遗址中发现的竖石板、公牛巨像以及黏土制品上的奇怪文字。由于每个符号的基本元素呈楔形，所以这种文字被称为楔形文字

（cuneiform），该词来自拉丁语的 cuneus，意思是"钉子"或"楔子"。人们既不认识这些文字本身，也不知道这些文字属于哪种语言，这使得破译它们的工作极具挑战性。幸运的是，刻在伊朗克尔曼沙阿（Kermanshah）省贝希斯敦（Bisitun）山岩上的一篇公元前6世纪末的铭文为破译这些文字提供了一些帮助。它以三种不同的"楔形文字"记载了相同的内容，这三种语言是埃兰语（Elamite）、巴比伦语及古波斯语。其中，古波斯语的版本已在1838年得到破译，而学者们很早就意识到，人们在贝希斯敦发现的巴比伦语，在结构上与在其北方的亚述遗址出土的文字相同。同样有助于破译工作的是，就像希伯来语和阿拉伯语一样，亚述语和巴比伦语也是闪语。因为一些众所周知的同源词的存在，重现其语法和解释单词含义的进程得以加快。但是，由于在亚述-巴比伦文字的总共大约一千种符号中，大多数符号都有多种读法，并且根据上下文，它们可以呈现出不同的含义和发音，因此，破译这种书写系统的任务仍然需要真正的天才来完成。

破译任务所取得的主要突破，要归功于一位谦虚且才华横溢的爱尔兰人，他名叫爱德华·欣克斯（Edward Hincks），是一位来自唐郡（County Down）基利莱（Killyleagh）的牧师，他与莱亚德有着密切的合作关系。到1852年，欣克斯已经意识到，楔形文字符号"表示的都是音节"，并且"每个元音都得到了明确表达"。欣克斯正确地判断出了数百个符号的用途，使莱亚德得以在1853年出版的《尼尼微和巴比伦》(*Nineveh and Babylon*) 一书中非常准确地初步翻译了他在尼尼微发现的一些纪念碑上的铭文。令人惊讶的是，在这些文字所描述的事件中，包含了公元前701年亚述国王辛那赫里布的军队对耶路撒冷的进攻，这件事在《圣经》中也有描述。[10]

在19世纪50年代中期，伦敦皇家亚洲学会的秘书埃德温·诺里斯（Edwin Norris）认为，是时候检验一下亚述-巴比伦文字破译工作到当时为止所取得的成果了。诺里斯要求参与破译工作的四位学者相互独立地音译和翻译一段很长的亚述王家铭文。诺里斯选择的这个文本，刻在谢尔加特堡（Qal'at Sherqat）的一根大型黏土棱柱上，这个亚述遗址位于尼姆鲁德以南约 50 千米处。除欣克斯外，受邀参加挑战的学者还包括：英国军官兼东方学家亨利·C. 罗林森（Henry C. Rawlinson），此人在破译波斯楔形文字方面发挥了关键作用；法国德裔东方学家朱尔·奥佩尔（Jules Oppert）；以及英国的博学家威廉·H. F. 塔尔博特（William H.F. Talbot），他因在摄影方面所做的开创性工作而闻名。这四人于 1857 年提交的翻译结果基本相同，由此可以说亚述-巴比伦楔形文字的破译工作已经完成，至少是基本完成了。[11]

成功破译楔形文字，就像在大约 30 年前破译埃及象形文字一样，为不见天日、迷雾重重的过去打开了窗口，进而为可以被称作"第二次文艺复兴"的潮流搭建了舞台。第一次文艺复兴，即公元 15 世纪和 16 世纪的欧洲文艺复兴，带回来的是希腊和罗马的文明；而这次由商博良和欣克斯发起的新文艺复兴，使人们能够深入了解埃及和古代近东的前古典世界的情况，进入堪称"历史的前半部分"的领域。历史地图上的一些重要空白部分开始得到填补。当然，博塔、莱亚德和欣克斯只是打好了基础，后人必须跟进研究，从事艰巨的工作，继续进行考古发掘，阅读和翻译由考古学家先驱及其后继者所挖掘出的无数用楔形文字书写的文本。[12]

在接下来的几十年里，对这些文字的研究，使得人们对亚述文明的探索取得了巨大进展。竖石板和石雕上的王家铭文，为学者们描绘亚述政治和军事历史的初步轮廓提供了基础。而在尼尼微，从库云吉克土丘出土的泥板则更加令人激动，它们大部分来自亚述最后一位伟大国王阿淑尔巴尼拔*（公元前668—前631年在位）创建的图书馆：阿淑尔巴尼拔试图让那个时代的所有文学、宗教和学术文本都在他的首都留下副本，亚述和巴比伦的文本都包括在内。古代美索不达米亚人使用以黏土制成的泥砖来建造建筑物，这对现代考察者来说是一种诅咒，因为用这种砖制成的建筑如今很难追寻到踪影。但是，他们同时也在以黏土制成的泥板上书写，这对研究者来说成了一大福音；尽管泥板经常变成碎片，但它们除此之外几乎不受任何破坏，特别是经过烘烤之后的泥板。到现在为止，人们已经在美索不达米亚及其邻近地区发掘出了数十万块泥板。

来自阿淑尔巴尼拔图书馆的泥板，让人们对亚述的思想传统、文学传统和宗教传统有了非常出人意料的认识。一个十分了不起的早期发现，是由一位自学成才的年轻学者乔治·史密斯（George Smith）做出的。史密斯原本是一名印钞师，后来在大英博物馆担任助理，而从阿淑尔巴尼拔图书馆发掘出的几乎所有泥板都保存在那里。1872年11月，在一个晴朗的日子里，他看着一块最近清理过的泥板，上面的几行字使他突然兴奋起来，以至于他立即开始脱衣庆祝，这种行为在维多利亚时代是相当少见的。史密斯发现的是美索不达米亚洪水故事的一部分，与人们所知的《希伯来圣经》中的故事十分相似。因此，毫无疑问，这两个传统故事是密切相关的。1872年12月3日，史密斯在《圣经》考古学会发表了演讲，主题围绕着新发现的美索不达米亚的挪亚，当时就连英国首相威廉·格莱斯顿（William Gladstone）都在听众席上。这下，至少在英国，公众对亚述的兴趣达到了顶点。[13]

---

* 通译为亚述巴尼拔。为了让各代国王译法保持一致，本书统一译为阿淑尔巴尼拔。——编者注

到了19世纪末，考古学家和语言学家，包括一些新设立的大学教席的持有者，已描绘出了亚述的形象，其中许多细节既不来自《圣经》也不来自古典资料。但在某些重要方面，这一形象仍与这些传统文献中所塑造的形象非常一致。来自尼尼微、豪尔萨巴德和尼姆鲁德的浮雕与文本突出了萨尔贡二世、辛那赫里布以及阿淑尔巴尼拔等强大国王的军事成就和建筑伟业，证实了《圣经》中关于亚述在黎凡特地区以不可阻挡之势扩张的这一说法，也证实了希腊故事中关于亚述缔造帝国与建立城市的内容。

20世纪和21世纪的新发现极大地改变和提高了现代人对亚述文明的认识，特别是对于亚述的起源及其早期历史的认识。有三处考古遗址的发掘工作在这些方面起到了重要作用。我们首先要提到的是谢尔加特堡，这里出土的黏土棱柱上的文字，成为人们在1857年成功破译楔形文字的关键。谢尔加特堡是亚述最早的首都和宗教中心阿淑尔的所在地，而亚述国正是得名于阿淑尔。起初，由于人们未能在此发现与其他亚述遗址出土的相同的纪念性艺术品，所以发掘者们大多对此地不屑一顾，但在1903年至1914年间，由瓦尔特·安德烈（Walter Andrae）领导的德国团队对阿淑尔进行了考察。该遗址为人们了解公元前一千纪的伟大国王之前的亚述历史提供了一扇窗户，并为人们了解亚述文明的社会、经济和宗教等方面提供了新的重要资料，这在很短的时间内就明显地体现了出来。虽然其他遗址的挖掘重点是王宫，但安德烈和他的团队将大部分精力用于研究私人住宅和神庙，包括亚述主神"阿淑尔"的神庙。安德烈的发掘技术极具创新性：他记录了每个物品的发现地点，设计了找出泥砖墙的新方法，并仔细分析了长期积累的考古层，以理解遗址的复杂分层。考古学也因此慢慢地超越了它以前那种寻找古代宝藏的阶段。[14]

安德烈与那些在他之后来到阿淑尔进行考古工作的人，发现了大约一万件泥板和其他刻有铭文的文物。但由于很难挖到遗址的最底层，所以发掘出来的亚述建国初期的文本数量十分有限。令人意想不到的是，通过考察距离阿淑尔近 1 000 千米的一处遗址，人们获得了与这段早期历史有关的一些信息，该遗址的位置远远超出了任何亚述国王完全控制过的势力范围。在 19 世纪 80 年代初，学者们开始公开从土耳其中部开塞利（Kayseri）的古董商那里获得的泥板，泥板上的文字以一种奇特的方式书写。捷克学者贝迪奇·赫罗兹尼（Bedřich Hrozný）在 1925 年进行的系统发掘表明，这些泥板都来自位于开塞利东北部约 20 千米处的一个名为库尔特佩（Kültepe）的大土丘。据了解，库尔特佩是卡尼什（Kanesh）古城的遗址，在公元前二千纪的头几个世纪中，来自阿淑尔的商人在当地国王的统治下，几代人都在那里从事长途贸易和其他商业活动。在库尔特佩进行的早期发掘工作，以及自 1948 年以来土耳其学者进行的发掘工作，已经让大约 2.5 万块商人档案泥板得以出土。这些文件不仅揭示了商人们参与的贸易活动，还揭示了他们的母城阿淑尔令人惊讶的复杂政治组织，并且让我们得以对最早的亚述人的私人生活方方面面形成认识，他们为后世留下了大量书面记录。[15]

对另外一处遗址的探索工作也大大增进了人们对亚述文明的了解，这处遗址是叙利亚东部哈布尔河畔的泰勒谢赫哈马德（Tell Sheikh Hamad），即古代的杜尔-卡特利姆（Dur-Katlimmu）。它同样位于最初的亚述国的核心区域之外，由哈特穆特·屈内（Hartmut Kühne）领导的德国团队从 1978 年开始发掘，一直发掘到 2011 年叙利亚内战爆发。杜尔-卡特利姆是一个城市中心，从公元前 13 世纪开始，一连串由亚述王室后裔担任的亚述"总督"在这里统治着亚述王国的西部地区，但一般的看法认为亚述王室的权力是集中而单一的，这种政治安排不太符合这样的看法。此外，该遗址还是发掘者能够应用新的考古学方法的少数地方之一，这些方法包括动植物区系分析、景观考古学以及先进的陶器研究法等。[16]

在伊拉克北部的亚述遗址中，这些技术只得到了少量使用。从20世纪80年代的两伊战争开始，政治的不稳定使得持续的考古工作变得困难起来。伊拉克和西方的考古队继续在这一地区进行发掘，但在过去的几十年里，发掘时间都很短，而且资金也不足。为了弥补没有太多机会在伊拉克进行实地考察的缺憾，学者们开始从事各种形式的"远程"考古，分析军事卫星拍摄的已解密照片以及其他材料。这些照片往往有着令人惊讶的细节，揭示出古代亚述道路和运河的走向以及其他未知定居点的位置，可以帮助人们了解亚述大都市所处的环境和亚述通信网络的情况。[17]

亚述研究已经持续了175年以上，在这期间，许多过去的亚述人都开始重新说话。有一些亚述人也许能在未来被"唤醒"，但更多的人将永远保持沉默。可以肯定的是，新的发现以及对可用证据的新分析，在将来需要重新评估。但与此同时，我们已经熟悉了亚述的城市、国王以及政治和社会机构，而《圣经》与古典作家在这些方面并没有留下什么记录，我们可能比帝国时期的亚述人自己都要更了解早期亚述文明。

我们所了解的亚述文明在应对重大的历史挑战，比如外国势力的攻击、降雨模式的变化以及重大的文化转变时，往往比邻近的王国更加成功，而且展示出延续性和变化性复杂交织在一起的特点。在大约1 400年的时间内，亚述国家设法保持并发展了一种特殊的身份，同时也一次又一次地重塑着自己，以适应不断变化的环境，直到公元前7世纪末迅速衰落。在这一点以及其他方面，亚述与古代早期最著名、最有影响力的政治实体古罗马有很多共同之处。罗马人文化和宗教的许多特征都归功于另一种文明，即希腊文明，与之相似的是，亚述人则在文学、艺术和宗教事务领域大量借鉴了巴比伦人的模式。此外，亚述与罗马的治理体系都经历了类似的转变，并且最后的结果都是建立了帝国。不过，这两个文明都从未失去强大的凝聚力。这几乎让人产生了这样一种感觉，即亚述人和罗马人在他们的历史进程中都忠实地遵循了朱塞佩·托马西·迪·兰佩杜萨（Giuseppe Tomasi di Lampedusa）的意大利语小说《豹》（*Il Gattopardo*）中的那句著名格言："要想一切保持不变，就必须改变一切。"

在亚述历史的延续性中，亚述的语言占有突出地位。亚述语最早出现在公元前 20 世纪的泥板上，虽然它在词汇、语法和发音方面发生过重大变化，但是亚述于公元前 7 世纪末灭亡时仍在使用它。亚述语从未像亚述南部邻国所使用的巴比伦语那样成为文学表达的主要媒介，它是日常生活中使用的白话，也是记录法律事务、经济事务、宗教仪式、国家条约以及王家法令的书面文件所用的语言，在某些时期内，它还是记录军事行动和其他重要事件的语言。[18]

亚述人对亚述主神阿淑尔的崇拜，也塑造了亚述的历代文明。事实上，即使在公元前 612 年亚述帝国灭亡之后，阿淑尔神仍然发挥着重要的作用，晚至公元 2 世纪的阿拉米语祭祀碑文仍然提到过阿淑尔和他的妻子谢鲁阿（Sherua）。这些文字是在阿淑尔城的废墟中被发现的，阿淑尔城是阿淑尔神的圣城，它比任何其他地方都更能体现亚述的悠久历史，亚述文明发源于此，后来也在这里度过了它最后的时光。

体现亚述文化和历史延续性的具体例子比比皆是。公元前 672 年春天，为了确保埃萨尔哈东的儿子阿淑尔巴尼拔继承亚述王位，人们以亚述国王埃萨尔哈东的名义准备了条约泥板，该条约就是一个典型的例子。泥板上刻有每位亚述公民和属民宣誓效忠时都必须发的誓言，它们都有三个相同的印章图案：一个是埃萨尔哈东的父亲辛那赫里布统治时期的印章；另一个是来自中亚述时期的印章，距离那时大约有500年的时间；第三个印章来自古亚述时期，上面的图案展示了一位由女神引见的崇拜者，它来自公元前二千纪早期，比埃萨尔哈东的条约早了大约1 200年。正如铭文所示，最后一枚印章属于阿淑尔神和"市政厅"，这是阿淑尔早期历史中的一个重要公民机构，尽管在公元前7世纪，它被剥夺了以前所拥有的权力，尤其是最重要的政治权力，但它仍然存在着。这最后一枚印章似乎在市政厅保留了上千年之久。[19]

在阿淑尔的其他建筑中，最重要的建筑就是神庙。这些神庙也有很长的历史，比如情欲之爱的神圣守护者伊斯塔（Ishtar）的神庙就拥有将近2 000年的历史。当然，随着时间的推移，人们不得不反复修缮和重建神庙。有一群小神被合称为"七神判官"，他们的历史也说明了亚述宗教崇拜的强大延续性。公元前20世纪的国王埃里舒姆一世（约公元前1969—前1930年在位）的铭文中提到，这些小神的雕像竖立在城市北部边缘的阿淑尔神庙附近，位于所谓的"阶梯之门"（Step Gate），这是一个进行法律诉讼的地方。在大约1 300年以后，七神判官再次出现在文字记载中，那份文本被称为《阿淑尔神谱》，他们在其中只是名字略有改动，例如："惩恶神"赛拉古（Ṣê-raggu）被改称为"诛恶神"希普拉古（Ḫip-raggu）。[20]

亚述的物质文化也有一定的延续性。从公元前14世纪（甚至更早）开始，到帝国的最后时期，亚述人一直在食用几种面包，这几个面包品种仅出现在亚述文本中，并未在巴比伦文本中出现。其中包括所谓的胡胡尔图（ḫuḫḫurtu）面包，这是一种麻绳状或者说辫子状的面包，可能就是当今犹太人在节日中吃的哈拉面包（challah）的前身。面包作为"生命支柱"，是一种特别重要的身份标志，因此这种独特的面包能存在如此之久也许就不令人惊讶了。同样，迦拉的楔形文字文本将"亚述面包师"与迦勒底人、阿拉米人和苏海人（Suḫaean）的面包师区分开来，也并不奇怪。[21]

公元前一千纪的亚述文献和图像在政治领域都非常强调延续性，尤其重视王权。亚述统治者的英姿，无论是雕像，还是刻在石碑或石板上的形象，都被描绘成一种理想的、超越普通个体的样子：他们戴着王冠，永不衰老，身材魁梧，肌肉发达，胡须精致，身穿珍贵的长袍，即使在与敌人或愤怒的狮子进行生死搏斗时都不动声色。尽管随着时间的推移，这些图像发生了风格上的变化，但没有一个亚述国王是被以自然主义的方式描绘出来的，而自然主义风格却正是许多罗马皇帝的大理石半身像的特点。亚述艺术家要表现的是国王的"政治身体"，而不是他的"自然身体"，即承受着悲伤和病痛的身体。相比之下，对敌方领导人的刻画，有时却会显示出个人特征。[22]

中亚述和新亚述时期的王家铭文，将亚述的历史描述为一系列无休止的军事征服，所有的辉煌成就都是由亚述国王和支持他们的神明所带来的。铭文提到，随着时间的流逝，一切都基本保持不变，除了变得"更大、更好"。这种"冷"的历史书写模式试图淡化我们所理解的真实历史变迁的概念，也影响了《亚述王表》的大部分内容。这份名单至今仍是人们重新发现的最重要的古亚述历史文献之一。我们可以从公元前一千纪的几份原始文献中得知，《亚述王表》记录了一百多位亚述统治者的名字和家谱背景，涵盖了从亚述历史的开端一直到沙尔马内塞尔五世（公元前726—前722年在位）的统治时期。这份名单宣扬了亚述王权永不消亡的理念，就像英国无伴奏合唱团"国王歌手"（The King's Singers）的一首歌所唱的那样："该死的国王，一个又一个。"《亚述王表》还强调，亚述的王权是在同一个家族内长期传承的，这与其最初可能效仿的《苏美尔王表》形成了明显对比，后者将历史呈现为权力从一个城市、一个王朝到下一个城市、下一个王朝的永无止境的转移。

根据现在已知的资料，古亚述的王朝确实有着很好的延续性。在1 000多年里，似乎所有的亚述统治者都是某位名叫阿达西的统治者的后裔，此人生活的年代是公元前18世纪下半叶。而在其他方面，情况并不像《亚述王表》和亚述国王的铭文希望读者相信的那样稳定。用楔形文字书写的编年史，特别是王室档案中的信件，其讲述的故事与官方历史记录是截然不同的。它们是"热"的故事，极具戏剧性，包括失败的战斗，还包括领土被敌人夺取、亚述国王被谋杀这样的事件，以及威胁到亚述国家根基的叛乱和流行病。很明显，亚述历史早期的权力结构与亚述后期的权力结构并不一样。事实上，《亚述王表》本身就表明了这一点，它在开头几段提到过"住在帐篷里的国王"或者"祖先们"，还在一个不寻常的段落中谈到了一位国王，即沙姆什-阿达德一世（约公元前1808—前1776年在位），说他从南方"上来"，用武力夺取了亚述的王位。

通过在库尔特佩/卡尼什发现的文本，我们可以了解到，在公元前二千纪的头几个世纪中，亚述的政治文化与后来的情况实际上有多么不同。首先，我们从这些文本中了解到，当时还没有"亚述"，只有一个相当小的城市阿淑尔及其非常有限的腹地。不过可以肯定的是，虽然这个城市的政治力量不强，但其公民的地理视野却已经相当广阔。阿淑尔的商人用锡和纺织品换取数千千米外的白银和其他货物，并在遥远的土地上拥有"殖民地"，其中就包括卡尼什。古亚述时期的亚述城邦，毫无疑问与中亚述时期的庞大领土国家有着很大的不同。[23]

同样令人惊讶的是，在亚述历史的这一初始阶段，阿淑尔的政治组织几乎没有显示出后期亚述那种集权的迹象。相反，这座城市有一种"混合政体"，它令人联想到共和时期的罗马，强大的民众和贵族的影响力平衡着君主的权力。值得注意的是，尽管我们已经知道，古亚述时期有一系列世袭统治者，但这些统治者并没有被冠上"沙鲁姆"（šarrum）的头衔，这是古代美索不达米亚其他地方的人用来指代国王的称呼。当时的亚述领导人称自己为"鲁巴乌姆"（rubā'um），意思是"君主"，以及"伊西阿库姆"（iššiakkum），意为"（阿淑尔神的）管家"，另外还有意为"监督者"的"瓦克鲁姆"（waklum）。希腊历史学家希罗多德在其总体叙事中最先将"开明"和"民主"的西方与永远"专制"的东方做斗争作为主线，后来这种叙事被黑格尔的目的论思想采纳，后者认为"世界历史是从东到西的"，欧洲是"历史的绝对终点"，而亚洲是历史的起点。然而，鉴于阿淑尔和亚述复杂的历史轨迹，这种说法是难以成立的。亚述历史的旅程，开始于一个试图抑制专制倾向的国家。[24]

此外，与亚述崇尚暴力的名声相比，阿淑尔城邦最初似乎是一个非常和平的政权。在公元前二千纪初期，当其他许多国家进行着几乎常态化的战争时，阿淑尔却在大多数情况下远离了战场，通过商业而不是战争来寻求获利。

后来，从公元前二千纪中期开始，这种友好的态度让位于好战和侵略。阿淑尔演变成了领土国家亚述，虽然其公民仍然对贸易感兴趣，但其统治者已经发现，发动军事攻击是一种更为有利可图的财富积累方式。为了确保他们的权力，并消灭任何可能出现的反对派，后来的亚述国王会使用各种胁迫策略，从有针对性的杀戮到大规模驱逐行动，而大规模驱逐行动也成为亚述政治的一个特点。在公元前一千纪，亚述军队将数十万人强行迁移到离他们原来的家园往往有几百千米远的新定居点，这改变了之后所有时代的西亚民族语言格局。但这种措施并不只会产生死亡和破坏。亚述的精英们对经济发展有兴趣，并且会以各种方式尝试促进经济发展，例如将被驱逐者安置在需要劳动力的地方。但与古亚述时期的统治者不同，后来的统治者确实喜欢为打仗而打仗。

与这些政治变革同时发生且与之相互关联的是，亚述的主神阿淑尔的特点也发生了变化。在早些时候，阿淑尔是一位"没有特点的神"。在古代近东，其他大多数主神扮演着复杂的角色，有着吸引人的生平。作为宇宙中的实体时，他们代表着天体；在神话中，他们作为故事的主角出现，与其他神灵互动；在"政治"方面[借鉴罗马博学家瓦罗（Varro）提出的区别]，他们与特定的城市或国家有关，并在当地的神庙得到供奉。阿淑尔最初缺乏前两个方面，特别是缺乏神话方面的传说。他没有家庭，也没有在任何宏大的叙事中得到颂扬。相反，阿淑尔是一个地方神灵，基本上等同于和他同名的城市，同时他也要保护这座城市。然而，这些限制并没有减少他的权力。事实上，阿淑尔被认为是其城市的实际统治者。如上所述，阿淑尔的世袭统治者最初并没有称自己为"沙鲁姆"，因为这个国王头衔是留给神的。[25]

公元前21世纪在阿淑尔建立的神权统治模式从未被人们完全放弃。500多年后，为亚述统治者举行加冕仪式的亚述祭司仍会高呼"阿淑尔是国王！阿淑尔是国王！"。而到了公元前7世纪，阿淑尔巴尼拔统治时期的一首颂歌仍在称统治者为"阿淑尔的管家"，其内容中包含了完全相同的仪式用语。但在公元前14世纪，亚述统治者开始要求获得以前由神独占的国王头衔，而阿淑尔神则反过来被赋予了国王们现在理应具备的好战特质。

在亚述的历史进程中，阿淑尔也逐渐拥有了一个家庭。早在公元前 19 世纪末的"外人"沙姆什-阿达德一世统治期间，阿淑尔就被认定是尼普尔（Nippur）的恩利尔（Enlil），即巴比伦的"众神之王"。这种神学上的联系后来得到恢复，阿淑尔与恩利尔的妻子宁利尔（Ninlil）结合在了一起，而宁利尔在亚述语中被称为穆里苏（Mullissu）。恩利尔的儿子、战神尼努尔塔（Ninurta）也成为亚述王权意识形态中的一个重要人物。公元前 7 世纪初，在另一次身份转变的过程中，阿淑尔又扮演了巴比伦神马尔杜克（Marduk）的角色，成为征服提阿马特（Tiamat，原始混沌的女性化身）的英雄。巴比伦的"创世史诗"最初是为赞美马尔杜克而创作的，后来经过修改，阿淑尔成了新的主角。[26]

在亚述的历史中，变化与延续相互交织，它们与这个王国逐渐崛起为强权的过程同步发生，尽管这种崛起并不稳定，还曾被几次重大的危机打断。但与罗马的情况一样，最终的结果是，亚述变成了一个由多民族构成的、战争频繁的征服者国家，它重组出许多省份，并将资源从边缘地区大规模地转移到政治中心。换句话说，亚述成长为一个帝国。

究竟是什么构成了一个帝国，取决于如何定义这个词。亚述的情况可能没有罗马那么明确，但从公元前 8 世纪中叶开始，我们的确只能把亚述国家描述为帝国。毕竟，在大约 120 年的时间内，它几乎统治了整个西亚，甚至还统治过埃及一段时间。因此，古代和中世纪的许多历史学家都相信，应该将亚述视为一个帝国。对于希腊作家尼多斯的克特西阿斯（Ctesias of Cnidus）、罗马人庞培·特罗古斯（Pompeius Trogus）或古典时代晚期的基督教作家奥罗修斯（Orosius）来说，一系列帝国接连统治着世界上大部分有人居住的地区，亚述是其中第一个帝国。同样，意大利诗人但丁根据中世纪的"帝国转移"（translatio imperii，帝国权力的转移）概念，认为第一个"荣获"帝国统治权的统治者是亚述国王尼努斯。[27]

除了在后世文明的文化记忆中占有突出的地位之外，亚述国家还成了西亚后世帝国热衷于效仿的范例：从古代的巴比伦帝国和波斯帝国，到伊斯兰时期的阿拔斯王朝和奥斯曼帝国，甚至再往后的强国，要么直接受其影响，要么通过其远方的继承国间接受到影响。因此，由亚述开创的政府结构和意识形态概念有着持久的生命力，它们在某些领域一直延续到了今天。

亚述人的历史无法呈现为完全连续的历史，不可能从一个时期无缝过渡到下一个时期。这在很大程度上是由于可用的资料在时间上分布得不均匀。例如，从公元前1700年到前1400年的300年间，保存下来的古代记录非常少，这使得我们很难确定在这段时间内亚述发生重要变化的根本原因是什么。相比之下，亚述其他时期的历史记录非常丰富，用整本书来介绍个别年份的历史也并不困难。即使不用整本书的篇幅，它们至少也可以自成一章，比如本书中关于公元前671年的那一章。

历史可以"从上往下"写，以"伟大男性"（和女性）的事迹为重点，也可以"从下往上"写，强调被压迫者的艰苦生活。写作重点还可以放在政治精英、军事精英或"中产阶级"（如果有的话）身上。选择哪条路径，在很大程度上取决于历史学家本人，但在某种程度上也是由可用的资料决定的。古亚述时期的绝大多数文献与阿淑尔商人阶层的经济活动有关，而亚述帝国时期的大多数文本和图像则以国王和国家机器为中心。仅举一例，在古亚述时期的卡尼什商人乌苏尔-沙-伊斯塔（Usur-sha-Ishtar）的房子里，人们发现了大约1 600块泥板和400个被包裹起来的文件，这为详细研究这个人及他的家庭提供了充足的材料。从新亚述时期开始，就不再有同样规模的揭示平民生活的档案了，却有一个比乌苏尔-沙-伊斯塔的文献规模还要大的文本库，它以令人震惊的细节展示了亚述国王阿淑尔巴尼拔的统治。[28]

豪尔萨巴德城堡一个入口处的公牛巨像，很好地体现了新亚述时期历史记录"以国王为中心"的不平衡特点。它以引人注目的纪念方式，通过公牛两腿之间的王家铭文，威严地代表了委托匠人制作它的新亚述国王萨尔贡二世的强大力量。但是，细心的观察者会发现，在放置公牛的基座上，有一些刻得不是很整齐的方形图案连接在一起，这促使我们注意到那些地位较低的卫兵，他们对连续站岗几个小时感到厌烦，于是就通过玩一种小小的棋盘游戏来打发时间。同样，本书的读者会发现，亚述历史资料的重点在于政治，在于国王和王后的故事，在于巨大的城市和帝国艺术；但读者们偶尔也会看到，当中也有一些描述普通人、被驱逐者、奴隶和其他社会底层男女面临考验和磨难的小故事。[29]

乍看上去，在现代观察者眼里，亚述文明的某些方面显得很奇怪，很有异域风格。无论是亚述国王在做出政治决定时对肝脏预兆和占星观察的信任，还是亚述人民参与的特异宗教仪式和巫术实践，还是亚述王室铭文中显示出的对暴力的积极态度，或者仅仅是亚述人食用蝗虫的喜好，亚述人的许多追求都可能会让21世纪的人们觉得，这与他们所谓更先进、更优越的头脑标准、政治主张或食物偏好格格不入。然而，亚述也可以显得非常现代。作为第一个"全球性"国家，它将帝国的强征暴敛与精明的商业追求结合起来，后者植根于更早时期的做法，当时的阿淑尔城邦就像是古代近东的新加坡。就像现代的总裁管理公司一样，亚述帝国的国王长期管理着他们的国家，专注于实现成本和收益之间的最佳平衡。他们追求目标的坚定决心，似乎很符合用来称呼亚述权力巅峰时期的科学术语：铁器时代。

亚述帝国还创造了一个新的"信息时代"。为了更好地控制他们统治的广大领土，亚述国王修建了新的道路、驿站和邮政系统，以促进中央、省会和王国周边地区之间的沟通。驻扎在边境地区的密探，会定期报告在敌方领土和亚述附庸那里发生的政治变化和军事行动。商品的流通和思想的交流不再受边界和敌对国家的限制，而是更加自由；亚述的精英们热衷于采用外国的技术和文化习俗，只要它们能够促进其事业发展。与此同时，在亚述国内，一个告密者网络向宫廷发送一封又一封信件，告发任何似乎对国王和他的政府有哪怕隐晦批评的人。除了亚述语之外，一种新的方言阿拉米语这时也得到了广泛使用，最终发挥了与英语在现代世界相当的作用。尽管亚述人没有互联网，但他们在帝国中来回发送信息的速度和频率，在当时是不折不扣的革命。[30]

关于亚述的一个最大的谜团，也有一种现代特性：像亚述这样一个强大且广阔的帝国，是如何在短短十年内彻底崩溃的？在这个问题上，亚述的命运与古罗马是完全不同的，后者的衰落和灭亡是一个漫长而持续的过程。最近有一种假说，将亚述的衰落与气候变化联系在一起，而气候变化也是我们这个时代所面临的巨大挑战之一。许多人预测，这些现象也将会导致我们自己的文明崩溃。有证据表明，在亚述帝国的最后一个世纪，长期的干旱确实导致了粮食收成的缓慢减少。人为造成的生态变化也影响了帝国的景观：亚述总督在哈布尔河地区大力发展农业的做法，以及一系列无休止的狩猎远征，导致了该地区部分巨型动物的灭绝，其中最引人注目的是大象的灭绝。此外，辛那赫里布国王具有较早的生态意识，他反对先王们为了让雄心勃勃的建筑项目得到足够的木材而砍伐森林。

然而，气候变化和对生物圈的人为改造是否真的是亚述衰落的主要原因，并不那么明确。事实上，矛盾的是，本书将论证这样的观点：这些现象以及公元前760年左右侵袭亚述的各种流行病，可能更有助于亚述帝国崛起，而不是加速了其灭亡。尽管生态退化和外部入侵等因素可能确实对亚述的衰落产生了一定影响，但它的衰落最可能是由于领导层的失败和独裁者的自命不凡——这些现象在现代都不少见。

在几个世纪之前，人们认为亚述体现了一种野蛮他者的形象。但实际上，这个古老的文明与我们现代文明的共同点，比人们想象的要多得多。亚述文明所表现出的许多特点，无论好坏，在现代世界仍然可以被找到：从长途贸易，复杂的通信网络，国家对文学、科学及艺术的支持，到大规模驱逐出境，在敌国实施极端暴力举措，以及在国内广泛地展开政治监控。新的研究表明，就像我们一样，亚述也受到过大流行病的暴发和气候变化的影响，同样会产生影响的还有统治者应对这些挑战的方式。换句话说，亚述有很多东西要教给我们；而现在时机似乎已经成熟，我们可以重新审视这个在全盛时期演变成世界上第一个帝国的古老国家了。

第一部分

通向辉煌的长路

第一章

底格里斯河畔的小城

从哪里开始？所有研究古代美索不达米亚文明的历史学家，都不得不在这个问题上挣扎。我们可以从传说故事中找到明确答案，但传说往往是不可靠的：就像罗马不是由罗慕路斯在公元前753年建立的一样，亚述也不是像古希腊人认为的那样由尼努斯在几百年前建立，不是像《希伯来圣经》中所说的那样由宁录（Nimrod）或阿淑尔建立，甚至不是由《亚述王表》中提到的第一位统治者——某位图迪亚（Tudiya）——建立的。真正的情况要更加复杂。正如德国小说家托马斯·曼在他著名的古代近东史诗《约瑟和他的兄弟们》(*Joseph and His Brothers*)的开篇以特有的文学天赋所说的那样："过去的井很深。难道不应该称之为无底洞吗？"

亚述文明的根源可以追溯到史前时代。在1万多年前，后来见证了亚述王国诞生的伊拉克北部地区在农业、畜牧业和其他文明技术出现的过程中扮演了关键角色。尽管没有证据表明推动这些发展的人是早期的"亚述人"，但在公元前2500年至前1700年之间，明确的亚述人身份开始形成，其社会政治、文化和语言特征将定义亚述人，直至亚述王国终结。虽然令人沮丧的是，人们对这一时期头500年所发生的事知之甚少，但很明显，当时已经有一些人讲亚述语，建造亚述神庙，并相信在与神同名的城市中，他们所崇拜的阿淑尔神是他们真正的国王。

公元前2000年后的三个世纪，即所谓的古亚述时期，见证了第一个独立的"亚述"国家的繁荣。阿淑尔城邦的统治主要局限于阿淑尔城，该城的人厌恶战争，其政府结构以公民机构而非全能的君主为基础，在许多方面与亚述最终所成为的帝国截然相反。即便如此，它还是预示了后来亚述帝国的两个核心特征：广阔的地理视野，以及占有欲。

伊拉克北部并不只是亚述文明的发源地，早在阿淑尔建城之前，它就在人类历史上发挥了重要作用。人们在埃尔比勒（Erbil）省的沙尼达尔（Shanidar）洞穴中发现的尼安德特人遗骸，可以追溯到大约7万年前。以狩猎和采集为生的人类群体在该地区居住了数万年，然后，缓慢却不可阻挡的重大变化开始发生。从公元前10000年左右开始，在所谓的新石器时代，越来越多的人开始生活在稳定的社区内，从事畜牧业和农业。他们驯化了猪、绵羊和山羊，并种植了本地的野生二粒小麦（emmer）和单粒小麦（einkorn），它们是古代的小麦品种。人们也开始生产陶器，这对史前考古学家来说是非常重要的一类文物，研究者可通过分析在不同古代遗址发现的陶器的风格，追寻文化传统及其背后群体变化的痕迹。一些已知的中东最早的陶器来自公元前七千纪中期的哈苏纳（Hassuna），这处遗址位于尼尼微西南方约35千米的地方。[1]

无论是好是坏，新石器时代的革命使人类走上了通往当今社会的道路，这场革命酝酿于一个被称为肥沃新月带的地区，这个半圆形区域起自巴勒斯坦南部，经过安纳托利亚，一直延伸到土耳其东南部的扎格罗斯山脉，以及伊拉克和伊朗等地。在这一地区内，降雨量充足，人们可以定居和耕作。后来亚述文明的核心地区，即以北部的尼尼微、东部的阿尔贝拉和南部的阿淑尔这三座城市为顶点的三角地带，位于肥沃新月带的东北部，这个三角地带的东部以扎格罗斯山脉的西缘为界，北部以托罗斯山脉的南麓为界，西部以叙利亚沙漠为界（在古代，这个地区并不像今天这么干旱），它包含一片连绵起伏的丘陵和平原，向南流淌的底格里斯河及其东部的主要支流大扎卜河、小扎卜河从中穿过。[2]

阿淑尔的年降水量略大于 200 毫米，这是用雨水灌溉农业所需的最低降水量。因此，其腹地的耕作潜力始终不稳定。这无疑促使阿淑尔的居民很早就开始从事种植农作物以外的经济活动，其中最主要的是商业贸易。

从阿淑尔顺流而下，向遥远南方的波斯湾延伸的地带，是另一个伟大文明的摇篮，这个文明就是巴比伦。巴比伦在经济、文化等方面，最终还有政治方面，与亚述紧密地交织在一起。在长达1 000 年的时间里，巴比伦对它的北方邻居产生了重大影响。

与亚述的地理环境形成鲜明对比的是，巴比伦的土地是一片平坦的冲积平原，由幼发拉底河和底格里斯河形成和界定，那里的降雨量太少，无法发展靠雨水灌溉的农业或所谓的"旱作农业"。但是，新石器时代的人们在不断增长的人口压力的驱使下，从伊拉克北部慢慢向南迁徙，他们发现，还有其他方法可以将不宜居住的巴比伦一带变成一个高产的农业区。他们确定，由两条大河冲积而成的土壤非常肥沃，如果得到适当的灌溉，就能够生产出比古代近东其他地方更多的农作物。然而，把水送到所需的地方是很困难的，因为这需要大量的人力劳动。人们必须建立一个从幼发拉底河和底格里斯河引水的运河网络，必须建造水坝，并且必须排干田地，以防止土壤盐碱化。如果没有一批有组织的劳动力，这是不可能做到的。此外，由于美索不达米亚南部缺乏石料和木材等基本施工材料，所以人们必须确保能够从其他地区引入这些材料。同时，随着时间的推移，水位逐渐下降，这迫使人们集中居住在了少数几个较大的定居点。

作为对这些挑战的回应，公元前四千纪期间，伊拉克南部的冲积平原出现了通常与"文明"的诞生联系在一起的几个重要里程碑。其中之一是充分发展的城市文化。世界上第一个真正的城市乌鲁克，后来作为传说中国王吉尔伽美什的居住地而闻名于世。在公元前3000年左右，乌鲁克可能有多达6万名居民。而早在几个世纪前，世界上最早的文字系统楔形文字就在乌鲁克被发明了出来。这个时代其他的历史性突破，标志着新石器时代的结束和青铜时代的开始，这些突破包括一个新的管理精英阶层崛起，社会层级增多，加工和重新分配谷物与羊毛等商品的新模式出现，新的宗教思想和机构创立，工具、武器和容器也开始更多由青铜而非石头制成。在所有的这些创新当中，最重要的也许是文字的发明，它将在未来的几千年里塑造古代的近东世界。但这一切都是逐渐发生的，在一些地方需要经过几个世纪的时间，而且进步的过程并非一帆风顺。[3]

长期以来，美索不达米亚北部的人们一直沿着自己的道路发展。在新石器时代，该地区已经出现了一些（原始的）城市，例如在叙利亚东北部、靠近伊拉克边境的哈穆卡尔（Hamoukar）。公元前四千纪的时候，这个地方有一处规模较大的定居点，人们在此发现了数以千计的黏土印章和从遥远地方进口的大量黑曜岩，说明哈穆卡尔在这一时期参与了复杂的远距离贸易，这让人联想到后来的阿淑尔城邦。但在公元前3500年左右，哈穆卡尔的大部分地区被摧毁，也许它是被来自乌鲁克的战士摧毁的，这可能是世界上最早的城市战争的例子。[4]

虽然哈穆卡尔的后期历史并不特别值得注意，对亚述最终的崛起也没有什么影响，但是上美索不达米亚另一处源自新石器时代的遗址却恰恰相反，那就是尼尼微。尼尼微位于横跨底格里斯河的一个重要渡口旁边，从公元前6000年起就有人居住。尽管这座城市多次衰落，但在未来的几千年里，尼尼微是一个重要的地区中心这一事实从未改变过，它甚至还是多个地区的中心。公元前二千纪中期之前，如果从民族语言学的角度来理解"亚述"的话，尼尼微还不是一座"亚述"城市。相反，在政治和文化方面，它受到了"胡里安人"（Hurrian）的控制。在公元前21世纪，尼尼微的主要女神（后来被认为是闪米特人的女神伊斯塔）有一个胡里安人名字——"沙乌什卡"[Shaushka，"伟大的（女神）"]。而阿淑尔才是真正与亚述人的身份关系最密切的神，他没有在尼尼微受到崇拜，他的崇拜中心在其他地方。[5]

亚述文明的起源并非在尼尼微，而是在谢尔加特堡被发现的，这里就是前面提到的阿淑尔古城遗址的所在地，最终亚述的土地将以这座城市命名。阿淑尔古城位于摩苏尔南部约100千米处，在底格里斯河西岸约40米高的峭壁上，是一个天然的堡垒。它由于处在重要贸易路线上的河流岔口附近，所以非常适合成为一个重要的商业中心。它连接了南部的冲积平原与北部资源丰富的领土，并将底格里斯河以东的肥沃农田与遥远西方的牧民生活的草原地区联系了起来。[6]

从公元前2700年左右开始，底格里斯河中游地区经历了一个高速城市化的阶段，而阿淑尔也很可能就是在这一时期发展成为一座具有一定重要性的城镇的。从阿淑尔向北延伸到托罗斯山脉和扎格罗斯山脉山麓地区的这块地方，在当时被称为舒布尔（Shubur）或苏巴尔图（Subartu）。至少在一段时间内，这里处于南方国家的统治之下：巴比伦城市基什的一块石头上的铭文（书写时间可能在公元前 2750 年至前 2600 年之间），记录了人们将 6 300 名战俘从舒布尔／苏巴尔图驱逐到南方的事情，此后这些人被迫在果园里工作。这篇铭文并未提到阿淑尔，但它已被列入公元前三千纪中期的巴比伦地名清单中，与巴比伦冲积平原北部边界地区的几个城市一起出现。[7]

人们在阿淑尔发现的较为重要的最早考古遗迹便来自差不多同一时期。在城市中心附近的几座后来专门用来供奉伊斯塔女神的建筑的地基下方，发掘者们发现了一个更早的神庙的遗迹，这座神庙无疑是为了纪念同一位神灵或其早期化身而建造的。尼尼微很早就开始崇拜一位"伟大的女神"，乌尔比勒（乌姆）[Urbil(um)，也就是后来的阿尔贝拉]很可能也有同样的崇拜，这说明亚述文明的精神根源之一就是对一位强大女性神灵的强烈信仰。至于阿淑尔神是否也在这个最初阶段发挥了重要的作用，我们还不清楚，因为位于城市东北角，即后来阿淑尔神庙所在地的最深考古层的年代还未能确定。[8]

阿淑尔城的"古式"伊斯塔神庙的发现，也揭示了在这个较早的时期内该城居民的一些情况。神庙大厅的面积约为 16 米 × 6 米，其狭窄的一侧有一个带基座的壁龛，上面有该女神的形象。一个盛放动物祭品血液的小盆，以及一些泥质香炉和饮酒用的器皿，为神庙中所举行的一些仪式留下了线索。但人们在神庙遗址中发现的最引人注目的物品是大约 90 个祈愿雕像的碎片，这些雕像通常不到 50 厘米高，最初被放置在内室长边的低矮泥砖长椅上。这些雕像由石头制成，描绘了双手合十、眼睛大得不自然的崇拜者形象，它们无疑是为了代表阿淑尔城的精英家庭成员在女神面前不间断地祈祷而被放置在那里的。其中一些可能是阿淑尔的政治领袖献上的，无论当时这些人是谁。另一些雕像描绘的是妇女形象，她们在阿淑尔的早期社会中一定拥有相当大的影响力。[9]

伊斯塔神庙中的雕像与巴比伦南部的祈愿雕像非常相似，当时居住在巴比伦南部的，是一个被称为苏美尔人的民族。由于两者之间具有一些相似之处，比如说他们的服装上都覆盖着成排别具艺术风格的羊毛装饰，并且男人都剃光头，所以早先的学者认为阿淑尔的居民在公元前三千纪中期带有明显的苏美尔人元素。然而，这种想法依据的是对古代近东艺术错误的"种族式"理解，现在已经被普遍否定了。更有可能的是，阿淑尔人在当时说的是一种闪语，它可能是亚述语的早期版本。在阿淑尔，有一块可能属于公元前2500年至前2250年间的石刻碎片，上面列出了获赠纺织品和铜的几个人的名字，其中至少有一个名字中包含"柏利-"（Beli-），这显然是一个闪语名字，意思是"我的主人是（……）"。[10]

不过，上述相似之处还是很耐人寻味的。这表明，文化上更加先进的南方文明从较早的时候就对阿淑尔施加了强大的影响。这种影响延伸到了政治领域。在公元前2350年左右，一位名叫萨尔贡的国王在南方建立了强大的阿卡德王朝，并很快控制了西亚的大部分地区，也统治着阿淑尔。阿卡德统治者用献礼向阿淑尔的伊斯塔女神表示过敬意，其献上的物品包括一个石制的矛头，上面刻有阿卡德国王里姆什的名字。阿淑尔最早的楔形文字泥板，是出自年轻的学生之手的经济类文件和"课本"，它们也可以追溯到阿卡德时期。这些课本反映了在阿卡德国王统治时期引入的抄写传统，阿淑尔人对阿卡德的政治文化遗产的迷恋可能也是由此开始的。后来，阿淑尔的统治者采用了两位最著名的阿卡德国王的名字，即萨尔贡和纳拉姆-辛。在库尔特佩/卡尼什的古亚述贸易殖民地出土的少量文学泥板中，就有一个讲述了以萨尔贡国王为主角的传说。[11]

有迹象表明，受到阿卡德统治时，阿淑尔就已经频繁参与陆路贸易了。在伊拉克东部今基尔库克（Kirkuk）市西南的古镇加苏尔（Gasur），一些阿卡德时期的文本提到了这座城市，这表明阿淑尔人当时参与了与伊朗地区的贸易。[12]

从文本记录中，我们可以得知，阿淑尔最早的本地统治者是一位名叫伊提提的人，他是伊宁–拉巴（Inin-labba）的儿子。根据阿淑尔城伊斯塔神庙的一块石板上的祭祀铭文，伊提提将"加苏尔的战利品"的一部分献给了伊斯塔，这显然发生在阿淑尔征服该城市之后。不幸的是，这段引人注意的文字留下了一些关键问题没有回答。伊提提的头衔是用一个符号写的，它既可以被解释为"瓦克鲁姆"，意思是"监督者"，也可以被解释为"伊西阿库姆"，即"管家"或"总督"。如果前者是正确的，伊提提就是一个独立的统治者。也许在公元前2200年左右，阿卡德王国崩溃后不久，伊提提拥有了一个后来古亚述时期的世袭统治者也拥有的头衔，并与阿淑尔的一个立法和司法机构"城市议会"[在亚述语里叫"阿鲁姆"（ālum）]有紧密联系。在这种情况下，古亚述时期的政治制度就有了更早的先例。如果伊提提的头衔是"伊西阿库姆"，那么我们就必须认为他是代表阿卡德国王来统治阿淑尔的总督。至于两者哪一个正确，目前我们尚不清楚。伊提提父亲的名字伊宁–拉巴，意为"狮 子 伊 斯 塔"*，这再次表明，在公元前21世纪之前，主宰阿淑尔城众神的可能是伊斯塔而不是阿淑尔神。[13]

如果说在阿卡德时期之后，阿淑尔确实由有实权的本地领导人

---

* 字间空格为译者所加，符合原文郑重其事的表达方式，后文中类似之处以相同方式处理。——译者注

统治，那么它的独立也并没有持续太久。大约在公元前2100年，在所谓的乌尔第三王朝时期，另一个强大的王国在巴比伦出现了。不久之后，阿淑尔人发现，自己再次受到了南方国家的统治，这次阿淑尔变成了乌尔第三王朝的一个外围军事省份。当一位名叫扎里库姆（或撒里库姆）的阿淑尔军事长官建造贝拉特-埃卡里姆（Belat-ekallim）女神庙时，他的行动代表的是乌尔第三王朝的国王阿马尔辛（Amar-Suen，约公元前2044—前2036年在位）的意志。美索不达米亚南部的乌尔第三王朝的文件证实扎里库姆确有其人，其统治时间为公元前2048年至前2040年，他可能是由乌尔第三王朝伟大的统治者舒尔吉（Shulgi，约公元前2092—前2045年在位）在阿淑尔任命的。有趣的是，扎里库姆给他的一个儿子取名为舒尔吉-伊利（Shulgi-ili），意思是"舒尔吉是我的神"。有一次，扎里库姆带着不少于50人的随行人员访问了乌尔第三王朝的国家中心地带，这表明阿淑尔在当时已经是一座具有一定重要性的城市。[14]

来自南方城市普兹瑞什达干（Puzrish-Dagan）的一份经济方面的文本表明，还有另一位前往南方的访客，他就是商人伊尔舒-拉比（Ilshu-rabi），普祖尔-阿淑尔的儿子，因此，他很明显是阿淑尔的公民。此人带来了精心装饰的棒形胸针，这再次表明，阿淑尔城成为商业中心的时代早于之后的古亚述时期。由于乌尔第三王朝的其他文献也列出了名字中包含神号阿淑尔的人，所以很明显，阿淑尔神在这一时期已经成为一个非常重要的神。显然，到了公元前21世纪中期，阿淑尔宗教认同的核心要素已经完全形成，其居民的商业野心已经成为该城市发展的主要驱动力。阿淑尔城已经准备好了担任一个全新的角色：一个自治的经济与宗教中心。[15]

阿淑尔很有可能在公元前2025年之前就获得了独立。在那一时期，乌尔第三王朝因其过度官僚主义的经济控制体系而财力枯竭，并受到从四面八方渗入的半游牧的阿摩利人（闪米特人的一支）的威胁，于是进入了缓慢加速的崩溃过程的最后阶段。

究竟是什么引发了阿淑尔在公元前 2000 年左右的几十年里的转变，在很大程度上依然是个谜。遗憾的是，在和阿淑尔最早的历史有关的部分，《亚述王表》并不完全可靠。它既没有提到伊提提，也没有提到扎里库姆，而是声称阿淑尔最初是由 17 位 "住在帐篷里的国王" 统治的（其中第一位国王叫图迪亚），之后是 10 位 "先王"。然而，很明显的是，这两批统治者是后来被添加到王表中的，这源自在阿摩利人中流行的谱系传统，最初属于亚述历史中的外来因素。他们可能是在阿淑尔的征服者沙姆什-阿达德一世在位期间被列入王表的。[16]

《亚述王表》提供的关于下一批统治者的信息，更接近真实的历史。这些人包括 "（他们的名字）可以在砖头上找到的六位国王，但他们的名年官（eponym）不详"。"名年官"（亚述语中的 limmum）是一个现代术语，指的是从亚述的埃里舒姆一世的统治时期开始，亚述人以其名字给历法中各个年份命名的高级官员。据说，在这一制度实施之前，那六位统治者中的第一位是一个名叫苏里里（或苏勒）的人。此人可能与 "达基库（Dakiku）之子斯鲁鲁（Silulu）" 是同一个人，斯鲁鲁的名字出现在一枚印章上的铭文中，该印章的图案发现于卡尼什的几块石板和黏土封印上。印章铭文声称，斯鲁鲁曾担任过 "阿淑尔的管家"，这是阿淑尔历史上最常见的统治者头衔之一，同时他也是 "阿淑尔城的使者"（nāgirum），这是一个较为特殊的称号。根据风格来看，斯鲁鲁的印章很可能是公元前 21 世纪的产物。虽然不能排除斯鲁鲁是在乌尔第三王朝接管阿淑尔城不久之前进行统治的，但他似乎更有可能是在阿淑尔城脱离乌尔第三王朝的控制后,作为亚述一系列独立领导人中的第一人在阿淑尔城行使统治权的。斯鲁鲁可能与乌尔的一个文本中提到的"阿淑尔的总督"伊拉巴-斯鲁里/苏鲁里(Ilaba-siluli/sululi)是同一个人,如果是这样的话,我们可以认为,他最初是乌尔第三王朝的国王在阿淑尔任命的又一位首席行政官,后来,斯鲁鲁与他的南方霸主断绝了关系。斯鲁鲁的印章上的图像,显示了一个获得胜利的英雄踩在一个匍匐着的敌人身上,也许这表明斯鲁鲁是通过武力获得他的新地位的。[17]

最难得的是,斯鲁鲁的印章铭文并没有以他的名字和头衔开头,而是以"阿淑尔是国王"这一响亮的宣言开头。这种神权信条是在该地首次被发现的,它将定义未来几个世纪内阿淑尔的政治身份。在东底格里斯地区,巴比伦的城市埃什努纳(Eshnunna)也有类似的意识形态,那里的神明提什帕克(Tishpak)是"国王",而统治者则像阿淑尔的情况一样,是他的"管家"。埃什努纳与阿淑尔有着密切的文化联系,可能是这一政治神学概念的发源地。[18]

埃里舒姆一世国王的一篇铭文更详细地体现出了古亚述时期阿淑尔城的统治者是如何看待他们的神的,该铭文异常神秘,且富有诗意,年代比斯鲁鲁晚几十年。这段文字最初被刻在阿淑尔的司法机构阶梯之门附近的一块石碑上,其副本被保存在了卡尼什的两块泥板上:

> 愿正义在我的城市得到伸张!阿淑尔是国王!埃里舒姆是阿淑尔的管家!阿淑尔是一片无法穿越的沼泽,无法践踏的土地,无法跨过的水渠。
>
> 在阶梯之门说谎话的人,遗迹上的魔鬼会把他的头打碎,就像打碎一口锅一样。[19]

在这个文本中，阿淑尔被描述为一位无法受到控制也无法形象化的神（尽管他并非完全没有世俗的欲望，例如对酒精的渴望，正如埃里舒姆在阿淑尔神庙放置的两个巨大酒桶所表明的那样）。一些证据表明，阿淑尔神具有牛的特质：在埃里舒姆统治时期，他的神庙被称为"野牛宫"；在公元前18世纪安纳托利亚的阿塞姆土丘（Acemhöyük）的一个印章的图案上，他被描绘成一块长有四条腿的岩石，中间有一个牛头形状的部位突出来。这一图案上的岩石可能代表了阿淑尔城东北部的高地，但似乎也代表了埃比赫山（Mount Ebiḫ），根据埃里舒姆一世之父伊鲁舒玛的铭文，阿淑尔神在那里开辟了两个水源来为他的城市供水。一个来自巴比伦的苏美尔神话则将埃比赫山与伊南娜（Inanna）女神联系在一起，这位女神相当于苏美尔人的伊斯塔。[20]

在所有的这些文本中，阿淑尔都是作为一个与自然密切相关的神秘神灵出现的，这在更为广阔的美索不达米亚世界中是对神的罕见概念化，在美索不达米亚，神灵通常是以人类的形态受到崇拜的。公元前672年印在埃萨尔哈东的《继承条约》上的古亚述时期的神印，甚至可能以一种完全反具象化的方式来表现阿淑尔：应该描绘他的地方——一位女神和一位男性人物之间——是空的。但阿淑尔也至少偶尔会以人类的形象受到崇拜。人们于卡尼什发现的一封信表明了这一点，在信中，来自安纳托利亚的另一个商人聚居地乌尔舒（Urshu）的亚述商人痛苦地抱怨说："以前从未发生过的事情（现在已经发生了）。盗贼进入阿淑尔神庙，（偷走了）阿淑尔胸前的黄金太阳（盘）和阿淑尔的匕首。他们什么也没留下。我们寻找过这些盗贼，但是找不到他们。"[21]

除了阿淑尔神，其他神灵在古亚述时期的阿淑尔城也发挥了重要作用。特别是伊斯塔，她的神庙在当时一直是个具有相当规模的圣地，并且还是一个很受欢迎的献礼场所。在某个时候，一位名叫阿布沙里姆（Abshalim）的女祭司试图通过向伊斯塔女神进献青铜阴道模型来赢得她的芳心，但在那时，这个城邦已经由与这座城市同名的阿淑尔神主导了。[22]

在埃里舒姆一世统治时期，阿淑尔作为独立城邦已经有数十年时间了。埃里舒姆属于一个由世袭统治者组成的"王朝"，这些统治者认为，一个名叫普祖尔-阿淑尔一世的人是他们的祖先。后来的传统则认为普祖尔-阿淑尔（他的统治应该是开始于公元前21世纪末）参与了阿淑尔神庙和城墙的建设工作。他也出现在了《亚述王表》中，属于"六位不知其名年官的国王"之一，位于苏里里／苏勒和另外两位可能属于不同家族的统治者之后。普祖尔-阿淑尔是如何取得他的地位的，我们不得而知。他的直接继承人沙里姆-阿胡姆和伊鲁舒玛都留下了铭文，描述了他们为阿淑尔神庙和伊斯塔神庙所做的工作。

从伊鲁舒玛的儿子埃里舒姆一世开始，《亚述王表》提供了关于阿淑尔统治者在位时长的信息。第一版《亚述王表》的作者，一定是从在埃里舒姆统治时期就开始流传的名年官年表中提取出这些信息的。这些年表发现于卡尼什，使现代学者确定了来自该遗址的数千份古亚述时期的文件的相对顺序，其中许多文件的时间都是由名年官决定的。[23]

由普祖尔-阿淑尔一世建立的"王朝"包含九位世袭统治者，到公元前19世纪末沙姆什-阿达德一世开始统治为止，他们执政了约200年的时间。但是，在描述古亚述时期的政治制度时，"统治者"一词与他们"掌权"的说法有一定的误导性。严格来说，普祖尔-阿淑尔和他的继承者们并没有"统治"阿淑尔，他们甚至不被允许自称为"国王"。相反，如前所述，他们使用更谦虚的头衔"鲁巴乌姆"（意思是"君主"），以及其他一些头衔，其中最重要的是"阿淑尔的管家"和"监督者"。虽然他们很明显负责宗教崇拜以及建设和修缮神庙等事务，但在政治和经济领域，阿淑尔的世袭领导人充其量只是"平等群体中的一把手"（primi inter pares），而且这种平等，不是罗马皇帝使用该说法时声称的那种假的平等，而是一种实质性的平等。他们必须与"城市议会"（一个民主机构）和"贵族"名年官官员分享他们的权力，这些官员是从阿淑尔主要的商人家族中挑选出来的。古典政治理论家，如亚里士多德或波里比阿，可能会把古亚述时期城邦的政治结构描述为一种"混合宪政"，它有着一些相互联系但基本自治的公民机构。[24]

"城市议会"是一个民众大会，可能由一群"长老"领导，由阿淑尔城的所有自由男性公民组成。任何公民都可以向这个机构提出申诉，该机构的决定由"统治者"以监督者的身份执行。该城市议会在阿淑尔神庙后面的阶梯之门附近举行会议，那里有一片空地（可能是后来的阿淑尔塔庙所在的区域），人们在那里竖立了一块刻有法律的石碑。其中，有一些法律涉及商业活动，规定了阿淑尔公民不得将从安纳托利亚带回来的黄金出售给任何巴比伦、胡里安或阿摩利商人，否则将会被处以死刑，这是经济保护主义的一个早期例子。自由公民组成的大会也存在于阿淑尔在安纳托利亚建立的贸易殖民地，其中最重要的在卡尼什。[25]

在阿淑尔的人口中，自由公民的比例很难衡量，不过很可能低于50%。阿淑尔的许多居民属于各种类型的非自由民：有作为动产的奴隶，也有代表其主人做生意的、经济条件较好的仆人。他们中的一些人是被买来的，而另一些人则是因债务而失去了自由。来自卡尼什的档案表明，富裕的商人可以拥有多达20个奴隶。[26]

城市议会的任务主要是法律性质的，市政厅（亚述语中的 bēt ālim）才是阿淑尔主要的经济和行政机构。市政厅负责管理税收、城市的粮仓和国库、度量衡，以及阿淑尔财政和商业生活的其他元素，并且拥有自己的印章。市政厅的负责人是被称为名年官的官员。名年官来自阿淑尔的主要家族，至少在大多数情况下是如此。名年官似乎是通过抽签选出的，任期一年。与后来的情况不同的是，在当时，阿淑尔的世袭统治者从未担任过名年官这一职务。[27]

阿淑尔所使用的历法年份，是以每年在职的名年官的名字命名的。这与美索不达米亚南部的历法形成了鲜明对比，在那里，年份是以统治者（在公元前二千纪初，他们通常被认为是神圣的）在前一年取得的一些伟大成就来命名的。拉尔萨（Larsa）城有一个典型例子："苏穆埃尔（Sumuel）国王用他的武器打败了卡扎鲁（Kazallu）的国王及其军队的那一年"。这样的纪年方法出现在了数以千计的法律文件和行政文件中，成为国王宣传自己的一个重要工具。阿淑尔城没有使用这种南方风格的纪年方法，这再次表明，该城市的世袭领导人所拥有的权力是有限的。

这些领导人权力受到限制的另一个迹象，体现在阿淑尔的城市景观中。在古亚述时期的早期，阿淑尔显然还没有宫殿（ekallum）。这一时期的数千篇古亚述文本中完全没有提到这样的建筑，而且在沙姆什-阿达德一世之前，也没有明确的考古证据证明城内有宫殿。在沙姆什-阿达德一世之后，修建宫殿的区域可能被市政厅占据。最为肯定的是，在沙姆什-阿达德一世之前，亚述没有任何类似"王宫"的地方。虽然古亚述时期的文本多次提到过为卡尼什的统治者服务的"首席持杯者"（rab-šāqê）或"权杖持有者"，但没有任何证据表明阿淑尔存在这样的职业。换句话说，阿淑尔的世袭统治者可能就像其他富有公民一样，住所奢华但并非宫殿。卡尼什的文本显示，与这些富有的公民一样，统治者们也参与了陆路贸易，他们派自己的儿子随商队前往安纳托利亚，并让他们遵守与其他人相同的准则和规定。[28]

贸易定义了古代亚述城邦，而如果某人是阿淑尔的公民，那似乎就意味着此人是一名商人。古代近东的远距离贸易可以追溯到史前时代。例如，早在8 000年前，就有人从阿富汗东部将天青石（lapis lazuli）运往西亚和埃及进行贸易。阿淑尔与偏远地区的联系通常是间接的，靠的是几条相交的贸易路线。古亚述时期的商人可能不知道，他们最重要的贸易品之一，也就是锡（生产青铜所需的战略资源，此时变得越来越重要），最初来自中亚。除了交易锡之外，阿淑尔的商人们主要进行纺织品贸易。其中一些纺织品为自制，而另一些则是从巴比伦进口的，巴比伦人不仅生产大量的谷物，而且还饲养了大量的山羊和绵羊来生产羊毛。[29]

为了用锡和纺织品换取白银与其他贵金属以及原材料，阿淑尔的商人们使用着一个复杂的帝国网络，其中最重要的地点是安纳托利亚中部的卡尼什城，它位于阿淑尔西北方950千米处。卡尼什是一个面积约为150公顷的定居点，可能有多达2.5万人居住。因此，其面积比阿淑尔的40公顷要大得多，其人口也比阿淑尔的5 000人到8 000人多得多。卡尼什的上城由几座神庙和一座当地的宫殿组成，该宫殿是在公元前2020年左右新建的。它的下城包括与制造业有关的区域和住宅区，其中有一片地方是为来到安纳托利亚做长途贸易的阿淑尔商人家族代表保留的。从埃里舒姆一世统治时期开始，许多这样的代表在卡尼什永久定居，他们在那里享有一些治外法权和法律自主权。当地统治者则可以从他对商人征收的进口税以及他所拥有的贸易优先权中获利。一些来自阿淑尔的商人还会前往更加遥远的城市，如黑海附近的杜尔胡米特（Durhumit）和西安纳托利亚的普鲁什哈杜姆（Purushhaddum），在那里，他们将货物卖到了其他贸易圈，使货物最终抵达色雷斯和爱琴海地区。[30]

迄今为止，人们在卡尼什的阿淑尔商人家族的房屋中发现了近2.5万块楔形文字泥板，它们展示了其商业活动的详细图景。这些活动通常是私人的行动，需要承担相当大的风险，还包含了一些现代社会的特征，比如说承兑支票（即向持有支票的人付款，支票在卡尼什以泥板的形式出现）。根据协定，来自阿淑尔的商人只获准在安纳托利亚中部这一个地区经营，而其他地区，特别是叙利亚西北部和黎凡特，显然是属于其他贸易网络的。货物由驼队运送，从阿淑尔到卡尼什的旅程需要大约50天。主要的运输工具是驴子，这种动物很适合在不同类型的地形上行进，并且能够携带相当于其体重20%的货物。亚述商人所使用的驴子，每头能携带多达70千克的锡，以及各种类型的纺织品。[31]

长途贸易的利润可能是巨大的。在阿淑尔，锡与银的平均兑换比率为15:1，而在安纳托利亚，这一比率为7:1。由于运输成本、过路费和税收会明显减少商人们所期望获得的收益，因此，他们中的一些人从事了不光彩的走私生意。在卡尼什的一封信中，一个名叫布扎祖（Buzazu）的人称，他住在一个对锡有很大需求的地方，并请求收信人给他送来大量的金属。由于通往该地的主要道路会穿过一个征收重税的城镇，布扎祖建议那些带来锡的人要么从一条走私用的小道走，从而绕过这个城镇，要么在他们的内衣里藏一些金属。另一封信显示，该行动最终被取消了。这一案例说明，商人们能够毫无顾虑地使用非法手段来实现利润最大化。[32]

由于安纳托利亚的纺织品价格比阿淑尔的高三四倍，纺织品贸易甚至比锡的贸易更有利可图。许多来自卡尼什的信件和文件都提到了纺织品，其细节往往令人惊讶。例如，它们显示，一个女性需要150天才能生产出4米×4.5米的标准尺寸纺织品。通信者经常对衣服的糟糕状况表示不满："我们听说纺织品被蛾子蛀了。你为什么不检查它们，为什么你的报告还没有来？"这是卡尼什的一群商人给一个商业伙伴写的信里的内容。[33]

纺织品不仅具有突出的实用性，而且还标志着社会等级。与今天的人们一样，古代亚述人和巴比伦人都非常强烈地感受到了"人靠衣装"。在亚述发展贸易殖民地的时期，在一封来自巴比伦的信中，一位年轻人责备了他的母亲，他所用的口吻，现代喜怒无常又追求名牌的青少年的父母再熟悉不过了：

年复一年，这里年轻人的衣服越来越好，但你却让我的衣服越来越差……在我们家，羊毛像面包一样被用完的时候，你却给我差劲的衣服。阿达德-伊迪纳姆（Adad-iddinam）的儿子，他的父亲只是我父亲的助手，（有）两套新衣服［……］而你却为我的一套衣服而烦恼。尽管你生下了我，而他的母亲只是收养了他，但他的母亲爱他，而你，你不爱我。[34]

与这个不肖子责骂母亲的例子不同的是，在卡尼什的信件中，往往是妇女、妻子向家庭中的男性成员抱怨。在阿淑尔，一般是丈夫在国外从事贸易，而女性独自留在家里，不得不承担很多令人焦虑的责任，包括照顾孩子和管理本地的生意。阿淑尔的很多妇女很可能也会憎恨丈夫，因为她们的丈夫在某个贸易殖民地待上数年后，法律允许他们与另一个当地女性结婚，尽管他们在返回阿淑尔时必须将她留下。在一封具有代表性的信中，有影响力的商人因那亚（Innaya）的妻子塔拉姆-库比（Taram-Kubi）写信给她住在卡尼什的丈夫：

> 那些你声称（在阿淑尔这里）留给我的线圈（银制的）呢？你走的时候，甚至没有给我留下 1 舍客勒（shekel，约 8.5 克）的银子。你把房子里的东西挑得干干净净，什么都拿出来了。自从你离开后，城内发生了可怕的饥荒，你却连 1 升的粮食都没有留下……听着，寄给我白银，价值要与我做的衣服相同……我将买 10 希姆杜（şimdu，约 250 升）的粮食。[35]

尽管塔拉姆-库比充满了愤怒和不满，但她显然是一个非常有本事的女人，不仅有能力管理家庭、处理业务和生产纺织品，而且还识字，因为她毫无疑问可以自己写信。在古亚述时期，写信所需的楔形文字符号不过 80 个至 120 个，这比古代近东许多其他时期和地方所需的要少得多。这使得在古亚述时期，阿淑尔的几乎所有自由男性公民，显然还有许多阿淑尔的女性，都能相当熟练地阅读和书写。

看上去，阿淑尔的商人家族所写的东西几乎都与商业有关。在发现于卡尼什的数千块泥板中，很少有刻着宗教文本或文学文本的。少数这样的文本中包括了 11 个咒语（比如针对抢夺婴儿的邪恶女魔头拉玛什图的），也有前面提到的古亚述时期的萨尔贡传说。传说赋予了萨尔贡一些功绩，例如他与军队留在黑暗之地长达 7 年时间，或者他在一天内与 70 座城市发生战斗，这是如此怪异，以至于一些学者认为，这些文本是对国王颂词的模仿。至于此论点是否正确，目前还没有定论。[36]

发现于卡尼什的文学文本是用古亚述时期的语言和拼写方式书写的，而没有用巴比伦语。我们很难评估阿淑尔的情况，那里没出

第一章 底格里斯河畔的小城　　47

土多少可以追溯到古亚述时期的文本，这可能是由于苏美尔-巴比伦的文学传统在这么早的阶段还没有对亚述文明产生那么大的影响。然而，终究会有来自巴比伦的征服者把与南方密切相关的文化和政治习俗强加给阿淑尔，这只是个时间问题。

从公元前21世纪末的普祖尔-阿淑尔一世到埃里舒姆二世（约公元前1833/1823—前1809年在位）统治期间，有200多年的时间，阿淑尔没有卷入任何战争。这并不是说，阿淑尔的公民当时推崇非暴力的哲学——如果需要的话，他们依然可以对别人施加严厉的惩罚。阿淑尔城与一个身份不明的小国国王签订的条约规定："你不得让巴比伦人到你那里去，如果他们走陆路来到你的国家，你应该把他们交给我们，我们将杀了他们。"然而，该城邦确实试图避免大规模的军事冲突。伊鲁舒玛声称，他已经为巴比伦人和东底格里斯地区的几个城市"创造了自由"，这并不是指武装干预，而是指废除税收和过路费以促进与南方的贸易。[37]

然而，在公元前1809年左右，被反复加固过的阿淑尔城墙未能抵挡住征服战争，阿淑尔城中的人们发现，自己已经处于巴比伦南部的国王的摆布之下。引发这一重大转折的事件，在《亚述王表》中得到了简要描述："在伊卜尼-阿达德（Ibni-Adad）担任名年官时，沙姆什-阿达德（一世）从巴比伦前来。他征服了埃卡拉图姆（Ekallatum）并在那里住了三年。在阿塔玛尔-伊斯塔（Atamar-Ishtar）担任名年官时，沙姆什-阿达德从埃卡拉图姆前来，把纳拉姆-辛的儿子埃里舒姆（二世）从（阿淑尔的）王位上赶走。"[38]

阿淑尔的征服者沙姆什-阿达德一世是古代近东最有意思的政治人物之一。他是世代居于巴比伦东部迪亚拉（Diyala）地区的阿摩利人王朝的王家子弟，在意识形态方面与古城阿卡德及其著名的王朝有着强烈的联系。在其统治生涯前期，他遭受了一些重大挫折，因为与埃什努纳的小规模冲突而被迫在巴比伦流亡了一段时间，但他随后东山再起，聚集了一支强大的军队，向北行进，并夺取了阿淑尔北边的城市埃卡拉图姆。三年后，他征服了阿淑尔城，并获得了"阿淑尔的管家"这一传统头衔。在底格里斯河中游地区站稳脚跟后，沙姆什-阿达德征服了更西边的哈布尔三角区，并将当地的一座城市改名为舒巴特-恩利尔（Shubat-Enlil），作为他的新首都。沙姆什-阿达德的军事成功，在他征服幼发拉底河中游的中心城市马里（Mari）时达到了顶峰。在这次胜利之后，他开始使用令人联想到阿卡德统治者的通用称号，如"强大的国王"、"阿卡德地区的国王"以及"世界之王"。[39]

虽然阿淑尔不是其中心，但它在沙姆什-阿达德新建立的"上美索不达米亚王国"之中发挥了重要作用。这位统治者采用了这座城市以名年官纪年的做法，拆掉了埃里舒姆一世的阿淑尔神庙，以新的神庙取而代之，并在神庙的西边建造了一座类似于金字塔的巨大阶梯式塔庙，其底座的大小为 60 米 × 60 米，高度可能也是 60 米。在该塔庙的旁边，他建造了一座大型宫殿，这可能是阿淑尔人所见过的第一座宫殿。阿淑尔传统商人家族的代理人继续在安纳托利亚活动，阿淑尔的城市议会也继续举行定期会议，但此时显然是沙姆什-阿达德在发号施令。当城市议会的成员急于利用沙姆什-阿达德的权力为自己谋利，试图引诱国王对阿淑尔在安纳托利亚的一些对手发动战争时，沙姆什-阿达德毫不含糊地告诉这些代表，他们最好把与外国政治有关的事务交给他处理："既然你们是商人，那就尽力去从事你们的贸易活动吧。至于我们［哈尔萨姆纳（Harsamna）的统治者和我］，我们是强大的国王。所以你们为什么要插手？"[40]

第一章　底格里斯河畔的小城　　49

沙姆什-阿达德最终建立的治理体系，在很大程度上是一种家族治理体系。这位伟大的国王本人在舒巴特-恩利尔协调国家事务。他的大儿子伊什美达干在埃卡拉图姆担任总督，在那里密切地关注着国家的东部领土；他的小儿子雅斯马赫阿杜（Yasmah-Addu）在马里担任着同样的职务，是王国西南部的行政长官。马里的一大批楔形文字信件表明，伊什美达干是比他的兄弟更有能力的统治者。在其中一封信件中，沙姆什-阿达德责备雅斯马赫阿杜说："伊什美达干打败了一整个国家的军队。当你的兄弟在那里取得巨大胜利时，你却躺在你的女人中间。做个男人吧！"在另一封信中，沙姆什-阿达德批评雅斯马赫阿杜使用了太多的金银来制造神像，还批评他指定了太多的羊作为祭品，这是在古代世界政治实用主义战胜宗教狂热的有趣例子。[41]

在同一封信中，沙姆什-阿达德称马里和阿淑尔这两座城市"充满了神灵"，对阿淑尔来说确实如此。除了阿淑尔和伊斯塔的神庙外，阿淑尔城还有天气之神阿达德、月神辛（Sin）、太阳神沙马什（Shamash）、阴间女神埃莱什基迦尔（Ereshkigal）以及达干（Dagan）神的圣地。在一整年中，阿淑尔城内经常举行精心设计的崇拜仪式。有一次，伊什美达干的妻子拉玛西-阿淑尔（Lamassi-Ashur，来自阿淑尔）邀请小叔子雅斯马赫阿杜过来，与沙姆什-阿达德以及伊什美达干一起参加在该城市举行的宗教庆典，他们在阿淑尔"宁静的面孔"下享受快乐，并"亲吻神的脚"。[42]

当时伊什美达干自己的脸和脚的样子要比他的神差得多。正如拉玛西-阿淑尔的信所揭示的那样，她丈夫的嘴有问题，他的一只脚也受伤或感染了。由于他缺乏可以信任的医生，他的妻子请求雅斯马赫阿杜从马里给他送来一位医生。但伊什美达干健康状况的恶化并不妨碍他在沙姆什-阿达德的垂暮之年取得一些重大胜利，其中最重要的是征服尼尼微。[43]

尼尼微城曾是独立的努鲁古姆（Nurrugum）王国的一部分，它与阿拉法（Arrapha）和卡布拉（Qabra）的土地一起，在沙姆什-阿达德的上美索不达米亚王国与南面的埃什努纳王国之间形成了一条缓冲地带。但在某个时候，沙姆什-阿达德与埃什努纳结成了联盟，他与埃什努纳的国王达杜沙（Dadusha）联手，对这三个国家发动了一场毁灭性的战争。在这场战争中，尤其是在进攻尼尼微的战役中，伊什美达干发挥了关键作用。当敌对行动最终结束时，达杜沙带回了丰富的战利品，而沙姆什-阿达德则得到了更大的收获：在政治上控制了整个地区。随着阿淑尔、尼尼微和阿尔贝拉（属于卡布拉地区）等城市被同一个人统治，后来作为亚述国核心地区的领土才第一次在政治上实现了统一。

可惜的是，这种统一是短暂的。沙姆什-阿达德去世于公元前1776年左右，他的上美索不达米亚王国的大部分地区在几年内就崩溃了。雅斯马赫阿杜在马里的王位被夺走了，经过短暂的过渡时期后，一位名叫齐姆里利姆（Zimrilim）的阿摩利人统治者夺取了政权，成了新的统治者。雅斯马赫阿杜的后宫曾经是他父亲尖锐批评的目标，此时也被纳入他的继任者的后宫中了。如果《亚述王表》所言属实，那么伊什美达干的处境则没有那么绝望。他设法在阿淑尔继续掌权，尽管他也遭受了许多挫折。这时的埃什努纳不再是盟友，而是致命的敌人，他们的军队对阿淑尔发动了攻击。另外，伊什美达干还与蛮族图如库人（Turukkaean）发生了冲突（起因是图如库领导人拒绝将女儿嫁给伊什美达干的儿子穆特-阿什库尔），这迫使他多次流亡巴比伦。

与此同时，一位新的国王，巴比伦的汉谟拉比（Hammurabi），成为美索不达米亚新的强人。他不仅最终从齐姆里利姆手中夺取了

第一章 底格里斯河畔的小城

马里并将其摧毁，而且在伊什美达干担任统治者的大约14年里，还控制了尼尼微和阿淑尔。在他著名的法典的序言中，汉谟拉比间接提到，在早些时候，阿淑尔的神像被强制移出了他的城市，他还称自己是"将仁慈的守护精神还给阿淑尔的人"。值得注意的是，伊什美达干似乎也挺过了这最后一场危机，尽管他只是勉强活了下来。伊什美达干的健康状况一直很差，有一次，有两个外来者说他是个瘸子，于是他就把这两个人的房子烧了。他的政治处境也很窘迫，在他人生的最后25年里，可能大部分时间他都是一个软弱的、听命于巴比伦的傀儡国王。伊什美达干去世于公元前1736年左右。之后，他的儿子穆特-阿什库尔登上了王位，但穆特-阿什库尔巩固权力的尝试也失败了，其统治有可能仅限于埃卡拉图姆城，统治阿淑尔的则另有其人。[44]

根据《亚述王表》，在穆特-阿什库尔统治几年后，沙姆什-阿达德王朝最终灭亡，接下来出现了一段混乱时期。最终，沙姆什-阿达德时代之前的阿淑尔政府体系得到了恢复。在一段非比寻常的铭文中，使用传统头衔"阿淑尔的管家"的新统治者普祖尔-辛称沙姆什-阿达德的后代为"外来的瘟疫，并非土生土长于阿淑尔"，他还声称，他已经拆除了沙姆什-阿达德的宫殿——在当时，该宫殿被认为是可恶的外人对阿淑尔城进行非法统治的象征。该文本的民族主义色彩在古代近东的政治用语中是相当特别的。有意思的是，普祖尔-辛的铭文是用当地的古亚述语写的，而没有用古巴比伦语，古巴比伦语是沙姆什-阿达德的铭文和信件中所使用的语言。[45]

阿淑尔此时又成了一个城邦。公元前17世纪，尼尼微的阿塔尔-沙里（Atal-sharri）和阿淑尔的皮拉-库尔（Pilah-KUR，读音不确定）所写的信件表明，这两座城市不再属于同一个领土单位。阿淑尔传统的公民机构重新获得了决定外交政策的权力。在公元前

1750年后的某个时候，阿淑尔城市议会批准了与阿普姆（Apum）城的经济条约，其中没有提到阿淑尔的世袭领导人。与此同时，阿淑尔在安纳托利亚的商业活动似乎仍在继续，可能一直持续到公元前1630年至前1595年，当时赫梯国王哈图西里一世（Hattushili I）与穆尔西里（Murshili）发动的战争导致许多阿淑尔商人家族使用的商业设施被摧毁。[46]

尽管早先古亚述时期的做法得以恢复，但沙姆什-阿达德及其后裔统治阿淑尔的那段相当短的时期从未被人完全遗忘。而且，似乎并非所有人都赞同普祖尔-辛对那段时期的负面看法。在公元前16世纪上半叶，阿淑尔有三位世袭领导人使用了"沙姆什-阿达德"和"伊什美达干"的名字。一路传承到公元前一千纪的《亚述王表》对沙姆什-阿达德的统治有着详细介绍。而由沙姆什-阿达德王朝引入的某些创新，后来重新得到了采纳，其中包括将阿淑尔视为巴比伦神恩利尔。恩利尔是尼普尔的守护神和"众神之王"，阿淑尔与他的合并是政治一统在宗教方面所产生的一个重要而且必然的结果。沙姆什-阿达德重建阿淑尔神庙不仅是为了阿淑尔，而且也是为了恩利尔，这就相当于他正式认可了这一观点。[47]

沙姆什-阿达德及其后代留下的最重要遗产是一种理念，即应该由国王统治领土国家，而不是由公民机构负责统治城邦。在阿淑尔经过漫长的"黑暗时代"，确实变成这样一个国家的时候，这位伟大的阿摩利君主的统治，在那些促成这一转变的人心中一定是非常重要的。沙姆什-阿达德的上美索不达米亚王国，是走向伟大的前奏。

第二章

王国的诞生

在公元前17世纪至前14世纪之间,阿淑尔从一个由商人经营、由公民机构管理的城邦,逐渐演变为由国王统治的亚述领土国家,这些国王信奉不加掩饰的扩张主义意识形态。"阿淑尔"此时不再仅仅是一个神和一座城市的名字,它也成了一片土地的名称。

虽然我们难以确定这一重大政治变革的根本原因,但其结果是明确的:在一个缺乏文献记载的过渡时期之后,一个新的时代开始了。它被称为中亚述时期,从公元前14世纪持续到前11世纪,在此期间,尽管亚述偶尔会爆发统治危机,但它一直是西亚的大国之一。

在这一时期,政治、文化和社会方面的一些关键发展,将会塑造亚述王国,直至其最终灭亡。亚述向西扩张的结果是,在距底格里斯河中游约250千米的哈布尔河地区,第二个亚述权力中心形成了,该地由驻扎在杜尔-卡特利姆城的亚述人总督管理。亚述与南面的巴比伦的接触导致亚述文化明显巴比伦化,这也标志着它们之间激烈政治竞争的开始,这种竞争是这两个邻国之间未来几个世纪关系的特点。而亚述人在中亚述时期建立的许多经济体系、王家仪式和学术传统,也同样会一直延续到公元前一千纪。

就阿淑尔和亚述而言，公元前1735年至前1400年之间的几个世纪是某种意义上的"黑暗时代"。除了《亚述王表》、一些简短的亚述王室铭文和其他一些文本外，关于这一时期的资料非常少。对一些学者来说，这种资料的匮乏表明这是一个衰落和混乱的时代，这种观点也许是有道理的。不过考古上的意外发现，对于还原这一历史时期能够起到一定的作用。这个时代的黑暗是表面上的，它可能更多地存在于旁观者的眼里，而不是在事实中。[1]

《亚述王表》中关于这几个世纪的内容并不完全可靠。它的主要版本遗漏了穆特-阿什库尔（伊什美达干一世之子），以及另外一两位可能在他之后统治亚述的沙姆什-阿达德王朝成员。它也没有提到皮拉-库尔，此人在公元前17世纪的某一时间段内统治过阿淑尔。该王表反而声称，在伊什美达干一世之后，是一个叫阿淑尔-杜古尔的人在统治，他是"一个无名小卒的儿子"，在他之后，是六位极其短命的统治者，实际上，这六个人可能是阿淑尔-杜古尔在位六年间的名年官。其中，最后一位名叫阿达西，阿达西大概于公元前1730年左右即位，王表把他列为亚述下一个王朝的创始人，而这个王朝一直延续到了亚述的末日。

属于阿达西、阿达西的继任者（据说是其儿子）贝卢姆-巴尼，以及紧随其后的大多数统治者的资料，我们已经无法获得，但是，一直到亚述王国即将灭亡时，认为阿达西是王朝创始人的看法仍在亚述的历史记忆中根深蒂固。公元前7世纪的国王埃萨尔哈东仍然认为阿达西是他的祖先。然而，阿达西到底是谁，他取得了什么成就，至今仍然是个谜。我们也很难确定，阿淑尔城邦是从何时开始侵占邻国领土的，以及在哪里可以寻找到亚述行省制度的起源，该制度在公元前13世纪时就已经完全成熟了。

在《亚述王表》中，继阿达西之后提到的第七位统治者，是一个名叫基丁-尼努阿的人，他的统治时间约为公元前1630年至前1616年。基丁-尼努阿的名字意为"（在）尼尼微的（女神的？）保护之下"，这可能表明，基丁-尼努阿，或许还有他的父亲，不仅统治着阿淑尔，也统治着尼尼微。然而这一假设无法得到证实，事实上，它也似乎与一些证据相矛盾，这些证据表明，在公元前17世纪末时，尼尼微是由独立的领导人统治的。其中一位是阿塔尔-沙里，我们从一封信中可以得知他的存在。另一位可能在"释放之歌"中被提到过，这是一首胡里安诗歌，声称某位"尼尼微的皮兹加拉（Pizigarra）"参与了约公元前1600年对叙利亚西北部的埃布拉（Ebla）城的破坏。皮兹加拉这个名字是胡里安语名字，他在诗歌中扮演了一个重要但令人费解的角色。该诗开头的一段话在提到众神之后提到了他："我将歌颂特舒布（Teshub）神，他是库姆（Kumme）的伟大领主……我将讲述皮兹加拉，他被带到了埃布拉……尼尼微的皮兹加拉。"[2]

在公元前16世纪初，当西亚的政治格局经历了一些剧变后，尼尼微可能仍然是一个具有胡里安文化特征的独立城市，而不是阿淑尔的属地。公元前1595年，在几十年前就已经登上历史舞台的印欧语系的赫梯人，从他们位于安纳托利亚中部的首都哈图沙（Hattusha）向外扩张，横扫叙利亚，并征服了巴比伦。这一重大事件可能没有直接影响到阿淑尔，因为从各种迹象来看，阿淑尔并没有遭遇巴比伦曾经遭遇的重大破坏和政治混乱。在巴比伦，汉谟拉比的王朝就此结束，随之而来的是一段混乱的时期。一个规模庞大的赫梯国家在西部形成之后，从叙利亚东北部到底格里斯河东部地区的许多胡里安王公似乎慢慢开始联合起来，建立了自己的一个新国家。这个国家由具有印度-雅利安名字的领导人统治，最终被称为米坦尼（Mittani）或哈尼加尔巴特（Hanigalbat），是它给阿淑尔施加了巨大的压力。

然而,米坦尼的崛起是一个缓慢的过程,在公元前16世纪和前15世纪的大部分时间里,阿淑尔仍然有相当大的政治运作空间。与不久之前的几位统治者不同,这一时期的几位统治者,从沙姆什-阿达德三世(约公元前1573—前1557年在位)到恩利尔-纳西尔一世(约公元前1504—前1491年在位),都留下了铭文,声称自己重建了阿淑尔的一些最重要的神庙,并加固了城墙。阿淑尔-尼拉里一世(约公元前1556—前1530年在位)建造了一座新的宫殿,而在他之前的近200年间,阿淑尔似乎并没有宫殿。阿淑尔-尼拉里一世的儿子和继承人普祖尔-阿淑尔三世(约公元前1529—前1505年在位)则在后来的文献中说,自己在城市的东南角增设了一个城郊住宅区,面积约为15公顷。更为重要的是,根据后来一部编年史的记载,普祖尔-阿淑尔三世与在巴比伦新建立的加喜特(Kassite)王朝的国王布尔纳布里亚什一世(Burnaburiash I)签署了一项条约,以确定他们领土的边界。加喜特人是一个来自扎格罗斯山脉的民族,在赫梯人于公元前1595年入侵巴比伦后,他们花费几十年的时间获得了对巴比伦的控制权,并热切地采用了巴比伦的语言和文化。如果该编年史是可信的[这种可能性很大,因为人们在小扎卜河右岸的哈布巴(Habuba)发现了普祖尔-阿淑尔三世的铭文],那么阿淑尔在这段时间内肯定控制了远远超出其城市范围的地区。但是,并没有证据可以表明阿淑尔已经开始将这些领土组织成行省,就像两个世纪后那样。

进入公元前15世纪之后,米坦尼对阿淑尔的压力开始增大,压力既来自西边,那里有米坦尼的首都瓦苏卡尼[Washukanni,今泰勒费克瑞耶(Tell Fekheriye)];也来自东边,在这里,距离阿淑尔约100千米、位于今基尔库克附近的努兹(Nuzi)遗址出土的文本表明，曾经强大过的阿拉法王国此时已经成为米坦尼的附庸国。阿淑尔也肯定被米坦尼控制过数十年。最明显的证据来自哈图沙的一份胡里安人与赫梯人签订的条约，该条约声称，公元前15世纪下半叶在位的米坦尼国王沙乌什塔塔尔（Shaushtatar）将一扇用金银制成的门从阿淑尔带到了他在瓦苏卡尼的宫殿（公元前14世纪中期，瓦苏卡尼又将其归还给阿淑尔）。

米坦尼的霸权并不是绝对的，其中央集权程度也不如其他国家。《亚述王表》显示，阿淑尔的地方王朝依然存续，并且这座城市经常设法摆脱外国霸主的控制。例如，在阿淑尔-贝尔-尼谢舒（Ashur-bel-nisheshu，约公元前1417—前1409年在位）统治时期，阿淑尔与巴比伦签订了另一个边界条约。然而，在公元前1430年至前1360年间，阿淑尔仍然在很大程度上受米坦尼的控制。很明显，亚述国家需要一个强大的、有远见的新领导人来确立自己的地位。

最终使阿淑尔摆脱米坦尼统治的领导人是阿淑尔-乌巴利特一世。阿淑尔-乌巴利特一世是一位杰出的、精力充沛的领导者，他大约在公元前1363年至前1328年掌权，利用了米坦尼王室内部一系列的政治谋杀，这些事件导致了米坦尼暂时分裂。他让多位米坦尼王位的觊觎者相互竞争，把阿淑尔变成了一个强大的政治角色，确保其进入了国际舞台。虽然目前还没有明确的证据表明在他统治期间存在行省系统，但很明显的是，阿淑尔-乌巴利特也统治着尼尼微，他在那里重建了伊斯塔神庙的一部分。阿淑尔以北的、东底格里斯地区的其他重要城市，如迦拉、基里祖（Kilizu）和阿尔贝拉，可能也在他的统治之下。[3]

阿淑尔-乌巴利特的领土扩张，对不断发展的阿淑尔产生了重大的经济影响。由于这些新占领的地区每年的降雨量相对较高，它们的收成比阿淑尔地区要丰富得多，因此，人们可以从这里相对容易地将谷物和其他农产品顺着底格里斯河运到亚述首都，以增加其粮食供应。此外，在公元前1330年之前的某个时间，阿淑尔-乌巴利特摧毁了努兹城，并占领了阿拉法王国的一部分，而该王国的另一部分那时由巴比伦所控制。毫无疑问，在阿淑尔-乌巴利特的统治下，阿淑尔从以前的"幼虫"蜕变为一个强大的领土国家，成了希腊人后来所说的"阿淑尔之地"或"亚述"。[4]

阿淑尔-乌巴利特不仅是一位强有力的军事领袖，而且是一位精明的外交家和拥有"软实力"的掌权者。他为了与南方邻国巴比伦建立牢固的联系，把女儿穆巴里塔特-谢鲁阿（Muballitat-Sherua）嫁给了巴比伦国王布尔纳布里亚什二世，同时也在国内推广巴比伦的宗教和学术研究，致使巴比伦的守护神马尔杜克在阿淑尔受到了崇拜。一位来自巴比伦的神职人员成为阿淑尔-乌巴利特的首席书吏，他的家族中出了很多巴比伦的重要行政人员和学者，他在阿淑尔的房子距离"马尔杜克之门"很近，这扇门可能属于一座新建立的马尔杜克神庙。随着时间的推移，马尔杜克的儿子纳布（Nabû）在亚述的地位也变得更高。[5]

阿淑尔在文化和宗教领域进行的改造，可能是出于政治上的考虑。阿淑尔-乌巴利特希望减少甚至根除胡里安人的影响，这种影响长期以来塑造了阿淑尔北部和东部人们的身份认同，尽管他们此时发现，他们已经处在了一个新成立的统一的亚述国家之中。美索不达米亚南部久负盛名的苏美尔-巴比伦文化，为这种胡里安遗产提供了一个受欢迎的替代方案。

与和巴比伦的互动相比，阿淑尔-乌巴利特尝试与埃及平等交往的野心也不小。在公元前15世纪，当强大的法老图特摩斯三世

（Thutmose III）多次入侵叙利亚时，阿淑尔曾有几次向埃及进贡。在这些顺从的姿态背后，他的目的是防止埃及人影响阿淑尔的商业利益。不过到了此时，亚述人认为双方的交往应该改为礼尚往来了。在发现于埃及泰勒阿马尔那［Tell el-Amarna，著名的"异端"法老埃赫那吞（Akhenaten）建立的古城埃赫塔吞（Akhetaten）的遗址］的一封楔形文字信件中，阿淑尔-乌巴利特宣布，他将给和他地位相当的埃及法老送去一辆王家战车、一些白马和天青石，然后抱怨他以前没有从埃及收到过足够的礼物："一个伟大的国王只送这样的礼物吗？在你们国家里，黄金就像泥土一样多，人们只需把它们收集起来。你为何如此吝啬？我正在建造一座新的宫殿。给我送来装饰所需的黄金吧。"阿淑尔-乌巴利特声称此前的一位亚述统治者曾经从埃及收到过20塔兰特（talent）黄金，这一数额之大，让人不禁怀疑他是否只是编造了一个故事，以此来让这个相当傲慢的要求看上去是合理的。[6]

然而，在这封信中，最值得注意的是另一件事：阿淑尔-乌巴利特称呼埃及法老为"我的兄弟"，并自称"伟大的国王"。在此处，终于出现了阿淑尔的世袭统治者此前一直避免使用的称号"国王"（šarru），而让情况更明显的是，它在出现时还带着定语"伟大的"（rabû），使这一称号更加尊贵。在阿马尔那文书的时代，只有少数几个"伟大的国王"，其中最重要的是埃及、赫梯、米坦尼和巴比伦的国王。显然，阿淑尔-乌巴利特想加入这个独特的俱乐部，并且他向其他成员毫不掩饰地表明了他的愿望。[7]

与此同时，在国内，阿淑尔-乌巴利特继续在他的铭文中使用"阿淑尔的管家"和"监督者"这样的传统头衔。但刻在他个人印章（该印章的图案被印在了许多官方文件上）上的铭文也称他为"阿淑尔地区之王"（šar māt Aššur），而且该印章上的图案也同样表现了他与传统的决裂。早期"米坦尼风格"印章上的图案通常是被稍微凌乱地随意堆在一起的奇异生物以及风格化的树木和抽象符号，而阿淑尔-乌巴利特印章上的图案却描绘了两个有翅膀的人物，他们中间是一头上下颠倒的狮子。这样的视觉语言传达了集中王权的理念，这是阿淑尔-乌巴利特在为亚述打造新的治理形式时所急于推广的理念。[8]

在给埃及法老的信中，阿淑尔-乌巴利特提到了他正在建造一座新的王宫。该宫殿作为一个机构，将从那时开始作为阿淑尔的主要政治、管理和经济中心。以前的城市议会被取缔，市政厅的权力也被严重削减，它只保留了监督度量衡等次要职能。担任名年官的官员不再与市政厅联系在一起，相反，任何命名年份的官员此时都可以拥有这个头衔。许多阿淑尔的公民仍然从事商业活动，但其他人开始追求新的（而且可能是更有利可图的）职业，入宫当官，无论是担任军事职务还是行政职务。这个新的精英阶层的财富不再依赖于长途贸易，而是依赖于君主所分配的土地所有权，这些土地通常是遥远的、被称为"敦努斯"（dunnus）的设防农场。

虽然他们富有而且有影响力，但这些维持国家运转的人当时都是"国王的仆人"（urad šarre）。君主权力崛起的一个极明显迹象是亚述王庭的出现（以及阿淑尔的寡头和民主机构的衰落）。王庭拥有一支全新的官员队伍，其主要职能是迎合统治者的需要。这支官员队伍中有许多宦官，他们的任务包括守卫国王的后宫，这新建的宦官制度也突显了国王的特殊地位。

在对阿淑尔进行考古发掘时，人们发现了9块刻有法令的泥板，这些法令规范了宫廷人员的行为，特别是男性侍臣和宦官应如何与国王后宫中的女性相处。根据其中的说法，最早发布此类法令

亚述：世界历史上第一个帝国的兴衰　　　　62

的君主是阿淑尔-乌巴利特。在后来的统治者中，提格拉特-皮莱塞尔一世（公元前1114—前1076年在位）的法令，也能够反映出当时阿淑尔的宫中实行的规则："如果有宫中的女子袒露双肩，甚至连'襟达巴塞'（kindabašše）衣都没有穿，同时她又召唤宫廷侍者，说'……来吧，我要给你下一个命令'，如果他停下来和她说话，那么他就会被打一百下，告发他的目击者将拿走他的衣服。"另一项法令规定，如果宫廷总管或者其他一些官员允许宦官以外的人进入宫殿的内部区域，那么这些官员将会被处以砍掉脚的惩罚，这种刑罚惩处的是入侵者"越权"进入国王妃子们所在区域的行为。[9]

有一块巨大的楔形文字泥板上的铭文，反映了阿淑尔宫中妇女生活里一个较好的方面，该铭文列出了几十首情歌的标题，包括"在夜晚的微风中"或"他将带走我，我已准备好迎接我的爱人"。我们从在马里发现的档案中得知，后宫妇女往往是有成就的歌手和音乐家，因此有理由认为，演唱这块泥板上的情歌，可能是阿淑尔的嫔妃们真正喜欢的一种活动。当然，这并不能改变一个事实，即中亚述和新亚述时期国王的后宫只是统治者不受约束的另一种表现形式。后宫代表了国王的政治权力和军事权力在性方面的对应关系。[10]

从公元前14世纪开始，亚述的王权思想在亚述的加冕仪式中找到了一种极为突出的表达方式。记载这一仪式的泥板可能写于公元前12世纪或公元前11世纪初。人们在阿淑尔神庙西南侧的前庭发掘时，是在年代晚得多的公元前7世纪的文物当中发现这块泥板的，这表明该仪式至少已经举行了500年的时间。我们并不知道它是否在阿淑尔-乌巴利特统治时期就已经存在，但看上去当时很有可能已经举行过与泥板所述相似的仪式。[11]

当加冕仪式开始时，新的君主与一列队伍会从他的宫殿来到附近的阿淑尔神庙，当他到达时，阿淑尔神的一名祭司会喊道："阿淑尔是国王！阿淑尔是国王！"这一宣告让人联想到中世纪加冕仪式上的颂歌："基督得胜，基督为王，基督统万邦！"（Christus vincit, Christus regnat, Christus imperat）显然，阿淑尔神享有最高统治权的旧思想仍然非常活跃，而且会在亚述历史的余下部分一直保持活跃的状态。但与古亚述时期不同的是，神圣的国王阿淑尔此时会与一个和他非常接近的、与他的权力相当的凡人合作，事实上，距离已经近到神与王之间的界限都有些模糊了。随着仪式的继续，这种联系变得更加明显，国王向各路神灵献上宝石后，会隆重地举起阿淑尔的王冠，紧接着又从祭司的手中接过自己的王冠。[12]

在这一场合中，国家最重要的官员和宫中的宦官会表达特别重要的祝福："愿阿淑尔和穆里苏（阿淑尔的妻子），你的王冠的主人们，把王冠戴在你头上一百年……愿你和你儿子们的祭司身份被你的神明阿淑尔悦纳。用你公正的权杖扩大你的领地吧。愿阿淑尔保佑你的命令传达给人们，愿服从、公正、和平与你同在。"接下来，国王将被带回他的宫殿，在那里，他终于登上了他的王位。在主要的官员和宦官向他致敬，并取下他们的权力标志后，国王会对他们说："每个人都继续留在自己的位子上。"这样就确保了国家机构继续顺利运转。

尽管亚述人在加冕仪式中祈求"公正、和平"，但仪式的高潮是命令国王"扩大他的领地"（mātka rappiš），这是对政治上的无情和军事侵略的神学认可，这种信奉战争的意识形态，将由亚述国王在700多年的时间里忠实地付诸实践。鉴于早期阿淑尔相对和平的历史，这种向好战的转变是令人吃惊的，而且很难确定实际引发这一转变的原因是什么。但是在历史上，世界的其他地方也有商业资本主义的扩张导致征服和压迫的例子，笔者所想到的是东印度公司在南亚的崛起，以及它如何为英国国王对印度的统治铺平了道路。似乎一旦阿淑尔商人在安纳托利亚的帝国被摧毁，商业机会受到严重限制，他们的野心就从贸易转向了领土，他们多个世纪的长途运货经验使他们对这种转变有着充分的准备。就战争技术而言，他们可能首先是向他们以前的霸主胡里安人学习。亚述军队最高级军官的头衔"图尔塔努"（turtānu）就源自胡里安语，这不太可能是偶然的。

娶了阿淑尔-乌巴利特女儿的巴比伦国王布尔纳布里亚什二世，是最早意识到新兴的亚述国家可能会变得非常危险的人之一。亚述那无休止扩张的意识形态，对其西亚的邻国巴比伦来说可能是个坏消息。在给一位法老（可能是埃赫那吞或图坦卡蒙）的信中，布尔纳布里亚什认为亚述人是巴比伦的附庸，并问埃及法老："他们有什么资格擅自来到你的国家？你如果爱我，就别和他们做任何交易。让他们空手回到我这里吧。"[13]

然而，他们尝试用类似方式控制亚述人的行动时，为时已晚，木已成舟了。很快，巴比伦人眼中臣服于自己的附庸亚述开始插手巴比伦的内部事务。布尔纳布里亚什在约公元前1333年去世后，他的儿子迦拉因达什（Karaindash，他的母亲是亚述公主穆巴里塔特-谢鲁阿）登上了巴比伦的王位。当一群叛乱者将迦拉因达什赶下台后（这场叛乱可能导致了穆巴里塔特-谢鲁阿的死亡），阿淑尔-乌巴利特向南方派遣了一支军队，帮助布尔纳布里亚什的另一个儿子库里加尔祖二世（Kurigalzu II）取代了这些篡位者。

这次干预并没有产生持久的影响。不久之后，库里加尔祖二世没有表示感谢，反而开始攻击亚述中心地带的苏加加（Sugaga）和

第二章 王国的诞生

基里祖这两座城市，从而引发了亚述和巴比伦之间一系列漫长的小规模冲突，其中大部分和争夺东底格里斯地区的控制权有关。随着时间的推移，双方都经历过胜利和失败，竞争愈演愈烈，以至于没有什么是可以被遗忘或原谅的。在阿淑尔-乌巴利特在位时期的一个世纪后，《图库尔提-尼努尔塔史诗》（Tukulti-Ninurta Epic，下文会有更多介绍）的亚述作者，仍然将库里加尔祖的"背叛"作为亚述与巴比伦之间敌意的源头。

尽管与巴比伦之间的争斗持续不断，但在公元前13世纪上半叶，亚述最重要的战争实际上发生在其他地方。这些战争爆发于西部的哈布尔河地区，哈布尔河是幼发拉底河北部的一条支流，其源头位于叙利亚东北部和土耳其南部一带。这条水道两旁的肥沃农田，特别是人口稠密的上哈布尔三角区，对一个有抱负的政治大国来说是个有吸引力的目标。数十年来，亚述国王阿达德-尼拉里一世（约公元前1305—前1274年在位）和沙尔马内塞尔一世（约公元前1273—前1244年在位）的军队多次入侵哈布尔河地区，与曾经强大的米坦尼在那里遗留下来的势力作战。阿达德-尼拉里（第一位在其铭文中详细描述军事事件的亚述统治者）迫使米坦尼缴纳巨额岁贡。当米坦尼统治者瓦撒沙塔（Wasashatta）停止进贡后，阿达德-尼拉里便掠夺了他最大的八个城市，包括米坦尼的首都瓦苏卡尼，并将国王、他的妻子和孩子以及他的许多朝臣掳到了阿淑尔。在这场胜利的鼓舞下，阿达德-尼拉里开始自称为"强大的国王"（šarru dannu）、"阿淑尔地区之王"和"世界之王"（šar kiššati），这些称号从此成了亚述的君主及其领土野心的标志。阿达德-尼拉里一世还称自己是"边境和边界的扩展者"，以此强调了亚述加冕仪式赋予亚述统治者的核心任务。

与此同时，一些政治人物仍然没有完全承认亚述人自己宣称拥有的新政治地位。赫梯国王穆尔西里三世对阿达德-尼拉里吹嘘其军事胜利的行为感到恼火，他在一封语言尖刻的、带有一点轻蔑语气的信中表达了这种不满情绪："所以你已经成了一名'伟大的国王'，不是吗？那你为什么还在继续瞎扯'兄弟情谊'？……我又为什么要叫你'兄弟'呢？……你和我是同一个母亲生的吗？……你不该再给我写信说你是一个伟大的国王。这让我不高兴。"然而，正如早些时候巴比伦国王布尔纳布里亚什二世所做的那样，穆尔西里质疑亚述国王资格的尝试收效甚微。当阿达德-尼拉里的继任者沙尔马内塞尔一世对米坦尼最后一位国王沙图阿拉二世（Shattuara II）的据点发动大规模进攻时，赫梯人为支持米坦尼统治者而派出的盟军没能发挥作用。沙图阿拉二世遭受了毁灭性的失败，哈布尔河地区成为亚述国家的一个组成部分。这是一次极为重要的地缘政治转变。[14]

沙尔马内塞尔巩固其在哈布尔河地区的权力的一种手段，是驱逐大量的当地人口。从此，这种大规模的驱逐行动成为亚述对外统治的一个关键元素，它有助于瓦解当地人的身份，并为亚述统治者计划的建筑工程以及新农田的开发提供大量劳动力。沙尔马内塞尔声称，他在对沙图阿拉的战争中驱逐了至少14 400人（这个数字是3 600的4倍，是美索不达米亚六进制系统中的一个基本数字，因此可能是经过取整的），虽然这个数字可能有所夸大，但国王所下的驱逐令，其政治、心理和经济影响无疑是相当大的。

在米坦尼以前所建立的行政单位的基础上，沙尔马内塞尔在哈布尔河地区建立了几个新的亚述行省。他的继任者图库尔提-尼努尔塔一世（约公元前1243—前1207年在位）在更往西的地区建立了更多的省份，这些省份一直延伸到幼发拉底河的另一条北部支流巴里赫河（Balikh River）。最终，中亚述时期的亚述国家包含了40多个省份和地区，其中大约有一半位于哈布尔河地区及其附近地区。[15]

亚述正在崛起，它需要采用新的治理手段来实现繁荣。亚述王国此时由两个主要地区组成，它们被一个主要由游牧民居住的草原区域隔开：一个主要地区是底格里斯河中游地区，有阿淑尔、尼尼微和阿尔贝拉等城市；另一个是上、下哈布尔和最西边的领土，同样也有大城市。这种领土分布带来了后勤方面的挑战，由于西部地区远离亚述的核心区域，所以那里脱离亚述控制的危险相当大。为了防止这种情况发生，并且为了确保能够对哈布尔河沿岸可能出现的任何自发反抗迅速做出协调应对，沙尔马内塞尔想出了一个类似于沙姆什-阿达德一世早先实行过的解决方案，当时沙姆什-阿达德一世让他的一个儿子管理其王国西部，另一个儿子管理王国东部。沙尔马内塞尔将西部省份交给了亚述王室的一个成员，即他的侄子齐比-阿淑尔（Qibi-Ashur），并授予他"大维齐尔"（Grand Vizier，亚述语 sukkallu rabi'u）的头衔，后来又补充授予了第二个头衔，即"哈尼加尔巴特［或哈尼拉巴特（Hanirabbat）］领地的总督"，该职位是世袭的，其持有者主要居住在下哈布尔的杜尔-卡特利姆城，离人口更稠密、亚述化程度更低的哈布尔河地区北部有一定距离，在那里，叛军可能更容易对抗他们。[16]

新上任的大维齐尔被赋予了广泛的职责。发现于杜尔-卡特利姆的楔形文字档案中的信件和财政文件显示，他们的任务包括组织农业工作、抓捕强盗和难民，以及为国王的来访做好协调工作。这些文本还显示，与中亚述时期国王的铭文中所宣传的成功故事形成鲜明对比的是，该地区的政治、社会和经济秩序一直处于危机之中。最典型的例子，是一封由低级官员辛-穆达梅克（Sînmudammeq）寄给大维齐尔阿淑尔-伊丁（Ashur-iddin，齐比-阿淑尔的儿子和继承人）的信。信中提到了对蝗虫吞噬庄稼的担忧，报告了有大约1 500名准备发起进攻的敌军抵达了附近的山区，然后补充说，发信人无法派出50名士兵来保护收信人，因为所有可用的战士都在收到口粮后跑掉了。[17]

不过，尽管有这些间歇性的灾害和其他挑战，但大维齐尔们还是设法加强了亚述人在西部的权力。此外，他们也开凿运河，以灌溉那些曾经贫瘠的土地，促进了下哈布尔地区的经济发展，此地位于可以用雨水来灌溉的地区之外。

中亚述时期最具革命性和最值得纪念的亚述统治者之一，是沙尔马内塞尔一世的继任者图库尔提-尼努尔塔一世。他于约公元前1243年登上亚述王位，在位时间不少于37年。在统治初期，图库尔提-尼努尔塔征服了亚述与赫梯边境的几个地方，从而巩固了西北部的边防。然后，他将注意力投向亚述的南部邻国巴比伦。

亚述与巴比伦之间的关系，有点像苏格兰与英格兰，或者英格兰与美国的关系，它们是"被共同语言分割的两个国家"。这两个国家在语言和文化上有着密切的联系，却经常陷入冲突状态。似乎是亚述人欠巴比伦的文化债务，逐渐使他们心中产生了根深蒂固的自卑情结，这促使他们在几个世纪里一次又一次地袭掠南方的土地。在图库尔提-尼努尔塔开始统治的几年后，一次特别残酷的袭击发生了，并为后来许多次袭击奠定了基调。这使得巴比伦在很长一段时间内成为战争和政治动荡的舞台，给巴比伦人和亚述人都带来了悲惨的后果。[18]

根据为纪念亚述国王而创作的《图库尔提-尼努尔塔史诗》，是巴比伦统治者卡什提里阿什四世（Kashtiliash Ⅳ）的背叛行为引发了亚述的军事行动。据说，卡什提里阿什破坏了以太阳神名义立下的双边条约，掠夺亚述人的土地，并对平民和神灵采取了暴力行动。争端的焦点似乎是东底格里斯地区的领地控制权。巴比伦军队最初试图避免公开战斗，然而他们最终被击败。卡什提里阿什被俘，与许多其他的俘虏以及大量战利品一起被带到了阿淑尔。政府档案表明，回国的亚述军队在离开战场时就已经饥肠辘辘，这清晰地表明了这场战斗的艰巨性及其后勤保障方面的挑战。

在大约这一时期的铭文中，图库尔提-尼努尔塔将自己称为"苏美尔和阿卡德"的统治者，并且声称拥有对整个美索不达米亚南部的统治权。他还宣称自己已经从幼发拉底河中游地区向西征服了很远的地方。然而，他对这两个地区的实际控制可能是相当脆弱的。亚述人在巴比伦扶植的两个附庸后来被证明是无能的，在亚述人的另一次军事行动之后，他们最终被第三个傀儡国王阿达德-舒马-伊迪纳（Adad-shuma-iddina）取代。

在亲自访问巴比伦，向该城的神灵献祭之后，图库尔提-尼努尔塔似乎带着他新的巴比伦附庸参观了王国的各个城市。我们从一封来自杜尔-卡特利姆的楔形文字信件中了解到了这次引人注目的旅行，在这封信中，大维齐尔阿淑尔-伊丁得到命令，负责为亚述国王和巴比伦统治者的访问确保物资供应。在旅途中陪伴两位统治者的是他们的妻子和他们宫廷中的其他男女成员，另外还有一些"我们的和加喜特人的"妇女，他们乘坐六辆马车前行。中亚述时期的国王似乎经常视察他们的土地，但巴比伦统治者参加这样的旅行却是非比寻常的。这再次展示了亚述与其南方邻国之间爱恨交织的关系。[19]

仅仅过了六年，图库尔提-尼努尔塔就废黜了阿达德-舒马-伊迪纳，后者与其巴比伦臣民肯定发动过反叛。亚述军队进入巴比伦，进行了大规模的抢劫。对该城市的居民来说，最痛苦的是亚述人劫走了巴比伦的守护神马尔杜克的雕像，这种"绑神"（godnapping）的行为在历史记忆中根深蒂固。在后来的宗教文学作品、所谓的《马尔杜克预言》中，作者站在马尔杜克的角度描述了这一事件，马尔杜克声称自己是主动前往亚述的，在另外两次类似的事件中，也是他自己主动踏上了前往赫梯和埃兰的旅程。

政府档案显示，在图库尔提-尼努尔塔重新征服巴比伦之后不久，几个国际使团就来到了阿淑尔拜访亚述国王，他们大概是急于知道这位伟大的战士接下来打算做什么。这些使者包括来自埃及、赫梯、西部国家阿姆如（Amurru）以及地中海沿岸城市西顿的代表。其中，赫梯代表团由16个人、4辆战车、3辆骡车和6头驴组成。[20]

与此同时，也许是由于亚述中心地带的收成越来越差，图库尔提-尼努尔塔加强了对巴比伦的经济开发，下令用货船将大批大麦从美索不达米亚南部运到亚述。国王将通过战争夺取的新资源用于一些雄心勃勃的建筑项目。在阿淑尔，他建造了一座新的伊斯塔神庙，但值得注意的是，他并没有将其建在传统位置。他还建造了一座供奉月神辛和太阳神沙马什的双神庙，另外开始在城市的西北部建造一座新的王宫。

国王图库尔提-尼努尔塔还做了一件更加史无前例的事情：在阿淑尔上游约4千米的底格里斯河东侧，他命令亚述工人与胡里安人和加喜特人的战俘一起，开工建造一座全新的城市，名为卡尔-图库尔提-尼努尔塔（Kar-Tukulti-Ninurta），意思是"图库尔提-尼努尔塔的商业中心"。它的面积至少有240公顷（也许多达480公顷），比当时面积只有约70公顷的阿淑尔城要大得多。卡尔-图库尔提-尼努尔塔被一堵约7米厚的城墙保护着，由新开凿的运河供水。最引人注目的是，它还包括一座宫殿、一座阿淑尔神庙和一座纪念亚述神的塔庙，而在此之前亚述神只在阿淑尔城内得到崇拜。

这是一个充满英雄壮举的时代，它反映在图库尔提-尼努尔塔当时使用的越来越有野心的国王头衔上，其中包括"（世界）四方之王"、"众王之王"、"众领主之主"以及"众君主之君"。这是一位肩负帝国使命的国王，尽管他还并没有建立起一个帝国。史诗颂扬了图库尔提-尼努尔塔在巴比伦的冒险经历，对他的赞美甚至多到了无以复加的地步：

> 在（创世神）努迪穆德（Nudimmud）的主宰下，他的四肢被认为是具有神性的肉体。
> 通过世界（神圣）主宰的命令，他从众神的子宫中崇高地降临。他有着恩利尔神的永恒形象。[21]

未来的亚述统治者都不会这样以神的身份出现。一条值得注意的轨迹已经达到了顶峰：亚述的国家元首不再像古亚述时期那样只是一位谦虚的"君主"，甚至不像阿淑尔-乌巴利特时期那样是一名"伟大的国王"，而是一个几乎具有神性的人。然而，现实正如《圣经·箴言》所说的那样："骄傲在败坏以先，狂心在跌倒之前。"[22]

在图库尔提-尼努尔塔最后几年的统治中，一场逐渐恶化的政治危机亮起了警示灯，这场危机最终导致了国王的悲惨结局，而问题正是始于巴比伦。虽然亚述人再次设法在巴比伦保持了几年的统治权，但是亚述以巨大的代价向南征服的更远地区和幼发拉底河中游地区，不久后又丧失了。一个叫阿达德-舒马-乌苏尔（Adad-shuma-usur）的人——要么是卡什提里阿什四世的儿子，要么是来自幼发拉底河中游地区的政治新秀——控制了这些地区，并把亚述人及其支持者们赶了出去。因此，图库尔提-尼努尔塔的自大和自信，慢慢让位于对厄运即将降临的预感。在写给赫梯宫廷的一封信中，这位国王担心自己可能很快就会死去，他同时使用苏美尔语和阿卡德语向阿淑尔神祈祷，描绘了未知的敌人向亚述首都逼近的黑暗景象："各地一起用邪恶的绳索捆住了你的（神的）城市阿淑尔。各地都憎恨你任命的引领者（即图库尔提-尼努尔塔），而他管理着你的人民。"[23]

图库尔提-尼努尔塔可能没有完全意识到的是，阿淑尔的精英成员也开始憎恨他，甚至连他自己的家人都是如此。建造卡尔-图库尔提-尼努尔塔无法得到阿淑尔人的广泛认可，许多人认为这是在挑战亚述毫无疑问的首都阿淑尔城的地位。在卡尔-图库尔提-尼努尔塔建造一座阿淑尔神庙，虽然可能不是为了完全取代阿淑尔城的神庙，但一定让阿淑尔的宗教机构深感不安。同样的情况也适用于国王在阿淑尔修建的新伊斯塔神庙，该神庙建造的地点远离旧址，后来当该神庙变成废墟后，它没有被重建，而是遭到了遗弃。国王在巴比伦无休止征战所造成的巨大生命代价和金钱损失，也可能引起了越来越多的担忧。[24]

无论到底是由什么事引起的，在公元前 1207 年，图库尔提-尼努尔塔的一些核心官员发动了一场针对他的政变。后来的一部巴比伦编年史显示，国王的儿子阿淑尔-纳丁-阿普利和一些亚述高官一起，"把他从王位上赶了下来，将他关在卡尔-图库尔提-尼努尔塔的一座建筑里，用一把武器杀死了他"。对于一位曾经将自己置于众神之列的国王来说，这是一个悲惨的结局。[25]

尽管阿淑尔-纳丁-阿普利因同时犯下弑君和弑父的罪行而名声败坏，但他还是继承了被杀的父亲图库尔提-尼努尔塔的王位，可他只统治了几年时间（约公元前1206—前1203年在位）。阿淑尔-纳丁-阿普利地位的稳固程度比图库尔提-尼努尔塔要差得多，而且他还必须与一位新登场的掌握实权者分享他的一些权力，这个人名叫伊利-帕达（Ili-pada），可能是大维齐尔萨尔玛努-姆沙布什（Salmanu-mushabshi）的弟弟。很快，伊利-帕达自己也成了大维齐尔。

继阿淑尔-纳丁-阿普利之后，他的儿子阿淑尔-尼拉里三世（约公元前1202—前1197年在位）登上了亚述王位，在其短暂的统治时期内，亚述的权力进一步下降。新的统治者遭受了亚述的克星、巴比伦国王阿达德-舒马-乌苏尔相当大的羞辱，他给亚述的信中不仅称呼阿淑尔-尼拉里为国王，而且还把伊利-帕达称为"国王"。鉴于伊利-帕达拥有"哈尼加尔巴特之王"的头衔，从形式上看，这一称呼并不是完全错误的，但这对阿淑尔-尼拉里来说却很尴尬，因为它使"亚述国王"传统上声称的高于其大维齐尔的地位遭到了质疑。此外，这封信一开始就明确地侮辱了亚述的两位领导人一番："（由于）缺乏自制力，经常酗酒和优柔寡断，你们已经失去了理智。你们中间没有一个有理智或理性的人。"尽管这封信有着强烈的反亚述偏见，但它的副本仍在亚述流传了几个世纪，其目的也许是保持亚述人对巴比伦统治者插手亚述事务的仇恨。[26]

从约公元前1305年阿达德-尼拉里一世入主阿淑尔，到约公元前1207年图库尔提-尼努尔塔一世去世，在这大约100年的时间里，亚述人引进和巩固了一些新的经济和文化模式。这些模式基本上保持到了公元前11世纪中期的亚述危机时期，某种程度上甚至在那之后仍在延续。与古亚述时期相同，长途贸易仍然是亚述经济生活的一个重要特征，但参与其中的亚述商人此时十有八九是代表着王室，而不是单独经营。来自阿淑尔王室档案的行政文件表明，商人从王宫获得资金，前往安纳托利亚东南部的奈里（Nairi）购买马匹，这些马匹与战车一同在战争中发挥着越来越重要的作用。大量的木材和金属（主要来自托罗斯山脉）也是通过这种方式进口的。地中海沿岸地区不仅提供了纺织品和珠宝等奢侈品，还提供了木材。在亚述国内，铅或锡已经取代白银，成为大多数日常交易的主要货币材料，但在进行长途贸易时，人们通常更愿意用更有价值的青铜支付，因为需要的数量更少，所以更容易携带。[27]

亚述本土的产业，此时在亚述经济中发挥着相当大的作用。木工技术、金属加工技术和石器加工技术在这时也逐渐得到完善。在宫廷作坊或家庭工作场所中劳作的工匠们，对以贡品、战利品、商品或礼物的形式从外部引入的原材料进行加工，生产出成品，在当地销售，或对外出售以获利。整个王国的农业庄园还为亚述精英们提供了额外的经济资源。这些庄园的主人必须纳税，并为国家运营的建设项目提供劳动力，还要为军事行动提供士兵，但他们可以自由出售土地，或将土地遗赠给继承人。另外，我们还通过杜尔-卡特利姆的文件了解到，亚述还有一些国家农场，在那里，从属的农民会得到100"伊库"（iku，约36公顷）之倍数的田地来种植粮食。[28]

税收主要由各行省的统治者负责。各行省需要履行的职责包括每年向阿淑尔神庙运送粮食、蜂蜜、芝麻油和水果。虽然运送的数量不多，但这种做法传达了一个重要的意识形态信息：阿淑尔的整片土地都要为这片土地的神明提供食物。[29]

在中亚述时期，阿淑尔市民居住的房屋大小不一，面积从约70平方米到约240平方米不等，通常包括一间接待室、一个院子、一间浴室、厕所设施和一间主客厅。许多人过着"衣柜里有骷髅"的生活，他们将已故的家庭成员埋在客厅地板下的拱形砖室里，在那里与祖先交流和供奉祖先。一些中亚述时期的坟墓中出土的物品表明，阿淑尔的许多居民必然相当富有。其中一个最豪华的坟墓属于一位名叫巴布-阿哈-伊迪纳（Babu-aha-iddina）的亚述高官的家庭，里面的文物包括用黄金和半宝石制成的装饰品、象牙梳子和雪花石膏容器。这些物品显示了当时在整个西亚流行的"国际"艺术风格的特征，同时也表现出了一些明显的亚述特征。[30]

亚述公民的家庭规模往往很小，比较富裕的家庭通常拥有一些奴隶。中亚述时期的奴隶并非完全没有自主性。例如，有一个女奴隶收养了一名她从河里救上来的弃儿，并将其抚养长大，有趣的是，这个孩子被命名为纳鲁埃里巴（Narueriba），意思是"河水取代了（先前死去的孩子）"。这名女奴请求公众承认自己是孩子的母亲，这一法律诉求被记录在了一份楔形文字文献中，该文献相当特别，它被刻在了一个附着一只脚的腿部黏土模型上，这可能是为了体现美索不达米亚人通过将孩子的一只脚印在一块泥板上来公布收养弃儿这种习俗。这段文字说明，在各种户外场所遗弃不想要的孩子这种做法在古代近东是普遍存在的，而且似乎是合法的。[31]

中亚述社会是一个父权制社会。大多数女性首先是生活在父亲的权威下，然后是处于丈夫的权威下。她们必须遵守严格的着装规定：已婚妇女要戴面纱，而未婚女性和妓女则被禁止遮盖面部。中亚述时期的一大块法律泥板让我们了解到，如果女性跨过了为她们规定的界限，她们就会面临残酷的惩罚。例如，如果一名已婚妇女与另一个男人发生性关系，那么这个通奸的女人和那个男人都将被杀死。而《圣经》里没有提到的堕胎，在中亚述时期的法律中也属于犯罪："如果一个女人因自己的行为而堕胎……应刺死她，不得埋葬。""镜像惩罚"也会给妇女带来可怕的后果。例如，如果一个已婚男子强奸了一个处女，那么他自己的妻子也要被强奸。另一方面，中亚述时期法律中的一些条款，通过更直接地惩罚犯罪者来保护妇女免受性侵犯："如果一个男人对一个女人动手动脚，像发情的公牛一样攻击她，而指控能够被证明属实，他被认定有罪的话，那么他将被砍断一根手指。如果他强吻女性，应当用斧刃划过他的下唇，将其砍掉。"[32]

并非所有中亚述时期的女性都是家庭主妇。有些女性从事着各种职业，从助产士到酒馆老板再到妓女都有。发现于阿淑尔的一块泥板上记录了当时一位名叫塔普提-贝拉特-埃卡里姆（Tapputi-belat-ekallim）的女性调制出特定气味的步骤，她明显是个制香师。[33]

但总的来说，中亚述时期的抄写文化在很大程度上是男性的领域，其中大部分植根于巴比伦的传统。《图库尔提-尼努尔塔史诗》提供了一份泥板清单，这些泥板是征服者国王在巴比伦战役中缴获并带到亚述的，它们包括"驱魔文本、安抚神灵的祷文、占卜文本和医疗文本"以及行政记录。阿淑尔的书吏将许多从巴比伦运来的文学和学术作品抄写在泥板上，并在其表面涂上被稀释过的白色黏土，以增强其视觉吸引力。[34]

目前已发现的古代美索不达米亚最大和最精美的泥板之一，是公元前13世纪末阿淑尔书吏基丁-辛（Kidin-Sin）抄写的刻着两份巴比伦神明名单的泥板。这块尺寸为30厘米×40厘米的泥板，记录了2 000多个神灵、他们的配偶以及为他们工作的神职人员的名字、职能和家庭关系，为了解亚述-巴比伦万神殿的复杂性提供了详细的资料。来自阿淑尔的学者们还抄写了各种各样的苏美尔-阿卡德"字典"，即所谓的词汇表，它们都是在巴比伦编写的，其中偶尔也会穿插一些亚述人的"评注"。他们的研究使他们能够用古老的巴比伦字符书写王家铭文，并用古老的苏美尔语为亚述国王撰写祷文，比如说图库尔提-尼努尔塔一世的祷文。[35]

记录医疗处方的中亚述时期的泥板，提供了关于当时先进疗法的信息。其中一个文本是由一位名叫拉巴-沙-马尔杜克（Rabâ-sha-Marduk）的著名医生撰写的，他是在巴比伦城市尼普尔开始行医的，后来在赫梯首都哈图沙当医生，在那里娶了一位公主。这说明在青铜时代晚期，伟大国王的宫廷对有成就的专业人士需求很大。一封来自哈布尔河地区塔贝图（Tabetu）城的楔形文字信件进一步说明了高层政治人物在生病时能够得到专业的护理。在信中，一位治疗师报告说，著名的亚述大维齐尔伊利-帕达在旅行中生病了，治疗师要求塔贝图的一个妇女给他送来各种植物，这些植物显然是用来调制给病人服用的药水的。他指出，只有在吉日和肝脏占卜成功后才能开始治疗，这是一个很好的例子，说明了医学和巫术在亚述和整个古代美索不达米亚是如何密不可分地结合起来的。[36]

在图库尔提-尼努尔塔于公元前1207年去世后的几年里，"塔贝图信件"中患病的重要人物伊利-帕达变得越来越强大，这导致了政治上的紧张局势。虽然伊利-帕达本人从未成为国王，但他的一个儿子尼努尔塔-阿皮尔-埃库尔（约公元前1191—前1179年在位）最终登上了亚述的王位。在被迫流亡巴比伦一段时间后，他带着一支私人军队进军亚述，把他的前任恩利尔-库杜里-乌苏尔（约公元前1196—前1192年在位）赶下了台。"哈尼加尔巴特之王"这一职位（但不是大维齐尔职位）被废除了，随着尼努尔塔-阿皮尔-埃库尔登基，亚述王室的一个非长子分支在阿淑尔接管了权力。[37]

在这些事发生后的几十年里，亚述和巴比伦之间反复发生冲突，它们互有胜负，但从未有哪方能长期占据上风。在此期间，双方也曾言归于好：作为一种和解的表示，亚述国王尼努尔塔-图库尔提-阿淑尔（约公元前1133年在位）归还了马尔杜克的雕像，此前该雕像在图库尔提-尼努尔塔一世统治时期被亚述军队"绑神"了。

尽管亚述在西部，特别是在巴里赫河地区损失了一些领土，但是亚述的行省系统直到公元前11世纪中叶仍未遭破坏。从表面上看，情势是平静和稳定的，在提格拉特-皮莱塞尔一世（公元前1114—前1076年在位）的领导下，亚述军队向西进军到了比以往更远的地方。但这只是因为当时黎凡特地区发生了一场酝酿了相当长时间的风暴，这场风暴已经消灭或削弱了亚述的许多最为雄心勃勃的政治竞争对手。不久之后，这场风暴也将对亚述国王长期统治的领土造成破坏。

第三章

混乱与复苏

亚述帝国的崛起并不是一帆风顺的。在公元前14世纪至前12世纪，这个王国经历了一个发展和巩固的时期。即便是图库尔提-尼努尔塔一世统治末期以及随后的几十年里发生的内乱，也没有实质性地影响亚述作为政治强国的地位。西部的行省仍然被牢牢掌握在亚述人手中，在提格拉特-皮莱塞尔一世的统治下，亚述军队有史以来第一次到达地中海沿岸。在公元前11世纪中叶至前10世纪中叶，亚述遭遇了一场巨大的危机，危机的种子在100多年前发生于西方黎凡特的事件中就已播下，它使亚述的生存受到了威胁。

但是，与该地区的其他一些国家不同的是，亚述王国得到了恢复。在几位精力充沛且冷酷无情的国王，尤其是公元前883年至前859年在位的阿淑尔纳西尔帕二世的领导下，亚述恢复了以前的规模，并开始积累比以往任何时候更大的权力和更多的财富。到了公元前9世纪，亚述的许多特色开始出现：使以前所有城市基础建设都相形见绌的庞大王家城市；公牛巨像和狮子巨像，以及宫殿墙壁上的浮雕等纪念性艺术；还有每年无休止的军事行动。虽然亚述仍不是一个帝国，但它此时已经具备成为一个帝国的前提条件。

在公元前13世纪晚期，近东地区的大多数人认为他们的社会是不变的、永恒的。几乎没有任何迹象表明他们所习惯的政治体系即将崩溃。在几个大国，包括埃及、赫梯王国、亚述、巴比伦和东部的埃兰王国，以及许多较小的国家，组织体系都围绕着或强或弱的国王所统治的宫廷中心运转，它们看似在一个相当平衡的秩序中共存着。但事实证明，这种关于稳定的看法是错误的，一系列的灾难即将颠覆人们所熟悉的世界。

公元前1200年左右，一群又一群战士突然出现了，他们开始袭击东地中海以及其他地区的大国和小国。这些群体中最著名的是"海上民族"，这是现代人对他们的称呼。根据古埃及的资料，他们包括舍客勒人（Shekeleh）和谢尔登人（Sherden），这些族群可能起源于西西里岛和撒丁岛；还有佩勒赛特人（Peleset），他们的名字将和非利士人（Philistine）以及巴勒斯坦这个地理区域联系在一起。埃及铭文中关于海上民族首先攻击东地中海沿岸地区的说法，得到了文献和考古学证据的证实。有一封来自沿海城市乌加里特（Ugarit）的楔形文字信件，它是由该城市的最后一位国王写给塞浦路斯的统治者的，信中明确指出："现在，敌人的船只已经来了。他们一直在我的城市放火，对我的土地造成伤害。"此后不久，乌加里特就成了废墟，掠夺者从陆路和海路向南移动。到了大约公元前1177年，他们在尼罗河三角洲与埃及军队进行了一场激烈的海战。法老拉美西斯三世声称打败了入侵者，埃及在此后几个世纪里也仍然是一个相当强大的国家，但在这场战争之后，埃及几乎失去了在西亚的全部影响力。该地区其他王国受到的伤害甚至更大。希腊迈锡尼文明的许多城市和宫殿被摧毁，安纳托利亚的赫梯王国经历了灾难性的崩溃，其首都哈图沙被毁坏并遭到了遗弃。[1]

海上民族的到来是更广泛的破坏过程的一部分，在某种程度上，破坏可能是由气候变化引发的（就像近年来冲击欧洲的难民危机）。似乎在公元前 1200 年左右，近东进入了一个明显更加干旱的时期，这给当地村庄的农民带来了越来越大的压力，加上国王对他们施加的重税和劳役，农民们已经陷入困境。因此，许多农民决定放弃他们的土地，在乡间游荡，进而造成了广泛的饥荒和政治混乱。

我们仍然不清楚公元前 12 世纪头几十年所发生事件的具体细节，但事件的总体结果是明确的：大量的宫廷国家（之所以称之为宫廷国家，是因为宫廷中心吸收了它们的大部分收入）不复存在，它们的那些具有国际意识的精英被消灭，新的政治参与者出现了，他们大多是按照部落或族群组织的，包括迦南的希伯来人和非利士人、阿拉伯半岛的阿拉伯人、安纳托利亚和叙利亚北部的新赫梯人卢维人（Luwian）以及叙利亚南部的闪米特阿拉米人。这些新的群体倾向于居住在比以前的宫廷城市更简陋的地方，他们的政治组织也不像前人的政治组织那么等级化。楔形文字曾是该地区统治者在青铜时代晚期用于相互交流的复杂书写系统，它在黎凡特地区被放弃了（但在美索不达米亚没有），逐渐被更简单、更"民主"的字母书写系统取代。

当这些混乱和变化开始时，亚述却远离着风暴的中心。在整个公元前 12 世纪，哈布尔河和巴里赫河沿岸的大部分西部省份仍然被牢牢掌握在亚述人手中，亚述的国王们能够专心应对他们与巴比伦的反复争斗。楔形文字文献表明，不仅阿淑尔的公民，就连那些遥远行省的小城镇的公民，如敦努-沙-乌兹比［Dunnu-sha-Uzibi，位于现代土耳其城市迪阿尔巴基尔（Diarbakır）附近的吉里卡诺（Giricano）］的公民，进入公元前 11 世纪很长一段时间以后也在继续做生意，从事借贷、购买奴隶、房地产，以及其他的商业活动。[2]

事实上，亚述起初可能从黎凡特的政治混乱中获得了好处。赫梯王国的衰落和阿拉米部落对叙利亚北部许多城市和国家施加的压力，促使亚述军队入侵到了比之前到达的任何地区更远的地方。在公元前12世纪末和公元前11世纪初，提格拉特-皮莱塞尔一世与弗里吉亚的穆什库人［Mushku，传说中的弗里吉亚王米达斯（Midas）的祖先］等偏远地区民族作战时取得了胜利，他是第一个多次跨越幼发拉底河，并在黎凡特地区作战的亚述统治者。他甚至带着军队进军地中海沿岸，在那里，他收到了阿尔瓦德（Arwad）、西顿和比布鲁斯等城市的贡品，并杀死了一只神秘的海洋生物（也许是一头河马），其拟真像竖立于他在阿淑尔的宫殿的一个门上。一个未提及名字的埃及法老为他献上了更多的动物，包括一条鳄鱼和一只大母猴，这些礼物显然迎合了提格拉特-皮莱塞尔对异域事物的喜好。提格拉特-皮莱塞尔也是第一位在铭文中谈到要在亚述中心地带新建的公园中种植外国树木的亚述统治者。提格拉特-皮莱塞尔的儿子阿淑尔-贝尔-卡拉（公元前1073—前1056年在位）也发起过一些雄心勃勃的军事行动。[3]

但是，提格拉特-皮莱塞尔和阿淑尔-贝尔-卡拉的官方记录并没有展示全貌。这两位国王可能确实设法穿过了一长条土地，这些土地在几十年前已被入侵此地的阿拉米部落破坏。然而，尽管亚述人吹嘘说他们一次又一次地发起进攻，成功击败了这些部落，但事实却证明，亚述国王的军队并不能取得决定性的胜利。当遭遇外敌入侵时，这些部落会采用游击战术，迅速躲避到复杂的地形中，避免了亚述人期待敌人卷入的"骑士式"战斗，或者那种在战车上进行的战斗。而更糟糕的是，随着时间的推移，这些部落开始缓慢但持续地渗透到离亚述中心地带越来越近的地区，并在他们出现的地方造成了严重的破坏。一部关于提格拉特-皮莱塞尔统治晚期的编年史，描绘了一幅破坏性的画面："（亚述人）人相食。阿拉米人的部族越来越多，掠夺［亚述的庄稼（？）］，征服并占领了亚述（许多坚固设防的城市）。人们逃往哈布鲁里（Habruri）山，以保全性命。他们（阿拉米人）拿走了黄金、白银和个人财产……亚述的一切收获都被毁掉了。"这段话描述了有些矛盾的情况：当亚述士兵在远离故土的地方行动时，阿拉米人袭击者正忙于掠夺他们在亚述的村庄和城镇。[4]

到了公元前11世纪中叶，亚述国家陷入了新的危机之中。一部亚述编年史以及一座被称为"白色尖塔"的纪念碑上保存的不完整的文字表明，在公元前1049年至前1031年阿淑尔纳西尔帕一世统治期间，亚述人仍然能够偶尔发动一些战争。但与以前相比，这位国王进行军事活动的地理范围已经急剧缩小，他所针对的地区和城镇是如此微不足道，以至于它们的名字大多不为人所知。[5]

在向尼尼微的伊斯塔女神祈祷时，阿淑尔纳西尔帕一世表达了他的绝望之情，他在祷文中哀叹道：

> 你用疾病包覆了我。为什么我会来到鬼门关？
> 我就像一个犯了罪和渎神的人，我忍受着（惩罚）。
> 我时常忧虑；（我住）在黑暗中。
> 我已经停止了性行为（？）……
> 我甚至吃不到我该吃的饭。[6]

当然，在某种程度上，阿淑尔纳西尔帕的不满可能只是"陈词滥调"；美索不达米亚人向众神求助时往往遵循这样一条不言自明的规则：只有嘎吱作响的轮子才会被上油。即便是公元前7世纪的伟大国王阿淑尔巴尼拔（也许是受到了他在尼尼微的图书馆里收藏的阿淑尔纳西尔帕晚期抄本的启发），在向另一位伊斯塔（阿尔贝拉的守护神）祈祷时，也痛苦地抱怨他多病的身体和糟糕的精神状态。但从表面上看，阿淑尔纳西尔帕一世确实有理由深感忧虑。他的亚述王国遭到了围困。四处迁徙的一群群阿拉米掠夺者正在攻击亚述的城镇，亚述的大片领土已经沦陷。

在阿淑尔纳西尔帕一世之后，国王们似乎根本无法进行任何军事行动。从公元前1030年到前935年的大约100年间，我们没有发现哪怕一篇涉及军事行动的王家铭文。这种情况不能仅仅归因于考古发现中的偶然因素，之后的国王统治时期内的铭文，毫无疑问地说明了亚述在公元前1000年左右的几十年里的沉沦有多深。阿淑尔-丹二世（公元前934—前912年在位）提到，"从沙尔马内塞尔（二世）统治的时期开始"（即从公元前1030年开始），阿拉米人就一直在"谋杀"亚述公民，并卖掉他们的儿女。沙尔马内塞尔三世（公元前858—前824年在位）描述了阿淑尔-拉比二世（公元前1012—前972年在位）漫长而不光彩的统治期间，阿拉米人的袭击使得亚述人失去了位于幼发拉底河中游的城市。其他亚述人在饥肠辘辘、精疲力竭的状态下，被迫抛弃他们的城市和乡镇，逃到了山区和偏远地区。事实证明，嗜血的阿拉米敌人无法追上他们；后来他们被阿淑尔-丹二世和阿淑尔纳西尔帕二世等国王接回国内，在新建或得到恢复的城市中定居。换句话说，在公元前一千纪之初，亚述的处境极其不稳定。在其作为一个领土国家的漫长历史中，这个国家此前从未遭遇过比这更大的危机。[7]

古代亚述的故事很可能会在这里结束。但与赫梯人的遭遇相比，亚述人遇到的危机依旧是暂时的。即便是在最低谷的时候，顽

亚述：世界历史上第一个帝国的兴衰

强、坚韧和政治智慧的结合也能够使国家不断前进——亚述又得到了复苏，引用德国作家尤格·福泽（Jörg Fauser）的话说："当一切都结束时，一切又在继续"。[8]

亚述之所以能够生存下去，在很大程度上是由于亚述的心脏地带基本仍然被牢牢掌握在亚述人自己手中。最重要的是，阿拉米人从未成功征服过亚述的政治和文化中心阿淑尔城。在阿淑尔，几百年前由阿达西建立的王朝仍然存在着，尽管在危机时期，管理残余国家的亚述国王很弱，但他们的持续统治在一定程度上保证了急需的延续性。此外，在中亚述时期，尽管亚述西部的几个行政中心被摧毁，但该地区的几处亚述人据点似乎经受住了风暴的考验。总的来说，亚述的情况没有巴比伦那么绝望，后者先是遭到提格拉特-皮莱塞尔一世领导的亚述人的攻击，随后又被阿拉米人和"迦勒底人"（一个在语言上与阿拉米人有关的民族，但他们更有凝聚力和组织性）入侵，因此其政治景观呈现出全面瓦解状态，以及权力孱弱的短命王朝频繁更迭的特征。

从公元前10世纪下半叶开始，一连串强大而无情的亚述国王翻开了亚述历史的新篇章。他们实行的新政策得到了两个主要因素的推动。首先是数十年间在亚述西部领土造成巨大破坏的几个阿拉米部落，开始在幼发拉底河及其支流沿岸的一些具有国家雏形的地方定居下来，从而减少了亚述长期以来从他们那里受到的压力。同时，迁入亚述核心区域的阿拉米人也开始被同化，采用了更传统的亚述生活方式。同样重要的是，该地区持续了300年的干旱状况也在此时逐渐结束。在公元前925年左右，所谓的亚述大雨期出现，这是一个年降雨量缓慢增加的时期，有助于提高亚述核心地区以及其他地区的农业产量。[9]

亚述统治者可以通过把注意力转向国内来回应这些情况。他们可以效仿公元前一千纪的埃及，专注于重新发展他们的国内领地。但这并不是亚述国王们要走的路，恰恰相反，对外扩张的可能性刚一出现，他们就开始全力恢复中亚述时期的大王国和扩张性国家。为了实现这一点，此时掌权的亚述统治者不得不重新采用中亚述时期的祖先们所采用的侵略性军国主义政策。他们每年都会发动战争以夺回王国以前的土地，时间一般在夏季。以基督徒从穆斯林手中夺回西班牙领土作为类比的话，我们可以把他们的做法称为"再征服"（Reconquista）。[10]

亚述的再征服似乎始于上面提到的阿淑尔-丹二世，在一个多世纪以来，他是第一个在军事行动方面有着详细记录的国王。这些行动主要针对的是亚述核心领土的东北和西北地区，包括曾经是亚述行省的小王国卡特穆胡（Katmuhu）。从公元前934年开始，阿淑尔-丹在位了22年，他没有重新吞并这块土地，而是对其进行掠夺，将其变成一个被迫定期进贡和提供军队的附庸国。这种做法体现了亚述统治者在王国重建初期普遍奉行的"大战略"。为了节省资源，他们只将具有重大战略意义的地方以及滋生反对派的温床置于亚述人的直接管理之下。[11]

在这种情况下，要想确保新征服地区的当地显要人物保持忠诚，需要有很强的威慑能力。卡特穆胡战役为亚述人所采用的心理战策略提供了一个很好的例子。亚述人将该王国被废黜的统治者昆迪巴莱（Kundibhalê）带到阿尔贝拉，然后在那里用剥皮的方式处决了他。随后，亚述人将他的皮肤带回卡特穆胡，并将其挂在他以前统治的一座城市的城墙上，以警告其他潜在的麻烦制造者。再征服时期的亚述铭文中充满了类似的描述，记录了摧毁、踩躏和焚烧被征服城市，把神像"绑神"到阿淑尔，还有弄瞎敌人眼睛或以其他方式残害敌人的行为。这些记载着残忍手段和酷刑折磨的可怕记录，强烈影响了现代人对亚述文明的看法。然而，尽管亚述人十分倾向于公开讨论这些做法，但他们却不是在古代世界唯一做出极端暴力行为的群体。即便是在人们通常认为比亚述更爱好和平的古埃及，士兵们也会把遭到屠杀的敌人的断手（和阴茎）堆在一起，以庆祝成功的军事行动。这样的场面在神庙的浮雕上经常出现，在文本中也有所提及。

值得称道的是，再征服时期的亚述国王不仅通过强迫外国统治者纳贡来扩大权力，还重建了城市和乡镇，并加强了新收复领土的农业基础。阿淑尔-丹二世铭文中的一段话（它还以类似的形式出现在公元前 10 世纪和前 9 世纪的其他几位统治者的铭文中）很好地说明了亚述国王如何重新开发他们的领土："我把疲惫不堪的亚述人民带了回来，他们在匮乏、饥饿和灾荒面前放弃了自己的城市和房屋，前往其他地方。我把他们安置在合适的城市和房屋里，使他们可以安居乐业。我在我领地的各个区域内建造宫殿，还在我领地的各个区域内架起了犁，积累了比以前更多的粮食。"[12]

现代的历史学家将始于阿淑尔-丹二世的这个征服和发展的新时代称为新亚述时期。当然，也不是塑造这个时代的所有创新都可以被精确地归结到公元前 10 世纪末这个时间。在不太明确的时间内，亚述人的语言发生了变化，它吸收了新的词汇，并且经历了一些语音和语法上的转变。此外，合同和转让文件的格式也有所调整。这些文件中出现的法律术语的变化，以及文件密封方式的变化，可能反映了在公元前 1000 年左右的几十年里，特别是在城市和农村之间的关系中，原来的经济交流模式就此结束。[13]

在中亚述时期和新亚述时期之间，也有一些明显的延续性，这些延续性在某种程度上源于后世国王刻意追随前人脚步的努力。亚述国王们的名字就是一个很好的例子。阿淑尔纳西尔帕一世之后的所有亚述国王都沿用了之前某个中亚述时期统治者的名字，自称为沙尔马内塞尔（二世）或阿淑尔-尼拉里（四世）等等。这种命名模式一直保持到前8世纪下半叶沙尔马内塞尔五世统治时期。在新亚述时期，统治者选择的许多国王头衔也是在向他们中亚述时期的祖先致敬。当阿淑尔-丹二世自称"世界之王"时，这个头衔对于他仍然相当小的领地来说显得过于雄心勃勃，我们几乎可以肯定他是在模仿过去国王，如提格拉特-皮莱塞尔一世的称号。新亚述时期的王室铭文中使用巴比伦的而非亚述的月份名称，也可以追溯到提格拉特-皮莱塞尔一世时期。从中亚述时期到新亚述时期的过渡，并不意味着与过去明确决裂，而是在许多方面都开始了一个渐进的过程。[14]

从阿淑尔-丹二世统治时期开始，一直到公元前7世纪，新亚述时期的王室铭文描述了数百次军事行动，它们记录得非常详细。古代世界很少有文明能留下比新亚述时期更丰富的可用于仔细研究军事史的资料，这些资料生动地说明了亚述战争机器的实际运作情况。

阿淑尔-丹二世的两位继任者阿达德-尼拉里二世（公元前911—前891年在位）和图库尔提-尼努尔塔二世（公元前890—前884年在位）的战争记录，保存了大量亚述军事战术方面的信息，其战术往往旨在避免野战。两位国王几乎每天都会详述他们的士兵是如何在敌人的领土上行动的，以及他们收取了哪些贡品。在阿达德-尼拉里二世的统治下，亚述人重新确立了他们在阿淑尔东南地区的统治地位，夺取了具有战略意义的阿拉法镇（今基尔库克）。在随后的几年里，亚述军队经常把这个地方作为向东征战的基地。阿达德-尼拉里与巴比伦国王纳布-舒穆-乌金（Nabû-shumu-ukin）签订了和平条约，并在巴比伦和亚述之间划定了新的边界。为了确保双方遵守协议,两位国王互相娶了对方的女儿。在更西边的哈布尔三角区,几位当地的国王成为亚述的附庸,还有几位被傀儡统治者取代。

阿淑尔-丹二世和图库尔提-尼努尔塔二世都沿着幼发拉底河与哈布尔河进行了长时间的征战,前者的行进方向是逆时针的,而后者是顺时针的。他们远征的目的是收取贡品,以及确保当地的大量权贵忠于自己,这些权贵通常是阿拉米人,在当时统治着两条河沿岸的小块土地。亚述人的铭文使我们能够对亚述军队的路线了如指掌:

> 在纳伊德-伊利(Na'id-ili)担任名年官(即公元前885年)的尼萨努月(Nisannu)的第26日,我(图库尔提-尼努尔塔二世)从阿淑尔出发……穿过塞尔萨尔河(Wadi Tharthar),然后扎营,并在那里过夜。到了中午,所有的水都被抽完了,(此前)我已从周围的470口井里抽水……4天以来,我沿着塞尔萨尔河岸……杀了8头野牛……(后来在幼发拉底河那里)我沿着平原前进,接近了锡尔库(Sirqu)城。我从锡尔库的穆达达(Mudada)那里收到了3迈纳(mina,约1.5千克)黄金、7迈纳(约3.5千克)精炼的白银、8塔兰特(约240千克)锡、40个青铜锅、1塔兰特(约30千克)没药……100只羊、140头牛、20头驴、20只大鸟,以及一些面包、啤酒、谷物、稻草和饲料。[15]

虽然图库尔提-尼努尔塔二世从穆达达那里得到的货物并不多,但由于亚述国王能够强迫几十位小统治者向他纳贡,随着时间的推移,他积累了大量的财富。

通常情况是,亚述军队只是路过,就足以让当地统治者乖乖上

第三章 混乱与复苏

贡。只有那些不听话的地方才会受到攻击。例如，弗里吉亚的一些城市就遭到了攻击，被掠夺和烧毁。图库尔提-尼努尔塔二世屠杀了当地部分居民，并摧毁了周围田地里的作物。然而，不分青红皂白地杀害平民并不是惯例。亚述人偶尔会用这种方式震慑其他可能的叛乱者，但他们对种族灭绝没有兴趣。鉴于古代近东经济生活中劳动力始终短缺，亚述国王需要活着的臣民而不是死人。正如图库尔提-尼努尔塔二世在他自己的铭文中所说的那样，"我为亚述增加土地，为亚述的人民增加人口"——他引用的这一信条在以提格拉特-皮莱塞尔一世的名义所写的文件中就已经出现。[16]

关于亚述再征服时期早期的文学和学术文化，我们所知甚少，但值得注意的是，图库尔提-尼努尔塔二世是第一个雇用"首席书吏"的亚述统治者，这位"首席书吏"是加比-伊拉尼-埃莱什（Gabbi-ilani-eresh），他成了一个极具影响力的"宫廷知识分子"家族的祖先。以图库尔提-尼努尔塔的名义所创作的王家铭文（也许是由加比-伊拉尼-埃莱什自己创作的），是以一种带有强烈亚述风格的语言书写的，而不是以通常地位更高的巴比伦方言书写的。巴比伦语从语言学上来说与亚述语关系密切，在许多中亚述时期和后来的新亚述时期的铭文中得到使用，但在再征服时期早期，亚述的国王们似乎认为培养一种显眼的亚述人身份是至关重要的。

在图库尔提-尼努尔塔二世的儿子、继任者阿淑尔纳西尔帕二世（公元前883—前859年在位）的统治时期，亚述的文化和政治都出现了明显转折。在他的统治后期，公元前864年的时候，国王向他邀请到迦拉城的69 574名观众展示了他所带来的变化，这些观众既有亚述人也有外国政要。被国王召唤到亚述宫廷，通常不是什么好事，但这一次的情况不同。国王不惜一切代价举办了一场宴会。根据他的所谓"宴会石碑"上的记载,阿淑尔纳西尔帕为他的客人提供了"100 头肥牛、1 000 头圈养的小牛和羊、1 万只鸽子、1 万只斑鸠、1 万条鱼、1 万颗鸡蛋以及 1 万条面包",还有大量的葡萄、洋葱、蜂蜜、枣、干果和其他多种食品,更不用说还有大量的酒精饮料。或许狂欢者也得到了烤蝗虫串,尼尼微的亚述墙面浮雕上描绘过这种亚述人的美食;另外还可能有"埃兰人的血汤",这是一部楔形文字食谱中对一种流行炖菜的称呼。这场隆重的特殊盛宴,是庆祝阿淑尔纳西尔帕的纪念性建筑"西北宫殿"落成的典礼,这座宫殿将成为国王在迦拉的新住所。[17]

公元前 879 年,阿淑尔纳西尔帕将宫廷从阿淑尔迁至迦拉,这发生在他在位的第四年。迦拉位于大扎卜河与底格里斯河的相交处。它并不是一座新的城市,在阿淑尔纳西尔帕上台时,它已经有将近 1 000 年的历史。几个世纪以来,它一直是亚述内地一个较小行省的中心。尽管如此,该城从未达到能与阿淑尔或尼尼微相媲美的地位。然而这时,人们突然发现,它正在成为亚述王国冉冉升起的新首都。

将宫廷迁离亚述主神的所在地、王国的传统首都阿淑尔,是一项冒险的计划。在大约 350 年前,图库尔提-尼努尔塔一世可能就是在类似的创建新首都的尝试中付出生命代价的:他计划将自己的住所迁往底格里斯河对岸的卡尔-图库尔提-尼努尔塔,这很可能是他的儿子弑父的一大原因。但事实证明,阿淑尔纳西尔帕迁往迦拉的计划是成功的,该城在此后超过一个半世纪的时间里一直是亚述国王的主要居住地。不过,阿淑尔纳西尔帕仍会在阿淑尔开展建设,这可能起到了帮助作用。通过修复阿淑尔的旧宫殿以及各种神庙,他向民众传达了一个明确的信息,即阿淑尔仍是亚述王国的重要之地,从而化解了阿淑尔的精英们发动叛乱的倾向。此外,在冬季和早春，阿淑尔纳西尔帕以及跟随他的亚述统治阶级成员会定期来到阿淑尔，参加国家最重要的一些崇拜仪式。他们死后也将继续被埋葬在阿淑尔，埋在旧宫殿下面的地下墓穴中，而他们在城中逗留期间就住在旧宫殿里。最后，为了强调阿淑尔神仍然是王国最重要的神灵，阿淑尔纳西尔帕声称他将迦拉城献给了阿淑尔，尽管这一行为的确切用意至今不明。[18]

阿淑尔纳西尔帕迁都迦拉，以及该城市转变为一个辉煌的大都市，是得益于大量通过新的征服所获得的战利品和贡品。但是，为什么国王要把宫廷迁往迦拉呢？其中一个原因似乎是阿淑尔作为首都来说显得太小了，而当阿淑尔纳西尔帕建完迦拉下城15米高的城墙时，他的新首都就有大约380公顷的面积，约为阿淑尔的六倍。迦拉的另一个优势是城市的东南端有一座高大的土丘。这座土丘不仅为国王提供了安全保障，而且还提供了充足的空间来建设纪念性的神庙和宫殿，这与亚述在西亚大部分地区越发无可争议的作为霸主的新地位相匹配。阿淑尔位于亚述核心地区的南部边缘，这是一个不太适合农业活动的外围地区，而迦拉则位于战略要地"亚述三角"地区的中心位置，"亚述三角"分别是南部的阿淑尔、北部的尼尼微和东部的阿尔贝拉。另外，迦拉周围还有亚述北部肥沃的平原。[19]

最后但同样重要的是，阿淑尔纳西尔帕将宫廷迁到迦拉也有政治方面的考虑。他可能是为了削弱阿淑尔（也许还有尼尼微和阿尔贝拉）旧"贵族"的权力。他把自己的行政机构迁到另一座城市后，这座城市的居民都是国王从全国各地甚至更远的地方精心挑选的死忠支持者。寻找这些支持者，是新上任的迦拉总督涅伽尔-阿皮尔-库穆阿（Nergal-apil-kumu'a）必须代表阿淑尔纳西尔帕执行的核心任务之一。任命他为总督的王家诏书，列出了迦拉新公民的一些来源地，以及他们所从事的职业，包括面包师、酿酒师、建筑师、雕刻师、弓箭手、织布工、锻工、金匠、铜匠、铁匠、牧牛人、养鸟人、农民、园丁、厨师、船夫、芦苇工、商人、妓女、占卜师和驱魔师，以及许多其他的职业。忠于国王而不是忠于自己家庭的宦官们，在王家行政机构中发挥着越来越大的作用，而且他们很快也在军官队伍中发挥了作用。[20]

在阿淑尔纳西尔帕和他的继任者们的领导下，成千上万的建筑工人和工匠将迦拉及其周围地区建设成了一个中心城市，使其准备好了迎接众多游客的敬畏和惊叹。此外，人们还从大扎卜河挖出了一条被称为"丰饶运河"的人工水道，它被用于灌溉一个植物繁茂的公园，那里有美丽的石榴树等各种来自异国的植物。"像天上的星星一样（发光）的水流"流入"欢乐的花园"，这是已知最早的王家园林和花园，这类园林和花园将成为中东帝国景观的核心要素：从波斯国王在帕萨尔加德（Pasargadae）和波斯波利斯的"王家花园"[paridaida，"天堂"（paradise）一词便由此而来]，到中世纪的阿拔斯王朝在巴格达和萨迈拉（Samarra）的宫廷花园，都是如此。这一传统还将向东传到印度，向西传到罗马。此外，阿淑尔纳西尔帕还收集了外来的动物并将它们放在类似早期动物园的地方展示出来，这些动物包括野牛、狮子、鸵鸟和猴子，它们是他远征地中海时获得的。[21]

在迦拉的城堡上，国王的建筑人员建立了九座神庙，其中有四座已经被发掘出至少一部分，它们分别供奉着战神尼努尔塔、马尔杜克的儿子纳布、基德穆里（Kidmuri）的伊斯塔以及另一位与伊斯塔相似的女神，名字叫沙拉特-尼菲（Sharrat-niphi）。而阿淑尔纳西尔帕最雄心勃勃的建筑项目是所谓的"西北宫殿"，这是他的新住所，其落成典礼是国王举办的大型宴会。该宫殿位于城堡的西北区域，已经被发掘的部分的面积约为 200 米 ×120 米。它的实际规模肯定要比这大得多。

在宫殿中，最令人印象深刻的部分是谒见室套房，它们位于一个巨大的北侧庭院旁边，在南边与围绕另一个庭院建造的大型国家公寓群相邻。这座宫殿侧翼的所有墙壁上都有用石灰石制成的浮雕，这些浮雕描绘了军事行动、狩猎探险、保护神、风格化的棕榈树和仪式场景等。其中一些浮雕上刻有文字，总结了阿淑尔纳西尔帕发动过的军事行动，而且所有浮雕上都有绘画。当这些浮雕被发掘出来的时候，上面的部分油漆仍然完好无损，事实证明，亚述国王精心挑选的在雕像胡须上使用的黑色油漆特别能够抵御时间的摧残。壁画和釉面砖板装饰在浮雕上方的墙壁上，增强了获准进入宫殿内室之人的多种感官体验。而来自阿马努斯（Amanus）和黎巴嫩山脉的树木则为这些房间的大屋顶提供了木材。[22]

阿淑尔纳西尔帕的墙面浮雕，是现存最早的成组亚述文物的例子，并且它们很快被当作亚述艺术的象征。某些迹象表明，它们的原型在 200 多年前的提格拉特-皮莱塞尔一世统治时期就已存在。但是，西北宫殿浮雕的主要原型，似乎是装饰"新赫梯"和叙利亚北部各个阿拉米人国家中心城市的宫殿和神庙的竖石板。建于公元前 10 世纪的卡赫美什（Carchemish）的"雕塑长墙"，可能是阿淑尔纳西尔帕的艺术家的一个特别重要的灵感来源。新亚述精英们的特点是，他们毫无顾忌地采用外国的艺术风格和技术，并经常对其进行改造，使其成为真正的亚述文化。亚述浮雕上所描绘的人及其保护神，比其新赫梯和阿拉米艺术前身的形象更高大、更出色、更优雅，为这种跨文化的模仿提供了一个很好的例子。[23]

在阿淑尔纳西尔帕统治时期引入的、不久之后成为决定亚述艺术和建筑风格的另一种元素，就是竖立在亚述宫殿和神庙正门上的巨大人头有翼公牛雕塑或类似狮身人面像的狮子雕塑。在这些雕塑中，有五座是沿着阿淑尔纳西尔帕谒见室套房的北侧外墙摆放的。与亚述浮雕一样，这些巨大雕像的前身也是叙利亚北部的新赫梯和各个阿拉米人王国的雕塑，但亚述的雕像在技巧和尺寸上超过了它们模仿的对象：亚述最大的有翼公牛雕像的高度达到了5米，重量达50吨。巨兽散发着力量和威慑感，被人们认为是超自然的存在，能够守卫宫殿和神庙，抵御邪恶的入侵者。它们结合了不同物种的特质——公牛或狮子的身体，人类的头部，鸟类的翅膀——而其力量据称来自原始时代，当时人类和动物的形态尚未完全分化。为了强调它们不仅主宰着陆地和空中，而且还主宰了海洋，一些巨像甚至具有和鱼有关的特征：阿淑尔纳西尔帕谒见室中的两头有翼公牛雕像，其躯干的形状像鱼，身上有鳞片，头上有着一顶鱼形的帽子。[24]

亚述的国王们似乎相信，他们宫殿和神庙中的雕塑所刻画的带翅膀的公牛和狮子本来是众多怪物中的两种。根据传说，在开天辟地时，美索不达米亚战神尼努尔塔打败了这些怪物，并将它们作为俘虏带回家中。一旦从神话的混乱世界中脱离出来，并受到驯化，这些怪物就得到了重新利用，成为仁慈的保护者。

尼努尔塔英勇对抗各种邪恶对手的故事，也为亚述的扩张主义意识形态提供了一个神话模板。其中有一个故事讲述了尼努尔塔如何战胜畸形的、像鹰一样的安祖（Anzû）鸟。一开始，神明把安祖从它在北方边远地区的家乡带到了众神的家园，让它守护众神之王、尼努尔塔的父亲恩利尔的私人住所。但是安祖滥用职权，在恩利尔洗澡的时候偷走了"命运之碑"。没有那块碑，众神就无法维持宇宙秩序。其他几位神灵害怕与巨鸟对抗，拒绝将碑夺回，此后尼努尔塔站了出来，表示愿意在战斗中面对安祖。起初，他的攻击被安祖击退，在"命运之碑"的帮助下，安祖将尼努尔塔的箭变回了它们原来的组成元素，箭杆变成了芦苇，箭尾的羽毛也回到了其本来所属的鸟的身上。但后来，埃阿神（Ea）告诉了尼努尔塔一个计策——剪掉安祖翅膀上的羽毛。尼努尔塔照做了，当安祖用魔法让羽毛回到自己身上的时候，羽毛上的箭也插到了它身体里，使它彻底落败。尼努尔塔取得了胜利，他带着"命运之碑"归来，并受到了其他神明的热烈欢迎。[25]

在尼努尔塔和邪恶的安祖鸟的故事中，安祖这个之前一直受到控制，在发动叛变后需要被神明第二次打败的混沌怪物，为亚述人的再征服活动提供了一个特别好的模板，同时为活动注入了一种宇宙论维度的精神。亚述国王们在尼努尔塔身上看到了自己。正如神明在创世之初击败威胁到新兴世界和平与安宁的畸形生物，从而平定了混乱局面一样，亚述的统治者认为，他们的"文明使命"就是击败他们国家不断扩大的边界上的人类敌人，来创造或重新创造秩序。[26]

毫无疑问，亚述的敌人肯定对亚述的侵略政策有着非常不同的看法，特别是因为这些政策往往伴随着极端的暴力行为。关于亚述军队的暴行，最令人毛骨悚然的一个证据，是以阿淑尔纳西尔帕二世的名义刻在一排竖石板上的长篇文字，这些竖石板排列在其王宫北部新建的尼努尔塔神庙的墙壁和地板上。这段文字的开头是对尼努尔塔神的祈祷和对国王的歌颂，其中包括大约50个头衔和称呼，随后的高潮是一段自夸："我是国王，我是领主，我是值得称赞的，我是高尚的，我是重要的，我是伟大的，我是最著名的，我是英雄，我是战士，我是狮子，我是男子汉。"很明显，谦虚并不是亚述君主们所具备的一种品质。接下来的话详细描述了阿淑尔纳西尔帕在头五年统治时期所发动的战争。在描述征服底格里斯河上游的特拉（Tela）城时，国王说："我俘虏了许多军人。我砍掉了一些人的胳膊和手，还砍掉了一些人的鼻子、耳朵和四肢。我挖掉了许多军人的眼睛。我把他们的头挂在城市周围的树上。我烧死了他们的许多少男少女。我把城市夷为平地，摧毁并烧光了它们。"[27]

尼努尔塔神庙铭文中的这段话和其他类似文本的主要目的，可能不是在亚述的敌人中引起恐惧。那些有可能抵抗亚述无情扩张的人并没有机会读到这段文字。从表面上来看，这篇铭文反而是写给尼努尔塔本人的，目的是表明亚述国王在继续执行神明在神话时代发起的作战任务，从而取悦神明。但是我们可以认为，其真正面向的是后来的亚述国王以及亚述政治、宗教机构的领导人物。让这些内部观看者接触明确的暴力描述是一种有效的方式，可以在他们中间强化亚述国家所依赖的侵略性意识形态。

其他亚述人的文本同样痴迷于暴力。一首令人不安的诗提到了一位亚述国王，也许说的是提格拉特-皮莱塞尔一世："他剖开孕妇的子宫，他弄瞎婴儿的眼睛，他割断强敌的喉咙。"即便是按照古代世界的标准，这些行为也算得上战争罪了，毕竟《圣经》中的先知阿摩司（Amos）预言，上帝将惩罚亚扪人（Ammonite）："因为他们剖开基列的孕妇，扩张自己的境界。"如果说亚述人的文本美化了这种暴行，那么我们大概应该将其视为一种自我灌输的练习，目的是消除往往会影响军队表现的两大障碍：对被杀的恐惧，以及也许更重要的——对杀戮的悔恨。[28]

实际上，亚述人可能对暴力及其后果感到相当焦虑。《埃拉史诗》（Erra Epic）是公元前9世纪或前8世纪流行于亚述的文学作品，对暴力和战争进行了强有力的批判。在史诗的第一幕中，作品的主角埃拉，战斗、暴乱和瘟疫之神，与他的妻子在卧室里悠闲地躺着。然而他的休闲时光被由七个好战的神灵组成的团体塞贝提

第三章　混乱与复苏

（Sebetti）粗暴地打断了，他们向他宣扬战争的乐趣：

> 你为什么一直坐在城里，像个虚弱的老人，
> 难道我们应该像不打仗的人那样吃女人的食物吗？
> 无论城市居民的力量有多强，
> 他们又怎么可能比得上战士？
> 无论城里的面包多么美味，它都比不上营火里烤的面包；
> 无论啤酒多么甜美，它都比不上皮囊里的水。[29]

埃拉的阳刚之气受到了质疑，于是他立即行动起来，但结果却是灾难性的：他参与的战争使世界处于毁灭的边缘。在一场不分青红皂白的杀戮中，他将"义人和不义的人都置于死地"。直到他忠实的顾问伊舒姆（Ishum）出手干预（伊舒姆就像有经验的心理咨询师一样与他那心理失衡的主人对话），埃拉才最终做出改变，结束了无意义的屠杀。显然，尽管亚述的政治文化可能是好战的，但在更广泛的文化领域中，人们对暴力价值的看法是有细微差异的。[30]

不过，阿淑尔纳西尔帕不可能听从任何宣扬和平主义的人。他在统治期间至少进行过 14 次军事行动。他到四面八方去作战，只放过了巴比伦。在东面，他三次进军扎木阿（Zamua）地区，并夺取了巴比图［Babitu，今巴赞（Bazian）］的山口，该山口是通往伊朗高原的通道。在北面，他攻击了奈里和乌拉尔图（Urartu）的土地，在接下来的几十年里，乌拉尔图将成为亚述的一个强大敌人。在西面，他与幼发拉底河东岸的几个阿拉米人国家和新赫梯国家作战，尤其是比特-阿迪尼（Bit-Adini）王国，其统治者阿胡尼（Ahuni）曾数次向他屈服，但从未永久臣服。[31]

在所有这些努力中，阿淑尔纳西尔帕的主要战略目标是完成他的前辈发起的"再征服"，也就是恢复亚述王国在中亚述时期的疆域。在原来的亚述领土上建立起来的小政权只要纳贡，阿达德-尼拉里二世和图库尔提-尼努尔塔二世往往就满足了，而阿淑尔纳西尔帕却渴望吞并他们控制的地区，把这些地区变成行省，并把它们的主要城市变成亚述的行政中心。例如，提到底格里斯河上游的图什罕（Tushhan）城时，阿淑尔纳西尔帕记录道："我把图什罕城抓在手里，对其进行改造……我在这座城里修建了一座宫殿，作为我的王室住所……我为自己接管了这座城市，并在其中储存来自尼尔布（Nirbu）地区的大麦和稻草……我将（尼尔布的人民）重新安置在他们废弃的城市和房屋中，并让他们的城市上缴比以往更多的贡品、更高的税收，承担更重的徭役。"他在其他地方指出："我在我获得统治权的所有平地和高地任命了总督；他们服侍了我，我向他们征收了贡品和税。"[32]

在阿淑尔纳西尔帕的统治结束时，亚述已经重新获得了东起扎格罗斯山脉、西至幼发拉底河的大半旧领土。在此之外的地区，阿淑尔纳西尔帕只出手过一次，他当时进行了一次前往地中海的远征，在海里清洗了他的武器，并接受了沿途各国统治者的礼物，这些国家包括卡赫美什、帕提纳（Patina）和推罗（Tyre）。这次独特的实力展示，与提格拉特-皮莱塞尔一世统治时期的类似战争大体相同，似乎没有造成任何持久的影响，除了阿淑尔纳西尔帕在叙利亚西部奥龙特斯河（Orontes）畔的阿里布阿（Aribua）城安置了一些亚述人。但是这场远征预示了未来全新的外交政策和战略，那是阿淑尔纳西尔帕的儿子和继承人沙尔马内塞尔三世统治时期的特色。在他的领导下，军事远征将变得更加频繁，并将产生一些无法预料的结果。

第三章　混乱与复苏

第四章

危机中的王权

在公元前9世纪50年代与40年代，亚述军队开始在比以往所到更远的地区作战。从东边的扎格罗斯山脉之外到西边的安纳托利亚中部，当地居民都发现自己在面对亚述军队那仿佛不可阻挡的推进步伐。亚述王国似乎终于要获得无可争议的统治地位。

然而，亚述迈过帝国门槛的时机尚未成熟。亚述对遥远地区的征服并没有得到巩固，并且，随着时间的推移，统率亚述军队的军官也开始追求自己能够掌握的权力，从而削弱了国王的权力。内部动乱和公元前9世纪20年代的内战带来了一个长达几十年的特殊时期，在此期间，亚述的君主被其他有影响力的人物架空了权力。到公元前8世纪中期，王国将进入一个危机和动荡的时期。但是，这个麻烦的时期也是亚述历史的一个转折点，是走向伟大的跳板。

阿淑尔纳西尔帕二世的儿子沙尔马内塞尔三世（公元前858—前824年在位）在其父亲去世后登上王位，为亚述人的事业带来了新的活力。在30多年的时间里，他的军队进行过30多次军事行动。他早年进行的一些战争（通常从尼尼微而不是从迦拉出发），完成了恢复亚述传统势力范围的计划，这个计划在将近一个世纪前就开始了。公元前856年，沙尔马内塞尔吞并了比特-阿迪尼王国，并夺取了其首都提尔-巴尔希普（Til-Barsip）。提尔-巴尔希普位于通往地中海的一处重要河道的浅滩处，是幼发拉底河以东的阿拉米人对抗亚述的最后一个主要据点。沙尔马内塞尔以自己的名字重新命名了这座城市，称之为卡尔-萨尔玛努-阿沙瑞德（Kar-Salmanu-ashared），意为"沙尔马内塞尔的帝国"。他还在该城新建了一座大型宫殿，后来的亚述国王也使用了这座宫殿。他又将国内的亚述人迁入该城。比特-阿迪尼领土上的其他城市也同样被他重新命名，并有亚述殖民者定居，这是一项有意的亚述化计划，目的可能是对一块具有战略意义的领土加强控制。[1]

位于幼发拉底河以西几千米处的纳皮吉（Nappigi），也是一座被改造过的城市，沙尔马内塞尔将其更名为里塔-阿淑尔（Lita-Ashur，意为"阿淑尔的力量"）。可以确定的是，纳皮吉就是后来的希腊-叙利亚城镇巴姆布克（Bambyke），即今天阿拉伯叙利亚共和国的曼比季（Manbij）。在古典时期，巴姆布克以"圣城"希拉波利斯（Hierapolis）的名字闻名于世，它是一处著名的圣地，供奉着一位被称为"叙利亚女神"的强大神明。公元2世纪的修辞学家、讽刺作家琉善（Lucian），对希腊人的神庙和女神崇拜进行了详细的描述，例如，他提到了矗立在神庙入口处的阴茎形状的巨大柱子，为了纪念人类从大洪水中逃生，每年都有一位祭司来两次攀登柱子，并在柱子上停留七天。特别值得注意的是，琉善强调了该神庙的许多所谓"亚述的"特征。除非琉善的说法完全是虚构的，否则沙尔马内塞尔将纳皮吉城彻底亚述化的计划似乎确实产生了长远的影响。[2]

然而，沙尔马内塞尔对比特-阿迪尼及其城市的处置方法，在某种程度上是一种非典型的做法。在亚述人完全控制且边界明确的领土内创造文化和政治上的同质性，并不是他在位期间的核心政策。与他的父亲阿淑尔纳西尔帕二世截然不同，沙尔马内塞尔所发起的众多军事行动进入了远在亚述传统边界之外的地区。国王在叙利亚西部的幼发拉底河上游流域，在北方的凡湖和乌鲁米耶湖，甚至在扎格罗斯山脉中部以外的地方展开了行动。在公元前 836 年，一支亚述军队最远推进到奇里乞亚山口（Cilician Gates）以北的胡布什纳（Hubushna），这是亚述军队抵达过的最靠西的地点之一。[3]

一直以来，沙尔马内塞尔对吞并他的军队所经过的任何偏远地区都没有兴趣。相反，他试图让他所面对的国家成为附庸，同时允许它们保持正式独立。至少，一些新成为亚述附庸的统治者似乎赞同建立这样的关系，甚至在他们自己的权力范围内也是如此。公元前 9 世纪和前 8 世纪，以阿尔达罕山脉的撒马尔（Sam'al）诸王和奇里乞亚的希亚瓦（Hiyawa）／奎（Que）国王的名义撰写的卢维语、腓尼基语和阿拉米语铭文，赞扬了亚述统治者，这些国王对他们感恩戴德。他们提到了亚述人所表现出的父母般的关怀，甚至是父母般的爱，并赞扬了当地的王朝与亚述王室的融合。撒马尔的巴尔-拉基布（Bar-rakib）甚至炫耀称，他曾"与其他许多国王一起"，在亚述国王的战车上"作为驭者前进"。[4]

沙尔马内塞尔的大部分战争是针对黎凡特发动的。他的军队经常穿过幼发拉底河，收到许多强大而繁荣的王国的贡品，这些王国包括撒马尔、帕提纳、比特-阿古西（Bit-Agusi）、阿勒颇（Aleppo）以及卡赫美什。如果沙尔马内塞尔的铭文可信，那么这些贡品的数量是十分庞大的。帕提纳国王卡尔帕伦达（Qalparunda）给国王送来了"3 塔兰特黄金、100 塔兰特白银和 1 000 件青铜锅"，这大约是沙尔马内塞尔的祖父图库尔提-尼努尔塔二世曾经从锡尔库的穆达达那里得到的黄金的 60 倍、白银的 855 倍以及青铜锅的 25 倍。[5]

但是，亚述人在黎凡特的行动并非都如此成功。公元前853年，大马士革国王哈达德–埃泽尔（Hadad-ezer）与哈马特［Hamath，今叙利亚的哈马（Hama）］的统治者一起促使黎凡特地区12个主要政治势力结成联盟，在奥龙特斯河畔的卡尔卡尔（Qarqar）与亚述军队进行了一场激战。在一篇著名的铭文中，沙尔马内塞尔声称，他在这次战斗中取得了巨大的胜利，用被杀的敌人的尸体"筑起了奥龙特斯河的堤坝"。然而，在接下来的几年里，亚述军队至少又与哈达德–埃泽尔发生了六次冲突，这清楚地表明，卡尔卡尔之战并没有完全确立亚述在该地区的霸权地位。[6]

卡尔卡尔的反亚述联盟包括了以色列国王亚哈（Ahab）和阿拉伯国王金迪布（Gindibu'）。据沙尔马内塞尔说，前者为联军增加了200辆战车和1万名士兵，后者增加了1 000头骆驼。这是历史上最早的关于以色列人统治者和阿拉伯人统治者的记载，值得注意的是，虽然现代以色列国与阿拉伯世界之间关系紧张，但它们第一次共同出现在历史舞台上时是并肩作战的。在卡尔卡尔战役几年后，以色列的新国王耶胡（Jehu）通过一场血腥的政变登上了王位，他给沙尔马内塞尔献上了金银和各种贵重的器皿作为贡品。沙尔马内塞尔在卡尔卡尔的"黑色方尖碑"上所描绘的耶胡在亚述国王面前跪拜的情景，是另一个"历史第一"：已知最早的以色列国王的画像。除了以色列，黎凡特的许多其他国家也试图通过进贡与"黑色方尖碑"上显示的臣服姿态来阻止亚述人在未来发动进攻。[7]

与他远征亚述传统边界之外地区的倾向一致，沙尔马内塞尔也插手了巴比伦的政治。他站在当地国王马尔杜克–扎基尔–舒米（Marduk-zakir-shumi）一边干预巴比伦政治，帮助他平息了他的一个兄弟挑起的叛乱。沙尔马内塞尔还访问了巴比伦的一些神庙，并在美索不达米亚南部与马尔杜克–扎基尔–舒米的一些迦勒底敌人作战。在回到家乡迦拉后，他在自己的王座石基上雕刻了一个浮雕，以纪念他与巴比伦统治者的良好关系，该浮雕显示了两位国王握手的情景。至少在一段时间内，亚述和巴比伦之间的紧张关系得到了缓解。

尽管沙尔马内塞尔对将更多的领土置于亚述人的直接统治之下并不特别感兴趣，或许他也并没有能力这样做，但他的长期统治极大地扩展了亚述的地理视野。亚述军队此时经常向遥远的异国他乡进军，以前从来没有亚述士兵到达过这些地方。这些战争所需的后勤调整也产生了在某种程度上未被人们预料到的重大影响。亚述军队以前由在夏季临时招募的应征者组成，此时则开始包含由职业士兵组成的特殊部队，这些人通常是外国人，擅长使用特定类型的武器。亚述的部分军队驻扎在首都迦拉，沙尔马内塞尔在那里建造了一个巨大的新武器库，即所谓的"检阅宫"（Review Palace），用于储存军事装备和安置一些越来越重要的骑兵战马。此外，许多新的军队单位的总部都远离王国的中心。例如，一些部队被派往亚述王国在西北和东北边疆新建立的省份，在那些地方驻扎。[8]

这些"边区"由四名亚述官员管理，他们的职位在沙尔马内塞尔的统治过程中变得越来越有影响力，而他们所拥有的传统头衔并不能真正反映他们日益广泛的职责。亚述人的"图尔塔努"（turtānu，即元帅）负责管理在前比特-阿迪尼王国以及更北方的领土上沿幼发拉底河建立的省份。亚述人从这里出发，进攻叙利亚北部的富饶土地。"财务官"管理着位于今伊拉克杜胡克（Dohuk）城以北的一个行省，而"首席持杯者"和"宫廷传令官"的辖区，在东南方向沿着大扎卜河上游河谷与财务官的行省相邻。在那里，他们面对着乌拉尔图以及扎格罗斯山脉的各个小国。[9]

通过给这些官员提供装备精良的军队并把他们派往边区，沙尔马内塞尔能够对在亚述边境发生的任何形式的骚乱做出快速反应，也有能力朝各个方向发起攻击。然而，把权力交给这些官员也带来了一定的风险。元帅和另外三人都非常有影响力。他们升为亚述最高级别的文官和军事权威，这种地位可以从沙尔马内塞尔三世时期确定的新名年官持有人序列中看出：这四个人紧随国王之后，在亚述各行省的其他正式总督之前。可以肯定的是，边区的新主人往往是宦官，人们相信他们没有什么理由违抗国王，因为他们没有办法建立自己的"王朝"。但事实证明，国王对他们忠诚度的信心，在某种程度上是靠不住的。

随着时间的推移，亚述的一些最高层官员开始有了一种危险的渴望，想要扩大他们的职权。他们追求更多权力，导致亚述出现了一段不稳定的时期，在这一时期内，亚述的几个国王似乎只是在名义上负责统治。但可以肯定的是，在某些方面，新的寡头政治实际上重振了亚述国家，因为许多高级官员在努力发展他们所控制的地区，并提高其经济生产力。这是亚述最终走向荣耀的帝国的先决条件。但与此同时，危机也在悄然发生，用威廉·巴特勒·叶芝的话说就是："当一切都崩落时，就再无核心可以掌握。"

危机开始于沙尔马内塞尔长期统治的最后几年。这时的国王已经是个老人，并且他的健康状况越来越差，不可能每年亲自带领军队出征。取而代之的是他的元帅，一个名叫达扬-阿淑尔（Dayyan-Ashur）的经验丰富的老手，此人当时正作为总司令统率部队。仅是如此并不会造成什么不同。然而，真正引人注目的是，这一时期的王家铭文公开提到了达扬-阿淑尔。到那时为止，亚述王家铭文倾向于将所有的作用都归于国王，而国王基本上是其中唯一提到的亚述人。然而此时，一份关于公元前830年亚述对北方乌拉尔图王国作战的报告却承认了这位元帅："在我统治的第27年，我（沙尔马内塞尔）召集了我的战车和军队。我发布命令，派我的大军总司令达扬-阿淑尔元帅率领我的军队前往乌拉尔图。他来到了比特-扎马尼（Bit-Zamani），进入阿马什（Ammash）山口，并渡过了阿尔萨尼亚（Arsania）河。"这段文字在国王的第一人称单数和达扬-阿淑尔的第三人称单数之间，有着不稳定的转换。但读者不会怀疑，在公元前830年至前826年期间，领导亚述人进行每一次军事行动的功劳实际上属于后者。[10]

更令人震惊的是，在叙利亚内战初期，村民们在泰勒阿加加（Tell Ajaja）发现了另一些刻在破碎雕像上的文字，泰勒阿加加是叙利亚东部哈布尔河畔的一个大土丘，是古城沙迪坎尼（Shadikanni）的所在地。该铭文以第一人称单数的形式叙述了沙尔马内塞尔统治时期的最后六次军事行动。然而，说话的人显然不是国王。尽管主角的名字没有被保留下来，但似乎是达扬-阿淑尔声称自己领导了文字中概述的军事活动。在一个典型的段落中，讲话者用略显特殊的拼写方式介绍了上述公元前830年对乌拉尔图的战役，内容是："在我的第二次战役中……我（达扬-阿淑尔）去了……乌拉尔图的内部地区。"在此之前，国王是唯一有资格将亚述的军事成就归于自己的人。之前从未发生过其他人僭称国王专用的"我"的现象，这也是沙尔马内塞尔权力减弱的一个明确信号。[11]

尽管达扬-阿淑尔拥有某些传统上为国王保留的特权，但他似乎并没有公开反对沙尔马内塞尔；事实上，他在泰勒阿加加的碑文中，提到沙尔马内塞尔是他的"主人"。但到了公元前826年，其他亚述官员（也包括沙尔马内塞尔自己家族的成员）已经开始较为公开地反抗国王，甚至与他作战。发生骚乱的主要原因，是继承沙尔马内塞尔的亚述王位之人尚未确定。虽然我们对确切情况的了解仍然很模糊，但沙尔马内塞尔似乎是突然做了决定，让他的一个儿子，即后来的沙姆什-阿达德五世成为他的王储。可以理解，之前指定的继承人阿淑尔-达因-阿普鲁（Ashur-da"in-aplu）对这一举措很不满意，并发起了一场叛乱。在亚述27个最强大的城市和省份（包括尼尼微、阿淑尔、阿拉法和阿尔贝拉）的大力支持下，他试图除掉弟弟（在首都迦拉的大本营活动）这个障碍。最后，阿淑尔-达因-阿普鲁的叛乱被粉碎了。公元前824年，沙尔马内塞尔也最终死去，沙姆什-阿达德成为亚述的国王。[12]

正如《亚述名年官编年史》（Assyrian Eponym Chronicle）直言不讳地指出的那样，沙姆什-阿达德的登基并不标志着他的忧虑结束。他又花了漫长的四年时间与内部的敌人作战，随后，这位新君主在各种高级官员和巴比伦统治者马尔杜克-扎基尔-舒米的支持下，终于稳住了地位，成为亚述没有争议的国王。然而，到此时为止，事态已经不再像以前那样了。事实证明，国王是软弱的，而为亚述政府掌舵的将军、总督和宫廷官员都渴望自己能够发挥更大、更明显的作用。[13]

就这样，人们常说的"权贵时代"开始了。当沙姆什-阿达德五世（公元前823—前811年在位）试图以新国王的身份安顿下来时，他的元帅亚哈鲁（Yahalu）以及一位名叫涅伽尔-伊拉伊（Nergal-ila'i）的总督（他后来也成了元帅）做出了许多重要决定。正如沙姆什-阿达德在一篇铭文中坦率承认的那样，国王的第二次战役，即向西北部的奈里发动的战役，是由他的首席宦官领导的，这是一个新设立的官阶。此时，许多高级官员在任的时间比以前要长得多。

在约公元前815年之前，沙姆什-阿达德一直在频繁地发动战争，并遭受了几次挫折。他对扎格罗斯山脉地区发动的第三次战役似乎以失败告终，叙利亚北部诸王国的大多数统治者拒绝缴纳贡品。而在公元前817年和前816年，哈布尔三角区以东的提莱（Tillê）城发生了叛乱，亚述的核心地区受到近在咫尺的威胁，混乱的征兆再次出现。直到沙姆什-阿达德统治的最后四年，整体局势才慢慢改善。沙姆什-阿达德公然无视与巴比伦统治者马尔杜克-扎基尔-舒米早先签订的条约，袭击了底格里斯河以东的巴比伦控制区，征服了巴比伦-埃兰边境的德尔（Der）城，并将几尊神像从德尔城带到了亚述。新的巴比伦国王马尔杜克-巴拉苏-伊克比（Marduk-balassu-iqbi）被押到尼尼微囚禁了起来。公元前812年，沙姆什-阿达德进入巴比伦中部，在那里，他与马尔杜克-巴拉苏-伊克比的继任者作战，同时也向巴比伦、博尔西帕（Borsippa）以及库塔哈（Cutha）的神明献祭。最后，巴比伦被他征服，巴比伦的王位从此在相当长的一段时间内一直空缺着。

如果说，所有这些针对仍然有声望但已彻底衰弱的亚述南部邻国的行动，使亚述王国恢复了一些政治地位，那么公元前811年沙姆什-阿达德的死亡则使王国再次陷入混乱状态。沙姆什-阿达德的继任者阿达德-尼拉里三世（公元前810—前783年在位）在登基时可能还是个未成年人，因此他在统治的头几年并不能完全控制国家。在这段时间里，实际权力似乎集中在亚述精英阶层的另外两名成员手中：前面提到的"权贵"涅伽尔-伊拉伊，以及更值得人们注意的、具有更长久影响的萨穆-拉玛特，她是阿达德-尼拉里的母亲。

萨穆-拉玛特的身世背景，以及促使她与沙姆什-阿达德五世结婚的条件都笼罩在神秘之中。但在公元前826年至前820年之间漫长的内战中，当她的丈夫被关在迦拉，面对一心想要消灭他的众多致命敌人时，她一定学会了如何在风暴中无所畏惧和坚韧不拔。无论具体的情况如何，当沙姆什-阿达德去世，年轻的阿达德-尼拉里登上王位时，萨穆-拉玛特已经准备好接过权力的缰绳。[14]

当时虽然萨穆-拉玛特是她儿子的某种"摄政者"，但这一身份却有数年的时间没有在她的头衔中得到体现。人们在阿淑尔为她竖立的一块石碑称她为"沙姆什-阿达德的宫中女人（Palace Woman）、阿达德-尼拉里的母亲，以及沙尔马内塞尔的儿媳"，这些都是对亚述国王的正妻和母亲的常规称呼。但是，这块石碑本身是献给她的，而且它被与几十块纪念亚述国王和高级官员的类似石碑摆在了一起，这一事实表明，人们认为萨穆-拉玛特的地位是不寻常的。更加值得注意的是另一块提到她的石碑，这块石碑可能是在公元前805年竖立的，它并没有竖立在亚述人的中心地带，而是在土耳其南部今马拉什（Maraş）市附近。石碑上的铭文所用的人称代词体现了人们对于谁才是真正掌权者的困惑，用第一人称单数"我"来表示阿达德-尼拉里，同时也用第三人称指代他，提到他母亲时则直呼名字，还用了第三人称复数"他们"表示他们两人。铭文指出："当库穆赫特人（Kummuhite）的国王乌什皮鲁鲁姆（Ushpilulume）促使亚述国王阿达德-尼拉里和宫中女人萨穆-拉玛特渡过幼发拉底河时，我与阿尔帕德（Arpad）的……阿塔尔舒姆基（Atarshumki）……以及与他一起来到帕迦拉胡布努（Paqarahubunu）的八位国王……展开了激烈的战斗……同年，他们在库穆赫特人的国王乌什皮鲁鲁姆以及古尔古姆人（Gurgumite）的国王卡尔帕鲁达（Qalparuda）（的领土）之间竖起了这块界石。"[15]

这段文本描述了亚述领导层如何通过外交和战争手段，在亚述盟友库穆赫特的乌什皮鲁鲁姆请求其进行干预后，解决了叙利亚北部的一场边境冲突。但这里的重点不是众多拗口的人名地名和整个事件的复杂细节。更有意义的是文本中赋予萨穆-拉玛特的重要作用。阿达德-尼拉里的母亲曾陪同她的儿子参加过在幼发拉底河的军事行动，她还帮助重新划分了黎凡特地区两个强大国家之间的边界。由于之前和之后的亚述王室铭文都没有将这样的壮举归功于某位亚述王室女性，因此毫无疑问，在阿达德-尼拉里在位早期，萨穆-拉玛特拥有巨大的权力。

国王可能没过多久就发现了，他的母亲在他在位早期曾如此地位显赫，这令他有些尴尬。在萨穆-拉玛特于公元前800年左右去世后，他在铭文中不再提及她。不过在上述碑文中，人们能感觉到碑文作者对当时局势的某种不安，这表现为作者在描述战斗部分时使用第一人称单数，在划定新边界的段落中却又变为使用第三人称复数。一个女人如此出风头，这与亚述公共生活的父权制标准是完全矛盾的。

然而，在当时流行的虚构故事中，萨穆-拉玛特的事迹并没有被遗忘。恰恰相反，它们成了传说故事的素材，萨穆-拉玛特变成了一位半虚构的、全能的、具有异国情调的亚述女王，古希腊和古罗马的古典历史学家称她为塞弥拉弥斯。萨穆-拉玛特／塞弥拉弥斯的传奇形象，将在之后两千多年里塑造欧洲和中东地区对亚述的看法。[16]

阿达德-尼拉里可能在其母亲去世后摆脱了她的影响，但这并不意味着他完全掌握了他的王国。"权贵们"继续对王室的权力进行限制。从大约公元前787年开始，一个名叫帕利勒-埃莱什（Palil-eresh）的宦官成了非正式的强大实际掌权者，他管理着幼发拉底河中游以及哈布尔河附近的大部分亚述领土。在此期间，国王主要忙于对东方的战役，以及巩固亚述对伊朗西部的控制。

在他统治的最后几年里，阿达德-尼拉里任命了一位新的元帅，此人名叫沙姆什-伊鲁（Shamshi-ilu），家庭背景与几乎所有的其他权贵一样，仍然不为人所知。他很快就变得比帕利勒-埃莱什更有影响力。在大约40年的时间里，在阿达德-尼拉里死后、相继统治亚述的三位相当平平无奇的国王在位期间，沙姆什-伊鲁似乎一直是亚述主要的权力掌控者。以这些君主的名义书写的长篇铭文非常罕见，但我们却知道几篇文本颂扬了沙姆什-伊鲁的事迹，其中一些仍然承认国王的作用。人们在奥龙特斯河畔的安塔基亚附近发现的一则铭文，是阿达德-尼拉里三世在其统治的最后几年所写的，它与马拉什地区的萨穆-拉玛特的碑文十分相似，声称国王和他的元帅都在解决该地区的一场地方性边界冲突时发挥了作用。阿达德-尼拉里的继任者沙尔马内塞尔四世（公元前782—前773年在位）在位时期的另一块界碑上的铭文也是如此。而第三则铭文来自沙尔马内塞尔四世在位末期，被刻在提尔-巴尔希普的国王大本营的两个巨大石狮上，沙姆什-伊鲁在文中把战胜乌拉尔图国王阿吉什提（Argishti）的重大军事胜利的所有功劳都归于自己。这位元帅声称，自己不是代表国王，而是代表着"阿淑尔、父亲、伟大的领主，以及埃沙拉（神庙）的崇高母亲穆里苏女神"。他用第三人称写作，自豪地宣称自己"像一场可怕的风暴一样冲了出去，武器准备就绪，发出巨响，声音令人恐惧地回荡着。像安祖鸟一样，他让愤怒的战马拉着他的战车飞驰而出，打败了他（阿吉什提）。他（阿吉什提）被战斗吓坏，像个小偷一样逃走了。"[17]

在这一时期，并没有其他铭文使用如此丰富的修辞手法。在此处，沙姆什-伊鲁显然在每一个方面都表现得像个国王，唯一的例外是，他没有宣称自己有国王头衔。然而，在文本的前半段中，他称自己为"赫梯、古提以及那姆里（Namri）所有土地的总督"，这表明他的统治范围从西部的幼发拉底河延伸到了东部的伊朗地区，这远远超出了单一行省的范围。

在沙姆什-伊鲁任职期间，亚述的政治和军事命运发生了改变。随着疫病与气候变化开始影响这个王国，情况慢慢变得糟糕了起来。一方面，亚述取得了重大的成功，包括公元前774年战胜北方的乌拉尔图王国，以及公元前773年击败大马士革的战役，该战役使得亚述获得了大量的财富，并促使大马士革的统治者将他的一个女儿作为未来的妻子送给亚述国王。公元前754年，在阿淑尔-尼拉里五世（公元前754—前745年在位）登基后不久，亚述军队又对阿勒颇北部强大的阿尔帕德城邦发动了一场胜利的战役，迫使其国王马提伊鲁（Mati'ilu）签署了承认阿淑尔-尼拉里五世为其主人的条约，该条约的楔形文字副本发现于尼尼微的阿淑尔巴尼拔图书馆的泥板中。该条约规定，对马提伊鲁来说，"我们的死亡就是你的死亡，我们的生命就是你的生命"，此外还有一些对马提伊鲁的带有性意味的无情诅咒，声称如果他"违反"该条约，他将"成为一个妓女，他的士兵将变成女人"。[18]

然而，亚述对阿尔帕德的成功作战只是一个例外。从公元前8世纪60年代开始，亚述的胜利越来越少，王国遭受了几次严重挫折，其中之一是瘟疫。第一次瘟疫发生于公元前765年，可能是在叙利亚西部奥龙特斯河口的沼泽地上作战的士兵带回来的，这些沼泽地上蚊虫肆虐。此外，各行省一再发生叛乱。在阿淑尔-尼拉里五世的领导下，亚述军队在与乌拉尔图国王萨尔杜里二世（Sarduri II）的一次重要战役中失利，萨尔杜里在一则碑文中庆祝了此事。幼发拉底河中游的苏胡（Suhu）和马里的"总督"也留下了铭文，他们似乎能够在没有任何亚述人干预的情况下主导自己的事务。而且多年以来，正如《亚述名年官编年史》所记录的那样，国王和他的军队一直"待在这片土地上"，这清楚地表明，亚述缺乏手段来维护其作为当地政治霸主的地位。[19]

现代的历史学家在评价权贵们在弱势王权下统治的85年时间时遇到了挑战。一些人认为，总的来说，这是一个衰落期，亚述人的权力几乎在所有方面都有所收缩。"权贵时代"被拿来与世界历史上的其他时期进行比较，在这些时期内，将领、宫廷官员、宦官或后宫的女性篡夺了权力，产生了"堕落的"政权。军事指挥官弗拉维乌斯·斯提利科（Flavius Stilicho）在公元4世纪与5世纪之交的西罗马帝国危机中所发挥的作用，以及慈禧太后在20世纪初对中国清朝灭亡的影响，都曾被作为历史类比引用，以说明沙姆什-伊鲁或萨穆-拉玛特影响亚述历史进程的方式。[20]

然而，与这些情况大相径庭的是，亚述的"权贵时代"并不标志着王国的最终崩溃，而是预示着它将会上升到前所未有的帝国统治地位。权贵们似乎很好地利用了他们拥有的自治权，例如扩大了其所控制省份的经济基础。考古调查显示，哈布尔河、幼发拉底河和底格里斯河之间的地区，从公元前9世纪末开始出现大量的定居点，这可能是地方官员试图将部分草原转化为农业用地，以种植更多农作物的结果。官员们之所以能够这样做，是因为从公元前925年左右开始的降雨量增加，在公元前8世纪上半叶不仅仍在持续，甚至还达到了一个新的高峰。[21]

据我们所知，没有任何一个权贵试图成为国王，哪怕最有野心的人也是如此。亚述君主很软弱，但他们在这一时期也一直是亚述国家的正式首脑。叛乱不是没有发生过，但它们似乎并没有破坏占统治地位的王朝的合法性：公元前763年、前762年在阿淑尔领导叛乱的人还是王室成员。事实上，像帕利勒-埃莱什或沙姆什-伊鲁这样的官员，他们扮演的角色在很多方面类似于中亚述时期担任王国西部领土总督的"大维齐尔"，而亚述国家从这种政治安排中获益良多。[22]

即便如此也很难否认，在"权贵时代"的最后 20 年里，亚述发生了几次非常严重的危机。但最关键的问题是，帝国这只凤凰是如何从这些可怕年头的灰烬中重生的。

第二部分

帝国时代

第五章

大扩张

历史上有许多政治体在经过长期发展后，最终会被公认为是一个帝国。在实力逐渐壮大之后，它们跨越了标志着国家和帝国之间区别的门槛，从一个边界明确的、有着核心领土的国家，转变为对众多遥远的附属国家和民族持续实施中央集权统治的帝国。这既是罗马帝国的故事，也是大英帝国的故事。

亚述的故事则与之不同，也并没有那么简单。就在亚述王国跨入帝国门槛之前，它经历了20年的政治混乱和衰落时期。然而，似乎也正是这些年的创伤经历促使亚述后来进行了帝国扩张。于是通过这么一种近乎讽刺性的转折，亚述帝国在危机中诞生了。

亚述的帝国转型发生在公元前745年至前705年之间，由提格拉特-皮莱塞尔三世与他的两个直接继承人沙尔马内塞尔五世和萨尔贡二世完成，他们都以铁腕手段统治着自己的领地。而这些国王创建的政治结构，从亚述分布广阔的行省到国家高效的通信网络，将定义亚述帝国，直到其最后的时光。

《亚述名年官编年史》为公元前765年至前746年这些年提供的历史记录很简略，但情况并不顺利这一事实却是毫无疑问的。一开始是在公元前765年和公元前759年，有两次瘟疫肆虐了整个王国。我们很难确定当时的情势到底有多严峻，但早期的赫梯祈祷文和公元前18世纪马里的楔形文字信件表明，传染病的暴发对于古代近东人民来说是十分可怕并具有毁灭性的。就好像居民的大量死亡对社会的打击还不够大一样，为遏制流行病的传播而采取的措施本身也可能带来灾难性的后果。[1]

美索不达米亚的统治者们在一定程度上试图通过旅行禁令来遏制流行病。正如一封来自马里的信中所说的那样："城镇中的居民一旦被（瘟疫）触及，就不能进入未被瘟疫侵染的城镇。否则，他们很可能会将其传播至整个国家"。公元前8世纪的亚述很有可能采取了类似措施，这些措施必定让王国的经济秩序和军事备战陷入了瘫痪状态，这是很容易想象的。[2]

此时，亚述王国各地持续不断的流行病所造成的贫困，对一些叛乱的爆发可能起到了推动作用。在公元前763年和前762年，阿淑尔城似乎是叛乱的一个中心，在一段时间内，控制了亚述宗教中心的叛乱者首领自己称王；公元前761年和前760年，东部城市阿拉法发生了另外几起叛乱；在公元前759年这个瘟疫之年，西部哈布尔三角区的古扎纳（Guzana）也发生了叛乱。《亚述名年官编年史》告诉我们，虽然古扎纳的叛乱在公元前758年被粉碎，该地区暂时恢复了和平，但这是一种非常不稳定的和平：它指出，亚述军队在随后的11年中有7年停留在"这片土地上"。就连巴比伦在这一时期也处于动荡之中。发生于公元前763年的一次日食，更使这些年弥漫着厄运降临的气氛。[3]

伴随着动荡、疾病和暴乱的折磨，亚述似乎处在了完全崩溃的边缘。但是，这个国家却马上要经历一场戏剧性的转折。动荡的局势促使某个名叫普鲁（Pulu）的人在公元前746年发动了另一场叛乱，他将以提格拉特-皮莱塞尔（三世）之名登上王位，成为亚述的新国王。我们对普鲁的身世背景知之甚少。像他的三位前辈一样，他可能是阿达德-尼拉里三世的儿子，但在他的众多铭文中，只有一则铭文声称他是那位国王的后代。由于他的名字普鲁与叙利亚北部古尔古姆（Gurgum）王国的另一个名字比特-帕阿拉（Bit-Pa'alla）有些相似，因此有人认为他的母亲可能是那里的一位公主，在阿达德-尼拉里三世与萨穆-拉玛特先前进行的战争之后，被阿达德-尼拉里三世带到了亚述，但这还远远不能确定。他可能也参与了公元前763年和前762年在阿淑尔的叛乱，但目前这同样只是一种猜测。[4]

至于公元前746年以首都迦拉为中心的叛乱，除了其结果外，情况几乎无人知晓。国王阿淑尔-尼拉里五世从叛乱现场消失了，而普鲁，或者说提格拉特-皮莱塞尔三世，正如《亚述名年官编年史》中所说，在公元前745年"阿雅鲁（Ayyaru）月的第13天登上了王位"。虽然当时可能很少有人会想到这一点，但正如事实很快证明的那样，普鲁的登基是一个新时代的开始。

考虑到他在统治初期所面临的严峻形势，提格拉特-皮莱塞尔三世（公元前744—前727年在位）在短短的18年内成功地改造和扩大了他的王国，令人惊讶不已。他从根本上改变了西亚的政治格局。[5]

他在国内实施的最全面变革之一，是通过削减"权贵"的权力来集中权力。当然，如果当初没有重要军队指挥官和行政人员的帮助，这位国王不可能成功地争取到王位并在后来取得军事上的成就。但他很快便过河拆桥，将他们赶下了位置。他将元帅、首席持杯者和财务官这样的要职授予了"新人"（homines novi，即以前不属于精英阶层的人）。那些被任命到这些有潜在影响力职位的

第五章 大扩张

人,这时不再被允许私自以王家风格撰写铭文,不能像沙姆什-伊鲁和以前其他的权贵那样行事;事实上,一些早期的铭文,包括以沙姆什-伊鲁和帕利勒-埃莱什的名义书写的文本,被新国王删除掉了一部分,这一行为让人想起罗马人的"记忆抹杀诅咒"(damnatio memoriae,将某些人从公众记忆中消除)这样的做法。而从公元前8世纪中叶开始,在阿淑尔城竖立石碑以纪念高级官员的习惯逐渐被放弃。换句话说,提格拉特-皮莱塞尔三世的上台开启了一个比以往任何时候都要以君主为中心的时期。[6]

几乎在同一时期,提格拉特-皮莱塞尔三世也开始恢复每年对外敌征战,而且,他是以复仇的方式进行的。在他登基的那一年,在他在位仅三个月的时候,他就率领军队前往巴比伦北部和东部,击溃了靠近亚述边境的几个不守规矩的阿拉米部落,并驱逐了他们中的许多人。一年后,他在扎格罗斯地区建立了新的帕尔苏阿(Parsua)和比特-哈姆班(Bit-Hamban)行省,建立了一种兼并模式,这将成为他统治时期的一个决定性特征。[7]

在公元前743年至前738年,提格拉特-皮莱塞尔的第二阶段战争主要以乌拉尔图王国和叙利亚北部的城邦为目标。公元前743年,亚述军队击败了乌拉尔图国王萨尔杜里二世,迫使他狼狈地连夜逃亡。在这次战争中,萨尔杜里最重要的盟友之一阿尔帕德的马提伊鲁再次向亚述宣战,公然违反了他在公元前754年与阿淑尔-尼拉里五世缔结的条约。提格拉特-皮莱塞尔花了三年时间围攻阿尔帕德,并于公元前740年最终征服了该城,将其变成了亚述另一个新行省的中心。

阿尔帕德的陷落引发了连锁反应,该地区的其他国家也纷纷臣服于提格拉特-皮莱塞尔。公元前738年,强大的帕提纳[又称翁吉(Unqi)]王国以及更西边的哈塔里卡(Hatarikka)和西米拉（Simirra）被亚述吞并，并被改造成行省。亚述的直接控制区域此时延伸到了靠近地中海甚至地中海岸边的城市，例如加巴拉（Gabala），即今天拉塔基亚附近的加布来（Jableh），还有今黎巴嫩城市特里波利斯（Tripolis）所在区域内的卡什普纳（Kashpuna）。由于对亚述权力的迅速扩张感到恐惧，许多其他西部国家的统治者，包括大马士革的雷津（Rezin）和以色列的米拿现（Menahem），都向提格拉特-皮莱塞尔进贡。

从公元前737年到前734年，亚述再次对乌拉尔图作战，进军至其首都图鲁什帕（Turushpa），此外亚述军队还在米底地区作战。然后，提格拉特-皮莱塞尔又回到了黎凡特。这一次，他的军队远征到了非利士（Philistia）和埃及边境。犹大（Judah）、摩押（Moab）、以东（Edom）和阿拉伯人向亚述国王进贡。在接下来的两年里，亚述人面对着以色列的佩卡（Peqah）和大马士革的雷津的联军，二者的联盟在《圣经》中也得到了描述（从犹大的视角描述的，当时犹大仍然忠于提格拉特-皮莱塞尔）。亚述人的干预，以征服和吞并大马士革以及将以色列王国分割成较小的单位而结束，其中一些领土变成了亚述的省份。以色列国的剩余部分被切断了与大海的联系，并被交到了傀儡国王何西亚（Hoshea）的手中。

提格拉特-皮莱塞尔在统治的最后几年里致力于征服巴比伦。公元前732年，美索不达米亚南部的迦勒底人古国比特-阿姆卡尼（Bit-Amukani）的领导人纳布-穆金-泽里（Nabû-mukin-zeri）夺取了巴比伦王位，而提格拉特-皮莱塞尔随后打败了他，并在公元前729年成为巴比伦的国王。在针对迦勒底人据点的其他战役中，他巩固了自己在该地区的权力。国王还连续两次参加了巴比伦著名的新年节，这个节日对该城的宗教认同来说具有突出的意义。控制了南方，特别是控制了拥有巨大文化声望的巴比伦城，是提格拉特-皮

第五章 大扩张

莱塞尔在其统治期间实现的最高成就。

当提格拉特-皮莱塞尔三世于公元前727年冬去世时，亚述的国土面积是其统治初期时的两倍以上。这个国家新的西部边界不再是幼发拉底河，而是地中海，而且在所有其他方向上，国王也取得了巨大的领土收益。[8]

这种命运的转折是令人惊讶的，特别是考虑到在提格拉特-皮莱塞尔统治之前发生了多年的瘟疫和内部动乱，还出现了其他日益严重的问题。从公元前8世纪中期开始，"亚述大雨期"（始于公元前925年左右降雨量大幅增加的时期）慢慢地结束了。尽管年降水量大幅减少还没有导致大规模的干旱，但是亚述的农业基础必然受到了不利影响。人为造成的生态退化也增加了亚述农村的环境压力。亚述精英们对象牙的狂热，导致人们进行了无数次狩猎探险，这使得曾经生活在叙利亚的象群灭绝了。同时，由王室赞助的宏大建筑项目，以及对木材（作为冶炼铁矿石的燃料）不断增加的需求，导致该地区的森林资源最终枯竭。[9]

根据一般的看法，在这种情况下，亚述应该会经历接连不断的政治混乱。毕竟，公元165年至180年的安东尼瘟疫、大约70年后的塞浦路斯瘟疫、公元541年的查士丁尼瘟疫以及古典时代晚期的"小冰期"，它们难道不是罗马帝国衰落的主要因素吗？人们普遍承认，公元900年左右玛雅文明的衰落和公元15世纪高棉帝国的衰落，以及叙利亚等国家近年来所面临的政治危机，都与气候变化的影响有一定的关系。然而，导致其他政体走向崩溃的环境，却将亚述推向了空前的高度。[10]

如果一个人能接受历史不受决定性规则的支配，那么这种明显的悖论就会消失。人是可以通过适应正在发生的变化来应对挑战的，而这正是提格拉特-皮莱塞尔所做的。在总结了公元前 8 世纪 60 年代和 50 年代亚述中心地带暴发的流行病造成的生命损失状况，并意识到在日益不利的生态条件下很难提高作物产量后，国王决定实施新的政治策略。他专注于征服和吞并外国土地，通过榨取别国财富为亚述中心地带争取更多利益，并在各地强迫数十万人迁徙，以补充维持国家运转所需的劳动力。此外，为了使政府的运转更加有效，国王废除了他的前任们所建立的分散的权力结构，将重要的决定权保留给了自己。

总而言之，这是一个了不起的重建政治秩序和重新分布人口的壮举，尽管提格拉特-皮莱塞尔摆脱危机的方式在我们这个时代很难被认为是典范。事实上，我们可以把他在扩张帝国和加强中央集权时所诉诸的暴力行为视为一种警告，它提醒着我们"坏人"如何利用经常降临在人类身上的自然灾害。但不管是好是坏，不可否认的是，提格拉特-皮莱塞尔的新政权确保了亚述在一个多世纪中的地位。

紧随提格拉特-皮莱塞尔之后登上亚述王位的两位国王，延续了他们有影响力的前辈的扩张主义政治。其中第一位就是提格拉特-皮莱塞尔的儿子沙尔马内塞尔五世（公元前 726—前 722 年在位），他最初的名字是乌鲁拉尤（Ululayu），以他出生时的乌鲁鲁（Ululu）月命名。他在担任王储期间学会了管理的技巧，他写给他父亲的一些楔形文字信件就是从那个时候流传下来的。其中一封显示，当国王不在国内时，是他与外国代表团打交道。而王储也负责许多日常事务，包括在充气皮筏的帮助下，运输储存在地下房间里的食物和饮用葡萄酒所需的冰块。正如这件事所揭示的那样，制冷并不是公元 19 世纪或 20 世纪的发明，而是一种古老的技术。[11]

沙尔马内塞尔的登基显然很顺利。尽管我们连一篇这位国王短暂统治期间的比较详细的王家铭文都没有发现，但很明显，他发起过一些军事行动。有间接证据表明，他将叙利亚北部、奇里乞亚和安纳托利亚中部的大片领土纳入了亚述国家，并向推罗城施加压力。他还很可能围攻、征服并吞并了撒马利亚（Samaria）城，在公元前732年提格拉特-皮莱塞尔发起的战争后，该城是以色列王国残留的首都。《圣经》和《巴比伦编年史》都表明，正是沙尔马内塞尔结束了以色列的独立地位。

公元前722年，也就是撒马利亚被征服的那一年，新国王萨尔贡二世（公元前721—前705年在位）登上了亚述的王位。这一次，权力的转移过程显然要坎坷得多：在其统治初期的文本中，萨尔贡指责他的前任对阿淑尔的公民强行征税和强迫他们劳动，而这些公民在传统上是免于这些义务的，因此阿淑尔神被激怒了。由于对前任统治者的公开批评在亚述王家铭文中是不常见的，因此我们可以放心地推定，萨尔贡在一次政变中推翻了沙尔马内塞尔，这时需要理由来证明这一行动是合理的。萨尔贡声称，他将"6300名犯了罪的亚述人"重新安置在哈马特地区，这也表明了国家存在内乱："罪犯们"可能是反对他夺权的人。国王将他们送到了一个遥远的地区，让他们不会成为自己的绊脚石。[12]

与沙尔马内塞尔五世一样，萨尔贡二世似乎也是提格拉特-皮莱塞尔的儿子，但他的母亲可能是提格拉特-皮莱塞尔的另一名妻子。与他的（同父异母）兄弟不同，萨尔贡从未担任过王储。他的名字沙鲁-乌金（Sharru-ukin，"萨尔贡"是《圣经》中的称呼），一定让人们想起了阿卡德伟大的萨尔贡［即沙鲁-基努（Sharru-kinu）］的名字，后者是美索不达米亚历史上第一个跨区域王国的创始人，也是一个事迹广为流传的传奇人物。在萨尔贡二世的家族中，有几个成员的名字都暗指着月神辛（Sîn），而祭拜月神的宗教中心位于亚述人控制的西部城市哈兰（Harran），因此萨尔贡可能是在那里长大，或者在成为国王之前，在那里担任过一些重要的军事职务。[13]

萨尔贡在统治初期面临的国内动乱只是他担忧的开始。在王国的核心区域之外，有许多人利用萨尔贡夺权后的动荡时期摆脱了亚述人的枷锁。在巴比伦，迦勒底酋长马尔杜克-阿普鲁-伊迪纳二世（Marduk-aplu-iddina II）夺取了王位，而在西部，来自哈马特的强人亚乌比迪（Yaubi'di）组建了一个强大的反亚述联盟，该联盟中的许多成员是提格拉特-皮莱塞尔三世和沙尔马内塞尔五世不久前才建立的行省，包括阿尔帕德、西米拉、大马士革和撒马利亚。

公元前720年，在登基一年多后，萨尔贡终于准备好将注意力转向恢复亚述对叛乱地区的统治权了。由于马尔杜克-阿普鲁-伊迪纳得到了埃兰的军事援助，所以亚述对巴比伦的攻击未能取得预期的效果。然而，亚述人在西部取得了胜利：在奥龙特斯河的一场血战中，萨尔贡的部队击败了联合起来的敌军。叛乱的省份被亚述重新吞并，撒马利亚的大部分人被驱逐到亚述帝国的各个地方。因为亚乌比迪在之前两年中杀光了所有碰巧落入他手中的亚述人，所以他被带到了阿淑尔并被剥皮。他的皮肤被用盐处理过后保存下来并被公开展示，亚述人的浮雕上以令人不寒而栗的细节刻画了这一幕。[14]

萨尔贡对西方反亚述联盟的胜利，恢复了国家的稳定状态，这使得国王在接下来的几年里能够进一步扩大他的王国。在安纳托利亚和伊朗西部（这里有越来越重要的战马的产地）征战两年之后，萨尔贡在公元前717年取得了他最伟大的胜利之一，他征服了富裕的新赫梯王国城市卡赫美什，这是幼发拉底河畔的一个商业中心，靠近今天土耳其和叙利亚的边界一带。对卡赫美什国库的掠夺为亚述的国库注入了大量的白银,以至于亚述王国以前使用的铜本位逐渐被银本位货币取代。萨尔贡将一些亚述人安置在了卡赫美什,并在该城建造了一座新的宫殿。[15]

公元前 714 年,萨尔贡取得了另一场重要的胜利,他在乌鲁米耶湖附近山区发动突袭,击败了乌拉尔图国王鲁萨一世(Rusa I)的军队。萨尔贡在写给阿淑尔神的一封长长的"信"中对这场战役进行了庆祝,其中的高潮是掠夺了乌拉尔图主神哈尔迪(Haldi)在穆萨西尔(Musasir)的神庙。信中对自然景观的描述详尽到了任何其他古代近东文本都难以企及的程度。例如,该文本中说西米里亚(Simirria)山"像矛刃一样指向天空","比贝蕾特–伊利(Belet-ili)女神居住的山还高",其山顶"直冲云霄","山涧形成的横谷深深地切入群山的侧岭"。显然,萨尔贡在这个地区作战时,对他和他的部队所遇到的奇崛景观的宏伟力量深感敬畏。[16]

在公元前 716 年至前 713 年之间,亚述军队还与东方的米底诸国、西南方的阿拉伯部落以及安纳托利亚中部的弗里吉亚国王米塔(Mita)作战——米塔被希腊人称为米达斯(Midas),被认为具有传奇的"金手指"。在阿拉伯南部,传说中示巴(Sheba)国的统治者伊塔姆拉(It'amra),以及下埃及塔尼斯(Tanis)的统治者奥索尔孔四世(Osorkon IV)都为萨尔贡带来了礼物。亚述的地理视野从未如此开阔过。

萨尔贡的最后一次伟大胜利,是在公元前 710 年重新征服了巴比伦,这发生在他第一次夺回巴比伦的失败尝试的 10 年之后。马尔杜克–阿普鲁–伊迪纳逃到了自己的老家,即美索不达米亚南部的比特–亚金(Bit-Yakin),然后又逃到了更远的埃兰,埃兰人准许他流亡至此。巴比伦的市民向亚述军队敞开了大门。萨尔贡沉醉于他受到的欢迎（表面上看来非常热情），也为该城的古老文化和宗教传统所深深吸引，因此他在巴比伦一直待到公元前707年，参加了新年节，并接待了来自地中海的亚德纳纳（Yadnana，今塞浦路斯）和波斯湾的迪尔蒙（Dilmun，位于今巴林）等遥远地方的使者。在此期间，他的儿子辛那赫里布王储负责处理亚述的政府事务。

公元前707年，萨尔贡回到了亚述。根据《巴比伦编年史》，在这一年里，瘟疫在亚述肆虐，因此国王在当时决定返回亚述很令人惊讶。但萨尔贡知道，他很快就会在一个新的地方生活，在那里他不用担心正在国内其他各地肆虐的疾病。公元前706年，他和他的宫廷一起搬到了新的首都——名为杜尔-沙鲁金，也被称作"萨尔贡堡"。在过去的10年中，王家的建筑人员，包括数以千计的被驱逐者，在尼尼微东北约16千米的小村庄马加努巴（Magganubba）的土地上从头建造了该城市。原来的土地所有者获得了经济补偿，或者得到了其他地方的土地。[17]

萨尔贡决定迁往新首都的一个原因，可能是他担心迦拉的精英群体仍然对他怀有恶意。作为一个篡位者，他不得不假设，在旧首都并非所有人都把他视为合法的统治者。他对亚述的主要官员缺乏信任，这也可以解释他在重要的国家事务中为什么如此依赖家庭成员，不仅依赖他的儿子辛那赫里布，还依赖他的兄弟辛-阿胡-乌苏尔（Sîn-ahu-usur）：萨尔贡为他这个兄弟恢复了中亚述时期的大维齐尔职位。在这个职位上，辛-阿胡-乌苏尔指挥着他自己的军队，收集情报，并与其他官员就国家的重要事务进行沟通。在公元前707年至前705年间，他在巴比伦代表着王室。在杜尔-沙鲁金，辛-阿胡-乌苏尔在萨尔贡巨大的新住所旁边拥有自己的一座大宫殿。[18]

从提格拉特-皮莱塞尔三世于公元前744年入主亚述,到萨尔贡二世于公元前705年去世,这40年间,亚述变成了一个在权力、规模和复杂性上都空前的政治实体。可以说,它成了世界历史上的第一个帝国。

这一称谓符合大多数古希腊和古罗马历史学家的观点,但在现代,这却成为一个具有争议的问题。对最近的许多学者来说,帝国的历史要么开始于更早的时期——例如以美索不达米亚南部为中心的阿卡德王国,其持续时间约为公元前2350年至前2150年——要么开始于后来的古罗马。还有人怀疑古代压根就没有帝国,将该术语留到大约在公元1500年开始出现的"现代"帝国上使用,其中最引人注目的就是大英帝国。

毋庸置疑,争论的核心在于"帝国"这个词的真正含义。已经有很多人尝试定义这个词。一个相对较新的定义是由历史学家和政治学家斯蒂芬·豪(Stephen Howe)提出的:

> 帝国是一个大型的政治机构,它统治着其原始边界以外的领土。它有一个中央政权或一片核心领土(其居民通常仍然是整个系统中的主导种族或民族),还有广泛的外围统治区……多样性——种族上的、民族上的、文化上的,通常还有宗教上的,是(帝国的)本质……在帝国内,直接统治和间接统治总是混合的。中央政权拥有最终的主权,并在其领土的所有部分行使一些直接控制权,特别是对军事力量和征税权力的控制。但是,在帝国的每个主要部分,通常会有某种去中心化的"殖民地"政府或"省级"政府,其权力从属于帝国,但并非微不足道。[19]

这一定义列出了帝国的许多主要特征，但也留下了一些重要问题。例如，当豪把帝国称为"一个大型的政治机构"时，我们仍然不清楚他心里想的是什么。多大才算足够大，在黑格尔眼中至关重要的从量变到质变的转折点究竟在哪里？一个强大的霸权国家必须生存多久才有资格被称为帝国，也就是一个已经从不稳定的扩张阶段过渡到长期政治稳定阶段的政治实体？[20]

尽管这些问题很难有明确的答案，但亚述王国在"晚亚述"时期（从提格拉特-皮莱塞尔三世统治时期开始）所形成的样子，似乎比历史上第一个帝国的其他候选者更符合豪的定义。像阿卡德国家，或新王国时期的埃及，再或者是公元前13世纪的中亚述王国，都可以被看作"野心勃勃的帝国"。它们的意识形态宣言体现了它们的帝国使命，例如中亚述时期"加冕仪式"中的神圣命令要求亚述国王"扩大他的领地"。但是，它们在规模、凝聚力或多样性等方面有所欠缺，并不足以让它们被视为真正的帝国。而声称没有哪个前现代国家（甚至是罗马）达到过真正的帝国应该满足的标准，这显示了某种现代主义的偏见，也许更多是出于对古代文明的无知，而不是在敏锐地分析。[21]

当然，晚亚述国家与罗马帝国或大英帝国确实并不相似。在公元前7世纪中叶亚述疆域扩张到最大的阶段，亚述王国的面积约为822 700平方千米，约为现代法国的1.5倍。而图拉真时期的罗马帝国面积大约是其8倍，历史上面积最大的帝国大英帝国则是其46倍之大。从时间上看，亚述似乎也有些不足之处。它统治西亚大部分地区的时间才120年左右。阿契美尼德王朝存在的时间更长，罗马帝国或大英帝国就更不用说了。[22]

尽管有这些局限性，但不能否认的是，从提格拉特-皮莱塞尔三世统治时期开始，亚述国家就拥有帝国的许多标志性特点：一个

第五章　大扩张

由强大的国王所代表的强有力的统治中心；一个复杂的、范围广泛的行省系统；一支装备精良的军队；以大规模驱逐出境为手段来瓦解反对派的中心，以及优化劳动力的分配；一个基于良好的道路和常规化信息传递流程的高度发达的通信网络；以及整个国家范围内文化、语言和宗教方面的巨大多样性。而在这整个系统中，关键人物是一个强大的君主，他掌握着集中的权力。[23]

随着把"权贵们"排除到权力核心之外，亚述国王再次成为亚述国家无可争议的中心。他是政府首脑和军队的最高指挥官，拥有多得不成比例的国家财富，是法律事务的最终权威，也是主神阿淑尔的大祭司。可以肯定的是，国王所做决定的实际执行者是行政官员、将军和祭司，他们都是由国王亲自任命的。但从提格拉特-皮莱塞尔三世开始，与之前几十年形成鲜明对比的是，所有关于军事行动、建筑工程以及其他政府赞助活动的公开声明，都是只以国王的名义发布的。高官们获得名声的途径只剩下成为名年官这一条路，也就是以他们的名字来命名年份，这种古老的做法一直持续到亚述王国的末期。[24]

帝国时期的亚述权贵们受到委托，为国王撰写了数以千计的铭文，其中许多铭文篇幅很长，内容也很详细。但是，研究这些"自我标榜的自传"只能揭示这么多。要想了解国王们所拥有的巨大权力，以及他们的要求给官员们带来的恐惧，看看国王们写的一些较为简要的楔形文字信件会更有启发。在其中一封信件中，萨尔贡命令阿淑尔的总督将700包稻草和700捆芦苇送到杜尔-沙鲁金，而此人在亚述王国的等级制度中并不是一个无足轻重的人。萨尔贡要求这些材料必须在基斯利姆月（Kislimu，亚述历9月）的第一天送达，然后继续说："哪怕耽搁了一天，你都会死。"这句话令人震惊，它以警句式的简洁文字，表现了在亚述帝国中，国王设定的最后期限就是字面意义上的最后期限。另一封信甚至更加有画面感。萨尔贡要求收信人在一个特定的时间内将骑兵用的马匹带到一个集合点，并补充说："无论是谁，只要迟到，他就会被钉在自己的房子里，他的儿女也将会被处死。"[25]

与美索不达米亚历史上其他时期的君主不同，亚述的国王们从未声称他们是真正的神。在文献中，他们的名字前面并没有表示神的定语。国家内也没有专门供奉他们的神庙。但由于他们所掌握的权力，国王们在很大程度上被视为神一样的存在。国王常被比作太阳神沙马什（正义的典范），许多亚述文本使用沙马什的神圣数字20来书写"国王"这一称号。在公元前669年，著名学者和肝脏占卜专家阿达德–舒穆–乌苏尔（Adad-shumu-usur）为埃萨尔哈东国王写道："国王，土地的主人，就是沙马什的形象。"这种说法让人想起基督教格言"国王是上帝的形象"（Rex imago dei），它定义了中世纪的政治神学。在另一封信中，这位阿达德–舒穆–乌苏尔建立了一个引人注目的、由三部分组成的等级制度，将国王置于神的世界和普通人的世界之间："他们这样说：'人是神的影子。'但是，人只不过是人的影子而已。而国王，他确实是神的真正形象。"美索不达米亚的一个神话将国王的创造与人的创造区分开来，似乎也指向了同一个方向。在每年的第六个月举行的国王复职仪式上，国王的服装和王座应用了一些与制作新的神像时相同的神圣程序，使其在参与者的心目中变得如同基督教的圣餐。[26]

亚述国王的肖像被放置在亚述核心区域、亚述附庸国以及行省首府的各个圣殿中。它们究竟得到了怎样的待遇，以及它们是否定期接受供奉，我们并不完全清楚，但可以肯定的是，它们的存在会让面对它们的人感到好奇，偶尔也会让人感到困扰。不过，即使没有这些外在的形象，亚述国王也一定在庞大的亚述帝国的大多数居民心目中占有重要地位。在犹大王国，与亚述国家机器的创伤性接触可能导致亚述国王的品质转移到了犹太人的神明身上，这是《圣经》一神论产生过程中的一个重要里程碑。[27]

虽然国王在亚述首都的宫殿中代表着亚述帝国的中心，但是亚述帝国的行省才是构成其更大政治结构的单位。在亚述国家中，行省的划分可以追溯到中亚述时期。在千纪之交的危机年代之后，亚述再征服时期的统治者让亚述人再次掌控了前几十年失去的领土，并重新组织了这些地区的行省结构。沙尔马内塞尔三世创建了新的"边区"，并将其分配给一些特别有影响力的权贵。随着提格拉特-皮莱塞尔三世的登基，一些较大的行省［例如幼发拉底河中游的拉萨帕（Rasappa）和元帅的行省］被分割成较小的单位。同时，提格拉特-皮莱塞尔三世在东部、北部，特别是西部建立了新的行省，从而大规模地扩大了亚述王国的版图，而在他之后的国王们延续了这一过程。在公元前670年，亚述王国拥有大约75个行省。由于亚述是一个典型的陆地帝国，由连续的领土组成，它没有哪块领地孤立地位于西亚以外的地方。[28]

在提格拉特-皮莱塞尔三世之前，从军事行动中获得的战利品、从附庸国王那里得到的贡品以及政治盟友送来的"礼物"，大大增加了亚述的财富。这些收入来源从未完全枯竭，但随着许多新行省的建立，亚述政府开始越来越依赖征税这种"常规化掠夺"，征税对象包括人口、牲畜、农作物和商业贸易，征税者则为各行省总督。掠夺演变成了治理。新的制度使得持续的军事干预和使用极端暴力变得不再那么必要，却导致了行政费用的增加。[29]

行省总督拥有亚述人的头衔 pāḫutu 或 bēl pāḫete，意思是"代理人"，这表明他们是代表国王行事的。他们所居住的行省中心的宫殿，是亚述首都王宫的小型复制品。为了尽量减少行省变成地方性王朝的风险，行省总督的职位不是世袭的，而且帝国时代的许多总督是宦官。人们在奥龙特斯河畔的泰勒塔伊纳特（Tell Tayinat，库拉尼亚行省的行政中心遗址）发现的一份条约提供了一张长长的清单，列出了在一位典型的亚述行省的总督手下，有哪些军事和行政方面的工作人员。它提到了"（总督的）副手、管家、书吏、战车驭手、（一辆战车上的）第三人、村长、信息官、地方行政官、队列指挥官、战车兵、骑兵……骑马侍从、（各种行业的）专家、盾牌手、工匠以及（总督手下的）其他人员"。[30]

　　各行省总督最重要的任务，除了征税之外，还有维护所谓的王家道路（ḫūl šarri），以及为其行省内的驿站（bēt mardēti）提供人员、食物、水以及驮畜。专门为国家需要而设计的王家道路是帝国长距离通信的主动脉，也是波斯统治时代著名道路系统的早期形态，希罗多德和色诺芬等希腊历史学家的著作中都对其进行过描述，并对它们大加赞赏。在亚述时代，王家道路在大多数情况下是一条未经铺设但得到良好维护的小路，不过一进入城市，它们就成了更典型的大道，让人想起现代国家用于政治游行和军事阅兵的宽阔大道。辛那赫里布国王在经过尼尼微的王家道路上竖立的一些石碑声称，这一区域的道路大约有25米宽，并警告说，如果有人的房子占了这条路，那么此人将被刺死。[31]

　　王家道路使亚述国王能够与帝国各地区的总督以及其他亚述官员保持定期的联系。信息要么被委托给信使，由他们从发信人处一路传递到收信人那里，要么就以信件的形式从一个驿站传递到另一个驿站。他们的信使骑着骡子前行，而骡子是结实可靠的驮畜，它们能够游过小河。据估计，在亚述帝国时期，将一封信从今天土耳其阿达纳（Adana）地区的库埃（Que），送到东边约 700 千米以外的迦拉或尼尼微，所需时间不超过 5 天。直到 19 世纪电报出现，这里才有了更快的通信方式。[32]

对现代历史学家来说，幸运的是，亚述帝国"国家档案"中的大约 3 000 封楔形文字信件被人们挖掘了出来，其中大部分是在尼尼微被发现的，但也有在迦拉被发现的。其中约 1 200 封属于萨尔贡二世统治时期，而从提格拉特-皮莱塞尔三世开始，属于帝国时期其他国王统治期的信件，已知数量较少。总的来说，它们涵盖的时间范围才 30 年左右，这表明人们只找到了所有国家档案中的一小部分。这些信件有一种标准化的矩形格式。在交付时，它们被一个密封的黏土信封保护，以确保未经授权的人不会读到它们。

这些信件可以分为两大类：一类是国王与各种行政人员、军官以及王室代表之间的信件，他们驻扎在帝国各地，负责执行政治、经济或军事任务；第二类是公元前 7 世纪的国王埃萨尔哈东和阿淑尔巴尼拔与几十位学者、祭司、驱魔师还有医生之间的信件，他们在实际生活中经常与统治者接触，负责让统治者身体健康和精神健康。这第二类信件往往更加"巴洛克式"，但也更加私人化，而第一类信件则通常是简明扼要、公事公办。[33]

大多数"政治性"信件涉及严重的问题和挑战，如敌军的实力和动向、各行省的经济问题、被驱逐者的管理或建筑材料的采购。没有人可以用日常事务和琐事来打扰国王和他的高级官员，这一点在已发现的少数信封仍然完好无损的信件中得到了充分体现。有一封信是在大英博物馆被开封的，它展现了一个想要官复原职的人的牢骚和请求。他抱怨说："为什么我的主人不说话，而我却一直摇着尾巴，像狗一样到处跑？（在这之前）我已经给我的主人写了三封信。"显然，当这个可怜的家伙第四次写信时，收信人——一位总督的副手——甚至连打开信件的意愿都没有了。[34]

在帝国时期，在得到良好维护的道路和通信网络的帮助下，亚述军队发展成为到那时为止世界上最强大的军事机器。其核心队伍是由职业军人组成的，他们被组织在帝国各地的部队中。有些人接受总督的命令，驻扎在省会，而另一些人则由国王直接指挥，总部设在亚述中心地带的迦拉、杜尔-沙鲁金和尼尼微的检阅宫。亚述军有专门的精锐部队，他们是从特定的族群中招募的，类似于在印度的英国军队中的锡克人。例如，阿拉米伊图人分支（Itu'ean）被用来维持治安和镇压叛乱，来自以色列的撒马利亚人提供战车部队，而腓尼基人和希腊人负责海军行动。常备军由季节性征兵补充，亚述的附庸国王也必须提供增援。士兵们会从战利品中分得一杯羹，如果受了伤或者永久残疾，他们可以指望国王关照他们。[35]

亚述的武装力量擅长使用不同类型的武器和军事装备。两轮战车就是古代世界的坦克，可以冲进敌人的阵地，在敌军防线上制造缺口。战车最初由两匹或三匹马拉动，后来由四匹马拉动，它们配备了一名驭手、一名弓箭手（也是战车的指挥官），以及一两名盾牌手，盾牌手要保护乘员免受敌人攻击。骑兵部队则为作战带来了速度和机动性，在公元前8世纪的时候，骑弓手能够控制他们的马，而不需要另一个骑手在旁边帮助他们，这大大增强了骑兵的效用。长程作战的步弓手以及近身作战的长矛手也发挥了重要作用。文本中还提到了负责带领10名或50名士兵的指挥官，这表明亚述军队中存在着标准化的编制。

亚述宫殿的浮雕显示，出征的军队往往有书吏陪同，他们要用从久远的古亚述商人时代继承下来的记账技能，完成一项可怕的任务，即记录被砍下的头颅数量和所获的战利品数量。侦察兵负责探索敌后的情况。祭司和占卜师为部队提供精神支持，而当亚述军队在远离家乡的地方作战时，甚至连众神都会以圣旗的形式出现在仪式性的战车上。

亚述的军事行动通常发生在夏季，也就是春暖花开之后，秋季播种时节之前。各行省的中心城市成了补给站。但在王国的边界之外，部队往往不得不到乡下觅食。坚固的营地为士兵提供了一个安全的饮食和休息空间。亚述军队规模庞大，装备精良，训练有素，在大多数情况下，他们光是出现在战场上就足以迫使敌人屈服或促使他们逃跑了。对攻战似乎相当罕见。围攻敌人的城市会损耗大量兵力和资源，但有时也被亚述军队的领导人认为是必要的，即使他们要为此花费数年时间。负责围攻城市的部队主要通过攻城塔、云梯、攻城槌和挖掘隧道来实现目标。

从形式上来说，国王是军队的指挥官。亚述统治者在铭文中经常把自己描绘成潇洒的英雄，无畏地杀向敌方的部队。例如，在描述公元前691年的一场战斗时，辛那赫里布声称他"穿上了盔甲"，"像猛烈的风暴一样吹向敌人的侧翼和前线"，并"用他们的尸体填满平原"。现实情况远远没有这么戏剧化。在写给辛那赫里布的儿子兼继任者埃萨尔哈东的一封信中，一位地位很高的官员写道："我的国王主人不应该接近战场。应该像先王们那样留在山上，让手下的权贵们去战斗。"换句话说，军事行动的实际执行者是职业军人，而不是亚述国王。就算后者参加了战役，他也会得到很好的保护，远离激烈的战斗。[36]

亚述军队征服敌方领土后的一个最重要举措，是驱逐当地的大部分人口。有证据表明，强制进行人口迁移的做法在美索不达米亚历史的最初阶段就出现了，亚述在公元前13世纪就采取过这种做

亚述：世界历史上第一个帝国的兴衰

法。而随着提格拉特-皮莱塞尔三世的登基，驱逐行动达到了前所未有的规模。这位国王的碑文描述了大约50次军事行动，在这些行动中，总共有近60万人被驱逐。[37]

最后的这个数字或许是夸张了，但很可能只是稍有夸张而已。提格拉特-皮莱塞尔统治时期的信件毫无疑问地表明，驱逐行动中的后勤管理工作在许多王室官员心中占有重要地位。在一封信件中，亚述东部阿拉法的总督承认，他收到了国王的命令，要"喂饱（他所看管的）6 000名俘虏"。这位总督指出，他在早些时候曾告诉过国王，他手头没有足够的食物，让他们吃饱是不可能的："要多久？（他们有）6 000人！"但他还是愿意努力寻找解决办法。他要求国家为他提供"6 000（或）3 000（驴子承载量，可能是大概30万至60万升）单位的大麦"，并提议让其他主要官员分担照顾俘虏的负担。[38]

提格拉特-皮莱塞尔三世不仅比他之前的任何一位国王驱逐了更多的人，而且还实施了一项重要的改革：重新安置人口。当一个地区的人口被迁移到另一个地区后，往往会有来自其他地方的被驱逐者前往前者原本所在的地区。这种情况通常发生在被征服的领土变成一个行省的时候，而这显然是为了确保当地的经济持续繁荣。不然驱逐行动的主要目的就与之前的时代相同了：削弱刚刚被打败的政治体的身份认同，以减少未来发生反抗的风险；在最有利可图的地方增加劳动力，无论是在亚述首都的建筑工地和工场，还是在农村，让被驱逐者在未开垦的或未充分利用的土地上做佃农。不足为奇的是，熟练的工匠、巫师以及占卜师在亚述人的驱逐行动中是特别重要的目标。甚至还有一些被驱逐者被编入了亚述军队。

现代学者对亚述人的驱逐行动进行了截然不同的描述。一些人关注其带有惩罚性和暴力的方面，而另一些人则提出了更善意的解

第五章　大扩张

释，强调亚述人通常允许被迫远离家乡的人带上家人、财物和农场里的动物，他们在旅途中能够得到食物、水袋以及衣服，他们也很少会沦为奴隶。一位亚述官员写给提格拉特-皮莱塞尔的信表明，亚述国家甚至会偶尔为新定居的被驱逐者提供配偶："至于阿拉米人，国王说过：'他们要有妻子！'［我们］找到了许多（合适的）女人，但她们的父亲不让［她们］结婚，说：'除非他们给我们钱（作为彩礼）。'送给他们钱，好让他们（阿拉米人）结婚吧。"此处提到的女性显然在这件事上没有发言权。然而，由于有这样的说法，所以有人建议将亚述人实施的人口迁移称为"重新安置"，而不是"驱逐"；考虑到后者在现代社会中与种族清洗和种族灭绝之间的联系，这就更重要了。[39]

这种观点可能过于宽宏大量了：毕竟不能否认，亚述人在将被征服的人送往离家乡千里之遥的地方时，基本相当于"抢劫"，而且有些俘虏确实在被迫进行的长途跋涉中死去。但是，亚述政府确实投入了大量资源来维持被驱逐者的生命，这显然是因为他们希望这些人最终成为亚述的忠实臣民和纳税人。正如《圣经·箴言》所言："帝王荣耀在乎民多。君王衰败在乎民少。"[40]

为了更好地了解亚述人如何对待他们重新安置的人民，看看新亚述时期最著名的大规模驱逐行动是很有意义的：那就是公元前722年，亚述征服撒马利亚后对以色列人的驱逐。这一事件在后来的文化记忆中占据了重要地位，因为《圣经》中对它的描述（《列王记下》第17章）产生了"十个以色列失落部落"这一传说。例如，公元14世纪的虚构回忆录《曼德维尔游记》(*The Travels of Sir John Mandeville*)认为歌革（Gog）和玛各（Magog）的人民，以及据称被亚历山大大帝关在高加索地区的大墙后面的其他国家的人民，是"失落部落"的后代，并将他们最终在未来重新出现与末日联系起来。在发现美洲后,有人认为新大陆原住民的祖先正是这些部落。甚至在现代,许多人——从科钦(Cochin)、克什米尔和埃塞俄比亚的犹太人到阿富汗的普什图人,再到美国一群被称为"黑色希伯来以色列人"的非裔美国人——都声称自己是"以色列失落部落"的后代。[41]

事实上,没有理由认为被亚述人驱逐的以色列部落都凭空消失了,只会在某个幻想中的遥远地点再次出现。《圣经》本身就指明了他们的最终下落。正如《列王记下》第17章第6节所述:"亚述王……将以色列人掳到亚述,把他们安置在哈腊与歌散的哈博河边,并玛代人*的城邑。"亚述人的资料证实了这一说法,并为被驱逐者的情况提供了额外的信息。哈腊〔Halah,亚述人称之为哈腊胡(Halahhu)〕位于萨尔贡的新首都杜尔-沙鲁金所在的地区。不难想象,许多被重新安置在那里的以色列人参与了该城市的建设。楔形文字文件也证明了撒马利亚人来自哈布尔河畔的古扎纳(《圣经》中的歌散)。公元前700年的一份法律文件记录了一位来自古扎纳的撒马利亚人出售澡堂的情况,公元前7世纪70年代末的一封信则包含了另一位撒马利亚人检举一位腐败的书吏及其家人的证词。关于遥远东方的"玛代人的城邑",虽然并没有文献证据,但我们既然已经知道公元前716年萨尔贡二世在该地区建立了两个新的行省,就完全有理由认为一些以色列人在此后不久被重新安置在那里,他们之前似乎被关押在其他地方。撒马利亚人也被编入了驻扎在迦拉的极负盛名的战车部队。总的来说,被驱逐的以色列人在新环境中似乎过得还不错。[42]

当撒马利亚人被转移到亚述帝国中心和东部边境的各个地方

---

* 玛代人即米底人。——编者注

第五章 大扩张

后，来自其他地区的人在撒马利亚和前以色列王国的空地上定居下来。公元前715年，正如其铭文中所指出的那样，萨尔贡将一些来自叙利亚-阿拉伯沙漠边缘的阿拉伯部落带到了撒马利亚。根据《圣经》所说，亚述人还在撒马利亚重新安置了来自巴比伦、库塔哈、哈马特以及一些其他城市的人，尽管萨尔贡和后来的亚述国王都没有提到这些人口转移，但是它们很可能确实发生了。这个重建计划在多大程度上真正导致了该地区的经济复兴，我们目前还不清楚。根据考古勘察，有人认为在公元前722年被亚述人征服后，撒马利亚及其腹地实际上经历了严重的衰退。犹大和远在南方的其他政权成为亚述的附庸国，但没有被吞并，它们的情况似乎要好得多。[43]

在提到特定的被驱逐群体的社会融合与经济融合状况时，亚述国王经常声称他们"将其算作亚述人"，并对其征税和摊派徭役，"就像对亚述人一样"。这种说法表明，被驱逐者，包括那些来自以色列的人以及其他所有人，与亚述国王的其他臣民拥有同样的权利和义务，而且在亚述帝国时期，"亚述人"一词在很大程度上失去了其民族内涵。正如人名和其他资料所显示的那样，生活在亚述境内的人们此时说着各种不同的语言，包括闪语，如亚述语、巴比伦语、阿拉米语、腓尼基语、希伯来语和阿拉伯语；印欧语，如卢维语和米底语；亚非语系的埃及语；以及孤立的语言，如舒布尔语、乌拉尔图语和埃兰语。他们还继续崇拜着他们各自的传统神灵。然而，只要他们缴纳税款，履行军事义务，并完成国家定期强加给他们的工作任务，他们就都被视为真正的"亚述人"。文化上的再教育计划和宗教灌输都不是亚述帝国意识形态的决定性特征。[44]

当然，来自不同背景的人们聚集在一起时，就像在亚述帝国的城市、乡镇和农村中那样，他们必须找到一种共同的语言来交流。

萨尔贡二世承认这是必要的,并且声称他使得他的王国中所有不同的人都"说同样的语言"。也许他此话的重点在于,他的臣民,无论出身如何,现在都能协调一致地行动,但这种表述也有语言学方面的意义。值得注意的是,亚述最终流行的语言,几乎每个亚述公民都会说的语言,并不是亚述语。在罗马帝国时期,新并入罗马的群体会"罗马化",而在西亚从未发生过与之类似的"亚述化"。相反,成为亚述帝国通用语言并在帝国衰亡后幸存下来的是阿拉米语,这是一种社会地位较低的语言,至少最初它在文化上并没有什么吸引力。阿拉米语是以字母的形式书写在皮革或纸莎草纸上的一种语言,并被越来越多地用于帝国的行政管理,在将近1 500年的时间里,它一直是中东地区的"通用语言",直到公元7世纪和8世纪阿拉伯语慢慢将它取代。[45]

在公元前7世纪中叶,亚述国王阿淑尔巴尼拔声称,阿淑尔神"已将从日出之地到日落之地的所有语言都交给我处置"。然而,仍有人和地方处于亚述帝国的势力范围之外。尽管这个帝国很强大,但是仍有无法逾越的障碍阻碍着亚述人统治世界的追求。[46]

第六章

帝国边缘

帝国是由它所占据的空间来定义的。在他们的铭文中,亚述君主经常称自己为"(宇宙)四方之王"或"世界之王"。但即使在帝国时期,他们也只统治着欧亚大陆的一小部分。真正的全球统治对他们来说是遥不可及的。帝国的外围区域标志着亚述人永远无法跨越的空间。

不过,亚述人在世界历史上留下长久印记的一种方式是通过他们的邻居,也就是通过那些生活在他们帝国边缘的人实现的。其中一些亚述的邻居,比如腓尼基人、希腊人、阿拉伯人和波斯人,在与亚述的接触中受到启发,创造出新的政治组织形式,并在后来自己统治了这片地区。

虽然亚述国王不愿意承认这一点,但他们知道自己的权力是有限的。他们知道在他们直接控制的区域之外还有一些地区,例如位于今西班牙的塔西西〔Tarsisi,即塔尔特苏斯(Tartessus)〕、小亚细亚西部的卢迪〔Luddi,即吕底亚(Lydia)〕、爱琴海的亚曼〔Yaman,即伊奥尼亚(Ionia)〕、乌拉尔图东部的古里阿纳(Guriana)、今阿曼的卡德(Qadê)、今也门的萨巴(Saba',即示巴）、阿拉伯北部的特马［Tema，即泰马（Tayma）］，以及尼罗河上游努比亚的库苏［Kusu，即库什（Kush）］。所有这些城市和土地都在亚述人的文本中被提到过，尽管它们与帝国隔着高山、深海，以及亚述军队无法穿越的、似乎没有尽头的沙漠。[1]

亚述的远征军偶尔也会进入帝国边缘的难以涉足之地，但这样做充满了困难。如果山脉不是太高的话，它们对亚述军队的阻碍还比较小：在托罗斯山脉和扎格罗斯山脉的山脚下，亚述人设法在很长一段时间内对这些地区实现了政治控制。然而，在崎岖不平的领土上，在安纳托利亚中部的塔巴尔（Tabal）或东部的米底，他们从未确立长期的统治权。萨尔贡二世的儿子辛那赫里布（公元前704—前681年在位）统治时期的一篇短文，可能和亚述人于公元前702年进入扎格罗斯山脉的军事行动有关，它表明了亚述国王发现自己身处高海拔地区时是多么焦虑："穿过巨大的山脉……在那里，甚至连坚硬的树干都平躺在地上，在它们之间永远有强风吹过……在那里，没有其他活人带过帐篷，我和我的部队一起艰难地前行。"[2]

沙漠中的情况要糟糕得多。公元前676年，当埃萨尔哈东国王试图控制阿拉伯半岛东北侧的巴祖（Bazu）领土时，他不得不经过一个地区，他的一篇碑文将该地区描述为"一个遥远的地方，一块被遗忘的旱地和盐碱地，一片令人口渴之地，120里格*的沙漠、蓟和瞪羚牙石，蛇和蝎子像蚂蚁一样布满了平原"。[3]

跨越海洋同样是亚述人没有做好充分准备的冒险。公元前694年，辛那赫里布派遣一支由叙利亚北部的专家建造的舰队穿越波斯湾，来追击他的巴比伦宿敌马尔杜克-阿普鲁-伊迪纳二世，后者试

---

* 1里格约合4.8千米。——编者注

图逃往埃兰。辛那赫里布本人则留在了岸边。这位国王显然还没有准备好与大海进行更持久的交锋，他对他与他的部队在沿海城镇巴布-萨利麦提（Bab-Salimeti）附近扎营的描述说明了这一点："大海的涨潮很厉害，海水进入我的帐篷，并完全包围了我的整个营地。在五天五夜的时间里，由于水势太大，我的所有士兵都不得不蜷缩着身子坐着，仿佛被关进了笼子里。"[4]

不过，这种事情还可以表明，亚述人有时会想办法克服自己后勤能力的限制，他们通常会得到其他民族的帮助。在公元前694年的海军远征中，辛那赫里布利用了叙利亚船工以及腓尼基和希腊水手的专业知识，让他们负责这次行动。同样，当亚述军队多次冒险进入沙漠的时候，他们会得到阿拉伯部落的指引，后者熟悉地形，并能组织起必要的车队。

腓尼基人和阿拉伯人，在一定程度上还包括希腊人，都是处于亚述帝国和其外围地区之间的"中间地带"的民族，他们对于亚述人与更远地方的联系和经济交流很有帮助。作为对这些服务的回报，亚述国王允许他们继续从事自己的商业活动，无论是在地中海还是在阿拉伯沙漠的"香料之路"上。但是，亚述与腓尼基城邦以及阿拉伯部落从来都不是完全共生的关系，他们的合作关系也不完全平等。亚述人从腓尼基人和阿拉伯人进行的长途贸易所产生的财富中抽走了很大一部分，特别是在公元前7世纪，亚述人多次试图完全控制腓尼基的岛屿城市，击败阿拉伯部落，并征服偏远的阿拉伯沙漠城镇。

讲闪语的腓尼基人是古代世界最负盛名的民族之一。希腊人认为是他们发明了字母表，他们还以从海螺中提取出紫色染料而闻名于世，从公元前9世纪下半叶开始，他们在非洲北部和西班牙大片沿海的土地上进行殖民活动。在今突尼斯附近，迦太基城的建立标志着他们的扩张达到了顶峰。在整个地中海和黎凡特地区，他们还进行金属、木材以及各种奢侈品的交易。[5]

最重要的腓尼基城市位于地中海东岸狭长的海岸线上，从北到南分别是阿尔瓦德、比布鲁斯、西顿和推罗。这些城市拥有天然的港口，东侧紧靠着高山。随着时间的推移，每个城市都发展出了明显的海洋文化和强烈的独立意识。事实上，"腓尼基人"这个统称从未被西顿人或推罗人自己使用过，也没有被亚述人使用过。腓尼基人是希腊人对他们的称呼，该称呼基于"phoinix"这个词，而这个词的含义是"紫色"。

与乌加里特不同，在公元前12世纪海上民族的攻击所带来的危机中，腓尼基人的城市得以幸存。他们在这些事发生后基本安然无恙，并且慢慢地开始再次扩大他们的商业活动，恢复他们的财富——这引起了亚述人的兴趣。在提格拉特-皮莱塞尔一世（公元前1114—前1076年在位）的统治期间，亚述第一次干涉腓尼基。之后亚述国王接受了比布鲁斯、西顿和阿尔瓦德的贡品，并在阿尔瓦德海岸乘船旅行时杀死了一头河马。

公元前9世纪，当亚述人试图恢复在该地区的影响力时，他们遵循了提格拉特-皮莱塞尔开创的先例：只要能收到大量贡金，他们就将避免攻击腓尼基城市，也将避免干涉其商业活动。这种情况首次发生于阿淑尔纳西尔帕二世（公元前883—前859年在位）发动的第九次战役期间。仅仅靠他军队的威名，就足以促使腓尼基各城市的领导人给他送来贵金属、五颜六色的服装和其他奢侈品，包括河马的长牙。随后，推罗和西顿的使节前往亚述，参加了为庆祝阿淑尔纳西尔帕的新宫殿落成而在迦拉举行的盛大宴会。

在阿淑尔纳西尔帕的继任者沙尔马内塞尔三世（公元前858—

前824年在位）的领导下，亚述人跨越幼发拉底河的袭击行动变得更加频繁，这最初导致了该地区的抵抗活动不断增加。公元前853年，比布鲁斯是在卡尔卡尔与亚述人作战的西方联盟的成员之一。但随着亚述人不断进攻，以及亚述军队封锁了作为腓尼基人陆上贸易动脉的陆路、山口和河谷，对腓尼基人造成威胁，腓尼基人意识到，向亚述屈服，并且增加献给亚述的贡品可能是更为明智的选择。在亚述城市巴拉瓦特（Balawat），人们于沙尔马内塞尔统治时期设立的大门上发现的一条青铜饰带上的场景说明了这种新的惯例：它显示了港务船从推罗（被描述为海中有围墙的城市）向等候在岸边的承运人运送大锅和其他贵重物品。此时，腓尼基人正在努力地向西地中海的其他领土殖民，可能是因为他们需要找到新的收入来源来补偿亚述人要求交出的大量保护费。

亚述-腓尼基关系的一个更危险的新篇章，始于提格拉特-皮莱塞尔三世（公元前744—前727年在位）统治时期亚述在西黎凡特建立了几个行省。亚述军队和民事行政人员在历史上第一次长期驻扎在腓尼基的沿海城市附近，这使得亚述能够更直接地干预腓尼基的事务。从此，对于推罗和西顿以及附近其他的城市来说，向迦拉进贡已经不够了；他们还必须为其商业活动缴税。此外，亚述人还在地中海沿岸建立了一些自己的贸易港口，即所谓的卡鲁斯（kārus），并在这些港口派驻了王家商人。

在提格拉特-皮莱塞尔统治下，一个叫库尔迪-阿淑尔-拉穆尔（Qurdi-Ashur-lamur）的人担任西米拉行省的总督，这是奥龙特斯河以西一个新的亚述行省，因此它靠近腓尼基海岸。此人寄给他在迦拉的国王主人的一封楔形文字信件，让我们看到了亚述对腓尼基的新战略。在信中，总督告诉国王他做了什么来保持与推罗统治者的良好关系，同时也确保亚述将从他们那里获利："所有（他的）贸易港口都已开放给他；他的仆人进出这些贸易港口，随心所欲地进行买卖。黎巴嫩山由他支配；他们随心所欲地上下山，把木材运下来。但我向所有运下木材的人收税，我已在黎巴嫩山各处的贸易关卡任命了收税人。"[6]

推罗人感激亚述人赋予他们特权，并愿意遵守亚述人的税收要求，但西顿人就显然没有那么温顺。正如库尔迪-阿淑尔-拉穆尔气愤地指出的那样，他们把亚述的收税人赶走了。这促使总督派出可怕的伊图人去对付他们，这是负责镇压叛乱的特殊部队。受到惊吓的西顿人于是放弃了抵抗，允许亚述税吏进入他们的城市。

正如这一切所显示的那样，亚述人在提格拉特-皮莱塞尔的统治下继续给予推罗、西顿和其他腓尼基商人城市相当程度的自治权，这样他们就可以把船派往西边遥远的地方，并能在黎凡特从事木材贸易。但是，帝国想要获得利润中的大部分，这种做法在不久之后导致腓尼基人发动了一些叛乱，随后，亚述人便试图更为直接地统治该地区。公元前677年，在西顿联合奇里乞亚的一些城镇密谋摆脱亚述人的枷锁后，亚述国王埃萨尔哈东最终征服了这座城市。他以自己的名字将西顿重新命名为"卡尔-阿淑尔-阿胡-伊迪纳"（Kar-Ashur-ahu-iddina，即"埃萨尔哈东的贸易站"），并将西顿及其腹地变成了亚述的一个行省。此后不久，他与西顿的姐妹城市推罗签订了一项条约，以确保其服从。

该条约被发现于从尼尼微发掘出的一块没有完整保存下来的泥板上，它不是平等的，但它确实承认了推罗人继续拥有某些权利。最重要的是，他们可以使用亚述人控制的海岸线上的几处港口，从南部的阿科（Akko）到北部的比布鲁斯。在条约中，关于遭遇危险的推罗船只上的货物和船员的规定同样是为了双方共同的利益而制定的:"如果有一艘巴力(Ba'al,推罗王)或推罗人的船在非利士人的土地上或在亚述境内遇难,那么船上的一切都属于亚述王埃萨尔哈东;但是船上的任何人都不能受到伤害,亚述必须把他们全送回自己的国家。"7

亚述人虽然正式承认了推罗的独立,但是对该城市的行政事务进行了严重干预。条约规定,推罗国王或"你们国家的长老"(指腓尼基-迦太基人的"执政官"或"法官"制度)在做出重要决定时,必须咨询驻扎在推罗的亚述"王家代表"(qēpu)。正如这段话所示,亚述人显然非常了解在推罗实行的寡头政治制度。

为了确保推罗人不会违反其中的任何条款,埃萨尔哈东与推罗人的条约以一系列的诅咒作为结束语。其中一条诅咒特别提到了几位腓尼基神灵,再次显示出推罗的海上贸易的核心重要性:"就让巴力·沙马伊姆(Ba'al Shamaim)、巴力·马拉格(Ba'al Malagê)以及巴力·萨丰(Ba'al Saphon)等神明对你们的船只刮起恶风,解开它们的锚,扯断它们的系泊杆,愿强浪让它们沉入海中,狂潮将你们淹没!"

巴力国王似乎并没有被这种威胁震慑。在公元前671年以及前663年、前662年,他起兵反抗亚述人,亚述人虽然两次都打败了他,但依然把他留在了王位上,这可能是因为他们清楚,自己在海军方面一窍不通,直接统治推罗并不符合他们的最大利益。

库尔迪-阿淑尔-拉穆尔的信不仅提供了关于腓尼基人的信息,而且也是亚述人最早提到希腊人的文件。亚述总督对他们的称呼是"亚姆纳亚"(Yamnaya)或"亚乌纳亚"(Yawnaya),也就是"伊奥尼亚人",现代阿拉伯语和波斯语中对希腊人的称呼"尤纳尼"(Yūnāni)也来自这里。8

希腊人被认为是西方文明的"发明者",在现代人对他们的讨论中,他们往往是作为开拓性的哲学家、重量级诗人或者有成就的艺术家出现的。但从库尔迪-阿淑尔-拉穆尔的角度来看,他们不过是突袭者和掠夺者,类似于大约450年前的海上民族。在他的一封信中,可能是在公元前738年后不久,库尔迪-阿淑尔-拉穆尔描述了"亚乌纳亚"如何从海上对东地中海沿岸的萨姆西姆鲁那(Samsimuruna)和哈里苏(Harisu)城发动了攻击,但是当他带着部队到达后,这些人空手回到了船上。萨尔贡二世统治时期的铭文也描述了对于希腊人类似的负面印象。在他的"编年史"中有一段保存不全的话,谈到了公元前715年的一场海战,对手是希腊海盗,他们不断袭扰推罗和奇里乞亚(这时是亚述行省)的库埃:"伊奥尼亚人的住处在海的中央,他们自远古时代就杀害过推罗城和库埃的土地上的人民,并切断了商业交通。为了征服他们,我从赫梯(叙利亚北部)乘船出海,用剑击倒了他们,无论老少。"[9]

但亚述也与一些希腊人合作,这些希腊人当时正忙着在安纳托利亚及地中海其他地区的大片海岸线上进行殖民。公元前738年,提格拉特-皮莱塞尔三世征服了"阿赫塔(Ahtâ)城,这是一处海边的贸易港口和一个王家'仓库'"。"阿赫塔"很可能是希腊语akte的亚述语翻译,意思是"岬角"或"海角",可能是位于奥龙特斯河口靠近地中海海岸线的阿尔-迈纳(Al-Mina)遗址的古名。在阿尔-迈纳发现的大量希腊陶器表明,该遗址是希腊人的聚居地,在这里生活的许多人可能是商人。阿尔-迈纳通过亚默(Amuq)平原与帕提纳/帕廷(Patina/Partin)的土地相连,并从那里通过卡赫美什与美索不达米亚北部及亚述的核心领土相连。因此,该城市非常适合作为连接爱琴海世界和亚述帝国的商业中心。提格拉特-皮莱塞尔后来用类似的方式,把位于东地中海海岸南端的加沙城变成了与埃及和阿拉伯半岛进行贸易的港口。[10]

公元前 8 世纪的最后几年标志着古希腊开始了所谓的东方化时期。希腊陶瓶上描绘的动物和怪物，以及希腊文明的许多其他特征，这时都强烈地受到了东方的影响。很可能，阿尔-迈纳就是促进这种文化从东方向西方传播的地点之一。

随着来自东方的物质产品和艺术风格在这一时期开始更广泛地流传，近东的宗教思想和文学主题也开始流行。它们中有些甚至可能传到了伟大的诗人荷马那里，据说他生活在公元前 700 年左右。荷马的《伊利亚特》中提到的"俄刻阿诺斯（Oceanus，海洋之神，众神之源）还有海洋母神特提斯（Tethys，即地中海）"就是一个例子。正如英国首相威廉·格莱斯顿在 1890 年首次注意到的那样，此处所描绘的水神的谱系，让人联想到《巴比伦创世史诗》（Babylonian Epic of Creation）的开头部分，而该史诗也流行于亚述，它将宇宙中的地下水神阿普苏（Apsû）和原始海洋之神提阿马特描绘成其他所有神的父母。"特提斯"这个名字甚至可能就是由"提阿马特"演变而来的。亚述国王辛那赫里布于公元前 691 年在萨迈拉附近的哈鲁莱（Halulê）进行过一场战斗，一份记录这场战斗的诗意描述中有几个短语也曾被拿来与《伊利亚特》中的诗句比较。例如，辛那赫里布说，"我战车上的捷足纯种马冲进了（我的敌人的）血液中"，所以它的车轮"沐浴在了流动的血液和凝固的血液之中"。这让人想起《伊利亚特》中同样生动的一段话：赫克托尔的战马践踏着死者的尸体，使他的战车"被马蹄和车轮溅起的大量血液沾湿"。[11]

当然，辛那赫里布的编年史与《伊利亚特》之间的直接联系很难得到证明，而且我们必须提防"牵强附会"（parallelomania）

的诱惑。荷马基本上不可能是一个生活在奇里乞亚的亚述宦官，尽管最近有人试图证实这一点。虽然在大多数情况下，亚述人对希腊世界的影响是通过中间人实现的，但亚述影响了希腊人这一点是毋庸置疑的。与此同时，希腊人也开始在地中海以东的地区，包括亚述，打上自己的烙印。公元前694年，辛那赫里布在派往波斯湾的船只上配备了希腊水手。在辛那赫里布的继任者埃萨尔哈东统治时期，一个名为"阿迪克里图舒"［Addikritushu，即安提克里托斯（Antikritos）］的人似乎是希腊雇佣兵，在美索不达米亚东部地区服役。发现于塞浦路斯的阿玛苏斯（Amathus）的一只腓尼基银碗，上面描绘了希腊的重装步兵与具有明显亚述人特征的士兵攻击一座近东城市。正如所有这些例子显示的那样，使用希腊雇佣兵来补强东方军队的做法显然可以追溯到亚述时代，尽管这种做法在新巴比伦和阿契美尼德帝国时期更为人所知——希腊将军色诺芬手下为小居鲁士的军队服役的1万名希腊战士是最著名的例子。[12]

与后来统治自己帝国的波斯国王大流士一世和薛西斯不同，亚述人从未试图征服任何一个较偏远的希腊岛屿或希腊大陆的任何部分。然而，从萨尔贡二世统治时期开始，他们对塞浦路斯岛（他们称之为亚德纳纳）这个离东地中海黎凡特海岸不远的重要铜贸易中心表现出了极大的兴趣。塞浦路斯此时似乎正处于腓尼基城市推罗的（间接）控制之下。公元前707年，萨尔贡二世居住在巴比伦时，收到了来自"亚"（Ya'）的七位不知名国王组成的代表团所带来的金银和其他贵重礼物，"'亚'位于亚德纳纳地区，在海的中央，距离此地有七天的路程"。这些使者是在推罗国王希尔塔（Shilta）对塞浦路斯进行军事干预后过来的，希尔塔在这次事件中可能得到了亚述人的一些支持。[13]

1845年，当地工人在离塞浦路斯城市拉纳卡（Larnaca）不远的基提昂（Kition）发现了一块巨大的石碑，上面刻有萨尔贡的楔形文字，这是有史以来出现过亚述纪念碑铭文的最西端。这块石碑似乎是为了纪念亚述对塞浦路斯的照管而竖立的，可能正是由公元前707年访问萨尔贡的塞浦路斯人带到这里的。鉴于该纪念碑的重量，将其运送到最终目的地一定是一项极其艰巨的任务。尽管塞浦路斯当地的居民无法读懂它，但他们与石碑的接触可能促使塞浦路斯出现了用当地音节文字制作纪念碑铭文的传统，该传统的出现可以追溯到公元前8世纪末。[14]

在接下来的几十年里，亚述人对塞浦路斯复杂的政治格局变得更加熟悉。埃萨尔哈东晚年的一篇铭文提到了十位"亚德纳纳国王"的名字，他们为埃萨尔哈东在尼尼微的新军械库的建设提供了建筑材料。在这十个人里，有两位是腓尼基人，而其他的人，包括伊达利昂（Idalion）的埃基什图拉［Ekishtura，即阿克斯托尔（Akestor）］、库特洛伊（Chytroi）的皮拉古拉［Pilagurâ，即菲拉格拉斯（Philagoras）］、帕福斯（Paphos）的伊图安达尔［Ituandar，即埃特安斯洛斯（Eteanthros）］和索罗伊（Soloi）的埃瑞舒［Ereshu，即阿瑞托斯（Aretos）］，显然都具有希腊背景。他们与前面提到的安提克里托斯都属于楔形文字所记载的最早的希腊人名。[15]

正是在这一时期内，亚述的政治精英们比以往任何时候都看得更远。在他的最后一篇铭文中，埃萨尔哈东自豪地宣称："我写信给所有在海中的国王，从亚德纳纳（塞浦路斯）和亚曼（希腊）到塔西西（西班牙塔尔特苏斯），他们在我脚下俯首称臣。我接受了他们沉甸甸的贡品。我取得了对（世界）四方统治者的胜利。"埃萨尔哈东显然夸大了他对这段话中所提到的偏远地区的影响，并且亚述人控制整个地中海的愿望也永远不会实现。但在历史上的一个短暂时刻，亚述似乎的确有机会再一次重塑自己，使自己成为一个巨大的海洋帝国。[16]

公元656年11月，穆罕默德的遗孀阿伊莎（Aisha）在她的骆驼背上指挥着一支小部队，对抗她的对手、穆罕默德的女婿阿里·伊本·阿比·塔利卜（Ali ibn Abi Talib）的军队。巴士拉附近的"骆驼之战"以阿伊莎的失败而告终，它将成为伊斯兰历史学中的一个传奇事件。

在此事发生的大约1400年以前，公元前733年，大马士革以南的贫瘠地区发生了一场战斗，这场战斗在某些方面看上去几乎是阿伊莎在巴士拉的军事冒险的原型。作为战斗人员之一的提格拉特-皮莱塞尔三世在他的编年史中这样描述："（与）阿拉伯人的女王萨姆西（Samsi）在萨库里（Saqurri）山（作战时），我打败了9400名（她的人）。我从她那里夺走了1000个人、30000头骆驼、5000（袋）所有种类的香料，以及她的军事装备和她的女神的手杖。为了保住性命，她像一只雌性亚洲野驴一样逃往沙漠，一个令人干渴的地方。我把她剩下的财产和她营地内的帐篷都点着了。"这两个事件之间的相似之处是惊人的。这两个例子中都有一位阿拉伯女性在阿拉伯沙漠的北部边缘地带率领武装人员与强大的男性对手的部队作战。而位于迦拉的提格拉特-皮莱塞尔的宫殿中的一个浮雕似乎表明，萨姆西和阿伊莎一样，在最终逃离战场时骑着骆驼。[17]

新亚述时期的亚述国王曾经多次与阿拉伯人互动，后者像腓尼基人和希腊人一样生活在帝国的外围。在亚述人看来，他们在很多方面是陌生的、具有异国情调的，尤其是因为当时阿拉伯的大多数领导人事实上都是女性。可以肯定的是，亚述文本中提到的第一位阿拉伯统治者是一名男子，即某位金迪布（Gindibu'，来

自阿拉伯语 ǧundub，意为"蝗虫"），他与以色列人并肩作战，于公元前853年在卡尔卡尔对抗沙尔马内塞尔三世。但到了公元前8世纪下半叶，亚述人所称的执政"女王"已成为阿拉伯主要部落所采用的治理体系的关键人物。亚述王家碑文提供了其中几个人的信息。提格拉特-皮莱塞尔三世和萨尔贡二世统治时期的阿拉伯女王有扎比贝（Zabibe）和萨姆西；而亚提埃（Yati'e）和特艾尔胡努（Te'elhunu）则在辛那赫里布统治时期很活跃，特艾尔胡努在阿杜马图［Adummatu，今阿拉伯北部的杜马特·詹达勒（Dumat al-Jandal）］附近遭到辛那赫里布的军队突袭，沦为俘虏并被带到了尼尼微；塔布阿（Tabu'a）是尼尼微王室的一名阿拉伯人质，她被埃萨尔哈东派回故乡管理阿拉伯人，但被要求以亚述人的利益为重；在埃萨尔哈东统治时期，亚帕（Yapa'）和巴斯鲁（Baslu）分别是阿拉伯东部迪拉努［Diḫranu，今宰赫兰（Dhahran）］和伊黑卢姆（Ihilum）城的统治者；最后是阿迪亚（Adia），她是阿淑尔巴尼拔统治时期的一位阿拉伯女王，她曾经陪同丈夫亚乌塔（Yauta'）出征过至少一次。

到了阿淑尔巴尼拔统治时期，阿拉伯人对女性领导人的欢迎程度似乎有所减弱，此时，他们的政治和军事领导人大多为男性。不过，总的来说，在公元前8世纪和前7世纪的阿拉伯世界中，有权势的女性所扮演的角色是非常惊人的。亚述人赋予她们的头衔 šarratu，即"女王"，在别的场合只被用于称呼女神，即便是有影响力的萨穆-拉玛特，即公元前9世纪的沙姆什-阿达德五世的妻子和阿达德-尼拉里三世的母亲，也从未拥有过这个头衔。

阿拉伯女王究竟是如何进行统治的，在很大程度上依然未知。并没有来自阿拉伯半岛的文本提供关于萨姆西和其他女性领导人的第一手资料。特艾尔胡努带着宗教头衔出现在亚述人的文本中，但

第六章　帝国边缘

正如几位阿拉伯女王出现在战场上所表明的那样，如果将这些女性的作用仅视为仪式性的，那便是错误的。对于在主要由父权制规范统治的环境中生活的亚述人来说，这个女性掌握如此多权力的社会，一定有着无穷的魅力。与阿拉伯人的接触是许多亚述王室铭文的主题，甚至一封给阿淑尔神的信的主题也是如此。

但也有迹象表明，阿拉伯人的"女权政治"在一些亚述人中引起了强烈的不满。这一点在尼尼微的阿淑尔巴尼拔北宫谒见室套房的一面浮雕上表现得最为明显。该浮雕展示了亚述军队对一个阿拉伯营地的攻击，并描绘了几个阿拉伯女性在其帐篷旁边被袭击者杀害或折磨的情景。在一个特别可怕的场景中，似乎两名亚述士兵正在撕开一名阿拉伯妇女的身体以杀死她的胎儿，人们最初对此的解释是强暴。在古代近东的战争中，女性肯定经常遭到侵犯，在埃萨尔哈东的《继承条约》中，对违背誓言者的诅咒便是女神伊斯塔"让你的妻子在你眼前躺在你敌人的腿上"。然而，在亚述人的其他浮雕上，并没有任何地方描绘过针对女性群体的暴力行为。如果这面浮雕中阿拉伯女性的情况是例外，那么女性在阿拉伯部落的政治事务中发挥如此核心作用的事实恐怕是一大原因。[18]

在亚述人的眼中，阿拉伯人在其他方面也是很有魅力的。与腓尼基人和希腊人一样，他们是生活在帝国边缘的民族，能够与更遥远的地区联系。但是，阿拉伯人没有像腓尼基人和希腊人那样乘船漂洋过海，而是用他们的"沙漠之舟"骆驼穿越叙利亚南部和阿拉伯半岛的广大干旱地区。

阿拉伯人的出现与骆驼密切相关。事实上，正是因为在千纪之交的那段时间开始大规模驯养单峰驼，阿拉伯人才登上了世界舞台。骆驼能够在不需要食物和水的情况下，每天在荒凉的土地上行进约 30 千米，同时能够携带重约 100 千克的货物，使阿拉伯人能够穿越以前无法通行的沙漠地带，行进的距离有时超过 2 000 千米。因此，骆驼被用来将熏香、香料、宝石和其他有价值的物品从阿拉伯半岛的南部地区运往地中海和美索不达米亚。这项贸易利润丰厚，使得从事这项贸易的人赚得盆满钵满。[19]

关于阿拉伯商队贸易的最早记载，见于尼努尔塔-库杜里-乌苏尔（Ninurta-kudurri-usur）的铭文，他是公元前 8 世纪中期幼发拉底河中游小国苏胡的独立统治者。这位统治者提到了他对汉志（Hejaz）的泰马人以及今也门的示巴人所组织的商队发动的一次袭击。被拦截的商队很可能是在前往（或离开）亚述的路上，随着时间的推移，亚述成为阿拉伯人采购奢侈品的一个越来越重要的目的地。公元前 7 世纪 90 年代，当辛那赫里布在尼尼微城周围修建新的城墙时，其重要城门之一"沙漠之门"获得了仪式性名称，"苏穆伊尔（Sumu'il）人和泰马人的礼物从这里进入"，这很能说明问题。

苏穆伊尔是由切达里特斯人（Qedarite）所领导的一个阿拉伯部落联盟的名字。它的统治中心是前面提到的阿杜马图城，它是阿拉伯北部锡尔汉谷地（Wadi Sirhan）的一个绿洲城镇。在《希伯来圣经》中，代表苏穆伊尔的是亚伯拉罕不喜欢的儿子以实玛利，他和他的母亲夏甲一起被送到了沙漠中。人们在尼尼微的辛那赫里布宫殿中发现了几颗玛瑙珠子，这是亚述与苏穆伊尔有贸易往来的物质证据。这些圆柱形物品上刻有楔形文字，表明它们是"来自阿杜马图的战利品"，亚述军队一定是在公元前 690 年征服该城时夺走这些东西的。[20]

这些并不是唯一被人从阿拉伯半岛带到辛那赫里布那里的珠子。其他的珠子是由卡里布伊尔·瓦塔尔（Karib'il Watar）作为"觐

第六章　帝国边缘

见礼物"带给他的，卡里布伊尔是示巴的一位强大统治者，我们是通过他在今天也门的马里卜（Marib）附近留下的碑文得知他的存在的。亚述和示巴之间的直接接触是从辛那赫里布的父亲萨尔贡二世统治时期开始的，萨尔贡二世声称收到了卡里布伊尔的叔叔伊塔阿玛尔·瓦塔尔（Yita"amar Watar）的礼物。两位示巴统治者都试图与亚述人保持良好的关系，以确保他们不会干涉其长途贸易，因为示巴的经济福祉依赖于此。[21]

无论阿拉伯世界与亚述之间的商业交流怎样有利可图，双方之间的关系都不太融洽。从较早的时候开始，亚述人就对阿拉伯人所享有的自由感到不安。萨尔贡认为他们是"既不知道监督者也不知道总督"的人，并对他们屡犯不改的不服从行为感到恼火，其中包括阿拉伯人对巴比伦城市西帕尔（Sippar）的袭击，以及对从大马士革向亚述运送战利品的商队的袭击。因此，萨尔贡严格禁止向阿拉伯人出售铁器，这是防止武器生产材料泛滥的早期尝试。[22]

在公元前8世纪，亚述人多次袭击阿拉伯商队以及阿拉伯人在叙利亚南部和巴比伦建立的临时营地，但很少更直接地干预阿拉伯人的事务。提格拉特-皮莱塞尔三世试图在萨姆西女王的宫廷中安插一名王家代表，但这位代表似乎不太可能在那里产生什么影响。然而，在公元前7世纪初，亚述的态度和"大战略"明显转变。国王们对其南方的阿拉伯人和腓尼基人的干预程度加深了。突然间，亚述军队开始活动于阿拉伯半岛的深处。

这一新政策的结果之一是辛那赫里布征服了绿洲小镇阿杜马图，随后俘虏了阿拉伯女王特艾尔胡努。亚述军队以前从未深入如此遥远的南方地带。辛那赫里布为控制阿拉伯人所采取的一个措施是搬走六位阿拉伯神明的雕像，其中包括阿塔尔萨玛因

（Attarsamayin），一位可能与拉特（Al-Lat，因《撒旦诗篇》而闻名）相同的天神；努海（Nuhay），一位太阳神；以及"鲁达"（Ruda），即奥罗塔尔特（Orotalt），希罗多德认为其与狄俄尼索斯是同一个神。以上神明的雕像都被带到了亚述。

然而，事实证明，将阿拉伯领土转变为亚述行省是不可能的，辛那赫里布的继任者埃萨尔哈东认为，在他即位之初的几年里重新使用更间接的手段来控制该地区才是明智的。为了表示善意，他归还了他父亲"绑神"的所有神像，尽管亚述人已经在每座神像上都刻了赞美阿淑尔神和亚述国王权力的铭文。与神像一起，埃萨尔哈东给阿杜马图的阿拉伯人还送去了一位新的女王，一位名叫塔布阿的阿拉伯女性，她是在尼尼微宫廷中作为人质长大的。

在一小段时间内，这种安排似乎让大家都很满意。一个名为哈扎伊尔（Haza'il）的新领袖和他的儿子亚（乌）塔［Ya(u)ta］也成了统治者，与塔布阿一起统治阿杜马图及其周围地区，亚述人从他们那里得到了骆驼、驴子、黄金、宝石和香料等丰富的贡品。但没过多久，阿拉伯人又甩掉了亚述人的枷锁，战火重燃。先是在埃萨尔哈东统治时期，然后是在阿淑尔巴尼拔在位时期，亚述的军队不止一次地袭击阿拉伯城镇和营地，追击逃亡的敌人，并用所谓更友好的阿拉伯领导人取代与他们敌对的阿拉伯领导人。阿淑尔巴尼拔声称，有一次，他俘虏了许多阿拉伯人，缴获了许多骆驼，以至于亚述的园丁、酿酒师和酒馆老板的报酬都被用骆驼和俘虏来支付，这种说法虽然明显是夸张的，却显示了亚述人对于通货膨胀现象的敏锐感知。他们也用外交手段安抚阿拉伯人。人们从在尼尼微发现的一块残缺不全的泥板中得知，阿淑尔巴尼拔与切达里特斯人之间签过一份楔形文字条约，我们可以将其视为把这个部落的成员纳入既定的国际安全体系，从而"驯化"他们的一种尝试。

最终，这些军事行动和外交努力没有产生什么效果。在公元前7世纪，亚述人从未完全控制阿拉伯半岛的大片土地，而在遥远的沙漠地区不断进行战争，则消耗了他们大量的资源。阿拉伯人支持阿淑尔巴尼拔不忠实的兄长、巴比伦国王沙马什-舒穆-乌金（Shamash-shumu-ukin），他在公元前652年试图从亚述独立出来，而如果后来的希腊历史学家可信的话，他还参与了最终导致亚述帝国灭亡的进攻战。[23]

尽管阿拉伯人的领土从未被纳入亚述帝国中，但是双方的反复交锋似乎对阿拉伯的物质文化和政治文化产生了深刻的影响。近些年来，人们在古代的阿杜马图（今杜马特·詹达勒）挖掘出了大量模仿亚述器物样式的陶器，来自泰马和示巴的许多浮雕的图像和风格也显示出了亚述的特征。亚述人的影响也可以从示巴人领袖伊塔阿玛尔·瓦塔尔和卡里布伊尔·瓦塔尔在今天也门的锡尔瓦赫（Sirwah）所留下的铭文中发现，该地距离迦拉和尼尼微有2 000多千米远。这两位统治者分别与萨尔贡二世和辛那赫里布处于同一时代，他们都曾派出过使者前往亚述宫廷。在亚述首都逗留期间，这些使者一定看到了颂扬亚述国王的重要雕塑和铭文。显然，这给他们留下了非常深刻的印象，以至于他们试图以类似的方式来颂扬示巴的国王。辛那赫里布统治晚期的王家铭文与卡里布伊尔的锡尔瓦赫铭文的基本内容相同，这很难说只是一种巧合：两者都在开篇介绍了统治者的名字及其头衔；都记录了他们的军事行动，这样的军事行动在两篇铭文里都有八次；还都把完成的建筑工程写了进去。在卡里布伊尔的铭文中，最后一部分提到了对当地灌溉系统的改善，而辛那赫里布统治时期的几篇铭文也涉及这一问题。[24]

与亚述的反复斗争，似乎也促使一些阿拉伯部落对其治理体系进行了改革。在埃萨尔哈东与阿淑尔巴尼拔统治时期，切达里特斯人的女性领导人逐渐被男性领导人取代，这种转变极有可能是切达里特斯阿拉伯人采用新统治结构的尝试，它更符合亚述王权中由男性主导的统治结构。与此同时，一个难免让人感到讽刺的情况出现了：亚述的政治格局正朝着恰恰相反的方向转变，王室女性突然开始在政府事务中发挥比在前几十年中更重要的作用。公元前690年左右，亚述领导层中女性力量的提升是否有可能正是因为亚述与阿拉伯女王相遇了呢？如果是这样的话，那么这将是帝国内部和外部空间之间存在的复杂相互依赖关系的另一个例子。帝国中心往往会重塑外围地区，但它也时常会模仿外围地区。

亚述帝国的西部和南部边缘延伸到了地中海和阿拉伯沙漠，那里距离亚述的重要城市迦拉、尼尼微和杜尔-沙鲁金有数百千米远。然而，在东北方和东南方，亚述帝国却并没有将势力范围扩展到这么远的地方。公元前739年，提格拉特-皮莱塞尔三世向乌鲁巴（Ulluba）的土地发起军事行动，战场位于尼尼微以北不到70千米的地方。阻止亚述向东扩展到伊朗高原广大地区的障碍是扎格罗斯山脉，这是该区域海拔最高的山脉，位于当今伊拉克和伊朗的边界线上。越过山脉对亚述军队来说是一个重大挑战。[25]

在扎格罗斯山脉的山谷中生活的人们养牛也养马，而马是亚述人在军事上迫切需要的。由于该地区崎岖不平，在很长一段时间内，当地的政治格局都是极其碎片化的。扎格罗斯地区最有名的群体是波斯人，他们在过去2 500年的时间里一直主导着伊朗的文化和政治。米底人是起源于该地区的另一个民族，他们也注定要在世界舞台上留名，在亚述帝国的最终衰落过程中发挥了决定性的作用。但是，米底很晚才在奇阿克萨（Cyaxares）的领导下实现统一，时间可能不早于公元前 7 世纪的最后几十年。在此之前，他们广阔的领土被分割成许多小单位，分别由地方强人所统治。[26]

至少在最初的时候，亚述对扎格罗斯地区的干预集中在一个不那么突出的政治体上，即以伊兹尔图（Izirtu）为首都的曼奈亚（Mannea）王国，这是亚述和乌拉尔图之间的一个缓冲国，其北部就是今天伊朗的库尔德斯坦。曼奈亚的物质文化并不像亚述核心地区或者黎凡特的城市与王国那么发达。不过，曼奈亚不仅有村庄，还有一些较大的城镇，而且有证据表明，生活在其中一些城镇的人们在采用他们西方邻居的艺术传统和抄写传统方面取得了很大进步。20 世纪 70 年代，人们在伊朗布坎（Bukan）县的恰拉伊齐土丘（Qalaichi Tepe）的考古发现最为突出地证明了这一点，一些学者认为，该遗址与曼奈亚人的首都伊兹尔图有关。来自恰拉伊齐的一块用阿拉米语刻写的残缺石碑，提到了他们与一个身份未知的伙伴缔结的条约，表明曼奈亚参与了当时的国际关系体系。在一些曾经属于一座柱廊大厅的釉面砖上，有翼公牛和狮子的形象证明了亚述艺术传统对曼奈亚视觉文化的影响。[27]

不足为奇的是，曼奈亚以及整个扎格罗斯地区对亚述的文化影响要有限得多。但值得注意的是，伊朗早期宗教中的最高神，也就是公元前 6 世纪末和前 5 世纪波斯国王的王家铭文以及拜火教的圣书中反复提到的阿胡拉·马兹达，已被证实最早出现在公元前 7 世纪的亚述。根据阿淑尔巴尼拔统治时期的一份行政文本，这位神明与来自亚述和国外的许多其他神明一同在阿淑尔城定期接受供品。[28]

一些崇拜阿胡拉·马兹达的早期波斯人似乎生活在被亚述人称为帕尔苏阿的地区，该地区位于北部的曼奈亚和连接美索不达米亚与伊朗中部的呼罗珊大道（Great Khorasan Road）之间。关于帕尔苏阿的最早记载见于沙尔马内塞尔三世的铭文，他于公元前843年和公元前834年两度征战该地区，当时他收到了不少于27位"国王"的贡品。公元前744年，提格拉特-皮莱塞尔三世将帕尔苏阿变成了亚述的一个行省，由居住在尼库尔（Nikkur）城的总督统治。公元前714年，萨尔贡二世将原来属于其邻近地区吉兹尔邦达（Gizilbunda）的领土划入该行省。在埃萨尔哈东统治时期，帕尔苏阿曾短暂地受到过辛梅里安人（Cimmerian）和斯基泰人（Scythian）袭击的威胁，但至少在阿淑尔巴尼拔统治时期，帕尔苏阿仍然是亚述帝国不可分割的一部分，这是该行省的存在最后一次得到记载。2008年，人们在今萨南达季（Sanandaj，它可能是帕尔苏阿的一部分）一带发现了一处铁器时代的墓地，为了解该行省的物质文化找到了一些线索。在墓穴中发现的陪葬品包含搭扣（扣子或胸针）、印章和饮酒的器皿，这些物品可能是当地精英非常珍视的，因为他们想模仿亚述人。[29]

但是，扎格罗斯中部帕尔苏阿地区的居民真的是后来波斯人的祖先吗？尽管这两个名字（Parsua/Persia）惊人地相似，但是问题仍然存在。最值得注意的是，正如语言学上的分析所揭示的那样，在亚述的文字资料提到的帕尔苏阿的城市与统治者的名字中，只有少数几个被明确识别出有伊朗文化元素。帕尔苏阿的人口似乎是多民族的，包括讲伊朗语和非伊朗语的民族。波斯人可能经历过长期迁徙，他们真正进入世界舞台是在其他地区，即埃兰王国以东的土地，那里后来被希腊人称为波西斯（Persis），后来又称为法尔西斯坦（Farsistan）或法尔斯（Fars）。[30]

尽管亚述军队从未到达过这个遥远的国家，但又是亚述人的文献使我们得以一瞥当地的最早历史面貌。当时，有个被亚述人称为帕尔苏马什（Parsumash）的地区，这个名字首次出现在公元前707

年的一封残缺的楔形文字信件中。该信提到，埃兰国王曾试图从帕尔苏马什招募军事力量，以攻击一个未言明的敌人，这个敌人也许就是亚述。后来到了公元前691年，来自帕尔苏马什的士兵与埃兰、巴比伦以及其他地方的部队一起，在萨迈拉附近的哈鲁莱与辛那赫里布的军队交锋。

公元前7世纪40年代，埃兰王国被阿淑尔巴尼拔攻灭，促使帕尔苏马什与亚述之间建立起更直接的联系。公元前640年左右，一位名叫库拉什（Kurash）的帕尔苏马什国王派他的儿子阿鲁库（Arukku）前往尼尼微向亚述君主致意。这位库拉什想必就是著名的波斯国王库拉什（或居鲁士）二世的祖先，居鲁士二世在公元前6世纪30年代建立了波斯帝国（这几乎正好发生在阿鲁库访问亚述的100年之后），并在西方历史学中成为大名鼎鼎的居鲁士大帝。阿鲁库很可能在尼尼微的阿淑尔巴尼拔宫廷中逗留时学到了一些关于建设帝国的知识，并将其传给了他的后人。

亚述国王阿淑尔巴尼拔从阿拉伯北部的阿杜马图和今天也门的示巴获得了大量的玛瑙珠子，并在它们上面刻了原产地的名称。发现于尼尼微的辛那赫里布宫殿的类似的刻字珠子，来自帝国西部的腓尼基城市萨姆西姆鲁那和波斯湾的海国（Sealand）。由于这些珠子在被发现时几乎都有穿孔，所以很明显，它们最初是被穿在绳索或链子上的。我们并不知道这些链子的具体用途是什么：它们可能是作为项链，由亚述国王的妻子们甚至国王本人佩戴，也可能是作为护身符被放在需要法术保护的战车或王座上，或者是作为献给神灵的祭品，被放在亚述宫殿或神庙的地基中。但无论其具体功能如何，有一点是明确的：这些链子代表了环绕着亚述帝国边缘的土地，从而象征着亚述君主宣布拥有的对已知世界的无限权力。正如后来的国王埃萨尔哈东在他的一则铭文中所说的那样："逃入海中保命的人不能从我的网中逃脱。急速跑到山脊上的人，我像抓鸟一样抓住他。我把住在偏远地方（沙漠中）帐篷里的苏特安人（Sutean）的根拔出来。我的敌人在大海之中这样说：'狐狸能去哪里躲避太阳呢？'"[31]

事实上，新亚述时期的"狐狸们"并非完全没有可以藏身的隐蔽处。亚述帝国很强大，但并不像埃萨尔哈东所希望的那样强大。沙漠、海洋和山脉是亚述军队的障碍，尽管埃萨尔哈东不愿承认这一点，但亚述军队往往无法克服这些障碍。并且，亚述国内的情况也不总是像亚述王室所歌颂的那样美好。

第七章

一个幽灵的故事

从提格拉特-皮莱塞尔三世的统治开始，亚述的权力就集中在一个人的手中——亚述君主。当统治者能够胜任时，这种中央集权的领导体制就会加强帝国的凝聚力，防止其分裂。但这个系统也有某些结构性弱点，其中最主要的是继承问题。每当权力从一位国王过渡到下一位国王的时候，帝国便会出现混乱和不稳定的局面。

在国王萨尔贡二世（公元前721—前705年在位）英年早逝后，亚述国内爆发了危机，这一事件在王国中引起人们很大的忧虑，它在那时粉碎了亚述精英们对他们所谓的神圣帝国使命的信念。在这一戏剧性事件之后发生的另一个故事是值得讲述的，这不仅是因为它对亚述领导阶层的集体心理产生了影响，而且还因为它以一种奇怪的方式被反映在了《圣经》中，甚至被间接地反映在后来的基督教传统中。

萨尔贡二世是亚述最成功的征服者之一。他平息了在其登基后爆发的叛乱，接下来在统治期间取得了一场又一场胜利。在他的领导下，亚述帝国变得比以往任何时候更富有、更强大。然而，这位国王最终的悲惨结局几乎抵消了他的每一项成就。

我们可能永远不会知道，当萨尔贡二世在公元前705年夏天带着他的军队踏上一条不归路时，到底发生了什么。通常情况下，亚述王室的铭文会以大量篇幅记录国王进行的军事活动，但关于这次军事行动，亚述王室的铭文却没有任何记载。我们没有发现关于这次战役的详细记载，很可能这样的记录本来就是不存在的，因为亚述的官方资料只愿强调亚述国王之间的无缝衔接，通常避免提及统治者的死亡。

我们目前已经知道的是，公元前705年，萨尔贡的战役针对的是安纳托利亚中部的塔巴尔，这是一大片难以掌控的多山地区。在萨尔贡统治的初期，塔巴尔一直是亚述人的附庸，先是由一位名叫胡利（Hulli）的国王所统治，然后被胡利的儿子安巴里斯（Ambaris）统治。在塔巴尔站稳脚跟，对萨尔贡来说是如此重要，以至于他把自己一个名叫阿哈特-阿比沙（Ahat-abisha）的女儿嫁给了安巴里斯。然而，几年后，令萨尔贡非常恼怒的是，他的女婿还是摆脱了亚述人的枷锁。亚述军队最终打败了安巴里斯，并迫使他的盟友米塔屈服。然而，塔巴尔的政治局势仍然动荡不安。一个叫古尔迪（Gurdi）或库尔提（Kurti）的统治者继续与亚述侵略者斗争，于是在公元前705年，萨尔贡决定再次进攻该地区。[1]

一年前，萨尔贡刚刚将王宫从迦拉迁到了杜尔-沙鲁金，这是他耗费巨资在尼尼微东北部的小村庄马加努巴的土地上建造的新首都，占地近300公顷，周围有7千米长的巨大城墙。在杜尔-沙鲁金，国王居住在一个巨大的新宫殿中，该宫殿与几个大型神庙并列，位于一个12米高的平台上，可以俯瞰北面的城墙。

此时的萨尔贡约60岁了。他本可以把军事行动交给他的将军们负责，自己则留在新家，享受他以前那些令人印象深刻的战役的成果。但出于一些人们只能猜测的原因，也许是对军事领导层缺乏信任，或者是他不灭的冒险精神，国王决定亲自领导对古尔迪的作战。事实证明，这将是一个致命的错误。

无论是通过夜袭，就像几十年后曼奈亚国王阿赫舍里（Ahsheri）对萨尔贡的曾孙阿淑尔巴尼拔进行的夜袭那样，还是通过其他方式，古尔迪的部队都成功地占领了亚述人的营地。亚述统治者被杀，但事情还不止于此。一份可能在该事件发生的25年以后，即在萨尔贡的孙子埃萨尔哈东统治期间写成的亚述文本，增加了一个噩梦般的细节——亚述军队残部无法夺回萨尔贡的尸体，因此国王没有得到埋葬。

这是一场重大的灾难。在萨尔贡的一篇铭文中，他自己曾对公元前714年在乌鲁米耶湖附近的沃什（Waush）山区发生的类似事件深感震惊并哀叹不已，当时维什迪什（Wishdish）的叛乱分子巴格达提（Bagdatti）将亚述盟友曼奈亚的阿扎（Aza）的尸体留在战场上没有埋葬。为了报复，萨尔贡下令将巴格达提在其犯罪的地方剥皮。此时，亚述国王本人也遭遇了与阿扎相同的命运。

亚述和巴比伦的埋葬习俗差异很大，但死者都必须被埋到地下，这几乎是人们的一种普遍看法。就亚述国王而言，埋葬方式通常是在阿淑尔旧宫殿的拱形地下墓穴中安置大型石棺，这种做法甚至在该城市失去其作为亚述政治首都的地位后仍然继续存在。现代考古学家已经发现了几口这样的石棺。所有这样的石棺在古代都被洗劫过，但尼尼微的一篇楔形文字文本详细描述了这些王家墓葬原本的陪葬品是多么丰富。这段文字可能是在国王埃萨尔哈东去世时创作的，它以一段哀歌开始，强调即便是大自然也会因统治者的去世而感到不安："沟渠在恸哭，所有的树木和结果的植物都在哀悼。"然后，这段文本列出了运往国王坟墓的各种陪葬品，包括象牙和白银制的床、10匹马、1辆有黄金装饰的战车、30头牛、300只羊以及无数珍贵的衣服。文中还说，一旦国王得到安息，他的棺材就会被小心翼翼地合上并密封起来。[2]

亚述人有这些传统，原因有很多，既有实际层面的考虑也有精神层面的缘由。通过密封棺材，亚述人试图防止人们亵渎国王的世俗遗体以及偷窃存放在里面的陪葬品。亚述人还认为，如果他们没有得到适当埋葬，那么那些死者，特别是在战场上被杀死之后遭到遗弃的人，就会找到他们生前认识的人，并以疾病、苦难或死亡来惩罚对方。我们目前已经知道许多针对死者鬼魂的仪式文本，包括亚述的和巴比伦的，这些鬼魂如果是强大的统治者的幽灵，那么对活人的危害是巨大的。一则可能源于美索不达米亚民间传说的犹太传说声称，为了确保死去的父亲尼布甲尼撒二世不会回来，巴比伦国王阿梅尔-马尔杜克（公元前561—前560年在位）将尸体切成了300块，并把它们喂给了300只秃鹰。[3]

当萨尔贡灾难般的死亡消息传回亚述之后，由于他的尸体没有被带回家埋葬在阿淑尔旧宫殿的某个拱形墓穴中，亚述的许多贵族成员似乎都被焦虑笼罩。这个精英阶层中的一个成员纳布-祖库普-克努（Nabû-zuqup-kenu）是来自迦拉的学者与占卜师，他拥有书吏（tupšarru）头衔，但他显然拥有比这个不起眼的头衔更大的政治影响力。他来自一个重要的王家顾问家族，其中一位家族成员加比-伊拉尼-埃莱什曾在公元前9世纪担任亚述国王图库尔提-尼努尔塔二世和阿淑尔纳西尔帕二世的首席书吏。纳布-祖库普-克努本人有一个儿子和一个孙子，他们后来先后在埃萨尔哈东和他的儿子阿淑尔巴尼拔的宫廷中担任同样的职务。作为这样一个家族的一分子，纳布-祖库普-克努很可能在前两位国王萨尔贡二世和他的儿子与继承人辛那赫里布统治期间是王室的贴身顾问。纳布-祖库普-克努是这两位国王的一些王家铭文的作者，这一点从图书馆的一块泥板上可以看出，该泥板列出了铭文中一些不常见的词。[4]

公元前 705 年，在杜乌祖月（Du'uzu，亚述历 4 月）的第 27 天，纳布-祖库普-克努抄写了《吉尔伽美什史诗》的第 12 块也是最后一块泥板，而该史诗是我们已知的古代美索不达米亚最著名的文学文本。它记述了乌鲁克国王吉尔伽美什的事迹，一开始，他是一个压迫其城市居民的暴君，但后来他变成了一个英雄，与他的朋友恩奇杜（Enkidu）一起打败了可怕的雪松森林守护者洪巴巴（Humbaba）。最终，在恩奇杜死后，吉尔伽美什完成了一段漫长的前往世界边缘的朝圣之旅，成了一名圣人，并从大洪水的唯一幸存者——一个名叫乌塔纳皮什提（Utanapishti）的人那里获得了大洪水之前的知识。[5]

《吉尔伽美什史诗》的第 12 块泥板，也就是纳布-祖库普-克努感兴趣的那一块，是这个引人注目的故事的一个有点尴尬的补充部分。它讲述了恩奇杜如何下到阴间去取回吉尔伽美什的两个玩具——一根棍子和一个球，这两个玩具通过一个洞掉进了死人的住所。恩奇杜带着它们从地狱返回的计划受到了挫败，因为他不顾吉尔伽美什让他保持低调的建议，而是穿着漂亮的衣服并大肆喧哗，吸引了大量注意。脸色苍白、袒胸露背的阴间女神埃莱什基尔强迫恩奇杜留在她的世界里。但众神允许吉尔伽美什与他的朋友进行最后一次会面，恩奇杜获准短暂地离开他在地狱的住所，与乌鲁克国王谈论阴间的规则。文本的最后几行，也就是纳布-祖库普-克努在公元前 705 年的夏日抄写的最后几行，叙述了这次谈话的结论，恩奇杜概述了那些遭遇不幸而名字未知的人的命运：

吉尔伽美什："你看到那个在战斗中被杀的人了吗？"

恩奇杜:"我看见他了,他的父母很怀念他。他的妻子为他哭泣。"

吉尔伽美什:"你看到那个尸体被遗弃在郊外的人了吗?"

恩奇杜:"我看到了他,他的鬼魂不在阴间休息。"

吉尔伽美什:"你是否看到了那个没有得到丧葬品的人呢?"

恩奇杜:"我看见他了,他吃锅里的残渣和被扔在街上的面包皮。"[6]

这里所勾勒出的死亡情景,读起来非常像对萨尔贡命运的描述。纳布-祖库普-克努极有可能研究了《吉尔伽美什史诗》第12块泥板中的这段话,从而探索了他的国王的死亡究竟意味着什么。这一事件的消息,或者至少是关于这一事件的传言,一定在不久之前就已经传到了迦拉的纳布-祖库普-克努那里。纳布-祖库普-克努从他对恩奇杜的最后一句话的研究中得出的结论不可能是美好的。他的国王主人就在几天前还是世间最有权势的人,现在其鬼魂正在街上游荡,寻找被丢弃的食物,这种情况一定深深困扰着这位书吏。

每年杜乌祖月的最后几天,亚述和巴比伦的人们都会通过举行祭祀塔木兹(Tammuz,一位已经死亡但在那几天被允许从阴间回来的神灵)的仪式来祭奠死者。这些仪式的高潮是所谓的"释放"塔木兹,而就在此前几天,萨尔贡死亡的消息传到了纳布-祖库普-克努那里。最有可能的是,纳布-祖库普-克努和亚述的首席祭司们利用当年的塔木兹仪式来安抚他们已故统治者的幽灵。然而,很明显的是,这不足以应对降临在国王身上的可怕命运,这种命运也威胁到了他的继承人和继任者。

这位继承人，即萨尔贡的儿子、亚述的王储，是辛那赫里布，当时他的年龄在 35 岁到 40 岁之间。辛那赫里布对他父亲不祥地突然死亡深感不安。事实上，他最初可能拒绝相信这个消息。这就解释了为什么一些短小的泥锥铭文提到的是萨尔贡而不是辛那赫里布，这些铭文的写作时间比纳布-祖库普-克努的《吉尔伽美什史诗》副本稍晚一些，也就是说，是在萨尔贡的死亡消息广为人知之后。这些铭文记录了阿淑尔神庙的新的建筑工程，并提到了萨尔贡：

> 敬阿淑尔，众神之父……萨尔贡，世界之王，亚述的国王……修缮了阿淑尔神庙埃胡尔萨加尔库尔库拉（Ehursaggalkurkura），为整座建筑的塔墙抹灰，并为这些塔楼制作了门楣、基座和釉面黏土锥……他这样做……是为了保护他的生命，享受漫长的日子，坚定地统治，并击败他的敌人。阿布月（亚述历5月），纳什尔-贝尔（Nashir-Bel，西纳布的总督）名年（即公元前705年）。[7]

这段文字似乎反映了辛那赫里布与亚述的某些政治精英和宗教精英绝望地盼着萨尔贡从他对塔巴尔的失败战役中返回。但很快，他们就不能再抱有这种念想了。在阿布月的第12天，也就是铭文中所列出的那个月份中，辛那赫里布登上了亚述的王位。

由于对萨尔贡的命运感到震惊和受到了心灵创伤，辛那赫里布似乎觉得很有必要与他堕落的父亲，即前任国王保持距离，他认为父亲这样的结局是诸神施加的残酷惩罚。最能说明问题的是，他从未搬到杜尔-沙鲁金居住。虽然这座巨大的新城并没有被完全抛弃，但它作为亚述首都的短暂时期已经结束。相反，辛那赫里布将王室迁到了尼尼微，在接下来的 15 年里，他推行了一项雄心勃勃的建设计划，将该城市变成了古代近东历史上最大的中心城市，甚至比杜尔-沙鲁金还要大。

尼尼微位于底格里斯河的一个渡口附近，在几个世纪以来一直是一个重要的城市，辛那赫里布到那里居住可能也是出于战略原因。但是，国王的主要动机肯定是担心他死去的父亲的幽灵会继续困扰杜尔-沙鲁金。他的这一举动可以保证他避免接触萨尔贡在那里碰过的任何东西。辛那赫里布的书吏在描写尼尼微的建筑工程时，抄袭了萨尔贡的铭文内容，但他们从未提及萨尔贡的名字。即便是在辛那赫里布献给他母亲拉伊玛的一块在阿淑尔的石碑上，也没有提到她的丈夫萨尔贡。[8]

辛那赫里布还试图以其他方式抹去对他父亲的记忆。在阿淑尔神庙的修复工作中，萨尔贡的工人们使用釉面砖，沿着神庙的一个台阶状表面制作了一些展示国王军事行动的图像。当辛那赫里布翻修这些台阶时，他自己的建筑工人在重新组装砖块时随意且马虎，最终将神庙的前院抬高，完全挡住了展示萨尔贡军事行动的图像。辛那赫里布不希望它们展示在帝国的圣殿中。

在他统治之初的公元前 702 年，辛那赫里布展开了另一个建筑项目的建设工作，在尼尼微以北几千米的塔尔比苏（Tarbisu）城重建涅伽尔神庙。作为战争、死亡和毁灭之神，以及可怕的阴间女神埃莱什基迦尔的丈夫，涅伽尔是与辛那赫里布死去的父亲的命运联系最为密切的神灵。纪念辛那赫里布为这座神庙所做工作的长篇铭文（显然是由纳布-祖库普-克努创作的）并没有提到萨尔贡的名字，但辛那赫里布在为新修复的神庙举行落成典礼时一定想到了他，并且可能希望从中得到某种救赎。他献祭了"巨大的公牛和肥羊"，以求重新获得涅伽尔的青睐。

辛那赫里布也想要报复敌人。为了惩罚对萨尔贡之死负有责任的库鲁梅因（Kulummaean）领导人古尔迪，公元前704年，一支亚述军队再次前往塔巴尔。由于国王再次战死会导致亚述国家陷入完全的混乱，所以辛那赫里布选择了不亲自参加这次行动。这次远征似乎也以失败告终，因为任何王室铭文都没有提到过它，唯一的记录是《亚述名年官编年史》中的一处保存不完整的说明。9年后，即公元前695年，另一支亚述军队再次由将军而非国王领导，取得了较大的成功。他们征服了提尔-佳里木（Til-Garimmu）城，该城可能是今天土耳其锡瓦斯（Sivas）省的居林（Gürün），该城的统治者名叫古尔迪，可能与那位打败萨尔贡的统治者是同一个人。提尔-佳里木的部分人口被驱逐出境，城内神庙中的神像被带到了亚述。然而，古尔迪却永远地逃脱了，因此，他在10年前给亚述人造成的毁灭性打击永远没有得到惩罚。

根据现有的证据，辛那赫里布似乎感到无法公开承认和处理发生在萨尔贡身上的事情。公元前705年的事件所带来的创伤性经历产生的焦虑似乎一直伴随着这位国王，并且随着时间的推移，这引发了某些精神病的症状。他的儿子、继任者埃萨尔哈东在统治期间的一封信中提到，辛那赫里布经常被激怒，以至于他的占卜师都不敢告诉他观察到的任何不正常迹象，信里还补充说，国王正在与"阿鲁（alû）恶魔"做斗争，这个恶魔在楔形文字中经常与死人的灵魂一起被提及。虽然我们不完全清楚，但这个恶魔所造成痛苦似乎来自某种精神障碍。我们并不需要太多想象力，就能将其与辛那赫里布无法应对萨尔贡的死亡联系起来。

尽管辛那赫里布竭力想要摆脱父亲的负面影响，但是他也最终悲惨地死于非命：公元前681年，他被一群叛乱分子杀害，其中包括他自己的一个或多个儿子。他的继任者埃萨尔哈东很可能没有参与这一阴谋，此时却不得不处理两位国王残酷且不祥的死亡：他的父亲辛那赫里布和他的祖父萨尔贡的死亡。

在与他的学者和书吏顾问们协商后，埃萨尔哈东采取了与辛那赫里布截然相反的策略来面对这种情况。他没有压抑过去之事，而是相对公开地处理它们。埃萨尔哈东的铭文经常提到他的直系祖先的名字，称他自己为"辛那赫里布之子"与"萨尔贡之孙"。后来的铭文中甚至描述了辛那赫里布是如何遭到谋杀的，尽管真相依然不清晰。

然而，尼尼微一块残缺泥板上的被现代学者称为"萨尔贡之罪"的文本，为埃萨尔哈东解释其父亲和祖父死于非命的努力提供了最耐人寻味的见解。在这个文本中，死去的辛那赫里布在彼岸向读者解释了他和他父亲的遭遇。因此，这个场景与两个世纪后埃斯库罗斯的《波斯人》中的著名情节形成了呼应。《波斯人》是保存至今最早的希腊悲剧，在剧中，波斯国王大流士的鬼魂被召唤了出来，解释了他的儿子薛西斯在萨拉米斯之战惨败于希腊人之手的原因。[9]

在《波斯人》中，大流士认为薛西斯轻视了海神波塞冬，破坏了外国人的圣地，并带走了他们的神像，从而引发了这场惨败。关于"萨尔贡之罪"的文本同样指出，宗教上的冒犯行为使得埃萨尔哈东的两位先君遭遇了灾难。在开头部分，辛那赫里布宣称，当他在思考诸神的行为时，"我想到了我父亲萨尔贡的死，他在敌国被杀，没有被安葬在他的家里"。接着，辛那赫里布召集了一些占卜师，将他们分成几组，要求他们进行肝脏占卜，调查"我父亲萨尔贡的罪"。在这一部分中，文本出现了严重断裂，但是占卜师们显然确定了是萨尔贡对亚述诸神的忽视，以及对巴比伦诸神夸张的热情导致了他的命运。萨尔贡确实对巴比伦文化表现出了极大的钦佩之情，所以这个指控并非毫无道理。辛那赫里布随后声称，他试图纠正占卜者在指出萨尔贡死因时的厚此薄彼倾向，但他自己的书吏阻止了他实施计划，因此他也一定会死掉。

通过这个故事，埃萨尔哈东为他的两位先王死于非命提供了一个引人入胜的历史神学解释。两个国王都没有以他们自己的方式对神灵表示应有的尊重。同时，埃萨尔哈东也为他自己的新宗教政治找到了一个很好的理由，即需要维持阿淑尔与巴比伦的马尔杜克之间的权力平衡。

萨尔贡和辛那赫里布在宗教上犯错的故事似乎也以一种更实际的方式发挥了作用。尼尼微的一块保存不全的泥板上刻有类似于"萨尔贡之罪"的文字，它就暗示了这一点。一处旁注解释说，这段文字是从阿淑尔神庙中铺设的石板上复制的，国王（很可能是埃萨尔哈东）曾经在这位亚述主神面前匍匐着亲吻地面。所有这些都表明，埃萨尔哈东在亚述国家的正中心（阿淑尔的阿淑尔神庙）留下了记述萨尔贡和辛那赫里布命运的铭文，并尽可能从字面意义上接受了发生在其前任国王身上的事情。很难想象会有比这种新发明的忏悔仪式更有力的摆脱过去的方式，其目的显然是打破国王死于非命的致命循环。

萨尔贡的死使得亚述的统治者、祭司和学者都感到不安和痛苦，这持续了几十年。在亚述之外，人们的反应相当不同，这是可以理解的。饱受亚述侵略扩张之苦的人们没有什么理由去哀悼折磨他们的主要人物。在《以赛亚书》第 14 章，嘲讽一位没提及名字的"巴比伦王"的哀歌最能说明他们如何看待这位君主的陨落。虽然我们不能完全确定《以赛亚书》中的"巴比伦王"就是萨尔贡，但是有令人信服的论据支持着这一假设：《圣经》中的先知以赛亚与萨尔贡和辛那赫里布是同时代人；萨尔贡不仅是亚述的国王，也是巴比伦的国王；最重要的是，以赛亚声称（这立即让人想起萨尔贡的悲惨命运）被他嘲笑的国王死得很惨，没有得到妥善埋葬："列国的君王俱各在自己阴宅的荣耀中安睡。惟（唯）独你被抛弃，不得入你的坟墓，好像可憎的枝子。以被杀的人为衣，就是被刀刺透。"[10]

对以赛亚来说，敌国统治者的垮台不是悲伤的理由，而是欢欣鼓舞的理由："欺压人的何竟息灭，强暴的何竟止息。"与亚述文本中声称国王去世时连树木都在哀悼的说法形成鲜明对比的是，在《以赛亚书》中，它们的表现正好相反："现在全地得安息、享平静，人皆发声欢呼。松树和黎巴嫩的香柏树都因你欢乐，说：'自从你仆倒，再无人上来砍伐我们。'"[11]

以赛亚控诉国王傲慢的文字中有一节特别值得关注，而这并非仅仅因为它的诗意。在第12节中，先知感叹道："明亮之星，早晨之子啊（希伯来语中的 hêlēl ben šāḥar），你何竟从天坠落；你这攻败列国的，何竟被砍倒在地上。"鉴于公元前8世纪和前7世纪的亚述国王所拥有的巨大权力，以赛亚使用宇宙论的隐喻来描述这位被嘲弄的、命运多舛的君主并不令人惊讶。然而，一些基督教解经者不愿意把《以赛亚书》第14章的这个隐喻仅仅看作一种比喻，而是从字面上理解它。其中，最重要的是早期基督教学者、亚历山大的奥利金（Origen，约公元184—约公元253年）。他通过《路加福音》中一节著名的经文（第10章第18节）来解读这整段经文，其中提到"撒但（旦）从天上坠落，像闪电一样"。以赛亚所说的 hêlēl ben šāḥar，在《希伯来圣经》的希腊文译本中被译为

Heosphoros（黎明使者），在圣哲罗姆（St. Jerome）的拉丁文译本中被译为 Lucifer（光明使者），因此它就成了基督教对邪恶力量的一种极具影响力的新认识的原型，在这种认识中，古代以色列的小角色撒旦被拔高为具有巨大力量的堕落天使。

从那时起，撒旦的这一形象就根植于基督徒的心中。宗教思想史充满了奇怪的转折，但在这一领域很少有哪个新概念像撒旦的出现那样偶然，它来自对《希伯来圣经》中一个宇宙论隐喻的可疑解释，该隐喻被用来描述一位不幸的古代近东国王在战场上被杀，这位国王很可能不是别人，正是萨尔贡二世。

亚述人和他们的王国在《圣经》的故事中留下了不可磨灭的印记。虽然在《以赛亚书》中，这位先知含讥带讽地谴责某位作为压迫者的国王时并没有提到萨尔贡的名字，但《以赛亚书》中的另一个情节——同时也出现于《列王记》和《历代志》中——则更为公开地谈到了一个亚述国王。这位国王是萨尔贡命运多舛的儿子和继承人辛那赫里布。公元前 701 年，在他暴毙的 20 年前，辛那赫里布曾入侵犹大王国，威胁要夺取耶路撒冷城。这也是这个时代中最重要的两个大国——亚述和埃及——首次在一场大型战役中相遇。

对于《圣经》的作者来说，这些事件具有重大意义，他们要讲述的故事，也即我们马上要谈到的故事，将在几个世纪里塑造东方和西方对亚述人的记忆。

第八章

在耶路撒冷的城门前

公元前 701 年,在夏末或秋季的一个对未来有重大影响的日子里,一位被称为"拉伯沙基"(Rabshakeh)的亚述将军,站在耶路撒冷城墙北部附近水池的沟渠旁。他在等待来自该城的使节。拉伯沙基有一个消息要传达,这个消息将会深深地困扰伊莱基姆(Eliakim)、希尔基亚(Hilkiah)和舍布纳(Shebnah),这三人都是犹大国王希西家(Hezekiah)派到城外与拉伯沙基谈判的高级官员。拉伯沙基对他们说的话,意味着耶路撒冷作为一个独立王国首都的日子不长了。亚述国王辛那赫里布将接管耶路撒冷,而抵抗是徒劳的。

拉伯沙基所传达的信息明显带有威胁性。拉伯沙基指出,如果希西家认为自己可以依靠埃及,那么他就犯下了一个严重的错误。埃及是一根"被压伤的苇杖,人若靠这杖,就必刺透他的手",埃及肯定无法帮助这位犹大国王。如果希西家希望有神的干预来拯救自己,那么他也是错的。拉伯沙基引用他的主人辛那赫里布国王的话,提到《圣经》中的神,说:"现在我上来攻击毁灭这地,岂没有耶和华的意思吗?"他用另一个暗指亚述人"绑神"做法的反问句,问:"列国的神,有哪一个救他本国脱离亚述王的手呢?哈马、亚珥拔*的神在哪里呢？"最后，在他演讲中最雄辩的部分，拉伯沙基指出了为什么耶路撒冷的人民不必害怕屈服于亚述，即使这可能导致他们最终被驱逐："亚述王如此说：'你们要与我和好，出来投降我，各人就可以吃自己葡萄树和无花果树的果子，喝自己井里的水。等我来领你们到一个地方与你们本地一样，就是有五谷和新酒之地，有粮食和葡萄园之地，有橄榄树和蜂蜜之地，好使你们存活，不至于死。'"[1]

拉伯沙基的演讲是心理战的大师级操作，希西家的谈判代表们意识到了拉伯沙基所说的话如果传出去可能会产生极大的影响。由于担心这位亚述将军可能会用他那基于现实政治和神学的雄辩，用推理来说服耶路撒冷的人民，所以犹大的官员们恳求他不要如此公开地进行谈判："求你用亚兰言语[†]和仆人说话，因为我们懂得。不要用犹大言语和我们说话，达到城上百姓的耳中。"但是，拉伯沙基拒绝了这个请求。他使用"犹大言语"，也就是希伯来语，而不是阿拉米语（当时是黎凡特的国际外交语言），他这是故意的。拉伯沙基想与"坐在城上……的人"直接沟通，他说——对官员们说，但也对其他人说——他们如果在耶路撒冷被围困更久，就"要与你们一同吃自己粪，喝自己尿"。

拉伯沙基所说的话，来自关于公元前701年亚述人攻击犹大的众多故事之一——这是《圣经》中的记载，见于《列王记下》第18章和第19章，以及《以赛亚书》第36章和第37章。不同的故事，即《圣经》中的故事和其他来源的故事，反映了各种不同的观点，并且它们是在不同的时间被写下来的。事实证明，将事实与虚

---

* 哈马和亚珥拔即哈马特和阿尔帕德。——编者注
† 亚兰言语即阿拉米语。——编者注

构分开，试着确定在公元前701年的耶路撒冷到底发生了什么，是一个难题，学者们至今仍在为此争论不休。

公元前701年，辛那赫里布对犹大的攻击在某些方面可以被称为"第一起世界性事件"。除了亚述人和犹太人外，它还涉及埃及人、努比亚人、腓尼基人、非利士人、外约旦诸国，甚至可能还有巴比伦人和阿拉伯人。亚述人的资料、《希伯来圣经》中的几卷以及希腊历史学家希罗多德的作品都对此事有一些描述。但是，人们详细讨论公元前701年这场战役最重要的原因是，它对亚述后来的名声产生了重大影响。随着时间的推移，辛那赫里布与犹大国王希西家之间的冲突已经成为前现代文明甚至现代文明文化记忆的一部分，影响远远超出了中东和地中海地区的范围。[2]

对于现代历史学家来说，可以获得这么多资料在很多方面是一种幸运。在他们对古代近东的研究中，还有其他什么领域可以参考同样丰富的文献呢？但是，资料丰富也带来了挑战，因为现存的文本往往是相互矛盾的，其中最大的矛盾是，《圣经》声称亚述人最终在耶路撒冷遭受了重大失败，而亚述人的资料却把这次战役说成是亚述人的伟大胜利。

自19世纪中期以来，历史学家和宗教学者一直试图解决这一矛盾。由于《圣经》的可靠性处于悬而未决的状态，所以相信它的说法有很大风险。许多研究人员在很大程度上受到时代议题的限制或个人信仰的影响。因此，仔细研究辛那赫里布对犹大的进攻，不仅可以使亚述历史上的一个重要时刻（这个时刻决定性地塑造了后来的传统中对亚述的记忆）变得更加清晰，而且还能够在历史书写本身以及往往会影响历史书写的外在因素方面，给我们一些重要的教训。[3]

萨尔贡二世的继任者辛那赫里布于公元前705年登上了亚述王位。他的统治在多个方面都很出色，取得了很多成就。在辛那赫里布的统治下，亚述的新首都尼尼微城被改造成为一座辉煌的大都市。最终，尼尼微城占地约750公顷，是迦拉和杜尔-沙鲁金的两倍以上，它成为世界上到那时为止最大的、可能也是最富有的城市。到辛那赫里布的统治结束时，尼尼微有几座巨大的新宫殿、神庙和武器库，以及几条适合凯旋游行和阅兵的宽阔林荫道，所有这些辉煌的建筑和街道都分布在长达12千米的城墙内，城墙配有塔楼、拱门和18扇巨大的城门。发明新的金属加工技术的人，据说不是别人，正是辛那赫里布本人，这种新技术被用于更方便地生产有翼公牛和狮子等青铜巨像。另一项成就也主要出现在辛那赫里布统治时期：为了应对每年逐渐减少的降水量，人们在亚述核心领土的北部丘陵地区建造了一个由相互连接的运河、水渠和通航水道组成的网络，以灌溉以前贫瘠的土地。被招募来耕种新的田地和果园的农民和园丁中，包含了成千上万被重新安置的被驱逐者。[4]

但是，辛那赫里布也面临着麻烦。萨尔贡死于非命的阴影笼罩着辛那赫里布的执政时期。除了在心理上影响着国王和他的随从之外，它还具有重大的政治影响。当萨尔贡英年早逝的消息传遍整个帝国时，新近被征服的地区和几乎所有的附庸王国都在这消息的刺激下寻求恢复独立。因此，从他掌权的最初几天起，辛那赫里布就发现自己被迫将大部分时间和精力用于打击叛军，而不是进一步扩大帝国的版图。

辛那赫里布大部分的军事行动是针对巴比伦的，那里对他统治的反抗特别激烈。同时，北方和东方也是亚述人偶尔攻击的目标。但在这位国王的所有军事行动中，得到最广泛讨论的是他的编年史中的"第三次战役"，此战的目的是平定西黎凡特，那里有几十个政治领袖联合起来，再次试图摆脱亚述人的桎梏。

辛那赫里布对其第三次战役的最早记载，可以追溯到公元前700年的第二个月，即大部分亚述军队返回家园的几个月后。它被刻在了黏土圆柱上，埋在尼尼微和阿淑尔的各种建筑物的地基中，后来的国王有望在那里找到并研究它们。发掘者们发现了不少于8根完整的圆柱和大约80个碎片，这毫无疑问地说明，辛那赫里布和他的"宫廷历史学家们"肯定对他们所描述的事件相当重视。[5]

辛那赫里布将他的第三次战役表述为一系列的事件：西顿国王的逃亡、不忠附庸的屈服、对亚实基伦（Ashkelon）的惩罚、与非利士城市以革伦（Ekron）及其盟友埃及的武装冲突，最后，作为整个行动的高潮，亚述人对犹大王国发起了攻击。很明显，这些事件实际上是相互关联的，包括一些肯定是同时发生的事件，但我们很难确定它们的确切时间线。

公元前701年夏天，亚述军队在没有遇到太多反抗的情况下就来到了西黎凡特。如果我们相信辛那赫里布的编年史（这次没有理由不相信），那么他们到达该地区就足以促使叛乱的领导者之一、西顿国王卢利（Lulî）放弃抵抗，并"远远地逃到大海的中央"。后来的编年史版本显示，卢利流亡到了塞浦路斯，他似乎死在了那里。取代卢利的是一位名叫图-巴鲁（Tu-Ba'lu）的亲亚述国王，他也被赋予了统治推罗的大陆部分的权力。而戒备森严的、岛屿部分的推罗城仍然没有被征服，但它并没有干涉亚述人的行动。

辛那赫里布声称，由于这最初的成功，几个以前的附庸国王重新开始上缴他们应该给亚述人的岁贡，其中包括腓尼基人的萨姆西姆鲁那、西顿、阿尔瓦德以及比布鲁斯等城市的领导人，非利士人的阿什杜德城（Ashdod，在公元前711年之后曾短暂成为亚述的一个行省）的领导人，以及约旦河东边的亚扪、摩押和以东的领导人。辛那赫里布称他们带来了"四倍"的贡品，这肯定意味着他们为公元前705年叛乱开始后没有上贡的年份补缴了贡品。他们是都聚集在了腓尼基，还是在当地交出贡品，我们目前还不清楚。

然而，这种屈服于亚述的意愿并非普遍的，仍有一些小块地区继续抵抗亚述。有些地方比其他地方更容易对付。在亚实基伦，亚述人很快就占了上风。他们俘虏了西德加（Sidqâ）国王（此人可能是被自己人出卖的），并且把他和他的妻子、儿子、女儿、兄弟和家神一起带到了亚述。辛那赫里布在亚实基伦扶植的新国王有一个亚述人的名字沙鲁-鲁-达里［Sharru-lu-dari，"愿（亚述）国王万寿无疆"］，这表明他曾是亚述的人质，在被送回国之前经历过一次彻底的"重新教育"。

然而，并非所有地方的民众都赞成向亚述人施加的压力屈服。在耶路撒冷以西约35千米的以革伦城，反抗亚述的叛乱者决定不再退缩。根据辛那赫里布的描述，以革伦的叛乱始于当地官员和其他公民罢免他们亲亚述的统治者帕迪（Padî）国王，并将他交给了犹大的希西家，希西家一定是从很早开始就成了叛乱的主要力量。当以革伦的新领导人意识到亚述军队正在前往以革伦的路上时，他们决定继续战斗。但他们知道，如果他们想要在即将到来的决战中有机会胜利，他们便需要外界的帮助，于是他们在埃及找到了帮手。

当辛那赫里布第三次出征时，埃及正被第二十五王朝，即库什王朝统治，该王朝起源于苏丹北部的纳帕塔（Napata）地区。库什人似乎在公元前730年后不久控制了埃及。大约在公元前720年，法老沙巴卡（Shabaka）向北扩张，巩固了库什人在下埃及和尼罗河三角洲的权力。许多在当地统治了一段时间的王朝（通常有利比亚背景）在形式上保留了地位，但被剥夺了主权。因此，库什人再次统一了埃及的大部分地区，结束了埃及长期以来的政治分裂状态。

如今，库什王朝的国王通常被称为"黑法老"。这在某种程度上与他们统治时期的人们的看法相一致。埃萨尔哈东在谈到第二十五王朝倒数第二位统治者塔哈尔卡的妻子和儿女时写道："他们的身体和他一样，皮肤像黑漆一样黑。"库什人是外来者——可能并不是因为他们的肤色深，而是因为他们来自埃及传统边界之外——特别热衷于采用埃及文化。他们的国王的铭文中随处可见埃及古典文学伟大作品的典故。在这方面，库什人实际上与亚述人非常相似，亚述人在努力使得巴比伦文化成为他们自己的文化时表现出了类似的热情。[6]

埃及第二十五王朝统治者的一些政治目标与亚述的目标相同。两个君主国在黎凡特南部都有类似的地缘战略利益，埃及一直认为该地区是其自身势力范围的一部分，但是该地区此时越来越受到亚述帝国的支配。毫无疑问，这两个"超级大国"的情报部门密切关注着对方在该地区的活动，它们之间爆发公开冲突只是时间问题。早在萨尔贡二世统治时期，一位名叫拉亚（Raya）的埃及将领就在加沙以南的拉菲亚（Raphiah）与亚述军队发生过小规模冲突。后来，在公元前707年，法老沙巴卡为一个来自阿什杜德的反亚述首领提供了庇护，此人的名字叫作亚马尼（Yamani）。沙巴卡的继任者谢比特库（Shebitku）于公元前707年登基，他将亚马尼引渡给了萨尔贡，以示友好，但埃及库什王朝仍然对亚述在非利士及其邻近地区巩固权力的行为保持警惕。[7]

因此，当以革伦人需要他们的支援来对付前进的亚述军队时，库什王朝及其下埃及的附庸们已做好了立刻行动的准备。他们迅速赶到前线，并带来了大量物资。正如辛那赫里布的编年史所说：

"（下）埃及的国王们，以及麦鲁哈（Meluhha，即库什）国王派来的弓箭手、战车和马匹，数量众多，前来援助他们。"在小城伊利提基（Eltekeh）附近，可能是阿什杜德以北的某个地方，亚述和埃及军队相遇，并爆发了激烈战斗。[8]

辛那赫里布声称，他取得了对敌人的巨大胜利，俘获了许多战车手以及一些埃及王公。但人们对这一说法产生了怀疑。一些现代学者认为，对亚述人来说，这场战斗充其量是一场平局。他们的批评部分基于希腊作家希罗多德的《历史》中的一个奇怪段落，该段落记载说，"阿拉伯人和亚述人的国王"辛那赫里布的军队于尼罗河三角洲东部的培琉喜阿姆（Pelusium）扎营时，在夜间遭到了大量田鼠的袭击。田鼠咬断了亚述人的弓弦以及亚述盾牌的把手，因此第二天埃及国王［希罗多德称之为塞托斯（Sethos）］轻松地战胜了手无寸铁的亚述人。[9]

希罗多德的记载虽然很离奇，但是否确实在某种程度上反映了公元前701年在伊利提基发生的情况呢？总的来看，尽管他知道辛那赫里布与埃及军队之间发生了战斗，但其叙事更像是一个文学故事，而不是历史；然而，具体情况还是很难确定。有个证据让人更倾向于认为辛那赫里布自己对此事的描述是准确的，那就是亚述人对后续情况的记载，这种记载本身大概率是可靠的。亚述人"进入以革伦城，杀死那些犯了罪的领袖和贵族，把他们的尸体挂在城市周围的塔上"。只有那些没有加入叛军的人得以幸免。由此可以推想，如果亚述军队没有在伊利提基以某种方式成功击退埃及军队，那这一切都不可能发生。

提到过亚述与埃及对抗的第三个资料来源也没有完全解决这个问题。《圣经》中的记录是，对抗辛那赫里布的埃及军队由后来的库什国王塔哈尔卡领导，此人在当时可能是一位将领。但《圣经》

并没有具体说明当时是哪一方真正赢得了这场战斗。[10]

根据辛那赫里布的记录，以革伦的前国王帕迪最终被人从囚禁地耶路撒冷带了回来，并恢复了原来的地位——当然，亚述人这是期望他此后能再次纳贡。不过，帕迪不可能立刻就回到以革伦。这一定是辛那赫里布与犹大的希西家开战的结果，而在国王关于其"第三次战役"的记录中，最后也是最有名的部分讲的就是这场战争。

辛那赫里布将他对犹大王国的行动描述为一次大捷。他一开始就说，他在坡道和攻城器械的帮助下，通过城墙上的缺口，"包围并征服了希西家的46座筑有城墙的城市及其周围的小型定居点"。支持这一说法的证据见于《圣经》："希西家王十四年，亚述王西拿基立*上来攻击犹大的一切坚固城，将城攻取。"这一说法完全符合亚述人的说法。这段《圣经》中的记录继续指出，希西家"差人往拉吉（Lachish）去见亚述王"，向他屈服，这表明拉吉是辛那赫里布夺取的犹大城市之一，而且亚述王在这附近设置了军事总部。[11]

拉吉位于耶路撒冷西南约40千米处，辛那赫里布的编年史并没有提到它的名字。但这座城市在亚述最令人印象深刻的视觉资料中出现了：现陈列于伦敦大英博物馆的尼尼微宫殿第36号房间的浮雕全景图。这个房间所有现存的浮雕只刻画了辛那赫里布围攻和征服拉吉这一个主题，这个主题是人们通过楔形文字题记确认的。[12]

拉吉浮雕原长约27米，按连续顺序展示，左侧展示了亚述军队迫近该城的情景；中央面板正对着正门，处于显要位置，展示出了围攻的严峻形势；右边的浮雕展示了行动的结果：城市居民迁走，恶人遭到惩罚，该城则向辛那赫里布臣服，当时辛那赫里布坐

---

* 西拿基立即辛那赫里布。——编者注

在附近山上的一个精心雕刻的王座上。浮雕中特别令人难忘的场景包括：亚述的弓箭手、投石兵和长矛兵在新建的坡道上缓慢地往城墙上走，守城者从上面向他们射箭和投掷火把；男人和女人纷纷离开城市，面临被驱逐的处境；一些叛乱的头目被亚述士兵剥皮或斩首，而其他人被钉在了木桩上，他们的手腕被绑在一起——这种公开的场面预示了后世的十字架钉刑。还有其他场景显示了亚述军营中的生活，以及一个来自拉吉的家庭，其中包括一个男人、两个戴头巾的女人、三个女孩和一个小男孩，他们正在流亡的路上，两头营养不良的牛拉着的车载着他们的财产。

拉吉浮雕完整无缺时，总面积约为67.5平方米。我们必须承认，它是世界上对武装冲突最有气势的描绘之一（考虑到整套作品最初是彩色的，就更是如此了），能够与罗马的图拉真纪功柱等著名的纪念性建筑相提并论，图拉真纪功柱精心设计的场景来自罗马皇帝的达契亚战争。拉吉浮雕的真正出色之处在于，它非常详细地揭示了战争对于士兵和平民来说意味着什么。

人们还在泰勒杜韦里（Tell ed-Duweir）发现了亚述人围攻和征服拉吉的进一步证据，此处实际上是该古城的遗址。这里的发掘工作已经证实，在拉吉地层的第三层，几乎所有的公共建筑和私人建筑都在一场大规模的火灾中被毁，而这场大火一定是由掠夺该城的亚述士兵造成的。人们还在城市西南角附近发现了亚述人的大型攻城坡道的遗迹，该坡道是用总重量1.3万吨至1.9万吨的石头建成的。坡道底部宽约70米，顶部则有守军建造的反坡道。人们在发掘这一地区时，还发现了近千个箭头，其中大部分是铁制的，还有许多石球，每个重约250克，它们曾被作为投石索的弹药。所有这些证据都表明，攻占拉吉的战斗一定是非常血腥和残酷的。辛那赫里布的"拉吉房间"的浮雕描绘了一幅相当真实的画面。[13]

辛那赫里布占领了许多犹大的城市，其中最引人注目的是拉吉，但亚述人的资料和《圣经》都表示他未能征服固若金汤的犹大首都耶路撒冷，即希西家国王居住的城市。在辛那赫里布的编年史中，亚述人在耶路撒冷依然取得了成功。辛那赫里布声称，他"把希西家限制在其王城耶路撒冷，就像笼中之鸟一样"，他设置了封锁线，使其国王和人民无法离开该城。尽管似乎并没有发生真正的围攻，而且亚述军队从未进入耶路撒冷，但其编年史指出，辛那赫里布的"君主光辉"最终"压倒"了希西家，迫使他向亚述国王屈服。为了承认自己作为亚述附庸的新地位，犹大统治者向尼尼微的亚述宫廷送去了珍贵的礼物和各种各样的人。辛那赫里布关于其第三次战役的最早记载相当详细地记录了希西家交出了什么，他所交出的包括帮助他保卫耶路撒冷的辅助部队（可能是阿拉伯人，但不太确定），国王的几个女儿、妃子和歌手，以及"30塔兰特黄金、800塔兰特白银、象牙床、象皮、多种颜色镶边的衣服、蓝紫色的羊毛、战车、盾牌和长矛"，还有其他奢侈品和武器。根据亚述人的记载，犹大还失去了大量的领土和人口。其西部的部分领地被移交给了非利士人的城市阿什杜德、以革伦和加沙，大量的当地人被重新安置，尽管辛那赫里布编年史中给出的被驱逐者的人数（200 150）高得不现实。[14]

亚述人对耶路撒冷事件的描述，与《圣经》对这一事件的描述相比如何呢？如前所述，《列王记下》第18章开头的一小段话（第13节至第15节）描述了亚述发起的进攻，这与亚述资料所描述的基本一致，因此很可能是历史上的准确事实。双方所列的贡品情况也基本一致，据《圣经》所说，它们是希西家从耶路撒冷的圣殿和他自己宫殿的库房中取出的。据说其中包括"300塔兰特白银和30塔兰特黄金"，这些数字与辛那赫里布编年史中记载的"30塔兰特

第八章 在耶路撒冷的城门前

黄金、800塔兰特白银"的数字相近或相同。

然而,《圣经》中对辛那赫里布的犹大战役的描述是混合而成的文本,由不同资料拼接而成。《列王记下》第18章第13节至第15节的情节似乎取自希伯来人的编年史,该编年史对事件的描述基本符合事实。而在这段话之后的叙述部分,历史、神话和虚构经常密不可分地交织在一起。

这些片段中的第一段,也是历史上最可信的一段,提到了"亚述王从拉吉差遣他珥探（Tartan）、拉伯撒利（Rabsaris）和拉伯沙基率领大军往耶路撒冷,到希西家王那里去",从而迫使他屈服。这里提到的三位官员拥有真实的亚述头衔,他们可以被确定为亚述元帅、首席宦官（rab-ša-rēši）和首席持杯者,他们都是已知领导过亚述军事行动的人。[15]

接下来所发生的,便是本章开头所讲述的事件:拉伯沙基传达了辛那赫里布要求希西家投降的消息。亚述将军不太可能完全按照《列王记下》第18章中的方式对希西家的官员和耶路撒冷的人民讲话。但一场类似的讲话很可能是在耶路撒冷城门前发表的。一封公元前731年或前730年的亚述信件提供了具有启发性的对比。在信中,两位亚述官员向亚述国王提格拉特-皮莱塞尔三世报告了他们如何试着说服巴比伦公民放弃对纳布-穆金-泽里的支持,后者是站在反亚述立场的一个新的巴比伦国王。两位官员写道:"（本月）28日,我们去了巴比伦,在马尔杜克城门前站定,与巴比伦的公民交谈。穆金-泽里的仆人扎辛努（Zasinnu）和另一些迦勒底人一同出来了,他们和巴比伦的公民一起站在城门前。我们对巴比伦的公民说:'国王派我们来见你们。'"这里描述的情况与《圣经》中的拉伯沙基事件极为相似,增加了后者并非完全捏造的可能性。[16]

根据《列王记下》第19章第8节至第14节,希西家在得到他的宗教顾问以赛亚先知的保证，认为他最终会取得胜利之后，又收到了辛那赫里布的另一则消息。这则消息是以信件的形式出现的，其主要信息与先前拉伯沙基所传递的信息相似。辛那赫里布在信中再次规劝他不要信任埃及，并强调当地的神灵未能拯救曾经受到亚述攻击的"列国"。然而，这一次，历史上的希西家收到这种信息的可能性相当低。在《列王记下》第 18 章，拉伯沙基的讲话提到了哈马特和阿尔帕德，还有撒马利亚，这些地方以前被亚述军队征服过。这些城市及其周围的领土确实在公元前 8 世纪下半叶被纳入了亚述帝国之中。但辛那赫里布的信中所提到的地方是不同的。它们包括歌散（古扎纳）、哈兰和利色（拉萨帕），这些地方在更早的时候就已经是亚述王国的一部分，因此它们不太适合作为例子来和耶路撒冷于公元前 701 年面临的危险相比较。然而，我们已经知道，这三个城市都在公元前 7 世纪末被巴比伦国王那布珀拉沙尔（Nabopolassar）和尼布甲尼撒二世攻占，我们难免认为"给希西家的信"中的信息反映的是后来的这些战争。因此，《列王记下》第 19 章第 8 节至第 14 节中的这封信的创作时间应该是在公元前 6 世纪，即辛那赫里布发动战争的很长时间之后。它可能是基于后来的《圣经》作者对尼布甲尼撒的关注，这位巴比伦的君主最终结束了犹大王国的独立地位，并在公元前 597 年和前 586 年将犹太人送往"巴比伦的河边"。[17]

在《列王记下》第 18 章至第 19 章所记载的事件最后，发生了一个奇迹。在以赛亚对亚述发出一系列阴沉的预言之后（"我就要用钩子钩上你的鼻子，把嚼环放在你口里，使你从你来的路转回去"），这段文字为辛那赫里布的犹大战役提供了一个惊人的宏大结局："当夜，耶和华的使者出去，在亚述营中杀了十八万五千人。

清早有人起来,一看,都是死尸了。亚述王西拿基立就拔营回去,住在尼尼微。"[18]

人们该如何看待这个结局?它显然与辛那赫里布自己的叙述不一致。在公元前701年,亚述人进攻犹大的真正结果是什么?谁赢了?谁输了?《圣经》中的说法会不会是错的?150多年来,这些问题一直困扰着学者们,出现了非常多的不同答案。

对于相信《圣经》无误的信徒来说,这个问题很简单:上帝派出神奇的天使杀死了亚述士兵,从而把特别正直的国王希西家从所有的困难中解救了出来。从历史的角度来看,这样的解释当然是难以接受的。但是,相当多的现代学者不同意断然否定《圣经》中对辛那赫里布战役结果的描述。相反,他们试图提供一种"自然主义"的解释,来将天使致命行动的故事合理化。这种推理模式与其他试图从科学上为《圣经》中的奇迹故事辩护的努力非常一致,这些解释经常得到大众媒体的热切支持。例如,摩西将红海分开,被解释为是"风吹"的结果:是风让尼罗河三角洲东部塔尼斯湖(Lake Tanis)里的水退去的。[19]

在天使击败亚述人的故事中,自然主义解释方案的支持者认为,实际上,是军营中突然暴发的流行病击溃了亚述人的军队。铁器时代的西亚确实发生过致命的瘟疫:如前所述,亚述和巴比伦的编年史记录了公元前802年、前765年、前759年以及前707年危害过亚述的流行病。[20]

希罗多德的田鼠故事可能支持了这种关于流行病的假设。根据希罗多德的说法,这些田鼠咬断了辛那赫里布在培琉喜阿姆的军队的箭筒、弓弦和盾牌柄,导致亚述人被法老塞托斯打败,塞托斯在"赫菲斯托斯"[Hephaestus,埃及神卜塔(Ptah)]的神庙中竖立了自己手拿一只田鼠的雕像。当然,传播特别危险的传染病的通常是家鼠，而不是田鼠，但是田鼠也可以携带瘟疫病原体。此外，值得注意的是，希腊人认为带来致命瘟疫的是阿波罗·斯明修斯（Apollo Smintheus），即"老鼠之神阿波罗"（在钱币上的形象是阿波罗手里拿着一只老鼠），其中最有名的瘟疫是攻打特洛伊的阿开亚人（Achaean）感染的那场瘟疫。同样引人关注的是，《以赛亚书》第38章第21节中，提到了希西家从一场重病中康复，其症状包括"疮"，以赛亚用无花果饼来治疗这种症状。希西家所患疾病的确切性质和患病时间，以及是否确有此事都不能确定，但有人认为（一大原因是人们已知无花果曾被用来对付瘟疫导致的浮肿），希西家可能的确是得了鼠疫或其他高传染性疾病。他患病的时间与辛那赫里布发动西部战役的时间重合的可能性至少是存在的。[21]

认为是一场瘟疫导致亚述人从耶路撒冷撤退的想法无疑是很有诱惑力的，如果考虑到希罗多德的记载的话，就更是如此了。但必须承认，到目前为止，支持这种说法的证据至多只能算是模棱两可的。没有任何确凿的原始资料明确谈到过亚述军队在公元前701年遭遇了一场流行病。希罗多德的故事以埃及而不是犹大为背景，是在辛那赫里布去世约250年之后撰写的。而在《圣经》的记载中，除了希西家，耶路撒冷一带并没有其他人生病。

对亚述人撤出耶路撒冷的另一个解释基于一种或可被称为女权主义的视角，这种解释认为辛那赫里布的母亲在这些事件中发挥了重要作用，尽管是间接作用。由亚述学家斯蒂芬妮·达利（Stephanie Dalley）提出的这一理论，参考了伊拉克考古学家1989年在迦拉发掘的几个新亚述时期王后墓室中的发现。在其中一个墓室里，有一口石棺，里面有两个女人的尸体，根据铭文证据，这两个女人分别是提格拉特-皮莱塞尔三世的正室雅巴以及萨尔贡二世的正室亚他利雅。达利敏锐地注意到，亚他利雅这个名字只在《圣经》中出现过，在书中，以色列国王亚哈和他的腓尼基妻子耶洗别（Jezebel）的一个女儿被冠以这个名字。亚他利雅后来嫁到了犹大王室，并在一段时间内事实上统治了这个国家。在达利看来，萨尔贡的妻子亚他利雅同样是犹大王室的成员，同时她还可能是辛那赫里布的母亲。达利认为，如果真的是这样，辛那赫里布一定对犹大感到同情，这可能会阻止他征服耶路撒冷，阻止他用另一位统治者取代犹大国王希西家。[22]

然而，这一饶有趣味的假说也是疑点重重。最重要的是，虽然亚他利雅确实是萨尔贡二世的妻子，但现在几乎可以肯定她其实并不是辛那赫里布的母亲。辛那赫里布十有八九是一个叫作拉伊玛的女人的儿子，因此辛那赫里布可能并不会特别照顾亚他利雅，而亚他利雅似乎是萨尔贡后来的配偶。我们也不能确定亚他利雅就是犹大人或以色列人的后代，尽管并不能排除这种可能性。你可以争辩说，在《圣经》中，亚述的拉伯沙基向耶路撒冷人讲希伯来语的故事在某种程度上证明了亚述王室与犹大王室之间的联姻关系，但这种推理带有很大的臆测成分。

关于亚述人从耶路撒冷撤退的第三种理论解释是，库什王朝的干预迫使辛那赫里布的军队离开了犹大。加拿大的新闻工作者亨利·奥宾（Henry Aubin）在2002年提出的这一理论是以非洲中心主义为基础的，他明确表示，他关于库什王朝的观点是受到了他的非裔养子的启发。然而，如果我们认为奥宾的观点毫无根据，或者认为他是在不惜一切代价地将边缘群体写进历史，那就对奥宾不公平了。奥宾熟悉史料，他对于自己的结论是很谨慎的。他没有声称"黑法老"在公元前701年取得了对亚述军队的重大军事胜利，而是认为双方在伊利提基的遭遇战导致了"僵局"和"谈判解决"。亚述不会失去在该地区的所有影响力，但会避免吞并犹大，而埃及则会获得安全保障，并保留进入南黎凡特的商业通道。不过，多亏了库什王朝，耶路撒冷才得以保全，而未来犹太教和基督教的出现，也因此得到了保障，否则我们将难以想象它们会出现在世上。[23]

现代学者围绕奥宾论文的辩论仍在持续。2020年，得到同行评议的丛书"《希伯来圣经》及其语境论丛"（*Perspectives on Hebrew Scriptures and Its Contexts*）出版了一卷，其中有八位知名学者的文章，他们负责对奥宾的理论进行重新评估。他们中的大多数人表示支持该理论，尽管持有一些保留意见。但是，八位作者中唯一的亚述学家K.罗森·扬格（K. Lawson Younger）却投了弃权票。[24]

总的来看，扬格有礼貌的怀疑态度似乎是恰当的：奥宾的论点并不能完全令人信服。已经有人指出，在伊利提基战役之后，辛那赫里布显然能够惩罚向库什王朝求助的以革伦叛军，并将忠诚的帕迪重新立为以革伦的国王。没有证据表明亚述和库什王朝之间有过"谈判"。在接下来的几年里，非利士仍然是亚述帝国外围地区的一部分，没有任何迹象表明库什王朝在该地区有很大发言权。与公元前701年的事件有关的埃及资料的缺失也是值得注意的。到目前为止，考古学家们还没有找到埃及法老谢比特库统治时期关于公元前701年这次事件的任何比较详细的历史记录。这与他的前任和继任者留下的许多铭文形成了鲜明对比，因此这也许不是偶然现象。谢比特库可能只是没有什么可炫耀的事迹。[25]

意大利哲学家、历史学家贝内代托·克罗齐（Benedetto Croce）曾有一句名言："一切真历史都是当代史。"上述三种探讨辛那赫里布从耶路撒冷撤退原因的理论，都是在过去几十年中提出的，它们印证了这句格言。它们具有自然主义、女权主义和身份主义的特点，显然植根于最近的思想潮流。

在这些理论中，没有一个能被证明是完全错误的。尽管亚述人似乎在伊利提基赢得了对库什王朝军队的战斗，但光是与埃及打这一仗就使亚述人的资源捉襟见肘了，这可能是辛那赫里布决定不去长期围攻耶路撒冷的一个原因。而尽管辛那赫里布的母亲并不是犹大公主，但是有一些线索表明亚述精英人士对以色列和犹大的希伯来世界有着非同寻常的兴趣。虽然没有明确的证据表明在公元前701年亚述军队中暴发过瘟疫，但值得注意的是，辛那赫里布在接下来的几年中很少进行军事行动，这就说明他的军队真的有可能是从西方带着传染病返回的。另外还有一点是，公元前698年的亚述处于饥荒期，大麦价格非常高。[26]

尽管如此，上述理论仍然是主要基于推测得出的。另一种说法似乎对辛那赫里布从耶路撒冷撤退的原因做出了最好的解释：亚述国王在权衡他的选择时，可能做了一次简单的成本效益分析。征服这座固若金汤的城市所需的努力将会非常大，损失的士兵将会非常多，以至于辛那赫里布认为最好是让希西家继续当国王，条件是希西家向他进贡并成为亚述的附庸。这非常符合辛那赫里布所追求的总体性的大战略。历史学家约翰·刘易斯·加迪斯将"大战略"的概念定义为"让无限的雄心与必然有限的能力相匹配"，而辛那赫里布似乎认为亚述国家的能力不足以使亚述完全控制其影响范围内的太多其他政治体。与他的三位前任国王相比，辛那赫里布表现出对间接统治的强烈偏好，他倾向于将权力交给附庸国王，而不是建立新的行省。这就是辛那赫里布一贯的统治方式，不仅在犹大是如此，而且在以革伦、阿什杜德、亚实基伦和其他地方也是如此。辛那赫里布决定返回东方，可能是由于他的一些士兵得了某种疾病，也可能是由于接获了巴比伦政治局势恶化的情报，当时那里可能更加需要亚述的军队，但这也并不是确定的事实。[27]

从希西家的角度来说，他可能为了保住权力而被迫付出了沉重的代价，但他有充分的理由接受辛那赫里布对他的要求。毕竟，承认亚述国王是他的霸主，可以使耶路撒冷免于遭受拉吉城那种被毁灭的悲惨命运。在辛那赫里布征战之后，虽然犹大王国在财富上有损失，其农村定居点的数量也在减少，但它仍然是一个正式的独立国家，并且在接下来的一整个世纪中仍是国际陆路贸易的枢纽。对于在《圣经》中写下辛那赫里布此次战役的作者来说，这一结果似乎足以使其将希西家所做的选择描述为正确的决定，而不是这位犹大国王被迫忍受的羞辱。

如前所述，辛那赫里布对犹大王国的攻击可被称为"第一起世界性事件"，更早的事件的确很少能够牵涉到范围如此之广的国际群体。在地理方面，公元前701年发生的事情也具有全球性的意义。两个最强大的参与者的首都，库什王朝的纳帕塔和亚述的尼尼微，位于不同的大陆，两者之间的直线距离大约有2 300千米。但从辛那赫里布的犹大远征在后世文化记忆中的地位来说，我们就更可以将其称为"世界性事件"了。《圣经》中关于这些事的描述，以及其他现已失传的早期故事，在希伯来语、阿拉米语、埃及语、希腊语、叙利亚语和阿拉伯语中产生了整片"群岛式的"的二次叙事和三次叙事，并进一步扩散到其他民族的文学作品中。在这些后来的叙事中，有些与《圣经》中的叙事紧密相关，有些则是经过自由改编的。其中许多都有明显的反帝国主义倾向。随着时间的推移，在拉比传统中被称为邪恶"宇宙主宰者"的辛那赫里布，成为全世界的暴君以及其他遭到彻底鄙视的人的一个代名词。公元8世纪的拜占庭皇帝利奥三世（Leo III）因其破坏圣像的倾向而臭名昭著，他的对手称他为聂斯脱利派教徒、亚摩利人（Amalekite）、变色龙和

"辛那赫里布"。16世纪的德意志版画家汉斯·劳滕萨克（Hanns Lautensack）的一幅版画将1529年奥斯曼帝国对维也纳的围攻描绘为辛那赫里布围攻耶路撒冷的重演。在拜伦勋爵的诗歌《辛那赫里布的毁灭》中，前两行名句经常被人模仿——"亚述人像狼一样扑了过去，他的队伍闪着紫色和金色的光"——这首诗是在拿破仑于滑铁卢战败的那一年发表的。[28]

如果辛那赫里布本人知道他的第三次战役被后世如此牢记，他可能会感到非常惊讶。诚然，正如他的铭文所显示的那样，这位亚述国王认为他在公元前701年对西方叛军的胜利是一项重要的成就。但他更热心于另一项政治任务：征服和平定巴比伦，吸收和改造巴比伦文化，对亚述宗教进行大刀阔斧的改革。

第九章

辛那赫里布的巴比伦难题

亚述与它的南部邻国巴比伦之间是一种特殊的关系。正如罗马与希腊的情况一样，这种关系的特点是一个新兴的超级大国在军事上强大但在文化上不成熟，它迷恋上了附近的一个更古老、更先进但政治上支离破碎的文明。超级大国采用了其邻国的许多知识、宗教和艺术传统，并给予其重要的财政特权和地方自治权，但作为回报，邻国将要接受其政治上的霸权。

在理想的情况下，这样的安排可能会奏效。但是，正如人疯狂地恋爱时，拼命地想要支配自己的伴侣那样，控制邻国的强烈渴望也可能会带来灾难。

亚述和巴比伦之间的"感情戏"包含着许多灾难性的时刻，特别是在国王辛那赫里布统治时期。对于这位犹大的征服者来说，巴比伦令他痴迷，这驱使着他采取了古代近东历史上前所未有的行动。辛那赫里布的巴比伦问题是有历史背景的，早在三位前任国王的统治时期，亚述与巴比伦的关系就很紧张了。[1]

除了在公元前 13 世纪图库尔提-尼努尔塔一世统治时期的一段时间内，亚述从未完全控制过巴比伦。但在公元前 729 年提格拉特-

皮莱塞尔三世征服巴比伦城后，巴比伦终于成为亚述政治身份的一个组成部分。很快，除了亚述的头衔外，提格拉特-皮莱塞尔还开始称呼自己为"巴比伦国王"以及"苏美尔和阿卡德国王"（这两个名字分别为巴比伦南部和北部的传统名称）。因此，他让亚述和巴比伦形成了一个从体制上可被称为"君合国"的政治体。其他被亚述军队占领的地方（例如，阿尔帕德或大马士革）只是遭到了吞并，亚述君主并没有接受其先前统治者的头衔。但是提格拉特-皮莱塞尔急着昭告天下，拥有古老的楔形文字文化以及人们所熟悉的宗教机构的巴比伦是不同的。亚述王采用新获的国王称号并不是提格拉特-皮莱塞尔重视巴比伦传统的唯一迹象。在他于公元前727年去世之前，他还参加了两次巴比伦的阿基图（Akitu）节，该节日在每年年初举行，以纪念和重新彰显巴比伦的守护神马尔杜克的力量。

当然，统治巴比伦也给亚述带来了实实在在的物质利益。尽管在公元前一千纪的前几个世纪里，美索不达米亚南部发生了一系列政治危机和经济危机，但这片土地的人口仍然比北方地区更密集，而且由于其肥沃的冲积土壤，大麦和椰枣的收成仍然很丰厚。此外，与亚述的旱作农业相比，巴比伦的灌溉农业受变幻莫测的降水模式的影响较小。

从提格拉特-皮莱塞尔三世开始，亚述人以号称仁慈的方式占领巴比伦国家，目前并没有直接证据显示巴比伦人对此有何看法。但是很明显，巴比伦、博尔西帕、西帕尔或乌鲁克的许多公民，并没有因为从新主人那里得到了相对优越的待遇而动摇，他们一直在寻找恢复自由的方法。公元前722年，提格拉特-皮莱塞尔的继任者沙尔马内塞尔五世去世后，这些人的机会来了。巴比伦的政治精英们与邻国埃兰王国结成联盟，摆脱了亚述人的枷锁。在接下来的

12年里，这片土地由马尔杜克-阿普鲁-伊迪纳二世统治，他是比特-亚金的迦勒底人"部落"的成员，这一部落的核心位置靠近波斯湾。

值得注意的是，这一切似乎都没有影响到亚述的新国王萨尔贡二世，他仍然对巴比伦的一切充满热情。即使在巴比伦独立的那些年里，萨尔贡在他的王家铭文中也经常提到《巴比伦创世史诗》[人们是通过它的前两个词 Enūma eliš（"在上之时"）认识它的]，这是一部庆祝马尔杜克神战胜混沌力量的文献。他也从未停止认为马尔杜克是亚述之神阿淑尔最终权威的来源。在公元前714年的一封"致阿淑尔的信"中，萨尔贡声称，他开始对扎格罗斯山脉的圣城穆萨西尔发起残酷的攻击，他"得到了众神之父和所有土地的领主阿淑尔的大力支持，自遥远的年代以来，马尔杜克已授予他比四方低地和山区所有其他神明更高的权力"。[2]

因此，当亚述人最终于公元前710年重新征服巴比伦，并将马尔杜克-阿普鲁-伊迪纳赶走后，萨尔贡再次参加了巴比伦的阿基图节，这并不奇怪。事实上，他在巴比伦一直待到了公元前707年，把亚述的管理权交给了他的王储辛那赫里布，同时给予巴比伦的神庙城市税收特权和免于徭役的特权。

萨尔贡试图尽可能成为一个巴比伦人，即使这意味着他不得不以他的巴比伦宿敌马尔杜克-阿普鲁-伊迪纳的铭文为范本。我们可以化用贺拉斯关于希腊和罗马的一句名言，说在萨尔贡的统治下，"被俘的巴比伦俘虏了她的野蛮征服者"。然而，萨尔贡的儿子和继任者辛那赫里布对于怎样才算对待南方邻居的最好方式有着非常不同的想法。他将试图把亚述从"巴比伦之囚"中解放出来。[3]

公元前705年，辛那赫里布在其父暴死后登上了亚述王位，历史似乎开始重演。正如之前在萨尔贡统治初期那样，巴比伦爆发了一场叛乱，马尔杜克-阿普鲁-伊迪纳再次出现在了历史舞台上，并重新与埃兰结成了联盟。辛那赫里布花了几个月的时间来应对，最终，他在巴比伦附近的基什与马尔杜克-阿普鲁-伊迪纳的军队进行了一场激战，并击败了他。这个被亚述铭文充满鄙夷地比作蝙蝠、猪、猫和獴的迦勒底人逃回了他在南部边境的故乡，亚述士兵在那里寻找他，但并没有结果。在此期间，辛那赫里布与他获胜的部队进入了巴比伦。[4]

辛那赫里布对上述事件最早的描述使用了直接从他父亲的铭文中摘录的一些表述，而且，与萨尔贡一样，辛那赫里布声称自己"满面春风"地来到了巴比伦。但相似之处到此为止了。萨尔贡说他一进城就"握住了伟大的主神马尔杜克的手"，并以超过154塔兰特（约4.6吨）的黄金和1 604塔兰特（近50吨）的白银作为礼物献给马尔杜克和其他巴比伦的神灵，而辛那赫里布则说，他掠夺了马尔杜克-阿普鲁-伊迪纳的王宫，将金银和其他贵重物品以及国王的"妻子、宫女、宦官、歌手和仆人"当作战利品。值得注意的是，辛那赫里布并没有提到献给巴比伦诸神的礼物。我们不需要太多想象力就可以想见目睹这种行为的巴比伦人的表情，他们无疑不像国王那么满面春风。[5]

事实证明，辛那赫里布对巴比伦的态度与他父亲明显不同。辛那赫里布没有亲自担任巴比伦的国王，而是选择了一种更为间接的统治形式。在战胜马尔杜克-阿普鲁-伊迪纳之后，他任命了一个当地人来管理这个城市及其腹地。他选择了一个名叫贝尔-伊卜尼（Bel-ibni）的人，此人来自一个古老的巴比伦家族，但"在（亚述）王宫里像一只幼犬一样长大"。公元前703年末，贝尔-伊卜尼登上了巴比伦的王位。[6]

辛那赫里布更希望巴比伦顺从他的意愿但在形式上保持独立。他与萨尔贡截然不同，萨尔贡声称，除了阿淑尔，巴比伦的马尔杜克和纳布神也"赋予了（他）无与伦比的王权"。辛那赫里布的铭文中也有完全相同的话，但只认为阿淑尔是国王地位的神圣来源。[7]

随着时间的推移，很明显，贝尔-伊卜尼的统治未能维持辛那赫里布所希望的稳定局面。特别是在巴比伦的南部地区，人们从未完全停止反抗亚述送来的傀儡国王。公元前700年，也就是辛那赫里布对犹大的战争结束后的第二年，巴比伦的情况变得更加糟糕，以至于亚述军队被调回了巴比伦，任务是杀掉两个危险的造反者。第一个人叫作穆谢兹布-马尔杜克（Mushezib-Marduk），他是比特-达库里（Bit-Dakkuri）迦勒底"部落"的成员，曾在萨尔贡二世的军队中担任过几年的高级军官，但由于害怕某种身体上的惩罚而叛逃。他逃到了波斯湾的一个沼泽地区，在那里，他和一群阿拉米逃犯开始以游击战来反抗亚述。第二个造反者就是臭名昭著的马尔杜克-阿普鲁-伊迪纳，他时刻准备着反击。这两个叛军首领都设法逃到了埃兰。八年后，穆谢兹布-马尔杜克将以令人生畏的气势从那里卷土重来；但就当时而言，这两名叛乱分子的逃离，意味着辛那赫里布能够恢复对巴比伦南部的控制。为了进一步巩固他的权力，他给巴比伦安排了一位新国王：贝尔-伊卜尼被废黜，辛那赫里布让自己一个较为年长的儿子阿淑尔-纳丁-舒米（Ashur-nadin-shumi）取代了他。

巴比伦就此保持了六年的平静，这给了辛那赫里布喘息的机会，使他能够专注于国内雄心勃勃的建设计划。正是在这一时期，他将尼尼微改造成了约拿前往的"大城"——一座规模和辉煌程度堪称传奇的大都市。亚述军队在这一时期进行的几次军事行动，都是针对北部和西北部的领土展开的，且规模都不大。辛那赫里布唯一亲自参与的一次，即对今天土耳其东部朱迪达格（Judi Dagh）地区定居点的攻击，不过是一次漫长的山地徒步旅行而已。

但到了公元前694年春天，国王感到有必要再次证明自己的军事能力。他率领军队回到南方，对居住在埃兰的马尔杜克-阿普鲁-伊迪纳及其来自比特-亚金的流亡同伴展开了完全无缘无故的攻击。亚述人没有走陆路，而是乘坐由腓尼基水手和希腊水手操纵的船只穿越波斯湾，令敌人措手不及。根据辛那赫里布的编年史，他的海军成功地征服了有亚金人避难者的埃兰城市，还将他们中的一些人（尽管并不包括马尔杜克-阿普鲁--伊迪纳，他可能已经在这期间死去）作为俘虏带了回来。在海上远征前，辛那赫里布为埃阿神献上了祭品，将其连同一条黄金小船、一条黄金鱼和一只黄金蟹投进了大海，这似乎得到了回报。[8]

一切似乎相当顺利，尽管该地区的战略平衡没有真正朝有利于亚述的方向改变。但是不久后却发生了两起意想不到的灾难性事件，它们相互关联且影响广泛。公元前694年秋天，埃兰人因辛那赫里布攻击其领土而深感愤怒，于是就袭击了巴比伦，并对巴比伦城市西帕尔发起进攻。此后不久，急于恢复完全独立的巴比伦反亚述派抓住这一时机，将巴比伦的傀儡国王阿淑尔-纳丁-舒米交给了埃兰人入侵者。大约20年后的一封写给国王埃萨尔哈东的楔形文字信件指出，一位名叫阿普拉亚（Aplaya）的巴比伦占卜师是这场阴谋的领导者，该信件还透露出，其参与者曾以神化的木星和天狼星等天体的名义宣誓保密。[9]

在与来自巴比伦的盟友协商后，埃兰国王哈鲁舒-因舒什纳克（Hallushu-Inshushinak）决定让巴比伦公民、加胡尔（Gahul）家族的涅伽尔-乌舍兹布（Nergal-ushezib）成为巴比伦城的新国王。由于阿淑尔-纳丁-舒米在担任国王期间未能赢得巴比伦臣民的心，所以他付出了高昂的代价。阿淑尔-纳丁-舒米被带到了埃兰，并很可能在那里受尽折磨后被杀害。他的死是一个重要的转折点，这引起了辛那赫里布和他的巴比伦敌人之间戏剧性的对决。

通常情况下，结构性因素（无论是政治、经济还是生态方面的因素）可以被确定为历史的驱动力。但是在公元前694年，亚述在巴比伦的命运出现令人震惊的逆转后所发生的事件似乎主要源于历史主角的个人情绪，尤其是辛那赫里布本人。这位亚述国王一定对他的儿子阿淑尔-纳丁-舒米因巴比伦人的背叛和埃兰人的残忍而遭受的可怕命运感到震惊。辛那赫里布无法公开承认所发生的事情，因为这与他所希望塑造的强大形象大相径庭，这只能让他更加仇恨那些他认为应该对这场灾难负责的人。在接下来的五年里，辛那赫里布几近疯狂地陷入了对南方敌人复仇的执念中。[10]

巴比伦的局势最初是非常不稳定的。一些城市选择站在涅伽尔-乌舍兹布一方，而其他城市则留在了亚述阵营。公元前693年初，辛那赫里布担心敌人马上就会攻来，于是转移了德尔城的守护神雕像，该城位于巴比伦与埃兰的边境附近，具有重要的战略性意义。秋季，亚述士兵在南部城市乌鲁克夺取了更多的神像，这次行动更像是一次带有敌意的接管行为，而不是一次救援任务。从乌鲁克返回的途中，亚述军队在尼普尔附近与巴比伦-埃兰联军相遇，该地不久前才被新的巴比伦国王涅伽尔-乌舍兹布征服。亚述人取得了这场遭遇战的胜利，击败了敌军。为了报复对方杀害阿淑尔-纳丁-舒米，辛那赫里布的士兵杀死了埃兰国王哈鲁舒-因舒什纳克的一个儿子。在战斗中，从马背上摔下来的涅伽尔-乌舍兹布被亚述人俘虏，并被带到了尼尼微。在那里等待着他的命运是可怕的：辛那赫里布把他放在通往城堡的大门口，向公众展示，并把他与一头野熊锁在了一起，熊慢慢地吞食了他。这是为亚述首都的公民提供娱乐项目时，定期展现的可怕场面之一。[11]

然而，如果辛那赫里布认为这一切会使天平决定性地倒向对他有利的一边，那么他就犯了一个可悲的错误。尽管国王的一个主要对手被消灭了，但亚述人在尼普尔的胜利并没有恢复他们在巴比伦的霸权。不过，它导致了一场针对哈鲁舒-因舒什纳克的内部叛乱。埃兰王国随之而来的混乱，促使辛那赫里布开始直接进攻这片土地。在公元前693年至前692年的冬天，在通常的军事行动季节之外，亚述国王带着他的军队前往东南方，朝着埃兰的领土进发。与埃兰交界地区的许多小村庄遭到了征服和掠夺。但当亚述军队向埃兰国王宫殿的所在地马达克图（Madaktu）前进时，他们遇到了一个大问题。辛那赫里布本人非常坦率地指出，"在特贝图（Tebetu）月，严寒降临，连续降雨，然后风、雨、雪齐来。我害怕峡谷和山洪，所以我转身，朝着亚述踏上了返程"。就这样，亚述帝国对埃兰的远征以雷声大、雨点小的方式结束了。[12]

与此同时，一位新的国王已经在巴比伦登基。他就是在公元前700年逃到埃兰的桀骜不驯的迦勒底冒险家和反亚述战士穆谢兹布-马尔杜克。他与埃兰人、阿拉米人以及其他迦勒底人都关系密切，而且他在亚述短暂服役期间从内部了解了亚述军队的情况，因此他似乎是将所有渴望对抗亚述日益增长的帝国野心的人聚集在一起并领导他们的合适人选。

多年以来，亚述的敌人第一次突然转而采取攻势。巴比伦的上层人士从马尔杜克神庙的宝库中拿出大量的金银和宝石，支付给新的埃兰国王胡姆班-梅纳努（Humban-menanu），以确保他继续支持巴比伦。另一方面，胡姆班-梅纳努也在他的伊朗邻居那里找到了更多的盟友。公元前691年，一支由埃兰人、巴比伦人、波斯人以及许多来自其他国家和部落的人组成的联军沿着底格里斯河向北移动,他们似乎想要进入亚述人的中心地带,在亚述人的地盘上与辛那赫里布作战。但是,联军从未到达这个目的地。一支由辛那赫里布亲自率领的亚述军队正在今天萨迈拉附近的哈鲁莱等待他们,以阻止他们前进。

辛那赫里布对哈鲁莱之战的描述,高度赞美了战争中极端嗜血的行为。它充满了激情,以严肃的风格写成,到处都有《巴比伦创世史诗》以及其他文学文本的影子,将这场战斗表现为原始时代诸神对邪恶力量发动的宇宙大战的重演。辛那赫里布声称,当战斗行动开始时,他"像狮子一样愤怒,像风暴一样咆哮,像(天气之神)阿达德一样发出雷鸣"。后来,埃兰的大人物们"就像被脚镣束缚的肥牛一样被宰杀",他们的喉咙"像羊一样被割开",他们的血"像春天暴雨过后的洪水一样"流淌。马尔杜克-阿普鲁-伊迪纳的一个儿子"在激烈的战斗中被活捉"。敌方战车的马匹在车夫被杀后获得自由,"独自奔跑",最终被抓住并被当作了战利品。当他们的失败变得显而易见时,敌方联军的两位领导人,胡姆班-梅纳努和穆谢兹布-马尔杜克,只好屈辱地逃走了。用辛那赫里布的话说,他们的心"像被追捕的幼鸽一样悸动",他们"在前进的过程中践踏着他们(倒下的)士兵的尸体","在他们的战车内屎滚尿流"。这最后一个片段的粗俗幽默,与整体的严肃风格形成了鲜明对比。[13]

辛那赫里布对哈鲁莱战役的描述,在多大程度上是虚构的而不是事实,这一点并不容易确定。《巴比伦编年史》中一个简短的条目声称,这场混战的结果是亚述人撤退了——这种说法很难与辛那赫里布对这件事充满溢美之词的描述相一致。然而,如果把辛那赫里布的版本当作不符合事实的吹嘘而不予置信,那就错了。尼尼微的一份铭文记录说，亚述人在战后缴获了几辆敌人的战车，包括埃兰国王和巴比伦国王的战车，并将它们带到了辛那赫里布在尼尼微新建的兵工厂。有理由认为，辛那赫里布的代笔们兴高采烈地描述的国王排泄物，并不是他们想象出来的，而可能是亚述士兵在战场上拆解敌方装备时，在战车的底板上发现的。[14]

很可能，哈鲁莱战役的实际结果是暂时的僵局。埃兰人和巴比伦人的部队不得不放弃攻势，撤回国内，但亚述人却无法抓住时机紧追不舍。然而，亚述人返回南方只是一个时间问题。辛那赫里布正在重新集结他的部队。事实上，他对哈鲁莱事件的描述，包括使用过去神话中的战斗典故，以及常常强调巴比伦人（那些"邪恶的魔鬼"）是典型的邪恶势力，可能是为了在意识形态上给他所想的下一步计划铺平道路：那就是彻底毁灭巴比伦。[15]

辛那赫里布没有浪费时间。到了公元前690年夏天，亚述军队聚集在巴比伦城外，准备围攻该城。巴比伦与埃兰的联盟被打破了，并且不久之后，埃兰国王胡姆班-梅纳努因中风而再也无法说话。亚述人对阿拉伯北部锡尔汉谷地的杜马图（Dumatu）的进攻，使得阿拉伯部落不可能试着去援助穆谢兹布-马尔杜克。

巴比伦人意识到了辛那赫里布为他们准备的命运是可怕的，他们在极其恶劣的条件下抵抗了15个月。附近的迪尔巴特（Dilbat）的一份法律文件描述了其艰难的处境。大麦的售价达到了平均价格的50倍以上："在穆谢兹布-马尔杜克统治时期，这块土地上出现了围困、歉收、饥饿、灾荒和困难时期。一切都变得不存在了。1舍客勒（约8.5克）的白银（可以买到不超过）2升的大麦。城门上着锁，城市的四个方向都没有出口。巴比伦的广场上堆满了人的尸体，因为没有人埋葬他们。"[16]

公元前689年秋末，亚述人终于攻占了该城。穆谢兹布-马尔杜克和他的家人被活捉，他们被一个急于获得丰厚奖赏的当地公民出卖，亚述国王为抓捕叛乱者，开出了分量与领赏者体重相当的白银悬赏。我们是从阿淑尔巴尼拔统治时期的一封信中了解到最后这个细节的。在这封信中，辛那赫里布的孙子为逮捕另一个巴比伦叛军首领提供了更为慷慨的奖赏："正如我的祖父（辛那赫里布）由于舒祖布（Shuzubu，即穆谢兹布-马尔杜克）的叛乱，称量阿达德-巴拉卡（Adad-barakka）的体重，并赐予其相同重量的银子，现在我也要给活捉他（新的叛军首领）甚至杀死他的人称重，并赐予这个人相同重量的黄金。"[17]

接下来在巴比伦发生的是一场史无前例的破坏狂欢。辛那赫里布后来对这场大屠杀大加吹嘘：

> （巴比伦的）人们，无论老少，我都不放过。我把他们的尸首摆满城中的广场。我将那座城市的财产交给我的子民，让他们据为己有。我的子民夺走并打碎了住在城中的神明。我破坏、踩踏、烧毁了那座城市和它的建筑物。我从内墙、外墙、神庙和塔庙上取下砖块和泥土，扔在阿拉图（Arahtu）河里。我在城中心挖开水渠，造成了比大洪水更严重的破坏。为了让那座城市和它的神庙的遗址不再被人认出，我让它消失在水中，彻底消灭了它，使它看起来就像一片草地。[18]

即使这段话中所描述的暴力行为发生在遥远的黎凡特或扎格罗斯山脉中的某个城市，那也是极其严重的。巴比伦是美索不达米亚世界的中枢，是楔形文字学问的源头，也是卓越的宗教中心，而这些暴力行为针对的竟是巴比伦，这对当时许多观察者来说肯定是完全不能理解的。

可以肯定的是，辛那赫里布的描述夸大了该城所遭受的损失。巴比伦并没有被某种人为制造的大洪水冲走，其废墟也不像辛那赫里布所说的那样被幼发拉底河冲到了波斯湾的迪尔蒙。不过，考古学家在巴比伦的梅克斯（Merkes）地区观察到了古代城市被破坏的痕迹，公元前689年以后巴比伦的经济文献也数量有限，而《巴比伦编年史》中则提到辛那赫里布余下几年统治时期和他的继任者埃萨尔哈东在位期间都不再过阿基图节，这表明他的说法也并非完全错误的。[19]

在经历了15年不可饶恕的背叛、血腥的战斗、长时间的围困和痛苦的人口迁移之后，巴比伦终于平静了下来。不过，这种平静不是"亚述治下的和平"（pax Assyriaca）给帝国其他地区带来的那种宁静，而是墓地一般的安静。辛那赫里布的目标是将巴比伦从世界政治版图上和人们心中抹去，他似乎终于实现了这一目标。

但他真的实现了吗？在物质上，巴比伦城的大部分，特别是它的神庙和宫殿，确实在公元前689年亚述人的攻击中被破坏了。但作为一个概念、一个人们记忆中的地方，巴比伦却继续存在着。这座城市继续在美索不达米亚人的想象中占据重要地位，事实上，它的地位如此之重要，以至于辛那赫里布的"宫廷知识分子"不得不想方设法来应对因失去其著名的圣地和备受关注的节日而产生的普遍幻痛。[20]

亚述人所采取的一个方法是诋毁和嘲笑巴比伦的古老传统，而就在不久之前，亚述国王自己还非常热情地支持这些传统。这种方法（它也有助于压制破坏者可能产生的任何内疚感）的最好例子是"马尔杜克神谕文本"，该文本是人们在尼尼微、阿淑尔和迦拉的泥板上发现的。这些楔形文字是用亚述语写成的，具有文化评论的风格，这种类型的文字对在神庙中进行的仪式做出了学术解释，通常会把这些仪式与其对应的神明的神话故事联系起来。"马尔杜克神谕文本"似乎对几个不同的巴比伦仪式做了评论，但其重点是巴比伦著名的阿基图节，在传统上，该节日是在新年伊始的尼萨努月的头11天庆祝的。该节日的亮点包括：第四天，在马尔杜克的埃萨吉尔（Esagil）神庙祈福，并吟诵《巴比伦创世史诗》；第五天，马尔杜克的神子纳布从博尔西帕城来到这里；在"命运之台"用雕像重演众神集会，马尔杜克在那里决定新一年的命运，随后众神前往巴比伦城外的所谓阿基图屋，所有这些都发生在第九天；第十天，在阿基图屋举行宴会和赠送礼物；第十一天，再举行一次集会，宣布天命，然后众神返回各自的主要神庙。[21]

阿基图节的目的，是强调巴比伦的主要神灵马尔杜克及其神圣随从的伟大。但"马尔杜克神谕文本"对与该节日有关的崇拜行为和活动用品提出了一种非常不同的描述。它将它们重新解释为对马尔杜克的象征性审判或者说考验，这场审判是以阿淑尔的名义在阿基图屋对他做出的，结果是马尔杜克被定罪。该文本指出："他（即马尔杜克）身下的布，以及他身上的红色羊毛，是他被击打过的痕迹。它们都是用他的血染成的。"红色在美索不达米亚宗教中是象征活力和权力的颜色，这就是为什么（雕像所展现的）马尔杜克在公开露面时穿着红色的衣服。但"马尔杜克神谕文本"动摇了这种传统上的理解，声称这种颜色实际上代表了神在被俘时留下的伤痕。更具颠覆性的是，该文本声称《巴比伦创世史诗》（在阿基图节期间被吟诵的英雄史诗）的内容并不是庆祝马尔杜克得到绝对权力，而是"关于他遭到监禁"的描述。

在古代美索不达米亚，宗教评论通常被认为是"秘密知识"，不能传播到宗教知识分子的狭窄圈子之外。但"马尔杜克神谕文本"的结尾却诅咒了"阅读此文而不将其内容透露给未知者"的任何人。换句话说，这是一部反巴比伦的宣传论著，被故意广泛传播，特别是在亚述。

到了某一刻，人们一定很清楚，嘲弄巴比伦的节日和崇拜不足以克服亚述攻击该城所带来的深远心理影响。公元前689年的事件所留下的空白实在是太大了。

辛那赫里布自己肯定也有这种感觉。他在对哈鲁莱之战的描述中留下了许多《巴比伦创世史诗》的影子，表明这位国王对巴比伦的宗教传统非常着迷。但是，怎样做才能让那些颂扬宿敌力量的遗产保留下来呢？辛那赫里布和他的宫廷核心成员所找到的解决方案是，从事一种厚颜无耻的"文化吞噬"活动。巴比伦宗教基础设施中的关键元素被转移到了亚述，并被转而用于彰显亚述帝国更大的荣耀。[22]

这种情况体现在装饰豪华的马尔杜克之床和他的宝座上，前者是马尔杜克与妻子扎尔帕尼图（Zarpanitu）共度美好时光的地方。这两样家具原来都在马尔杜克的埃萨吉尔神庙的内室中，或者在巴比伦塔庙（著名的"巴别塔"）顶部的马尔杜克小神庙的内室中。亚述军队将它们从巴比伦带到了阿淑尔，辛那赫里布在那里将它们重新献给阿淑尔神。从此以后，将是阿淑尔和他的妻子穆里苏，而不是马尔杜克和他的配偶在神圣的家具上享受快乐和休憩。

公元前655年，辛那赫里布的孙子阿淑尔巴尼拔将床和宝座送回巴比伦，在那里，它们将再次为马尔杜克服务。但在他这样做之前，他的书吏在一块泥板上复制了辛那赫里布的书吏在这两件物品到达阿淑尔后在上面写的铭文。这则铭文具有相当重要的意义。它

1 2022年，阿淑尔城遗址：从塔庙拍摄的全景照片（Photo: Ulrike Bürger, Ashur Project, Heidelberg）

2 2001年,考古工作者在彼得·米格卢斯的指导下发掘阿淑尔城中心地带(Photo: Eckart Frahm)

3 2001年的尼尼微:从库云吉克土丘望向拿比约拿土丘,拿比约拿土丘上面有优努斯清真寺(Photo: Eckart Frahm)

4. 石制基座，来自阿淑尔城的伊斯塔神庙，上面描绘了国王图库尔提－尼努尔塔一世，他先是站着，然后跪在一个相似的基座前，这第二个基座上有一块泥板或写字板，这是书吏守护神纳布的象征。收藏于柏林国家博物馆

5. 阿淑尔纳西尔帕二世与一名随从，迦拉城西北宫殿的浅浮雕。浮雕上刻着一段王家铭文。收藏于纽约的大都会艺术博物馆

6 两棵圣树之间的一个有翅膀的精灵。迦拉城内,阿淑尔纳西尔帕二世西北宫殿 1 号房间的浅浮雕,复原了颜色 [Artwork: Klaus Wagensonner, based on a relief in the Yale Art Gallery (1854.4, B-ll-e-i-3)]

7 尼努尔塔追逐偷走了"命运之碑"的安祖鸟。来自奥斯汀·亨利·莱亚德在 1853 年出版的《尼尼微的遗迹》第二卷

8 沙尔马内塞尔三世在卡尔卡尔的"黑色方尖碑"。出土于尼姆鲁德,收藏于大英博物馆

9 沙尔马内塞尔三世"黑色方尖碑"上所描绘的以色列国王耶胡在亚述国王面前跪拜的情景

10 沙尔马内塞尔四世的妻子、亚述王后哈玛的金冠。来自她在迦拉的坟墓

11 一个雕刻粗糙的滑石护身符,它被用来对抗抢夺孩子的恶女魔头拉玛什图。制作于公元前二千纪后期或公元前一千纪前期,可能来自乌鲁克。收藏于耶鲁大学巴比伦收藏馆

12 描绘亚述国王萨尔贡二世的浮雕。出土于豪尔萨巴德遗址,收藏于伊拉克博物馆

13 出土于豪尔萨巴德遗址的人首有翼公牛雕像。收藏于芝加哥大学东方研究所博物馆

14 公元前 701 年，亚述人对犹大城市拉吉的进攻。创作于约公元前 700 年，尼尼微城内辛那赫里布西南宫殿的浅浮雕细节。浮雕右部刻画的是亚述士兵带走战利品并驱使犹大男女老少流亡的场景 [David Ussishkin, *The Conquest of Lachish by Sennacherib* (Tel Aviv: Tel Aviv University, Institute of Archaeology, 1982), Segment IV. Drawing by Judith Dekel]

15 描绘埃萨尔哈东（右）及其母亲那齐亚（左）的浮雕。出土于埃萨吉尔神庙遗址，收藏于卢浮宫

16 约公元前671年，纳布-乌沙利姆所写的楔形文字信件，内容为阿淑尔城内一场反对国王埃萨尔哈东的秘密阴谋。收藏于耶鲁大学巴比伦收藏馆

17　尼尼微北宫的浅浮雕，创作于公元前7世纪中叶。在浮雕中，阿淑尔巴尼拔与王后里巴利-沙拉特一起举行宴会，一颗敌人的头颅正挂在附近的一棵树上。收藏于耶鲁大学巴比伦收藏馆

18 阿淑尔巴尼拔猎狮浮雕局部（一），出土于尼尼微阿淑尔巴尼拔的北宫遗址，收藏于大英博物馆

19 阿淑尔巴尼拔猎狮浮雕局部（二），出土于尼尼微阿淑尔巴尼拔的北宫遗址，收藏于大英博物馆

20　尼尼微图书馆创建者阿淑尔巴尼拔的铜像，设计者为弗雷德·帕哈德，是"由亚述人"献给旧金山市的。这座雕像矗立在过去的旧金山总图书馆旁边（Photo: Jacob Rosenberg-Wohl）

21　欧仁·德拉克洛瓦于 1827 年创作的油画《萨尔达纳帕鲁斯之死》

22　尼尼微想象图。来自奥斯汀·亨利·莱亚德在 1853 年出版的《尼尼微的遗迹》第二卷

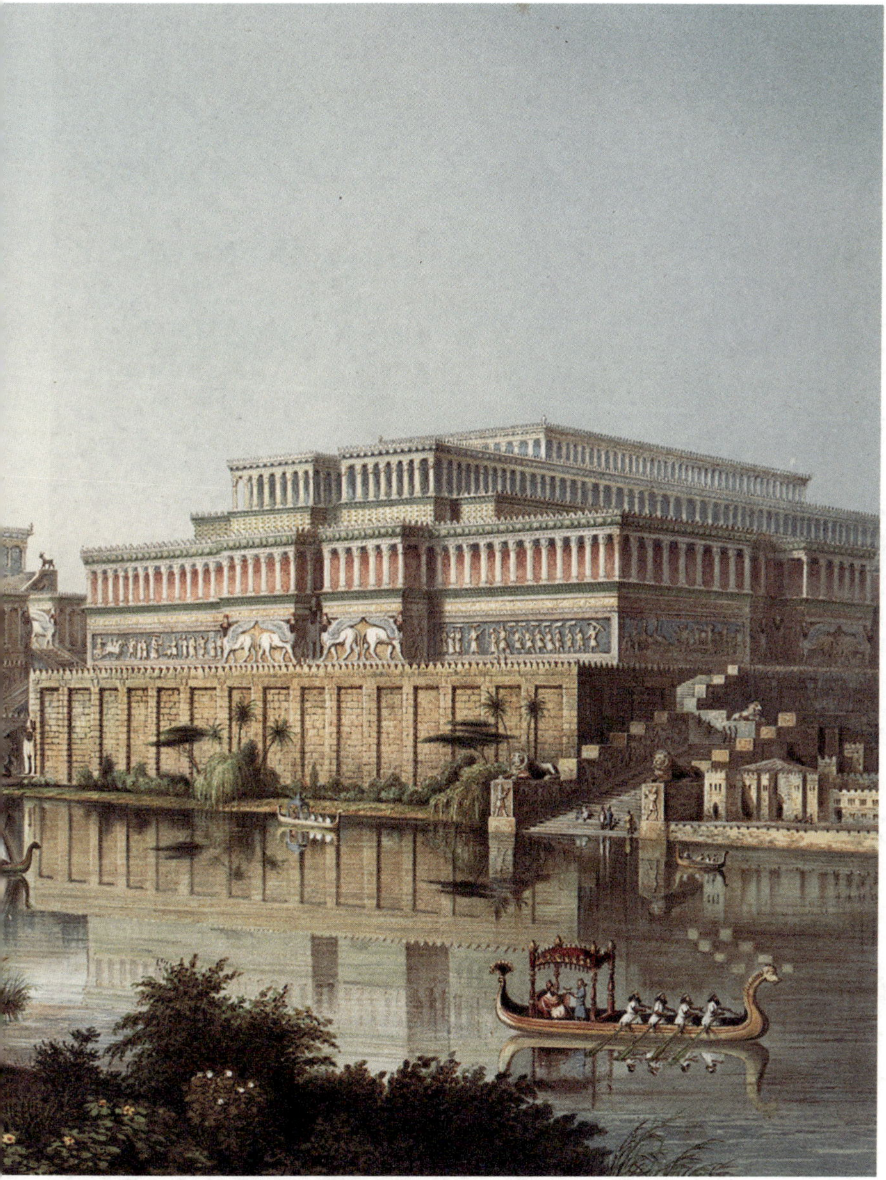

23 约翰·马丁（John Martin）于 1829 年创作的油画《尼尼微的陷落》

敬奉的不再是马尔杜克，而是指向"阿淑尔，众神之王，众神之父，决定命运者，他给背叛和邪恶之地带来大洪水一样的破坏，他让毁灭性的洪水席卷世界上所有不向他的管家（即辛那赫里布）臣服的地方"。换句话说，辛那赫里布声称，自己在攻击巴比伦时是代表着阿淑尔行事，这一点从毁灭性洪水蹂躏"邪恶之地"的说法中得到了间接体现。同时，通过称阿淑尔为"决定命运者"，铭文将以前由马尔杜克掌握的特权赋予了这位神，并使这位神比以前更巴比伦化，这多少有点矛盾之处。[23]

亚述宗教的这种"巴比伦化"也发生在更大的范围内。在公元前7世纪80年代，阿淑尔的所有宗教基础设施都按照巴比伦的模式进行了改造。阿淑尔神庙的旧入口被关闭，取而代之的是一个新的入口，它面向一个新的东院，这显然是复制了马尔杜克的埃萨吉尔神庙的东院。在这个院子里，工人们建了一个巴比伦风格的、类似于祭坛的"命运之台"，人们可以用它来举行神圣的仪式，在这里举行的仪式中，是阿淑尔而不是马尔杜克决定命运的走向。祭坛上的铭文，或者说放在祭坛上的"命运之碑"上的铭文，请求阿淑尔"照顾亚述国王辛那赫里布的统治，赐予他好的命运、健康的命运"，并给予他政治上的优势。这些句子被抄写在一块泥板上，是用巴比伦文字写的，这表明辛那赫里布实施的宗教改革部分依赖于被带到亚述的巴比伦祭司的专业知识。[24]

辛那赫里布试图在阿淑尔重现巴比伦的神圣景观的最明显例子，是公元前7世纪80年代他在城市西墙外建造了新的阿基图屋。它以巴比伦北部的阿基图屋为蓝本，建立在巨大的地基上，周围有一个奢华的、得到良好灌溉的果园，它看起来一定很令人印象深刻。它是在占卜结果表明众神同意之后开始建造的，而辛那赫里布先前放弃了在尼尼微建造阿基图屋的计划。一则铭文提到，在新的圣殿内，辛那赫里布将从巴比伦废墟中运来的泥土堆积起来，以一种令人生畏的方式纪念了该建筑的巴比伦起源。[25]

辛那赫里布给阿淑尔的新阿基图屋所起的仪式性苏美尔名字为"埃阿巴乌加"（Eabbaugga），即"将大海置于死地的房子"。这个名字中的"大海"所暗指的是原始女神提阿马特，她象征着深海，即巴比伦的 tâmtu。提阿马特是《巴比伦创世史诗》中马尔杜克的主要对手。这部史诗在公元前一千纪的美索不达米亚发挥了极其重要的作用，不仅在宗教崇拜中（尤其是在阿基图节上）是如此，在学校中以及作为一份文化文本也是如此。萨尔贡二世和辛那赫里布等国王在他们的王家铭文中引用了它。故事开始于提阿马特和她的伴侣阿普苏（一位与淡水有关的男性神灵）在最初的时间里生育了几代年轻的神灵。这些年轻的神灵发出的噪声惹恼了他们的祖先，于是阿普苏决定杀死他们；但年轻的神灵埃阿击败了他，并在被杀神灵的水域中建立了自己的住所，他在那里生育了一个儿子，即马尔杜克。很快，事态就表明与阿普苏的冲突只是一场更大战斗的序幕。这一次，是提阿马特受够了年轻诸神的干扰，想要除掉他们。在一场灾难性的战斗中，马尔杜克征服了她，将她一分为二，并利用她水一样尸体的两半分别创造了天空和大地。他还创造了天体，并以创造人类为他的伟业画上了句号。作为对其英雄成就的奖励（以及对结束原始混乱和母系统治的奖励），其他诸神将马尔杜克当作国王，并为他建造了一个住所，即巴比伦的埃萨吉尔神庙。它成为世界的中枢和众神的核心集会场所。[26]

《巴比伦创世史诗》中阐述的绝对权力理论，完全反映了亚述国王建立帝国的野心。因此，该文本对他们具有如此之大的吸引力也就不足为奇了。只有一个问题：史诗中颂扬的神是马尔杜克，而不是亚述的主神阿淑尔，并且该文本所赞美的伟大城市是巴比伦。

公元前689年巴比伦被毁后，辛那赫里布的书吏找到了解决这一难题的办法。这个办法很简单：他们创作了新版的创世史诗，纠正了上述缺陷。他们并不需要做太多改动，大体上只需要将马尔杜克的名字改为阿淑尔神的名字，将巴比伦城的名字改为阿淑尔城的名字。从此，杀死提阿马特并被尊为众神之王的不再是马尔杜克，而是阿淑尔，其城市成为新的宇宙中心。人们在尼尼微和阿淑尔发现了刻有亚述版史诗的泥板碎片，表明该文本得到了广泛传播。[27]

正如它的名字所表明的那样，辛那赫里布在阿淑尔建造的新阿基图屋，是为了纪念和庆祝阿淑尔对提阿马特的胜利，正如新版创世史诗所叙述的那样。纪念庆祝活动发生在年初的一个经过精心设计的春季节日中，当时，为了以亚述风格重塑马尔杜克在巴比伦的阿基图节游行，辛那赫里布让代表着阿淑尔及其家人和神圣随从的雕像，沿着一条新的游行街道从城市东部的阿淑尔神庙前往阿基图屋。一旦到了那里，阿淑尔对混乱势力的胜利就会在仪式上重演，尽管重演的具体过程仍不得而知。

阿基图屋的装饰也以辛那赫里布的新阿淑尔神学为特色。除了地基之外，该建筑几乎完全没有保留下来，但一块泥板描述了通往圣所的青铜门上描绘的场景，上面展示了"阿淑尔，他带着弓坐在战车上；他使用的'大洪水'（一种武器）；为他驾车的阿姆如（Amurru）神；所有走在他前面和后面的神，既有乘车的也有步行的；以及（海怪）提阿马特，她身体里有（一些可怕的原始）生物，众神之王阿淑尔前去与她战斗"。[28]

这段文字继续自豪地强调，辛那赫里布发明了新的青铜铸造技术，以此来建造新阿基图屋那无疑很宏伟的大门。换句话说，这位国王把自己描述成工程大师，就像他在其他一些情况下所做的那样，例如，他声称自己开发了新的提水装置。

与他的工程项目一样，辛那赫里布在阿淑尔复制巴比伦的宗教崇拜景观，并将《巴比伦创世史诗》转变为亚述版本时，采用了"复制粘贴"的方法，这种方法在一定程度上是机械性的。与此同时，辛那赫里布的改革也代表了宗教史上的一个真正了不起的里程碑，类似于埃及的"异端"法老埃赫那吞在公元前14世纪带来的那场更著名的宗教革命。这两次冒险都是大胆而粗暴的，它们在启动后不久就被迫中断并遭到压制，而且都造成了很大的影响。它们都产生了重要的政治反响。[29]

但是它们之间也有一些明显的区别。直到公元前700年，阿淑尔都是一个主要从其城市和政治层面来定义的神灵。他代表着阿淑尔城和亚述国家。辛那赫里布的改革为他提供了神话性质和宇宙论性质层面的额外意义。正如以辛那赫里布的名义写在水壶上的铭文所说，阿淑尔此时是"塑造天幕和阴间的神；住在明亮苍穹中的神；住在（他的神庙）埃沙拉，它位于阿淑尔"。埃赫那吞改革的目标几乎是相反的。这位埃及法老试图将太阳神从原有的神话和崇拜层面剥离出来，使其仅仅沦为日轮，只保留给他了在宇宙中赐予生命的功能，这比辛那赫里布为阿淑尔所设想的神学理念要"消极"得多。[30]

尽管辛那赫里布宗教改革的某些特点一直到亚述王国的最后时期都没有发生改变，但其主要思想很快就被放弃了。辛那赫里布的儿子和继任者埃萨尔哈东决定重建巴比伦，让它重新出现在地图上，他认可的政治神学则基于阿淑尔与马尔杜克之间权力平衡的思想。辛那赫里布的结局是悲惨的。公元前681年，在攻打巴比伦的八年后，他被残酷地暗杀了。这位国王遇害显然很可能在某种程度上与他的巴比伦政策有关。辛那赫里布史无前例的反巴比伦行动，以及亚述人围绕其南部邻国未来发展方向产生的意见分歧，一定会导致宫廷核心成员之间产生严重冲突，他们中的一些人可能憎恨他们的国王主人。但导致辛那赫里布死亡的主要原因是另一件事：他的儿子们在谁来继承王位这个问题上爆发了激烈争端。

多年以来，辛那赫里布的王储是一个叫作乌尔都-穆里苏（Urdu-Mullissu）的人，他可能早在公元前 700 年就被他父亲选中了。由于亚述王储手下有大量的工作人员，包括军事人员，所以乌尔都-穆里苏一定非常有权力。他同样也是非常富裕的。大量的经济文本表明，他的"第三人"（战车上的盾牌手）拥有大片的土地和众多的奴隶，这几乎可以肯定是得益于其作为王储亲密伙伴的身份。[31]

然而，公元前 683 年左右的某个时候，在我们不太确定的某种情况下，乌尔都-穆里苏突然被取消了王位继承人的身份，取而代之的是辛那赫里布的一个年纪较小的儿子，一个名叫埃萨尔哈东的人。埃萨尔哈东的（同父异母的）哥哥们，特别是乌尔都-穆里苏，开始密谋反对新王储，并迫使他流亡到了西方。然而，尽管面临着压力，辛那赫里布依然拒绝恢复乌尔都-穆里苏的地位或提名另一位王储。这决定了辛那赫里布的命运。各种资料显示，在公元前 681 年冬季的特贝图月，或者是乌尔都-穆里苏杀死了他的父亲，或者是辛那赫里布的手下杀死了他，这可能发生在辛那赫里布来到尼尼微月神庙中的努斯库（Nusku）圣坛时。这位王子可能有同伙。《圣经》提到，辛那赫里布的第二个儿子沙雷泽（Sharezer，亚述语中的沙鲁-乌苏尔）同样参加了暗杀行动。[32]

这个阴谋在实施之前差点被识破了。居住在尼尼微的巴比伦金匠兄弟三人，听说了乌尔都-穆里苏的邪恶计划，其中一人试图警告辛那赫里布。但他没能成功见到辛那赫里布。当他请求觐见国王时,两名宫廷官员问他前来传达什么消息。巴比伦的告密者回答说,他要说的事情和乌尔都-穆里苏有关,于是官员们遮住了他的脸,假装把他带到了国王面前。他以为面对的是辛那赫里布,于是透露了乌尔都-穆里苏即将刺杀君主的消息。当他的脸被揭开后,他才意识到官员们实际上没有把他带到国王面前,而是带到了阴谋的元凶乌尔都-穆里苏本人面前。乌尔都-穆里苏审问了这个打算告密的人,然后很可能把这三名金匠都杀死了。[33]

在辛那赫里布遇刺之后,一些弑君者反目成仇。被流放的埃萨尔哈东意识到了国内的混乱给了他一个重获权力的机会,于是决定向亚述进军。他集结了一支小规模的军队,像雄鹰一样,不畏惧沙巴图月(Shabatu,亚述历11月)的大雪和寒冷,穿越了西部哈尼加尔巴特的土地。根据埃萨尔哈东的一篇铭文,那对叛变的兄弟派来阻挡他前进的训练有素的部队"变得像疯狂的女人一样",并改变了阵营。眼看着埃萨尔哈东即将到来,那对兄弟也惊慌失措,逃到了北方,在阿达鲁月(Addaru,亚述历12月)的第八天,埃萨尔哈东"欣然进入尼尼微",坐在了他父亲的宝座上。"南风,即埃阿神的微风,正在吹拂","天地之间"都出现了"有利的迹象"。[34]

辛那赫里布决定立一个更年轻的儿子为王储(所有这些家庭纷争的根源),可能是由于他与一个女人的密切关系,这个女人就是他的妻子那齐亚,即埃萨尔哈东的母亲。乌尔都-穆里苏和埃萨尔哈东的其他(同父异母的)兄长是他另一个妻子的孩子,而这个妻子显然在某个时候失宠了。由于国王几乎只听得进她一个人的话,因此那齐亚不可能不为她儿子谋取利益。在埃萨尔哈东登上王位后，她继续帮助他在政治舞台上解决问题。

虽然那齐亚可能是当时最强大的女性，但她显然不是唯一拥有巨大权力的亚述王室女性。其他几个女性也影响了新亚述王国的命运，包括它与巴比伦之间的关系。事实上，随着时间的推移，王室女性似乎在亚述帝国政治中发挥了越来越大的作用。借用亚里士多德的一句话就是，妇女可能没有统治亚述，但似乎不止一个亚述的统治者"是由妇女统治的"。这是值得我们仔细研究的。[35]

第十章

母亲最清楚

公元前7世纪80年代末的亚述王位继承危机，对那齐亚来说是一次戏剧性的经历，并且也许是她漫长而不平凡的一生中最具戏剧性的事件。在乌尔都-穆里苏及其支持者迫使她的儿子埃萨尔哈东流亡之后，她在尼尼微宫廷中的地位变得非常不稳定。由于担心自己的安全，那齐亚一定非常紧张和焦虑。在这个决定性的时刻，当一切似乎都岌岌可危的时候，那齐亚向女神伊斯塔祈愿，并得到了答复。一位来自阿尔贝拉的名叫阿哈特-阿比沙的女先知陷入狂乱状态，并以女神的名义对那齐亚说："因为你恳求我，说：'你对（国王）左右的人关怀备至，却让我自己的后代在草原上游荡。'哦，国王啊，现在不要害怕了！王国是你的，权力也是你的！"[1]

我们是从一块泥板上得知这则预言的，该泥板也记录了直接传达给埃萨尔哈东的类似神谕。事实上，那齐亚得到的预言在最后部分鼓励的是儿子而不是母亲。这两个人显然有着非常密切的关系，而且很明显，那齐亚一直非常渴望帮助她的儿子登上亚述王位。对她来说幸运的是，伊斯塔并没有给他们太多许诺。在回到尼尼微后，埃萨尔哈东掌握大权，那齐亚则被提升到了王太后的位置。很快，她开始在亚述国家事务中发挥核心作用。[2]

对那齐亚来说，这是一次了不起的崛起。当她年轻的时候，她几乎没有理由期待自己有一天会成为亚述帝国最有权势的女人——有一段时间甚至可能连所有男性都不如她更有权势。她的身世笼罩在黑暗之中。因为那齐亚（意为"纯洁的人"）是一个西闪米特民族的名字，而且由于她的儿子在流亡期间是在王国西边的某个地方找到了避难所，所以有人认为（尽管没有最终的证据）那齐亚来自亚述核心统治区域以西的地方，也许是来自哈兰城。那齐亚最有可能是在辛那赫里布还是萨尔贡二世的王储时与他订婚的，并在公元前715年至前710年的某个时间点生下了埃萨尔哈东。但她既不是辛那赫里布此时的唯一妻子，也不是他的第一个妻子。与亚述国王类似，亚述王储显然也有权利与多个女人发生性关系，而那齐亚最初充其量只是王储辛那赫里布的排名第二的女人。[3]

辛那赫里布的第一任妻子，也就是他的长子乌尔都-穆里苏的母亲，很可能是一个名叫塔什迈图-沙拉特的女人。目前已经清楚的是，在辛那赫里布进行统治的数年里，塔什迈图-沙拉特是亚述的正式王后，国王非常喜欢她，在尼尼微和阿淑尔的王宫中为她提供了豪华的住所。在尼尼微西南宫殿内宫入口处的一对石制狮身人面像上，辛那赫里布以异常亲密的铭文将塔什迈图-沙拉特浪漫地描述为"我心爱的配偶，她的（出生）女神贝蕾特-伊利使她的容貌比其他所有女人都更加完美"，并且还将她的住所描述为一个"欢爱、幸福和狂喜的地方"。该文本可追溯到大约公元前695年，在其结尾处，亚述王室铭文中唯一一次用"我们"代替"我"："愿我们在这些宫殿里长寿，对我们的繁荣感到满意，身体健康，充满喜悦。"[4]

然而，辛那赫里布想要永远与塔什迈图-沙拉特一起享受纯粹幸福感的希望终将破灭。塔什迈图-沙拉特要么之后去世了，要么（一种更有可能的情况）日益被那齐亚排挤，但还没有完全失宠。按照规定，亚述国王只能有一位正式的王后，但在公元前7世纪80年代的部分时间里，辛那赫里布可能允许塔什迈图-沙拉特和那齐亚同时拥有王后身份。在这些年中，亚述的主神阿淑尔也与两个妻子联系在一起，即女神穆里苏和谢鲁阿，这种"重婚"的安排可能反映了辛那赫里布当时的家庭关系状况。有意思的是，在这两位女神之间显然存在着一些竞争。辛那赫里布统治时期的一份仪式文本，相当详细地描述了如何将阿淑尔、穆里苏和谢鲁阿的一些祭坛放在彼此的旁边。[5]

在他统治的末期，辛那赫里布可能与另一个女人有着很深的关系。一封从阿淑尔寄来的信似乎表明，国王已经开始与阿淑尔总督的妻子建立关系，并命令她留在王宫里，这一情节让人想起《圣经》中大卫王迷恋贵族战士乌利亚（Uriah）的妻子拔示巴（Bathsheba）的故事。辛那赫里布死后，总督把这个女人带了回去，并为了庆祝国王的去世，让他的手下穿上了节日时才穿的长袍，听着欢快的音乐，这使得对这种行为感到震惊的匿名写信人告发了他。[6]

正如一位学者曾经半开玩笑地说的那样，辛那赫里布可能并不是一个"女权主义者"。但他似乎是一个非常重视与女性关系的"讨女人喜欢的男人"（homme à femmes）。虽然他王室中的大多数女性成员仍然生活在阴影之下，但其中少数人，特别是那齐亚，已经习惯于行使越来越多的权力。[7]

无论辛那赫里布和他的妻子与妃子之间发生了什么，那齐亚的爱子埃萨尔哈东最终还是成了王储，并在经历许多考验和磨难后成为亚述国王。此时，他被必须承担的责任压得喘不过气来，而且屡

第十章 母亲最清楚　　229

次受到疾病和抑郁的困扰，于是他开始全面依赖他母亲所掌握的多项技能。

关于埃萨尔哈东统治时期那齐亚活动的文字记录，呈现出了相当惊人的情况。首先，她是亚述所有时代中唯一留下过王家风格建筑铭文的王后。并且，更值得人们注意的是，在亚述和巴比伦的大神们"欣然将他安置在他父亲的宝座上"之后，文件记录了那齐亚是如何为她的儿子建造宫殿的。正如那齐亚所写的那样："埃萨尔哈东把来自异国他乡的人，把他用弓箭征服的敌人交给我，我让他们拿着锄头和篮子制造砖块。"新的宫殿位于尼尼微的堡垒里，是亚述王权的中心，而且紧挨着月神和日神的神庙，那里可能是辛那赫里布在几年前遭到谋杀的地方。那齐亚声称，在建筑工程完工后，她邀请众神和埃萨尔哈东本人一起进入宫殿，举行了豪华的落成典礼。[8]

那齐亚之所以负担得起这个建设项目，是因为她富可敌国。作为太后，她可以从定期交付给亚述宫廷的贡品中分得一杯羹，并在帝国的各个角落拥有许多大型农业庄园。她在亚述的所有主要城市都有住所，并拥有大批手下，其中不仅包括高级行政人员，还包括军事人员。一些铭文显示，那齐亚将珍贵的物品，包括镶嵌着宝石的黄金胸甲，献给了神圣的"尼尼微夫人"（即阿淑尔的妻子穆里苏）和神圣的"巴比伦夫人"。顺带一提，她向巴比伦神灵献上礼物的举动清楚地表明，那齐亚完全赞同埃萨尔哈东废除辛那赫里布的反巴比伦政策的决定。还有其他证据表明，那齐亚其实可能就是这种改变背后的推动者。[9]

那齐亚的形象在不同的地方得到了展示。有一块残缺不全的、可能来自一个王座或祭坛底座正面的青铜浮雕，描绘了那齐亚站在国王身后，手里拿着一面镜子，正在参与一个宗教仪式。迦拉的纳布神庙的一名工作人员,给埃萨尔哈东写了一封楔形文字信件,信中提到了"国王的雕像和太后的雕像",而一位管理者未能从王家仓库中取出用于制作这些雕像的黄金。塑造亚述王后或太后的纪念性雕像是前所未有的事情。我们还没有在埃萨尔哈东之前的时代发现过这种雕像。[10]

我们从尼尼微的亚述"国家档案"的一些信件中可以看出那齐亚极受尊重。其中一封是埃萨尔哈东的首席驱魔师马尔杜克-沙金-舒米(Marduk-shakin-shumi)在公元前670年寄给埃萨尔哈东的,他向国王保证,那齐亚已经从一场重病中恢复过来,然后得出结论:"国母和(神话中的圣人)阿达帕(Adapa)一样厉害。"在过去,只有亚述国王本人能够与这位堪称智慧之典范的人物相提并论。[11]

有几封由祭司和高级官员写的信是寄给太后本人的,其中大多数涉及为各种神庙或宗教节日捐款,或涉及月食后举行的旨在驱除邪恶的仪式,所有这些事务都可能是亚述王室高层女性传统职责的一部分。但也有一些信件涉及政治和军事事务,其中一封是在公元前8世纪70年代初,由波斯湾附近的海国总督寄给那齐亚的。这封信向她通报了埃兰人对巴比伦南部的一次袭击:

> 致国母,我的主人,纳伊德-马尔杜克是您的仆人。祝国母健康,我的主人!……埃兰人向我们进军,并控制了一座桥,我在他们刚来的时候就写信给国母,我的主人。现在他们把桥拆了……我们不知道他们是否会继续进军。如果他们继续,我将再次写信给国母,我的主人。我们非常需要援军,我的主人![12]

第十章 母亲最清楚

这封信清楚地表明了那齐亚直接参与具有重大战略意义的事务的程度。令人惊讶的是，寄信人在信的最后称呼她为"我的主人"而不是"夫人"：看来，那齐亚并非仅是代表国王行事，她本人已经很像是一位女王了。

那齐亚并不是唯一一个在其人生中变得非常有权势的古代近东王室女性。埃及女王哈特舍普苏（Hatshepsut）和克娄巴特拉（Cleopatra）都当过其王国的唯一统治者；赫梯王后普杜赫帕（Puduhepa）曾经权倾一时，亚述王宫中的一些其他女性成员也是如此。但总的来说，在古代世界的父权制社会中，女性在政治领域的作用是相当有限的，而女性上升为政治权威的情况则属于个例。在《亚述王表》（它被称为"王表"[*]是有原因的）的100多位亚述统治者中，并没有包含任何一位女性。

虽然普通亚述公民通常生活在一夫一妻制的家庭关系中，但是新亚述时期的国王往往有数百甚至数千名女性"伴侣"。她们中的大多数人在亚述君主所拥有的各种"后宫"中度过了与世隔绝的时光。据估计，不少于22座亚述城市的王宫中都有这样的后宫住所。[13]

许多亚述的后宫妇女一定是因其美貌而被选中的嫔妃，而后宫中还有前任国王的后宫成员，君主的女性亲属，附庸国王和政治盟友的女儿、姐妹和侄女，以及被打败的敌人的后宫妇女。所有这些人都被称为 sekretu，即"被扣押的女人"，这个称号在语义上接近阿拉伯文中表达"后宫妇女"的 ḥarīm。

新亚述时期的资料并没有介绍这些妇女的实际生活情况，但根据公元前二千纪时的证据，她们中的许多人可能是歌手或音乐家，

---

[*] 原文为 King List，表示君主为男性。——编者注

而宦官卫兵要确保她们不会离开住处，除非她们有充分的理由。被称为"萨金图"(šakintu)的女性行政长官负责管理这些庞大的妇女群体。法律文件显示，"萨金图"能够购买奴隶和土地，提供贷款，并帮忙组织纺织品生产，这是许多后宫妇女所从事的生产活动。"萨金图"的手下中有用阿拉米语写字的女性书吏。[14]

许多亚述王室女性来自亚述核心地区之外。亚述国王似乎往往更喜欢来自黎凡特和安纳托利亚西南部等文化更为先进地区的女性，而不是来自国家东部和东北部的女性。阿淑尔巴尼拔（后来希腊人批评他在一生中为女人花了太多时间）在他的一篇铭文中声称，腓尼基的推罗和阿尔瓦德的统治者，以及安纳托利亚的塔巴尔和奇里乞亚的统治者都给他带来了"他们的女儿，他们自己的后代，以及大量的嫁妆，所以她们可以担任女管家"。虽然她们来到亚述王宫肯定有助于改善亚述与本国的外交关系，但这些高阶层的女性在亚述被安排工作的事实表明，这些王国并没有被视为平等的伙伴，而是被看成了较为低级的附庸国。[15]

将女性集中在一起并使她们与世隔绝，以及社会精英和其他公民对她们的性剥削，可能是古代帝国得以存在的一个重要原因。在希腊神话中，宙斯以公牛的形象诱拐腓尼基公主欧罗巴的故事，就是对前现代帝国主义这一未被充分探索的层面的神话化表达。亚述是一个很好的研究案例。就像金银、纺织品和木材，以及被转移到亚述首都的外国工匠和士兵一样，来自已知世界的无数女性被置于亚述男人的支配之下，这体现了亚述的力量，改善了帝国的"适应性"，并有助于确保其未来的发展。对于随着时间的推移被源源不断送到亚述帝国统治者身边的成百上千名女性来说，尤其如此。在一个婴儿夭折率很高的时代，拥有一个庞大的后宫可以提高亚述国王成功生育后代的概率，这具有重要的政治意义，因为不断出生的王室子嗣可以保证王室血统的延续。在这方面，亚述与罗马帝国不同。罗马帝国严格遵守一夫一妻制的法律，因此相当多的皇帝没有合法的亲生儿子，这不止一次地导致王朝的不稳定局面。[16]

在新亚述时期的后宫中，几乎所有的女性都没有名字。但有两类亚述王室女性发挥了更为突出的作用："国母"（ummi šarri）和国王的正室——其相当不起眼的头衔"宫中女人"（issi ekalli 或 segallu）掩盖了她实际上是亚述王后的事实。在大多数情况下，"宫中女人"可能也是王储的母亲。鉴于她们可以不受限制地接近国王，王太后和统治者的正室都可以发挥巨大的影响力，包括在政治领域发挥影响力。

事实上，埃萨尔哈东显然不仅严重依赖他的母亲那齐亚，而且还依赖他的妻子埃沙拉-哈玛特。埃沙拉-哈玛特去世于公元前 672 年阿达鲁月的第 12 天，这在《巴比伦编年史》中有记载，这个资料来源一般不会记录无关紧要的传闻。她被隆重地埋葬在阿淑尔的一个陵墓中，人们定期为她献上供品。即使已经去世，这位国王配偶仍然继续发挥着影响。根据她去世后不久的一封信所言，她的鬼魂曾出现在她的儿子、王储阿淑尔巴尼拔面前，并祝福他说："愿他的后代们继续统治亚述。"写信人急于让这位死去的王后得到恰当的纪念，他补充道："尊敬神灵会带来好处，尊敬阴间的神灵能恢复人的生命力。"[17]

在埃萨尔哈东统治时期，另一位重要的女性是那齐亚的姐妹阿比-拉穆（Abi-ramu）。公元前 674 年的一份关于土地租赁的法律文件提到了她，因此她的经济活动有据可查；另外她还可能担任过重要的政治职务，但这一点不太确定。已知的是，某位阿比-拉穆（男性和女性都可以用这个名字）曾在埃萨尔哈东手下担任过大维齐尔、哈尼加尔巴特西部地区的总督以及公元前677年的名年官，尽管并没有任何资料能够确定这位官员是女性，但我们很容易想到那齐亚的姐妹可能就是担任这些职务的人。毕竟，在埃萨尔哈东统治时期，王室女性拥有很大的权力，而大维齐尔和哈尼加尔巴特总督（或国王）传统上是由亚述王室成员担任的。上一个担任这两个职位的著名人物是萨尔贡二世的兄弟辛-阿胡-乌苏尔。由于埃萨尔哈东不能信任他的兄弟，毕竟他们曾经参与过杀害他们父亲的阴谋，所以他选择了他的姨妈，也就是他亲爱的母亲的姐妹来担任这个古老的职务，这是说得通的。[18]

最近几十年前，人们对辛那赫里布和埃萨尔哈东统治时期之前的亚述王室女性知之甚少。王家铭文中关于沙姆什-阿达德五世的妻子和阿达德-尼拉里三世的母亲萨穆-拉玛特的一些简短文字，几乎是学者们能够利用的全部内容。这种情况在20世纪80年代末发生了巨大的变化，当时，由穆扎希姆-马哈茂德-侯赛因（Muzahim Mahmood Hussein）领导的伊拉克考古学家们，在迦拉的阿淑尔纳西尔帕二世西北宫殿的南侧住宅区有了一些惊人的发现。1988年春天，发掘人员观察到一个标有"MM"的房间的砖制地板上有不平整的地方。当他们移开地板后，他们发现了一个公元前9世纪的地下墓室，它可以通过一个带楼梯的竖井进入。墓室里有一口赤陶色石棺，里面有一具身份不明的女性（也可能是一个宦官）的遗体、一个银碗、一些黄金首饰、一批圆筒形印章，以及一些其他珍贵物品。此外，人们还发现了三件生动描绘后宫环境的精美釉面陶像，该雕塑上的图案描绘的是一幅男欢女爱的景象。[19]

MM房间地板下的发现表明，西北宫殿的南面可能有更多王室女性的坟墓，1989年，伊拉克的发掘人员开始寻找它们。他们的努力得到了惊人的回报。在 MM 房间以西的两个房间的地板下，他们又发现了两个带有拱顶的墓室，里面有一些石棺。显然，迦拉的后宫妇女是在她们脚下的已故先人的陪伴下生活的。

尽管它们已经在古代遭到过破坏，但是新发现的墓葬里仍然有大量的珠宝和其他有价值的文物，其中一些是从西方引入的，包括王冠、耳环、项链、手镯、脚镯、珠子、印章、护身符、镜子、饰针、纺织品以及各种容器。许多物品是由黄金制成的，但也有工艺品是用白银、青铜、象牙和其他材料制成的。有几件首饰上镶嵌着精美的半宝石。这是一个千载难逢的发现，它们能够与底比斯帝王谷图坦卡蒙墓中的著名宝物相提并论。迦拉墓穴中的文物之所以从未受到过同样的关注，是因为它们很快就被存放在了巴格达的伊拉克中央银行，在 1991 年的海湾战争和 2003 年的伊拉克战争期间，它们在大规模的轰炸中勉强幸存了下来。

与第一座坟墓不同，人们于 1989 年发现的两个墓室中的文字，揭示了埋葬在里面的王室女性的许多情况。其中时间较早的一个，很快就被称为"三号墓"，它的里面有一口被盗过的大型雪花石棺，该石棺在被发现时已经空无一物。但根据其棺盖上的铭文，可以判断它属于一位女性，这位女性有一个复杂的亚述名字穆里苏-穆坎尼沙特-尼努阿，她是"亚述国王阿淑尔纳西尔帕（二世）和亚述国王沙尔马内塞尔（三世）的王后／太后（字面意思是'宫中女人'）"。人们在墓室前厅发现的一块石碑上的铭文警告说："以后任何人都不得在这里安置（其他人），无论是安置后宫中的女人还是王后，也不得将这口石棺从其位置上移走。否则他的灵魂将不会与（其他）灵魂一起收到葬礼上的供品：这是（太阳神）沙马什和（阴间女神）埃莱什基迦尔的禁忌。"这段文字接着说："（至于我），亚述国王阿淑尔纳西尔帕（二世）的首席持杯者阿淑尔-尼尔卡-达（Ashur-nirka-da）的女儿，如果谁以后把我的座位从亡灵面前移开，愿他的灵魂不再能够收到食物。愿以后有人为我披上裹尸布，用油膏涂抹我，并（为我）献上一只羊。"[20]

穆里苏-穆坎尼沙特-尼努阿担心她最后的安息之地有一天会被打扰，这种担心是有道理的：毕竟她的石棺在被发现时已经空无一物。但由于她留下的墓志铭，她的记忆被保留了下来，使我们对这位公元前9世纪的杰出王室女性有了很多了解。她是阿淑尔纳西尔帕二世的正室，并在他的继任者沙尔马内塞尔三世（很可能是她的儿子）的领导下继续保有亚述的"Queen"（王后／太后）这一头衔。此外，她还是亚述高官、首席持杯者阿淑尔-尼尔卡-达的女儿。在阿淑尔纳西尔帕的统治前期，换句话说，当国王仍然居住在阿淑尔的时候，至少有一些最有权势的、并非宦官的亚述官员是古老亚述家族的成员，拥有自己的孩子，国王正是与这些贵族联姻的。

穆里苏-穆坎尼沙特-尼努阿之后的许多亚述王后都有西闪米特族的名字，而不是亚述民族的名字，这表明，在阿淑尔纳西尔帕二世迁往迦拉后，亚述统治者的婚姻习俗发生了变化。从这时起，亚述君主们以牺牲原来的精英家族为代价，一致努力将权力集中在自己手中。他们似乎不再与亚述社会中最高阶层的女性结婚。然而，这并不意味着此时上升到王后位置的女性的影响力会降低。相反，她们中的一些人变得极为强大。沙姆什-阿达德五世的妻子萨穆-拉玛特，在她的儿子阿达德-尼拉里三世登上王位后，担任了某种摄政者的角色，而且她显然参与了军事行动和外交事务。[21]

据推测，萨穆-拉玛特也被埋葬在迦拉，尽管人们尚未发现她的最终安息地。而在穆里苏-穆坎尼沙特-尼努阿墓地的前厅，在一个情况不明的装饰有青铜雕饰石棺中，人们发现了另一位亚述王后的遗骸。在她被埋葬之前，一个金质印章吊坠被挂在了她的脖子上，表明她是"哈玛，亚述国王沙尔马内塞尔（四世）的王后（字面意思是'宫中女人'），也是阿达德-尼拉里（三世）的儿媳"。印章上的图案显示，这位王后正在向一位女神祈祷，而这位女神很可能是伊斯塔或穆里苏，坐在由一只卧狮支撑的王座上。在王座左侧，是一只超大的蝎子，这是亚述王后及其家庭广泛使用的图案象征。王后保证了王室血统的延续，而母蝎子（它们往往用有毒的尾巴无情地保护自己的后代）被认为是理想的母性典范。[22]

1997年，根据学者们在哥廷根大学对她的骨骼进行的科学检查，哈玛去世时的年龄在18岁至20岁之间。在婴儿时期，她曾患过一场严重的疾病，她牙齿不好，并患有慢性鼻窦炎。尽管她死的时候年纪很轻，而且她的丈夫沙尔马内塞尔四世（公元前782—前773年在位）相对来说碌碌无为，但哈玛下葬时却有着极其丰富的陪葬品，其中最重要的是一顶华贵的金冠，上面装饰着树叶、鲜花、石榴、葡萄串以及用黄金和半宝石制成的带翅膀的女性形象。当她下葬时，人们把这顶金冠戴在了她的头上。公元前773年，即沙尔马内塞尔四世执政的最后一年，国王的有影响力的元帅沙姆什-伊鲁对大马士革的统治者哈迪安努（Hadianu）发动了一场战役，并为亚述带回了丰富的贡品，其中包括哈迪安努的一个女儿及其嫁妆。哈玛可能就是哈迪安努的这个女儿，她也许是在几个月后和沙尔马内塞尔一起去世的，或许是死于暴力，但这完全是猜测。[23]

1989年，人们在西北宫殿另一个墓室中的发现也很惊人，它很快就被称为"二号墓"。这个墓室里有一口石棺，里面有两具年代稍晚的亚述王后的骸骨，还有一系列引人注目的珠宝和其他随葬品。根据铭文证据，我们可以有把握地确定石棺底部的女人是提格拉特-皮莱塞尔三世的正室雅巴。在墓室的一个壁龛中发现的一块雪花石板上刻有她的诅咒：

> 在未来，无论是坐在宝座上的王后，还是作为国王爱侣的后宫女性，只要将我从我的坟墓中移出，或将其他人与我放在一起，并以邪恶的意图将手放在我的珠宝上，或破开这个坟墓的封印：那么其灵魂就要在太阳的光芒下，在外面干渴地游荡；在下面的冥界中，当进行饮水仪式时，（她）必然不会与（冥界中的）安努那奇（Anunnaki）神一起收到任何啤酒、葡萄酒或食物形式的供品。[24]

与穆里苏-穆坎尼沙特-尼努阿的情况一样，这个诅咒（为人们了解新亚述时期的葬礼提供了引人注目的证据）最终未能保护王后的尸体免受打扰。在某个时候，她的石棺被打开，第二个女人的遗体被放在她的上面。这第二个女人已被确认为萨尔贡二世的正室亚他利雅。她的名字和头衔被刻在一个美丽的金碗上，这个碗被放在了已故王后的胸前。如前所述，亚他利雅的名字与公元前9世纪的一个以色列国王的女儿的名字相同，这使得人们猜测她可能是以色列人或犹大人的后代。然而，这一观点仍然具有很强的推测性。[25]

尽管亚他利雅曾经是萨尔贡的王后，但是正如前面所提到的那样，她可能不是王储以及最终的继承人辛那赫里布的母亲。人们今天认为辛那赫里布是一位名叫拉伊玛（意为"爱人"）的女人的儿子，在阿淑尔，有一块纪念碑是为她而立的。如果对该纪念碑上保存不善的铭文解读正确的话，那么它就是称呼拉伊玛为"世界之王、亚述国王辛那赫里布的母亲"，然而值得注意的是，这里没有称其为"萨尔贡（二世）的宫中女人"，可能是因为其父亲于公元前705年不祥地死在战场上之后，辛那赫里布不愿意再度被唤起对

第十章 母亲最清楚

其父亲的回忆。鉴于她的西闪米特族背景，拉伊玛很可能用阿拉米语和她的儿子交谈，而萨尔贡则用亚述语与辛那赫里布交谈。我们如果对辛那赫里布进行心理分析，可以推测这种"按性别交流"的形式给这位年轻的王子灌输了一种持久的观念，即以他父亲为代表的亚述是具有侵略性的，而以他母亲为代表的西方周边地区是更加消极、服从和"女性化"的。[26]

拉伊玛似乎比雅巴和亚他利雅活得更久，后两人都是30多岁去世的。公元前692年，拉伊玛仍然活跃，当时尼尼微的一张债务票据提到了"国母"。在那时，她的年龄应该是70岁左右。[27]

与王后和太后（以及国母的姐妹阿比-拉穆）类似，亚述国王的姐妹和女儿偶尔也能获得相当高的地位。其中有些人嫁给了外国统治者，亚述人显然希望她们能够监视她们自己的丈夫，并确保他们作为政治附庸保持忠诚。例如，萨尔贡二世的女儿阿哈特-阿比沙成为安纳托利亚中部比特-普鲁塔什（Bit-Purutash）的强大国王安巴里斯的妻子，但她未能阻止其配偶反叛萨尔贡。公元前713年，叛乱以安巴里斯的失败而告结束，他和他的家人被带到了亚述，但阿哈特-阿比沙的最终命运不得而知。我们也不清楚埃萨尔哈东的一个女儿后来的下落，她似乎是嫁给了希罗多德所提到的普罗托苏埃斯（Protothyes），即斯基泰人的国王巴尔塔图阿（Bartatua）。一则向太阳神询问神谕的楔形文字文本显示，埃萨尔哈东认为这桩婚姻是结束与斯基泰人的冲突并把他们争取为盟友的机会。[28]

还有一位名叫谢鲁阿-埃提拉特（Sherua-etirat）的亚述公主，她在亚述宫廷中获得了相当大的权威。作为国王埃萨尔哈东的长女和他的继任者阿淑尔巴尼拔的姐妹，谢鲁阿-埃提拉特从来都不会缺乏自信。当阿淑尔巴尼拔还是王储的时候，她给阿淑尔巴尼拔的妻子里巴利-沙拉特写了一封咄咄逼人的信，很清楚地表明，作为亚述王室的血亲，她的地位要高得多。更过分的是，她甚至嘲笑里巴利-沙拉特试图效仿她那聪明的丈夫和涉足抄写艺术："你为什么不在你的泥板上写字，为什么不去背诵你的习作呢？"[29]

而在埃萨尔哈东统治的晚期，亚述王室中最有影响力的成员仍然是那齐亚。事实上，在公元前669年秋天，埃萨尔哈东去世后的几周内，这个可怕的女人的权力达到了顶峰，当时她成了埃萨尔哈东的继承者的监护人。埃萨尔哈东至少有18个孩子，他做出了一个非常规的决定，让他的一个年纪较小的儿子阿淑尔巴尼拔登上了亚述王位，而年长的儿子沙马什-舒穆-乌金将成为巴比伦的下任国王。埃萨尔哈东效仿他的父亲辛那赫里布，迫使他的亚述臣民和外国附庸国王发下一长串效忠誓言，以确保他们会尊重这一计划。在埃萨尔哈东去世和阿淑尔巴尼拔登上亚述王位之间的22天内的某个时刻，那齐亚强迫亚述公民转而宣誓效忠自己。记录这些誓言的尼尼微泥板称她为扎库图（Zakutu），而不是那齐亚，扎库图是对她的西闪米特族名字的亚述语翻译：

> 亚述国王辛那赫里布的"宫中女人"和亚述国王埃萨尔哈东的母亲扎库图，与他（阿淑尔巴尼拔）最喜欢的兄弟沙马什-舒穆-乌金，与沙马什-梅图-乌巴利特和他的其他兄弟，与王室的人们，与贵族和总督们，与有胡须的人和宦官们，与亚述人中的上层和底层，签订协定："宫中女人"扎库图与该地所有人民缔结的、关于她珍爱的孙子阿淑尔巴尼拔的条约中涉及的任何人，(你们中有人)如果捏造并实施丑陋的邪恶计划，或反抗你们的主人亚述王阿淑尔巴尼拔，愿阿淑尔、辛、沙马什、木星、金星、土星、水星、火星和天狼星（惩罚他）。[30]

第十章 母亲最清楚

当阿淑尔巴尼拔掌权时，他显然没有遇到任何激烈的反抗，那齐亚已经完成了她最后的使命。在不久后的一段日子里，她要么从公共生活中隐退了，要么就是去世了。

出于某些未知原因，那齐亚作为亚述最重要的女性"政治家"的角色似乎没有传给阿淑尔巴尼拔的妻子里巴利-沙拉特，而是传给了他的姐妹谢鲁阿-埃提拉特。在一张来自埃及的纸莎草纸上，用埃及的俗体字母写的阿拉米语内容虚构了谢鲁阿-埃提拉特在公元前652年至前648年亚述国王阿淑尔巴尼拔和他的兄长沙马什-舒穆-乌金（当时的巴比伦国王）之间的血腥内战中努力维护和平的故事。来自尼尼微的一封残缺的楔形文字信件，提到了谢鲁阿-埃提拉特以及后来的巴比伦国王坎达拉努（Kandalanu）与东部的埃兰地区有联系，这进一步加强了这样的假设：这位公主（非常像几十年前的那齐亚）帮助塑造了亚述与其南部和东南部邻国的政治关系。[31]

阿淑尔巴尼拔的妻子里巴利-沙拉特似乎从未执行过同等重要的政治任务，尽管她设法克服了一些王室成员最初对她的轻视。阿淑尔的一块纪念性石碑上装饰着她的形象，她戴着一顶华丽的"墙壁王冠"（城墙形状的王冠）。古代美索不达米亚最著名的艺术品之一——尼尼微的阿淑尔巴尼拔北宫的浮雕，则描绘了她与丈夫在葡萄架下举行宴会、音乐家们演奏欢乐曲调的场景。

但即使对里巴利-沙拉特来说，生活也并不是无忧无虑的。尽管她受到了很多恩惠，但她也面临着帝国政治的黑暗面。她目睹了恶毒的暴力行为，不得不担心可能的阴谋和对王室的其他攻击。有一次，对抄写艺术异常熟悉的里巴利-沙拉特似乎询问过一位神，针对阿淑尔巴尼拔的政治阴谋是否会导致她和她的国王丈夫被刺杀："我问你，拉哈尔（Lahar）神，我们的创造者（？），人们向亚述国王阿淑尔巴尼拔报告了即将发生叛乱的谣言：'他们将挑起对你的叛乱。'这是已经决定好的吗？它会发生吗？它是真的吗？他们会攻击我吗？我会死吗？他们会在叛乱过程中抓住我吗？"她的疑问以对神说的话结束："请不要因为放在你面前的是一个女性写的（泥板）而忽视这个请求。"[32]

尽管享有极大的特权，但亚述王室女性显然并不拥有与她们周围的男人同等的机会和自由。正如里巴利-沙拉特的问询所揭示的那样，她们就连对神开口都要道歉。不过，作为国王的核心家族成员，亚述王后和公主所扮演的角色，比现代小报赖以为生的次要王室成员的花边新闻具有大得多的政治影响。

如上所述，在埃萨尔哈东统治期间，女性的影响力是非常大的，而这是一个起伏动荡的时代。虽然亚述军队取得了一些伟大的胜利，但亚述国家内部还是发生了一些叛乱，它们动摇了帝国的核心。即便是相当有政治才能的那齐亚，也无法阻止这些危机发生。她习惯扮演的举足轻重的角色，有可能反而促成了这些危机。就在公元前671年，经历了数年的动荡之后，埃萨尔哈东统治时期内上演的政治剧达到了高潮。

第十一章

公元前 671 年

公元前671年12月8日，在一年之中最黑暗的时候，一个叫纳布-乌沙利姆（Nabû-ushallim）的人在经过阿淑尔城的一个偏僻区域时，被该城的市长阿布达（Abdâ）拦住。根据后来呈给亚述国王埃萨尔哈东的楔形文字信件，市长把纳布-乌沙利姆带到一边，并告诉了他最近自己做的两个梦。阿布达说，在第一个梦中，有一个孩子从坟墓里爬了出来，并递给他一根权杖，说："在这根权杖的保护下，你将变得强大而有力量。"在第二个梦中，阿布达突然看到一颗星在"国王的父亲"的尸体上闪闪发光。[1]

阿布达的怪梦让人想起《希伯来圣经》中的一个著名预言，该预言被认为是占卜师巴兰（Balaam）说的："有星要出于雅各，有杖要兴于以色列。"巴兰的预言被解释为他在暗指大卫或弥赛亚，后来被基督教神学家解读为对伯利恒（Bethlehem）之星的暗示。然而，更普遍的解释是，它宣布了一个新统治者的崛起，而这确实是阿布达的梦境背后隐藏的意义。[2]

纳布-乌沙利姆完全意识到了其中隐含的象征意义。他说，阿布达召集了120名宣誓效忠于他的精锐士兵，显然渴望从在位的国王手中夺取亚述王位。阿布达想让纳布-乌沙利姆加入他的叛乱集团,但他被纳布-乌沙利姆拒绝了。相反,纳布-乌沙利姆警告阿布达,有人会往他亵渎神明的嘴里"灌铅",然后写信给埃萨尔哈东,向国王揭发了市长的阴谋。

在公元前671年,阿布达的阴谋并不是针对埃萨尔哈东发起的唯一一场政变。与此同时,至少还有两个亚述城市的叛乱分子正在以颠覆行动反抗国王的统治。这一系列的叛乱似乎很奇怪,因为就在阿布达和他的犯罪同伙试图将埃萨尔哈东赶下台的同一年里,亚述军队取得了这个王国的漫长历史中最伟大的胜利之一:他们成功侵入埃及,侵入了亚述可触及的范围内最富裕、最先进的国家。

埃萨尔哈东的统治经常像一种"两个国王的故事",它的特点是:一方面在遥远的地方,国王取得令人印象深刻的军事突破,另一方面在国内,难题不断出现,两者形成了强烈对比。君主埃萨尔哈东参加了大量克敌制胜的战役,并推行了雄心勃勃的政治计划。但与此同时,他的个人弱点也导致了亚述精英阶层内部的大量摩擦。在亚述漫长的历史中,也许没有哪一年像公元前671年那样,胜利和磨难、征服和危机如此紧密地交织在了一起。

埃萨尔哈东担任国王之初,亚述的前途似乎充满希望。公元前680年,在战胜了他不忠实的兄弟之后,他对亚述边界以外的各处领地发起了一系列雄心勃勃的军事行动。其中,第一次行动是针对纳布-泽尔-基提-利希尔(Nabû-zer-kitti-lishir,亚述所非常讨厌的死敌马尔杜克-阿普鲁-伊迪纳二世的儿子)发起的,因为他袭击了亲亚述的乌尔总督。正如他的父亲不止一次所做的那样,纳布-泽尔-基提-利希尔逃到了埃兰,但他没有在那里找到避难所,而是被埃兰国王处决。一年后,亚述军队征服了黎凡特南部靠近埃及边境的阿尔扎(Arza),这是埃萨尔哈东努力夺取尼罗河畔土地控制权的第一步。他的军队还在奇里乞亚作战，与来自塔巴尔的战士和游牧的辛梅里安人交战，尽管并没有取得决定性的胜利。公元前678年，亚述人继续与辛梅里安人和斯基泰人发生争执，这两个民族都因其骑马技巧而闻名，他们对古代西亚的国家构成了威胁。公元前677年，亚述军队占领了腓尼基城市西顿，并俘虏了西顿国王阿卜迪-米尔库提（Abdi-Milkuti），这位国王此时"就像一条来自大海中的鱼"。接下来，埃萨尔哈东将阿卜迪-米尔库提斩首，并将西顿的领土变成了亚述的一个行省。几个月后，他与西顿的长期竞争对手推罗国王签订了条约，以巩固亚述在东地中海地区的商业利益。与此同时，亚述的一支远征军冒险进入阿拉伯半岛东部边缘的未知地区，这片地区被称为巴祖，他们在那里击败了一些阿拉伯国王和女王，并征服了迪拉努（今宰赫兰）和卡塔巴［Qataba，今盖提夫（Qatif）］等城市。阿拉伯半岛北部地区也经常成为亚述军事行动的目标，而在东部地区，一场针对米底酋长们的战役使亚述军队进入遥远的伊朗中部。公元前675年，埃兰人对西帕尔的攻击使得亚述人再次干预巴比伦。埃萨尔哈东将尼普尔市长舒穆-伊迪纳（Shumu-iddina）、达库里酋长的儿子库杜鲁（Kudurru）和其他一些较高阶层的巴比伦人驱逐到尼尼微，在那里，他们除了要完成其他任务外，还被安排抄写楔形文字学术文献。[3]

这些都是令人印象深刻的军事成就。但是，埃萨尔哈东也经历过几次严重的挫折。他对梅利德（Melid，今天安纳托利亚东部的马拉蒂亚）国王，也就是后来的塔巴尔国王穆加鲁（Mugallu）发动的战争，以及对亚述东北部曼纳亚（Mannaya）地区发动的战争，事实证明是不成功的。声称月食表明穆加鲁即将死亡的假设，以及以女神伊斯塔的名义发表的关于梅利德即将毁灭的预言，都是亚述人一厢情愿的想法。

更糟糕的是，在公元前674年末，亚述军队对埃及进行的一次雄心勃勃的军事行动完全以失败告终。不足为奇，这一事件并没有出现在埃萨尔哈东自己的铭文中。但《巴比伦编年史》对这次行动的结果却说得很清楚："在阿达鲁月（亚述历12月）的第五天，亚述军队在埃及被击溃。"这次失败使得亚述的一系列盟友叛离了亚述，包括东地中海海岸的亚实基伦和推罗。国王需要解释很多事情，亚述精英阶层的成员开始对他是否适合担任国王产生了严重怀疑。[4]

由于这一连串的灾难严重损害了他的声誉，埃萨尔哈东觉得自己有必要在埃及大败后的几个月内撰写一篇表达歉意的铭文，为他担任国王期间出现的情况进行辩护。除了加强他的合法性外，埃萨尔哈东撰写该文本的一个重要目的，是给他在差不多在同一时间做出的继承安排铺路，该安排的核心是让他的一个年纪较小的儿子阿淑尔巴尼拔成为亚述的王储，这一举措意味着，无论好坏，埃萨尔哈东都将重复历史。毕竟，他自己也是前任国王的年纪较小的儿子，而不是其最初的继承人。阿淑尔巴尼拔的哥哥沙马什-舒穆-乌金并没有完全一无所获，他将成为巴比伦的下任国王。但是巴比伦国王显然是一个权力小得多的位置。[5]

公元前672年初春，阿淑尔巴尼拔在一个精心设计的仪式上被任命为王储。亚述精英阶层成员、亚述公民和附庸国王必须在这次活动中宣誓，以表明他们忠于国王和新王储。宣誓者不仅要保护阿淑尔巴尼拔，愿意"为他倒下和死去"，还必须发誓他们会告发任何对继承安排有意见哪怕是有最轻微保留意见的人。[6]

人们并不满意埃萨尔哈东的新继承人阿淑尔巴尼拔，埃萨尔哈东显然对此感到非常焦虑。事实上，即使在他的核心圈子里，人们显然也对这个决定感到相当不安。埃萨尔哈东的首席驱魔师阿达德-舒穆-乌苏尔用较为毒辣的话语赞扬了这个决定:"在天上没有做的事,国王陛下已经在地上做了,并向我们展示。你给你的一个(年轻的)儿子戴上了王冠,将亚述的王权交给了他。同时,你的年长的儿子被安排在巴比伦的王位上。你把前者放在你的右边,把后者放在了你的左边。"[7]

国王将年长的儿子沙马什-舒穆-乌金定为巴比伦的王储,是埃萨尔哈东决定放弃其父亲激进的反巴比伦政策,并想要重建巴比伦的结果。对亚述国王来说,无论采取什么具体方法,与巴比伦打交道都始终是一个政治雷区,埃萨尔哈东在国内遭到的一些反对,很可能是由于他对这座著名的城市表现出了更多的和解态度。

埃萨尔哈东在这里必须如同走钢丝一般。在他的铭文中,他必须解释重建巴比伦的必要性,同时确保不因为当初那场灾难性的攻击摧毁了这座城市而公开批评他自己的父亲辛那赫里布。埃萨尔哈东的书吏们找到的解决方案,是将责任完全归咎于巴比伦人自身,并通过神学的视角来描述这些事件:

> 在我身处的时代之前,在前一位国王的统治时期内,苏美尔和阿卡德(即巴比伦)出现了不好的预兆。住在那里的人相互之间心口不一,说着谎话。他们把自己的财产放在众神的宫殿埃萨吉尔神庙里,并把金银和宝石(从神庙的库房)卖给埃兰人(以换取军事援助)。于是,马尔杜克神大发雷霆,想要铲平该地,消灭其人民。阿拉图河(即幼发拉底河)出现了巨大的水灾,就像大洪水一样,它把城市、住宅和神龛变成了废墟。住在那里的诸神都上了天;人们分散到(国外)流民中,沦为奴隶。仁慈的马尔杜克神最初称,经过计算,它(巴比伦)

被遗弃的时间应该是70年，但他的心很快就被抚平了，他改变了时长，下令在11年后就重建它。[8]

这是人们在亚述王室的大量铭文中所发现的经过最精心修饰的"导向性表述"的例子之一。亚述人破坏巴比伦的一切责任都在记录中被抹得一干二净。这段话的结尾处对马尔杜克改变主意的解释尤其讲究。在古代美索不达米亚的数字系统中，60是一个基础数字，表示70的数字包括一个代表60的垂直楔形，以及后面的一个被称为Winkelhaken的斜向的小楔形，它代表着数字10。而数字11由一个Winkelhaken和一个同样的垂直楔形组成，垂直楔形此时代表着数字1。通过颠倒这两个元素的位置，马尔杜克将原来对巴比伦的判决缩短了近60年，从而为埃萨尔哈东提供了比最初的计划更早重建城市的机会。

在一些铭文中，埃萨尔哈东声称他在统治之初就开始了对巴比伦的重建进程。实际上，认真重建巴比伦的工作似乎是在几年后才开始的，而且在过程中并没有遇到重大挫折。

巴比伦的情况仍然很严峻。根据埃萨尔哈东在巴比伦的私人代理人马尔–伊萨尔（Mar-Issar）寄给埃萨尔哈东的一封信，在辛那赫里布于公元前689年攻击巴比伦后，留在巴比伦的人是"一无所有的可怜虫"。当被要求缴税以资助装备亚述军队的战车时，他们号啕大哭并提出抗议，这促使巴比伦城内的亚述指挥官监禁了其中一些人，指控他们在当地法官的煽动下向他的使者投掷泥块。尽管发生过动荡，巴比伦的神庙还是一点一点地得到了重建。但直到公元前668年，也就是埃萨尔哈东去世之后，人们才在埃萨吉尔神庙中竖立了新的马尔杜克雕像。公元前669年春天，早先将雕像从阿淑尔运到巴比伦的计划不得不中止，因为很明显，叛军或强盗可能在杜尔-库里加尔祖（Dur-Kurigalzu）城附近设下了埋伏。[9]

南方的局势很复杂。一方面，埃萨尔哈东不得不面对亚述官员中的保守派，他们认为埃萨尔哈东帮助巴比伦重新站起来的尝试是错误的。另一方面，他也不得不应对巴比伦人的抗议，巴比伦人认为情况恰恰相反，埃萨尔哈东在恢复巴比伦以前的荣耀方面做得还不够。即便是一个在身体和精神上都比埃萨尔哈东更强的统治者，也会发现平衡这些矛盾是很费力的。而除了其他方面的不足，埃萨尔哈东似乎也是个多病的人。他经常生病，需要各种私人医生和精神顾问不断照料。很多时候，国王的"自然身体"影响了他满足"政治身体"要求的能力。

埃萨尔哈东因自己的健康状况没有得到改善而感到沮丧，他向他的主治医生乌拉德-娜娜娅（Urad-Nanaya）提出了一个问题："为什么你不能诊断出我身上疾病的性质，并将其治愈呢？"埃萨尔哈东在一系列信件中描述了他的症状，包括发烧、虚弱、缺乏食欲、身体僵硬、眼睛受到感染、起水疱、发冷和耳痛。根据这些迹象，以及乌拉德-娜娜娅当时无从获得的医学知识，一些现代学者认为国王患有红斑狼疮，这是一种由免疫系统受损引起的炎症类疾病。这一理论似乎是合理的，尽管对他的回顾性诊断并非没有问题。[10]

埃萨尔哈东也表现出了患有抑郁症的迹象。他连续几天不吃任何东西的习惯，促使他的两位私人占卜师巴拉西（Balasî）和纳布-阿赫-埃里巴（Nabû-ahhe-eriba）在公元前670年春天写信告诫他，他的行为更像是一个乞丐而不是一位国王。在大约同一时期的另一封信中，他的首席驱魔师阿达德-舒穆-乌苏尔抱怨说，这位君主在他宫殿中的一个黑屋子里待得太久了。他提醒埃萨尔哈东，这种行为不符合他作为太阳神代表的国王职责："国王，所有土地的领主，具有沙马什的形象。他应该只在黑暗中待半天才对！"像巴拉西和纳布-阿赫-埃里巴那样，阿达德-舒穆-乌苏尔也建议国王"吃一些食物和喝一些酒"，以起到医治作用。[11]

然而，埃萨尔哈东此时也有一项亮眼的成就：他在公元前671年的埃及战役中取得了成功。尽管三年前的行动失败了，但埃萨尔哈东仍然决心征服尼罗河畔的土地。公元前671年春天，他的军队从阿淑尔出发，再次尝试做这件事。在他的铭文中，埃萨尔哈东暗示他亲自参加了整个战役。但事实上，他只随军来到了哈兰，在那里，他留下来向月神辛祈祷，辛是自萨尔贡二世的时代就与亚述王室密切相关的神灵。

亚述军队继续向西行进，在恢复亚述对推罗的统治权后，他们直奔埃及边境而去。王室铭文显示，士兵们"从撒马利亚地区的阿普库（Apqu）来到了拉皮胡（Rapihu）城"，即今天加沙地带南部的拉法（Rafah）。从这里通往埃及最便捷的道路，是地中海沿岸的海路（Via Maris）。据推测，这就是公元前674年亚述军队尝试进入埃及的路线，当时，他们在埃及东部的西莱（Sile）附近败北。而亚述人此时知道，埃及人已经做好了充分的准备来封锁这条路。亚述军队的领导人，可能是埃萨尔哈东的首席宦官阿淑尔-纳西尔（Ashur-nasir），他决定通过西奈沙漠中的另一条路线给敌人一场突然袭击，他让军队最初向南移动，然后急速转向西边。1915年，也就是第一次世界大战期间，土耳其军队在试图从贝尔谢巴（Beer Sheva）进军伊斯梅利亚（Ismailia）时使用了同样的策略。[12]

率领一支大军穿越荒凉的沙漠，这会带来巨大的后勤挑战。在早先对抗巴祖的战役中，亚述军队获得了一点应对干旱地形的经验，但如果没有一些阿拉伯部落的支持，他们是不可能穿越西奈沙漠的，这些部落很可能为他们提供了骆驼、皮水袋和向导。即便如此，他们面对的障碍也是巨大的：埃萨尔哈东的铭文描述了总共390千米的"跨越巨大沙丘"的行程。铭文中说，有些地区充满了"双头蛇，其毒液（或触摸它们）是致命的"，另外还有"张开翅膀的黄蛇"。不过，这些很可能并不是真正存在过的动物。在大约200年后，希腊历史学家希罗多德写下了关于同一地区的文章，声称在那里看到了大量"有翼之蛇"的"骨头"，他和埃萨尔哈东所描述的可能都是内盖夫沙漠南部的拉蒙峡谷（Makhtesh Ramon）等地出土的两栖动物化石。它们的颜色是淡黄色的，其中一些看起来好像有翅膀。经过这样的地方令人既恐惧又兴奋，对亚述士兵来说肯定是超现实的。[13]

最终，亚述人的队伍抵达马格达鲁（Magdalu），一个位于苏伊士地峡附近的要塞城镇，《圣经·出埃及记》称其为密夺（Migdol）。从这里，部队踏上了他们远征的最后一程。在前往尼罗河的路上，他们三次遇到埃及军队，埃及人试图阻止他们前进，但都失败了。经过总共约1 850千米的行程之后，他们终于到达了王城孟斐斯。由于孟斐斯的守卫者没有准备好应对残酷的攻城战，所以他们几乎没有抵抗。在夏季塔木兹月的第22天，也就是他们离开阿淑尔三个多月后，亚述人占领了这座城市。库什王朝的法老塔哈尔卡尽管受了箭伤，但还是成功地向南逃亡，然而，亚述人抓住了他的正室、王储和其他一些孩子，还有他的许多后宫女人，并把他们全部带到了尼尼微。[14]

埃萨尔哈东将公元前671年埃及战役的结果称为一场解放：根据他的一则铭文，他"从埃及拔出了库什王朝的根"。这种说法并非完全错误，至少在当时，亚述人确实赶走了埃及第二十五王朝的非本地的"黑法老"。他们重组了埃及国家，将埃及主要城市的权

第十一章 公元前671年

力重新交到埃及传统的精英成员手中。他们从中挑出当地的强人尼科（Necho），让其成为孟斐斯和塞易斯（Sais）的新总督或"国王"。但是，即使有一些埃及人认为库什王朝是压迫者，他们也不可能更喜欢新的亚述霸主。因为埃萨尔哈东肯定不愿意让埃及真正独立。埃萨尔哈东给埃及的城市，甚至给埃及的一些"统治者"起了亚述人的名字，给他们每个人都指派了亚述的代理人，并要求新的埃及臣民纳税和上贡。与后来的埃及征服者（从波斯人到希腊人和罗马人）不同，埃萨尔哈东似乎没有通过出任法老这一传统角色来向埃及人民展示自己，也没有在埃及神庙中将自己描绘成戴着法老特有双冠或穿着法老常见服饰的形象。[15]

埃萨尔哈东的军队将数不清的战利品带回亚述，埃及人肯定对此感到不满，这些战利品包括：王家头饰、雕像和宝石，银、金、铜和乌木制成的器皿，马、牛、羊，以及更多其他东西。人们在发掘尼尼微的拿比约拿的埃萨尔哈东宫殿时，发现了三尊法老塔哈尔卡的雕像和一尊埃及女神安努克特（Anuket）的雕像。一些埃及人也被带到了亚述。其中有些人来自埃及的领导人家庭，他们主要是作为人质，例如尼科的儿子普萨美提克（Psamtik）。另外一些人是某一方面的专家：从战车手、弓箭手和盾牌手，到念咒祭司和解梦者；从兽医、书吏和耍蛇人，到歌手、面包师和酿酒师。亚述人早就听说过埃及文明的伟大成就了。此时他们能够直接接触它们了。亚述人新的"埃及狂热"，甚至对创作于埃萨尔哈东的继任者阿淑尔巴尼拔在位期间的一些浮雕的风格都产生了影响。[16]

对于埃及人来说，亚述人对他们土地的征服是一次创伤性的打击。此事最初被禁止提及，在埃及的官方历史中也没有被提到，直到很久以后，在埃及流行的一些故事中，此事才被重新提起。相反，在亚述帝国，公元前671年的战役是一个在许多王家铭文中得到庆祝的事件，其中一些铭文是纪念性的。来自津吉尔利［Zincirli，位于今土耳其加济安泰普（Ganziatep）省的古代撒马尔］和泰勒艾哈迈尔（Tell Aḥmar，幼发拉底河中游的古代提尔-巴尔希普）的石碑展示了埃萨尔哈东用粗绳索牵着被俘的库什王储和另一名囚犯的场景。对埃及的征服，使埃萨尔哈东可以自豪地宣称自己拥有一些额外的头衔。他此时不仅是"亚述国王、巴比伦总督、苏美尔和阿卡德国王、卡尔杜尼阿什（Karduniash，即巴比伦）国王"，而且还是"下埃及、帕图里西（Paturisi，亚述人对埃及语中上埃及的称呼*）和库什（努比亚）的国王"。[17]

然而，在官方所宣布的胜利表象之外，国王内心的不安一直存在着，而且他周围的人也有这种不安。当他的军队正在征服孟斐斯城时，以及在此后相当长的一段时间内，埃萨尔哈东都坐在宫殿里，担心着自己的生命安全。他不仅健康状况不佳，而且还被不好的预兆吓坏了。他所信任的代理人马尔-伊萨尔告诉他，在塔木兹月的第14天（即公元前671年7月2日）发生了月全食，并建议他举行所谓的"替代国王仪式"。当时的人认为，发生月食，特别是当木星不可见时，是国王即将死亡的征兆。这件事的解决办法是让其他人，通常是一个战俘、一个傻子或一个与王室没有关系的外人登上王位，正式承担国王的角色。他将会得到美酒佳肴，并得到一个处女作为他的"王后"。但在最多100天后，他就会"直面他的命运"——这是一种掩盖真相的委婉说法，事实是此人代替国王被杀，从而吸走本来会降临到真正君主身上的煞气。后者，即真正的国王，在该仪式期间被他的臣子象征性地称为"农夫"，尽管他仍

---

* 《圣经》中称之为巴忒罗（Pathros）。——编者注

然有效地掌管着帝国的政治事务。[18]

公元前 671 年夏，亚述的国王替身在塔什里图月（Tashritu）被杀之前，在国王之位上待了整整 100 天，其成为仪式上的替罪羊的命运早已注定。在这期间，埃萨尔哈东退出了公共生活，并保持低调状态。[19]

在这种情况下，亚述的军政领域和宗教机构的许多高级成员肯定发现了，他们很难因刚刚在埃及取得的大捷而歌颂国王。事实上，要求国王下台的呼声越来越高。公元前 671 年，随着时间的推移，几个不同领导人带领的叛乱团体开始密谋推翻埃萨尔哈东的统治。他们的活动主要集中在亚述最重要的三座城市：哈兰、尼尼微和阿淑尔。[20]

这一年的早些时候，埃萨尔哈东曾在哈兰祈祷亚述人战胜埃及，也正是在这里，月神辛和他的儿子努斯库向他承诺，他将"前去征服所有土地"。然而情况出现了令人震惊的逆转，这座城市此时成了一个针对国王的大范围阴谋的舞台。在阴谋开始时，一则与辛和努斯库之前的神谕截然不同的神谕，为可能的叛乱者提供了关键的神学支持。正如一封信中所说的那样，住在哈兰郊区的贝尔-阿胡-乌苏尔（Bel-ahu-usur）家里的一个女奴突然开始预言，她说："这是努斯库的话：王位是给萨西（Sasî）的。我将摧毁辛那赫里布的名誉和子孙。""辛那赫里布的名誉和子孙"这一说法明确指出了埃萨尔哈东和他的儿子们是将要展开的政变行动的目标。写信者，一个叫纳布-莱赫图-乌苏尔（Nabû-rehtu-usur）的人，声称有几个人参与到了政变之中，其中至少有一名宦官以及一位维齐尔的女儿，这位维齐尔很重要，他曾在公元前 676 年担任过名年官。纳布-莱赫图-乌苏尔非常担心，在信中，他反复恳求国王："让这些人死，而且要快一些！"与此同时，他觉得有必要向埃萨尔哈东保证他个人的忠诚，于是以和女奴的预言相反的立场向神请愿："我的主人，愿萨西、贝尔-阿胡-乌苏尔与他们的帮凶的名誉和子孙毁灭，愿贝尔和纳布巩固国王的名誉和子孙的地位，直到遥远的未来。"在信的最后，纳布-莱赫图-乌苏尔提出请求："从宦官的手中挽救您的生命吧！"[21]

公元前671年，在发生于尼尼微的另一场引人注目的政变中，也有一个核心人物是宦官。有关这一事件的信息，来自某位名叫库杜鲁的人寄给埃萨尔哈东的一封特殊信件，库杜鲁很可能是巴比伦南部比特-达库里的一位统治者的儿子，他在公元前675年被亚述军队驱逐到了亚述。[22]

显然，库杜鲁不仅是一位王子，也是一位学者，在被囚禁期间，他被迫抄写过楔形文字学术文献。从他的信件可以判断，他的学识正是他被卷入新出现的阴谋的原因。库杜鲁提到，在阿拉赫萨姆纳月（Arahsamna，亚述历8月），首席持杯者手下的一名官员把他从监狱里带出来，并问他："你不是一名抄写知识的专家吗？"随后，库杜鲁被带到尼尼微的"哈兰之主"神庙。"哈兰之主"是月神辛的一个别称，此处可能就是辛那赫里布在公元前681年遭到谋杀的地方。在神庙上层的一个房间里，他遇到了内侍、首席持杯者以及城市的监督员，所有这些官员的地位都非常高。他们给库杜鲁安排了一个座位，并和他一起喝酒，直到太阳落山。然后，他们进入了正题。他们提醒库杜鲁，他不仅是一位有成就的书吏，也是一名占卜专家，他们命令库杜鲁询问沙马什神，是否"首席宦官会接管王位"。

如果库杜鲁其实并没有从一开始就参与其中的话，那他一定是在这时意识到实际情况是什么样子的：他被卷入了一场叛国行动之中（他声称他不是自愿的），其目的是废黜埃萨尔哈东，并让首席宦官阿淑尔-纳西尔登上王位，阿淑尔-纳西尔可能刚从亚述对埃及的战役中胜利归来。按照惯例，人们认为宦官并不适合担任古代亚述王国的最高职位，但人们可能会认为，阿淑尔-纳西尔的军事成就足以让他成为例外。

库杜鲁声称，他别无选择，只能遵从叛徒的要求：通过占卜来了解神的意愿。标准的程序本来是宰杀一只羊并检查其内脏，但因为这太显眼了，所以他采用了不太引人注意的占卜术，也就是油卜。他在神庙上层的一个房间里洗了个澡，穿上新衣服，然后拿着两个装满了油的皮口袋，把油和一些水一起倒进碗里。两种液体混合形成的图案提供了线索，让库杜鲁回答了向他提出的问题，并且他响亮地给出了肯定的答案。太阳神表示，首席宦官确实将会接管王位。

阴谋者们听了都很高兴。第二天，他们向库杜鲁表示感谢，并提出要释放他，送他回国，还要让他成为巴比伦的国王。然而此时，库杜鲁已经开始意识到，埃萨尔哈东可能已经得知了整个事件的消息。他害怕"国王听到后会杀了我"，于是拿起笔和一些泥板，给埃萨尔哈东写信。他告诉国王，自己是被迫参与这个阴谋的，而他根据占卜给出的意见"不过是捕风捉影"。国王是否相信他的无罪声明，以及这些声明是不是符合事实，我们目前还不清楚。不过，国王不太可能相信他，他所说的也不太可能属实。库杜鲁很可能从一开始就是同谋者，他也许受到了相应的惩罚。

公元前671年秋，另一场针对埃萨尔哈东的阴谋发生在亚述古老的宗教首都阿淑尔。如前所述，这场阴谋的煽动者是阿淑尔的一个市长，名字叫阿布达，他想要自己成为国王，并以两个梦境传达给自己的信息来证明他登上王位是有正当理由的。有趣的是，那个来自哈兰的女奴在预言中所说的未来的国王——神秘的萨西，也在阿布达的故事中出现了。埃萨尔哈东的线人纳布-乌沙利姆认为萨西在某种程度上参与了这场阴谋。纳布-乌沙利姆还说，自己早先写的一封关于这些事件的信，落入了萨西的手中并就此消失。

公元前671年的秋天，亚述内部出现严重的背叛行为几乎成了家常便饭。这期间出现了三场阴谋，每场阴谋都是在亚述的一个主要城市中策划的，并得到了亚述帝国一些最高级别官员的支持。然而，尽管埃萨尔哈东生着病、身体虚弱、疲惫不堪，但他在面对这些精心策划的谋反企图时还是设法幸存了下来。

出现这些背叛的原因，可能在于埃萨尔哈东的继位是有争议的。埃萨尔哈东从未忘记他作为王储的时光，当时他的兄弟们的阴谋导致他被暂时逐出了尼尼微宫廷，并最终导致他的父亲辛那赫里布被杀。埃萨尔哈东充分意识到，他自己和他的王储阿淑尔巴尼拔可能也会成为类似阴谋的牺牲品，因此他采取了措施来防止公元前681年的事件重演。除了其他举措外，他还将尼尼微和迦拉城内坚固设防的军械库改造成自己和部分家人的住宅区。与以前居住的宫殿相比，他在这里得到了更好的保护，避开了可能出现的暗杀行动。[23]

然而，更重要的是，埃萨尔哈东将亚述转变成为一个遍地监控的新国家。国王可能已经意识到了［像约翰·勒卡雷（John le Carré）笔下的吉姆·普里多（Jim Prideaux）一样］生存"是一种无限的怀疑能力"。与以往不同的是，在埃萨尔哈东统治时期，揭发政治上不可靠的人此时不再只是得到鼓励，而是成为每个亚述公民的义务，无论男女，无论身份高低。公元前672年，在向埃萨尔哈东和阿淑尔巴尼拔宣誓效忠时，所有亚述人和所有附庸国统治者都

必须承诺遵守一项义务,从而使这一点变得非常明确:

> 如果你听到任何对伟大的王储阿淑尔巴尼拔来说邪恶的、不恰当的、丑陋的、既不体面也不好的话语,无论是从他的敌人口中,还是从他的盟友口中,或者从他的兄弟口中,或者从他父母的兄弟、他的堂表兄弟姐妹、他的直系亲属、他的宗族成员口中,或从你的兄弟、你的儿子、你的女儿口中,或从预言家、宗教狂喜者、解梦者口中,或从任何其他人的口中说出,你都不可隐瞒,都要来向亚述之王埃萨尔哈东之子、伟大的王储阿淑尔巴尼拔报告。[24]

尽管将埃萨尔哈东的亚述与20世纪和21世纪的极权主义国家相提并论是一种罔顾历史背景的比较,但人们很难不从这段话中联想到某些熟悉的场景,在这样的场景里,监视自己最亲近的家人得到了公开鼓励。此外,尤其值得注意的是,这段话里特别提到了预言家、宗教狂喜者和解梦者所发表的负面政治评论。它堪称诡异地精确预料到了公元前672年宣誓仪式的大约一年之后实际发生的事情:当时哈兰的密谋者凭借的正是一位女先知的言论;尼尼微的密谋者则要求一位巴比伦的专家进行油卜;而在阿淑尔,阿布达危险的野心在两场梦中获得了鼓励。

尽管埃萨尔哈东的敌人们有着相当强大的军事力量,也得到了神的保证,但他们还是无法实施他们的颠覆计划。最后,他们都被告密者出卖了。国王的亚述臣民在公元前672年发下的效忠誓言真正地起到了作用。发生在哈兰、尼尼微和阿淑尔的阴谋,以及其他许多犯上的行为,到今天之所以为人所知,是因为来自帝国各地和各行各业的人确实向国王报告了他们私人圈子内和业内的政治倾向。他们向埃萨尔哈东寄送了大量信件（在大约 2 500 年后，人们在尼尼微发现了它们），信中告发了他们认为可疑的活动。

在这些信件中，有些是匿名的，而另外一些则署有名字，他们试图用最谄媚的语言表达他们对国王的忠心，以此来讨好国王。公元前 671 年夏天，占星家纳布-阿赫-埃里巴在写给埃萨尔哈东的信中这样说："我怎能不拥抱国王陛下的战车所经之地呢？"偶尔，写信人的指责会陷入歇斯底里的状态。例如，一位来自古扎纳的匿名告密者告诉国王，有权有势的官员塔尔西（Tarsi）和他的妻子扎扎（Zazâ）嘲弄王家信使，而且扎扎与当地一位祭司的妻子（未提名字）正在"从天上拉下月亮"，在写信人看来，实施这种巫术的人必须受到死刑的惩罚。然后，这位作者指责一位战车驭手将手放在一个仪式器具上，并说："（有人）给我带来一把铁刀，这样我就可以（把它的尖头部分）切下来，插在总督的屁股上。"很难判断这样的告发依据的是事实还是虚构。[25]

公元前 671 年，大多数感到有必要检举同胞的人可能都是怀有私心的普通劳动者，但也有少数人可能是专业的告密者。例如，在关于阿淑尔的阿布达阴谋的信中，纳布-乌沙利姆一开始就对埃萨尔哈东说："由于我的所见所闻，由于我向国王陛下告发他们，因此许多人憎恨我，并密谋要杀死我。"这句话让人想起著名的"国王耳目"。根据希罗多德、普鲁塔克和其他希腊作家的说法，这些耳目会替波斯帝国的统治者搜集情报。这还显示出，在古代亚述，成为一个专业的告密者，并不会使一个人变成在社会中特别受到喜爱的成员。

埃萨尔哈东不仅雇用眼线来观察正在发生的事情，他似乎还在亚述主要城市的一些领导阶层中安插间谍来挑唆他们。这些人的任务是积极煽动他们的目标发动叛乱,或诱使其讨论这样做的可能性,以确定这些目标究竟是国王的忠实臣民,还是必须被消灭的叛徒。在这些间谍中,最引人注目的很可能是萨西,这个人在发生于哈兰和阿淑尔的阴谋以及其他一些政治动乱事件中扮演了非常突出的角色。萨西作为"双重间谍"的身份,并没有在任何地方得到明确承认,但考虑到他在阿淑尔巴尼拔的统治早期很可能还活得好好的,与新国王的战车驭手雷曼尼-阿达德(Remanni-Adad)关系密切,萨西无疑是一直站在亚述王室一边的。否则,我们只能认定,他本来会因为参与政治犯罪而被处死,有几封写给埃萨尔哈东的信就指控他犯过这样的罪。[26]

在公元前671年,许多参与谋反的叛乱者和煽动者的命运就是如此,其中可能也有一些人受到了冤枉。正如《巴比伦编年史》中公元前670年的一个简短条目所记录的那样:"国王在亚述处决了大批贵族。"我们在编年史的其他地方并没有发现这种类型的记录,这表明这次清洗很可能是大规模的,估计是埃萨尔哈东在这一年的年初所实施的。亚述精英阶层的众多成员肯定死于非命。这次大屠杀巩固了埃萨尔哈东的国王地位和阿淑尔巴尼拔的王储地位,但我们不禁要问,失去了这么多有能力、有经验的官员和行政人员,是不是对亚述国家的长期发展产生了不利影响?[27]

不管怎样,在这些事件发生的过程中,埃萨尔哈东变得更加厌世了。公元前671年秋天,当发生在哈兰、尼尼微和阿淑尔的叛乱即将平息时,他下令启动了另一场替代国王的仪式,并再次从公众面前隐退。几个月后,被指控犯有叛国罪的贵族们遭到处决,但这没怎么改善他的心情。用埃萨尔哈东的首席医生乌拉德-娜娜娅的话来说,虽然"密谋损害国王美德的罪犯"已被这种美德"捕获",但他们的背叛"使其他所有人在国王的眼中变得可憎"。[28]

公元前671年和前670年充满了戏剧性和矛盾性。尽管埃萨尔哈东取得了惊人的军事胜利，但他仍要应对一些人想把他赶下台的不良企图，他在这些事件中显得疲惫不堪，而且变得极度不自信。公元前669年秋，他还是开启了另一场战争，这也是他的最后一场战争。这场战争仍然是针对埃及的，因为亚述对埃及的统治在不到一年的时间里就已经崩溃。在前往尼罗河的路上，埃萨尔哈东病倒了。埃萨尔哈东去世于阿拉赫萨姆纳月的第10天（公历11月1日），亚述人把他的尸体带到了阿淑尔，在那里，人们举行完一场奢华的国葬后，国王得到了他可能暗自期盼了很久的最终安息。[29]

埃萨尔哈东的儿子、继承人阿淑尔巴尼拔非常努力地想要成为一位非常与众不同的国王。他渴望自己永远不要显示出他父亲有过的弱点，努力追求完美。然而，事实证明，亚述的新统治者也是一个有缺点的人。阿淑尔巴尼拔将会推动亚述文学和艺术的品质达到前所未有的高度，但他特立独行的政治风格也加速引发了一场危机，这场危机最终导致了帝国的衰落。

第十二章

学者、施虐狂、猎人、国王

公元前8世纪和前7世纪的亚述统治者大多是精明的政治家和军事家，他们对征服活动与大规模的建筑项目感兴趣。埃萨尔哈东的儿子、继任者阿淑尔巴尼拔在公元前668年至前631年的统治期间，显然也想在这些方面有所作为。这位亚述帝国的最后一位"伟大"国王，在其统治初期创作的一篇独特的自传性文本中，描述了自己的成长历程，以及他在各种军事技术和政治艺术方面受到的教育：

> 我跨在纯种马上，骑着蓄势待发的骏马。我让箭矢像战士一样飞翔。我掷出颤抖的长矛，仿佛它们是标枪一般。我像战车驭手一样握住战车的缰绳，让轮辋旋转。同时，我也在学习以符合君主身份的标准行事，熟悉掌握王权的方式。我站在培养了我的国王面前，向官员们发出命令。没有我，总督就得不到任命；没有我的同意，官员们就得不到权力。[1]

但对阿淑尔巴尼拔来说，仅仅学会如何强硬行事和积累权力是不够的。接下来他又补充说，他还接受了真正的学者与文人的训练：

我学会了智者阿达帕的技艺，也就是所有书写艺术的秘密学问。我对天地之象了如指掌，并能在学者的集会上讨论它们。我可以和占卜专家就《如果肝脏是天堂的镜子》展开辩论。我可以解决没有简单解决方案的复杂除法和乘法。我读过晦涩难懂的苏美尔语和阿卡德语的巧妙文字。我仔细研究过大洪水之前的石头上的楔形文字符号，它们的含义神秘、难以理解且令人困惑。

阿淑尔巴尼拔想要得到这一切。他有野心成为一个真正的"文艺复兴者"，或者，如果这样说太过脱离历史背景的话，他想成为新的吉尔伽美什。就像过去那位先是成为探险家和战士，然后变成圣人的著名英雄一样，阿淑尔巴尼拔希望把征服者的品质和哲学家的品质结合起来。关于他的思想得到培养的这段话，实际上是在暗示巴比伦的《吉尔伽美什史诗》开头的一句话："他看到了秘密，揭开了隐藏的东西，他从大洪水之前的时光中把指示带回。"[2]

作为国王，阿淑尔巴尼拔留下的记录毫不含糊地断言他的统治没有辜负他的崇高抱负。在他的"自传"中，他描述了自己上台以后发生的变化，它们简直是奇迹："敌人放下了准备好的武器，解散了组织好的阵形。傲慢的人变得平和。在城市和家庭中，没有人用武力夺取邻居的东西。旅行者能够自己在偏远的道路上安全行走。暴力犯罪没有发生。"即便是大自然，也不得不适应阿淑尔巴尼拔统治下开始的和谐与繁荣的新时期。在公元前7世纪40年代的一篇长文中，国王阿淑尔巴尼拔声称在他登基后："阿达德神释放了他的雨水，埃阿打开了他的泉水。谷物在沟里高达五肘尺*，谷

---

* 肘尺，古代的一种长度测量单位，指从中指指尖到肘的长度。——编者注

物的穗子有六分之五肘尺长（约38厘米）。果园里果实累累，牛群生出小牛。在我的统治期间，国内丰饶而富足。"[3]

一些现代学者赞同以下的观点：阿淑尔巴尼拔的统治带来了知识、进步和普遍的福利。法国亚述学家勒内·拉巴（René Labat）称这位国王是"开明的"，强调了阿淑尔巴尼拔的学识，以及他对收藏海量泥板的投入，这些藏品发现于尼尼微。根据拉巴的观点，阿淑尔巴尼拔是个生动的证据，证明了考古学家雅克·德·摩根（Jacques de Morgan）将"亚述人"描述为"既不是艺术家，也不是文学家，更不是法律学者"是完全错误的。奥地利历史学家塞巴斯蒂安·芬克（Sebastian Fink）认为，阿淑尔巴尼拔对供求关系和价格的变化表现出极其敏锐的理解，他应该被视为一个真正的经济专家。而日本亚述学家伊藤早苗（Sanae Ito）甚至称阿淑尔巴尼拔为"人道主义者"（尽管带上了一个问号），因为她声称，这位国王在外交舞台上平等地对待他的对话者，对被打败的敌人表示同情，愿意与不同身份的人沟通，而且据说他相信人的善意。[4]

可以肯定的是，在阿淑尔巴尼拔统治时期，亚述帝国某些方面的情况肯定给人留下了深刻印象，其中最引人注目的是尼尼微的王家图书馆，以及阿淑尔巴尼拔宫殿墙壁上的有着很高艺术成就的浮雕作品。现代学者在寻求重建古代美索不达米亚的知识世界时，仍然在很大程度上依赖于前者，而现代博物馆的参观者则从后者中获得了审美上的享受。然而，对于公元前7世纪的大多数人来说，亚述王家的精致文学和视觉文化并不重要，定义阿淑尔巴尼拔统治的其他因素更为重要。当我们在字里行间解读阿淑尔巴尼拔的铭文，并把其他资料来源，比如信件和经济文本也纳入考察范围时，一幅与国王本人试图宣传的、与他自己的统治愿望完全不同的画面就将浮现出来。

阿淑尔巴尼拔的军队参与了无数次战争，其中有一些战争是漫长而血腥的。这位国王喜欢阅读和研究，但它们显然没有把他变成一个和平主义者。在阿淑尔巴尼拔在位的早期，亚述的军事行动主要集中在埃及，公元前671年被赶走的库什王朝法老塔哈尔卡正在那里缓慢而稳步地东山再起。在埃萨尔哈东于公元前669年发动的最后一次战役不得不停止之后，塔哈尔卡巩固了他的地位。公元前667年，阿淑尔巴尼拔派出军队重新征服埃及。亚述在黎凡特和东地中海的附庸，其中包括犹大国王玛拿西（Manasseh），还有以东、摩押和塞浦路斯的统治者们，通过提供辅助部队、船只和其他装备支持着亚述的作战行动。在埃及北部击败敌军后，亚述人第二次夺取了孟斐斯。法老塔哈尔卡再次被迫向南逃亡，不久之后，他就死在了那里。埃及北部的几个与塔哈尔卡密谋的小统治者被俘虏并被带到了尼尼微。其中一个是塞易斯的尼科，他在这一时期的埃及政治中发挥了特别关键的作用。意识到如果没有尼科的合作，亚述就无法统治埃及之后，阿淑尔巴尼拔让他宣誓遵守新的效忠誓言，并把他送回埃及。[5]

在此期间，塔哈尔卡的位置被他的侄子塔努塔蒙（Tanutamun）取代。塔努塔蒙急于从新上任的亚述官员手中夺回对埃及的控制权。他重建库什王朝统治的企图促使亚述人再次入侵埃及，而这次入侵是在公元前666年到前664年之间的某个时候进行的。阿淑尔巴尼拔的军队遇到的抵抗仍然很微弱。这一次，亚述军一直向南行进到底比斯，而底比斯是上埃及著名的首都，也是当时世界上最富有的中心城市之一。在征服该城后，亚述士兵进行了疯狂的掠夺。他们仿佛预见到了后来罗马人的做法，把最大的战利品选定为"两座高大的方尖碑，它们是用闪亮的扎哈鲁（zaḫalû）金属铸造的，重达2 500塔兰特（72吨），矗立在一座神庙门口"。[6]

然而，阿淑尔巴尼拔为确保永久控制埃及所做的努力，事实证明是徒劳的。进攻塔努塔蒙的战争是亚述人最后一次用大规模军事力量介入埃及。在这次战争之后，阿淑尔巴尼拔让尼科的儿子普萨美提克一世成为孟斐斯和塞易斯的新统治者。但是，上任后不久，普萨美提克就起兵反抗亚述驻军，击败了几个国内的对手，并作为新的第二十六王朝的创始人重新统一了埃及。普萨美提克一世统治了50多年，派希腊和卡里亚（Caria，位于安纳托利亚西南部）的雇佣兵驻扎在埃及北部，以确保边境安全。据说他还曾经试图找出人类的原始语言。当他最终在公元前610年去世时，亚述帝国已经被扫入历史的垃圾堆。[7]

吕底亚的巨吉斯（Gyges）所提供的军事援助推动了普萨美提克的崛起。巨吉斯本是亚述的另一个盟友，但他此时已经叛变了亚述。巨吉斯统治着小亚细亚西部相当大的一部分地区，他不仅是一位历史人物，也是一个令人难忘的名人：后来柏拉图提起了他，说他拥有一枚能够让他隐形的戒指，而一些学者则将他与《圣经》中末世的歌革联系起来。在阿淑尔巴尼拔统治的早期，巨吉斯派出的一名骑兵信使在亚述宫廷中引起了轰动。起初，没有人能够听懂信使在说什么，但人们后来以某种方式（文本里中断的句子使我们无从得知具体用了什么办法）与他建立了沟通，阿淑尔巴尼拔得到了一些好消息：巨吉斯在梦中见到了阿淑尔神，这促使他向阿淑尔巴尼拔寻求友谊和亚述人的援助，以对抗不断对安纳托利亚和黎凡特诸王国施加军事压力的辛梅里安人。[8]

这又是一个充满希望的开始，同时又是一起以阿淑尔巴尼拔的痛苦和失望而告终的政治事件。也许是由于东方的这个新朋友对巨吉斯缺少支持，从而让他感到失望，因此巨吉斯并没有与亚述长期保持盟友关系。相反，他转而反对亚述，并帮助阿淑尔巴尼拔的敌人普萨美提克获得独立。对于亚述国王来说，巨吉斯的叛变是一次严重的挫折。这位吕底亚统治者后来被辛梅里安人赶了出去，这对阿淑尔巴尼拔来说算不得什么安慰。就像他试图巩固对埃及的统治一样，阿淑尔巴尼拔对小亚细亚西部进行间接控制的努力也几乎付诸东流。

在阿淑尔巴尼拔统治时期，亚述的另一个主要战场是伊朗西部的埃兰，亚述军队曾多次介入该地区。埃兰的政治格局极为碎片化，有许多竞争者在争夺权力。这有利于亚述军队的短期推进，却使他们难以完全控制这里。

公元前653年，埃兰国王特乌曼（Teumman，阿淑尔巴尼拔将他形容为"恶魔的化身"）试图通过对亚述腹地发动突然袭击来扭转局势。然而亚述人的密探已经知道了他的计划，阿淑尔巴尼拔发起了反攻。埃兰人被迫撤退，亚述军队则紧追不舍。最终，双方在乌莱河［Ulay，今伊朗西部的卡伦河（Karun）］的提尔图巴（Til Tuba）相遇，在那里爆发了一场激烈的战役。后来亚述人在尼尼微创作的描述这场战役的浮雕，可能受到了埃及风格的影响。在这场战役中，亚述人取得了胜利，一个普通士兵砍下了特乌曼的头颅，这个头颅被送到亚述，并在一系列的胜利游行中被展出。早些时候与60名家庭成员一起逃往亚述的埃兰王子乌玛尼加什（Ummanigash）被封为埃兰国王，他的弟弟塔玛里图（Tammaritu）成为希达鲁城（Hidalu）的统治者。[9]

在其统治后期的铭文中，阿淑尔巴尼拔暗示自己曾经亲自参与这场导致特乌曼灾难性失败的战役。他甚至声称，自己亲自砍下了特乌曼的头。但是阿淑尔巴尼拔国王对这次行动的最初记载却讲述了一个非常不同的故事。故事开始时，阿淑尔巴尼拔请求女武神伊斯塔赐予他胜利，让他战胜邪恶的埃兰国王，女神被他声泪俱下的恳求打动，并答应了他。然后，在夜里，一位专业预言家"躺下并看到了一个梦境"：

> 居住在阿尔贝拉的女神伊斯塔向我走来。她身体左右两边挂着箭筒，带着一把弓，利剑出鞘，准备战斗。你（阿淑尔巴尼拔）站在她面前，她像母亲一样对你说话，她说："你在期待着发动战争。但我自己也要向我的目的地（战场）出发了。"你就对她说："伟大的女士啊，无论你去哪里，都让我和你一起去。"她回答你说："你应该待在你目前所在的地方。吃饭，喝酒，作乐，敬仰我的神力。在此期间，我将去完成这项任务。你的脸色不会变得苍白，你的脚不会颤抖，你也不会在激烈的战斗中擦掉你的汗水。"她把你拥入她甜蜜的怀抱，保护着你的整个身体。火焰在她面前燃起，她怒气冲冲地走了出去，走向埃兰的国王特乌曼。[10]

这是一次了不起的神启，并且对国王而言来得正是时候，预言家立即将其报告给了国王。事实上，这个时间点也太巧了，以至于人们怀疑这根本就不是所谓的神启，而是阿淑尔巴尼拔编造出来的为自己开脱的理由。无论情况如何，阿淑尔巴尼拔肯定会因卸下亲自出征的责任而感到高兴。以前的亚述国王也没有在前线作战，但是当他们的部队与敌人交战时，他们至少经常出现在距离战场不远的地方。相比之下，阿淑尔巴尼拔只是待在家里，诵读一些祈祷文，然后自得其乐。考虑到他在王家铭文中的好战言论强调了他是多么英勇和他多么擅长使用各种武器，他的许多臣民肯定对他在危机时刻没有出现而感到恼火，并将此事解释为国王缺乏勇气。整个事件，包括那个梦境,可能塑造了阿淑尔巴尼拔后来耽于享乐的形象。[11]

公元前653年的事件不仅给阿淑尔巴尼拔的声誉带来了污点,而且提尔图巴之战的结果更像是一场得不偿失的胜利,因为埃兰还远没有被打败。仅仅一年后,当阿淑尔巴尼拔的弟弟沙马什-舒穆-乌金开始发动叛乱时,阿淑尔巴尼拔新指定的埃兰国王乌玛尼加什就立即站到了叛军一方。

阿淑尔巴尼拔和巴比伦国王沙马什-舒穆-乌金之间的冲突,是亚述历史上情感最激烈的一场战争。这两个争夺王位的人是兄弟,而牵涉其中的两个政治实体——亚述和巴比伦,是共享许多文化和宗教传统的姐妹文明。正如阿淑尔巴尼拔的父亲埃萨尔哈东所发现的那样,兄弟之间的竞争可能会导致非常恶性的事件。作为兄弟,他们不仅可能在生理和心理特质方面是相似的,而且也可能希望拥有相同的东西——无论是女人、王位,还是父亲的遗产。这些相似的欲望很容易导致血腥的争斗。[12]

当埃萨尔哈东决定让他的一个年纪较小的儿子阿淑尔巴尼拔成为亚述的下一任国王时,他实际上已经预见到了这种可能性。他急于安抚他那较为年长的儿子沙马什-舒穆-乌金,让沙马什-舒穆-乌金也能得到些什么来满足其野心,因此,埃萨尔哈东把沙马什-舒穆-乌金送上了巴比伦的国王宝座。这个安排是一种巧妙的妥协,如果阿淑尔巴尼拔尊重他兄长有限的自主统治权,那么这一安排就有可能是成功的。然而,尽管阿淑尔巴尼拔对巴比伦的文化,无论是抄写传统还是其他方面都非常着迷,但对他来说,干预他兄长的政治和宗教事务的诱惑实在是太大了。正如许多铭文所示,在公元前668年至前652年期间,巴比伦的许多建筑工程都是由阿淑尔巴尼拔下令开工的(或归功于他)。因此,即使在本应属于他的小范围统治区内，沙马什-舒穆-乌金也不得不扮演着次要角色。

根据官方说法，在沙马什-舒穆-乌金统治的前15年里，两位国王的关系是很好的。他们亲切地称呼彼此为"最爱的兄弟"。阿淑尔巴尼拔期望沙马什-舒穆-乌金举行巴比伦的宗教仪式并融入巴比伦的传统文化中去，但不要自行开展跨区域政治活动，而沙马什-舒穆-乌金也没有辜负这些期望。他忠实地扮演了分配给他的角色——担任巴比伦的某种教皇。他用古苏美尔语创作了（尽管在语法上有缺陷的）学术性铭文，并推广了对马尔杜克和其他巴比伦神明的崇拜。沙马什-舒穆-乌金赞助了巴比伦的神庙，除了尼尼微的伊斯塔之外，他也放弃了与亚述神明的接触，最主要的就是放弃了对阿淑尔神的崇拜。他在很大程度上摆脱了亚述人的身份，并以巴比伦人的身份取而代之。但在某个时候，他对阿淑尔巴尼拔无休止的干涉感到厌烦，然后开始秘密地召集一个反亚述的联盟，以摆脱他兄弟的桎梏，这个联盟包含了埃兰人、阿拉米人、迦勒底人、阿拉伯人以及其他一些民族。[13]

公元前652年春，阿淑尔巴尼拔觉察到了正在出现的叛乱。在阿雅鲁月（亚述历2月）的第23天寄给巴比伦人民的信中，阿淑尔巴尼拔为避免战争的爆发做了最后的努力："我已经听到了我的这个逾矩的兄弟对你们说的谎话。这些话其实只是谎言。不要相信他。我向阿淑尔和马尔杜克诸神发誓，我从未在心里思考过，也从未开口说过他所指控我的任何可恶的事情。你们如果不想在这件事上与他一起玷污自己，请立即让我看到答复。"但这一切已经太晚了。沙马什-舒穆-乌金（从此以后阿淑尔巴尼拔便称呼他为"逾矩的兄弟"）得到了他的巴比伦臣民的支持，而军事行动也变得不可避免了。在特贝图月（亚述历10月）的第19天，敌对行动开始了。[14]

内战往往比国家之间的常规冲突更加"全面"。在这些战争中，私人事务变成了政治，而政治变成了私人事务。在公元前652年至前648年，阿淑尔巴尼拔和沙马什-舒穆-乌金之间展开的冲突提供了一个很好的例子。在最初的两年里，亚述军队和巴比伦军队在整个巴比伦发生了多次冲突。关键城市多次易手。例如，尼普尔最初属于沙马什-舒穆-乌金的阵营，在公元前651年末落入亚述人手中。与此相反，一开始属于亚述盟友的库塔哈，在同一年内被巴比伦军队占领。在所有这些情况下，平民百姓都遭受了相当大的苦难。埃兰后来的几位国王和一些阿拉伯部落首领向沙马什-舒穆-乌金派遣了援军。在阿淑尔巴尼拔曾经的盟友中，最引人注目的是巴比伦南部的海国总督，一个名叫纳布-贝尔-舒马特（Nabû-bel-shumate）的人，此人改变了立场，逃到了埃兰，这种叛变行为几乎比其他任何事情都更令阿淑尔巴尼拔愤怒。

尽管遭遇了几次严重的挫折，但是到了公元前650年夏，局势已经决定性地转向对亚述一方有利。在杜乌祖月（亚述历4月）的第11天，亚述人包围了巴比伦城。博尔西帕、库塔哈和西帕尔等城市也遭到了围困。可能就是在这个时候，交战之中的两兄弟的姐妹谢鲁阿-埃提拉特试图说服沙马什-舒穆-乌金投降。她对这一冲突的参与，在公元前4世纪的埃及纸莎草纸上有着戏剧化的叙述。被称为萨尔巴那巴尔（Sarbanabal）的阿淑尔巴尼拔在很大程度上被描述为英雄，而被称为萨尔姆基（Sarmugi）的沙马什-舒穆-乌金则是故事的反派。萨尔巴那巴尔在得知萨尔姆基发动叛乱时，最初表现出了值得称赞的克制。他没有立即进行报复，而是愿意给他的兄弟最后一个机会。这时，谢鲁阿-埃提拉特（她的名字被译为萨利特拉）出现了。萨尔巴那巴尔派萨利特拉作为他的特使前往巴比伦，与两人不忠实的兄弟进行谈判，寻求和平解决。萨利特拉坐上战车，开始履行她的使命。到达巴比伦后，萨尔姆基嘲笑她，甚至对她进

亚述：世界历史上第一个帝国的兴衰　　274

行身体上的虐待,但萨利特拉一直在传话,提醒她兄弟注意她的身份,并指出即便是一个女仆也应该得到一些尊重。当她请求萨尔姆基投降和忏悔,却徒劳无用的时候,她建议他到马尔杜克神庙去避难。随后,萨利特拉回来向萨尔巴那巴尔报告,后者命令他的元帅率领亚述军队进攻巴比伦城。萨利特拉被派回巴比伦再次进行和谈,但为时已晚。马尔杜克神庙已经被烧毁,萨尔姆基在火焰中丧生。[15]

当然,这个"两兄弟的故事"是一个文学文本,而不是一则历史记录。但是,在冲突即将结束时,在巴比伦城发生的事情实际上与纸莎草纸上的故事没有多大区别。亚述人对巴比伦城的围攻持续了两年多,这给人们带来了巨大的苦难。阿淑尔巴尼拔用生动的语言描述了城中人民的处境:

> 他们吃掉了狗和獴。他们犯下了很大的罪。他们啃食兽皮、皮筋、鞋子。他们不吃面包,而是吃自己儿子们的肉;不喝啤酒,而是喝自己女儿们的血。他们变得像尸体一样。人们的脸像被烟熏过一般,变得暗淡无光,充满了沮丧和哀伤。在城市的广场上,年轻的男人能够看到年轻的女人赤身裸体,年轻的女人也能看到年轻的男人光着身子。瘟疫和疾病削减了人口。他们的尸体挡住了街道和小巷。一种致命的寂静已经倾泻而出。人们的仓库被荒废了,他们的田地在哭泣哀号,他们那曾经涌出大量水的河道,现在则被淤泥填满。[16]

这里所概述的,是一场令人痛心的人道主义灾难以及社会崩溃的画面,与近世发生的"全面战争"惊人地相似。最终,巴比伦人民的所有牺牲都是徒劳的。在公元前648年年中,巴比伦被亚述军队攻陷。沙马什-舒穆-乌金在其宫殿的火焰中丧生,他要么是死于意外，要么是死于自杀或谋杀。

阿淑尔巴尼拔让一位名叫坎达拉努的新的傀儡国王取代了他的兄弟，此人没有留下任何铭文，也没有什么机会能够让自己与众不同，以至于一些现代历史学家认为（很可能是错误的），他只不过是代表阿淑尔巴尼拔的一个金属雕像而已。在接下来的20年里，巴比伦保持着平静。但是，阿淑尔巴尼拔残暴对待巴比伦人的土地，使得巴比伦人心中埋下的对他的仇恨终于发芽，并最终孕育出另一场反抗亚述的叛乱，它比之前的所有叛乱都要成功。

在阿淑尔巴尼拔和沙马什-舒穆-乌金之间的整场内战中，埃兰人一直支持巴比伦一方。此时，随着他兄长的出局，阿淑尔巴尼拔终于有机会对埃兰人的不断干涉进行报复。事实证明，这甚至比国王对巴比伦的围攻更具破坏性。公元前646年，经过之前的许多战斗，亚述军队侵入埃兰人的首都苏萨（Susa），并大肆破坏。他们拆除了安装在塔庙顶部的铜"角"，洗劫了宫殿的库房，拆毁了城市中的神庙，并"把它的诸神当作鬼魂"，这显然是在暗指砸毁城市守护神的雕像。苏萨将与其他被遗弃的埃兰城市一样，成为瞪羚和野驴的家园。

亚述人在进攻埃兰首都之后，移走了19座埃兰神像和32位埃兰国王的雕像，还从遭到亵渎的陵墓中取出国王的遗骨，一起运往亚述。1 000多年前被埃兰统治者库杜尔-纳洪特（Kudur-Nahhunte）夺走的娜娜娅（Nanaya）女神的雕像，被送回到了她的家乡乌鲁克。纳布-贝尔-舒马特终于被逼到了绝境，让人协助他自杀：他的贴身侍从用剑杀死了他，同时也被他的主人刺死。埃兰国王乌玛纳尔达舒（Ummanaldashu）将海国总督的尸体用盐保存起来，并把它送到了阿淑尔巴尼拔那里，接下来，被剥夺权力的乌玛纳尔达舒余生都在尼尼微做俘虏，在那里，他不得不为亚述国王提供食物，并在宗教节日里像马一样拉阿淑尔巴尼拔的战车。[17]

到了公元前645年,阿淑尔巴尼拔可以宣称,他的军队已经击败了两个最为危险的敌人:巴比伦和埃兰。但这些胜利将会造成非常复杂的影响。巴比伦人正在等待时机,为新的战争做准备。而摧毁埃兰则瓦解了一个遏制着另一个势力的国家,这个曾经遭到埃兰王国遏制的势力已经准备崛起,对抗亚述帝国,他们就是米底人。

在公元前7世纪40年代后期,亚述军队与各个阿拉伯部落作战,但并没有获得对他们的持久控制权。我们已经得知,在他统治晚期的一些铭文中(它们可以追溯到公元前639年或前638年),阿淑尔巴尼拔说波斯、迪尔蒙、卡德等遥远国家的统治者派使者带着珍贵的礼物来到了亚述宫廷,这主要是象征性的外交接触。然后,在阿淑尔巴尼拔掌权的最后八年里,原始资料完全消失了。当然,不能排除这是考古发现中的意外情况造成的。但似乎更有可能的是,阿淑尔巴尼拔统治的最后几年中王家铭文的缺失,是帝国的政治危机和经济危机日益严重的结果。

阿淑尔巴尼拔试图将自己打造成杰出战士和成功政治家的形象,但这在许多方面都与他那不怎么令人惊叹的现实形象相矛盾。人们有理由问,国王自己塑造的那个无畏猎人的形象,在现实中是否也大打折扣。几千年以来,狩猎是美索不达米亚的统治者和精英人士一直追求的活动,这种"流血运动"使参与者为对抗危险的人类敌人做好准备,同时也反映了这种对抗。阿淑尔巴尼拔为他所参与的狩猎探险留下了大量文字记录,他的艺术家们则在尼尼微新建的北宫墙壁上创作了大量浮雕,描绘他追捕野生动物的情景。这些图像位于已知古代近东地区最有成就的艺术作品之列。它们特别引人注目的是对国王所追捕的雄伟野兽的自然主义描绘,其中许多野兽处于垂死挣扎中。[18]

虽然阿淑尔巴尼拔很可能从未在战斗中亲手杀死任何人，但几乎可以肯定的是，他在一生中猎杀了数百只野生动物。阿淑尔巴尼拔捕杀过的动物包括野驴、鹿和瞪羚，而他捕杀过的最厉害的动物是狮子，它们当时游荡在美索不达米亚的大草原、树林和芦苇丛中。尽管美索不达米亚的狮子比非洲和印度的狮子小，但它们仍然是危险的动物，威胁着行人和农村社区，同时也代表着一种混乱，而亚述国王们理应凭借他们的力量帮助臣民战胜这种混乱。亚述王室从公元前9世纪中叶开始使用王室印章，并将其无数次地印在泥玺和泥板上，其图案是国王站在一头准备飞扑的狮子面前，并用他的剑刺向狮子。

任何亚述国王都不可能以王室印章上所描绘的过于冒险的方式与狮子搏斗。但是，阿淑尔巴尼拔致力于传达这样的信息：他用自己前所未有的神力，确实完成了这样的壮举。关于他的一些浮雕显示了国王站在跃起的狮子面前并将它们杀死。还有一些浮雕描绘了他在马背上用长矛杀死一头从前方接近的狮子，而另一头狮子则从后面攻击他的备用马。在一幅浮雕上，阿淑尔巴尼拔甚至抓住了一头准备飞扑的狮子的尾巴，然后用长矛将其刺毙。

许多这样的场景，可能是对国王在乡下某处所进行的猎狮活动高度美化的表现。然而，阿淑尔巴尼拔并不满足于在远离尼尼微城市世界的地方进行狩猎活动。他希望在众多欣赏这一切的观众面前重现亚述王室印章中的景象。为了帮助他实现这个野心，王家仆人在城市之中创造了一个封闭的空间，阿淑尔巴尼拔在那里可以公开猎杀狮子。这让人联想到罗马竞技场。在猎狮过程中，这个空间由两排手持长矛和弓箭的士兵护卫，此外，里面还有一些保卫国王的大型犬。该区域是献给女神伊斯塔的，一旦狩猎结束，国王就将代表伊斯塔向被杀的狮子奠酒。

　　阿淑尔巴尼拔北宫 C 房间的一幅浮雕，说明了尼尼微竞技场中的猎狮活动是如何实际进行的。首先，一个孩子或一个身材较小的成年人把狮子从笼子里放出来。然后，国王从王家战车上逐一杀死狮子，战车在竞技场上飞奔，国王射出箭矢。市民们在附近的山上观看这一场面，而携带水袋的人则向他们出售饮料。一幅浮雕展示了山顶上的王家纪念碑，上面有国王在战车上猎杀狮子的场面，这是艺术史学家所说的"戏中戏"（mise en abyme）的早期例子，那是一种将图像嵌套于自身之中的巧妙技术。这座纪念碑很可能真的存在，上面刻着在尼尼微所发现的一块泥板碎片上的文字。在这段文字中，阿淑尔巴尼拔声称："我用我的王家车辆带领一支队伍，（不迟于）天亮后 40 分钟内，就已经平息了 18 头狮子的骚乱。"这一说法与 C 房间的浮雕上所描绘的 18 头处于不同痛苦状态的狮子完全吻合。

　　18 这个数字在古代美索不达米亚并没有特殊的含义，而这里为什么要强调 18 呢？也许这与阿淑尔巴尼拔在位期间，尼尼微城有 18 个门的事实有关。正如阿淑尔巴尼拔在他的铭文中所指出的那样，狮子的数量在整个帝国内迅速增加，并阻碍了道路。有人认为："通过在尼尼微竞技场杀死 18 头狮子，阿淑尔巴尼拔象征性地确保了首都的每个出口、每一扇门以及通往首都的每一条道路都是安全的。"如果是这样理解的话，我们可以把整个场景视为对国王战胜混乱势力的象征性展示。[19]

　　阿淑尔巴尼拔的王家狩猎活动再次凸显了这位国王性格的复杂性。一方面，阿淑尔巴尼拔显然渴望帮助他的人民摆脱一个危险的麻烦：数量不断增加的狮子在这片土地上游荡。但与此同时，他又忍不住把他的狩猎活动（据说是出于利他主义的目的）变成了一场巨大的表演，一场类似于马戏团中的表演，让愿意欣赏的人群观看。

此外，人们怀疑，国王在打猎时所承担的个人风险，实际上比他的文本和图像所显示的要小得多。尼尼微的竞技场中的狮子，当它们被释放出来面对亚述国王无情的武器时，可能已经被喂饱了，甚至可能服下了镇静剂。据推测，阿淑尔巴尼拔的猎狮活动，并不比罗马尼亚的尼古拉·齐奥塞斯库在20世纪60年代至1989年间所进行的可悲狩猎活动更危险。尼古拉·齐奥塞斯库自称"有史以来最伟大的猎人"，说自己赢得了几十个狩猎奖杯，多年以来在喀尔巴阡山脉杀死了大约400头熊，有一次在一天内杀死了不少于24头熊。但他之所以能够做到这一点，是因为这些可怜的动物被引诱到他高高的座位旁边的食槽里，或者被几十个驱赶猎物的人有组织地赶到那里。那些目睹这种狩猎经历的人并不认为这是带有英雄气息的，阿淑尔巴尼拔的一些狩猎同伴可能也暗自抱有这样的想法。[20]

亚述的经济情况揭示了阿淑尔巴尼拔所宣称的说法与他统治时期的现实之间存在着同样的差异。如前所述，国王在他的铭文中自豪地宣称，他的统治让国内"丰饶而富足"。他声称，谷物长得很高，亚述军队带回来的战利品数量很多，以至于在某些情况下，出现了短期的通货膨胀：在国王发动的一场阿拉伯战役过后，"酒馆女老板的一次招待，酿酒者的一壶啤酒，园丁的一袋蔬菜，都换来了骆驼和奴隶"。[21]

与此同时，与这一说法有些矛盾的是，阿淑尔巴尼拔还吹嘘说，在他统治期间，日常生活用品的价格非常低。根据美索不达米亚的国王保持理想价格的古老传统，阿淑尔巴尼拔写道："在我的所有土地上，由于贸易充分（？），一个舍客勒（约8.5克）的白银可以买到10头驴驮载的谷物（1 000升）、1头驴驮载的酒（100升）、

2 细亚（seah，20升）的油，以及1塔兰特（约30千克）的羊毛。"阿淑尔巴尼拔的一个儿子写给阿淑尔巴尼拔的一封谄媚的信，也提到了日用品便宜的价格。[22]

尽管评估阿淑尔巴尼拔统治时期亚述经济的实际状况并不容易，但显而易见的是，国王理想中的价格与实际的价格并没有什么关系，现实中不仅有好的年份，也有一些非常糟糕的年份。最初，在阿淑尔巴尼拔在位的第一个十年里，亚述的经济状况似乎相当令人满意，尽管也许并不像国王所说的那样好。经济文献显示，粮食和奴隶的价格大体上是稳定的。然而，在公元前7世纪50年代期间，亚述的经济状况开始出现危机的迹象。公元前657年3月初，在写给阿淑尔巴尼拔的一封信中，国王的私人占星师阿库拉努（Akkulanu）称"今年的雨水太少，以至于没有收获"。尽管阿库拉努一如既往地将这种缺乏降水以及随之而来的作物歉收解释为"与国王的生命和活力有关的好兆头"，但是很明显，这实际上是帝国中每一个没有被完全蒙蔽的人都极为关切的问题。[23]

在阿淑尔巴尼拔统治时期的最后十几年里，事情似乎变得更糟了。公元前643年或前641年的一份来自迦拉的法律文件，记录了有人出售了一个名叫乌尔基图-哈玛特（Urkittu-hamat）的女奴后并未换来白银，而是非比寻常地换来了20迈纳（10千克）不太值钱的铜，该文件还补充说，这笔交易发生在"饥荒之年，在当时，1升谷物可以换1.5迈纳（约0.7千克）的铜"。假设当时的兑换率是1舍客勒白银兑换1迈纳的铜，那么这一年的粮食价格就比阿淑尔巴尼拔的铭文中提到的理想粮食价格高1 500倍。此外，根据阿淑尔-吉米鲁-特莱（Ashur-gimillu-tere）担任名年官时（公元前638年或前636年）的几份经济文献记载，亚述人被迫卖掉了自己的孩子，或将他们抵押给债权人——这是经济困难的另一个迹象。换句

第十二章　学者、施虐狂、猎人、国王　　281

话说，阿淑尔巴尼拔引以为豪的对经济繁荣的承诺，随着他的统治时间越来越长，肯定是越来越空洞的。[24]

在阿淑尔巴尼拔统治时期，如果说存在着一项重要性不容置疑的成就，那就是国王在尼尼微建立的图书馆。严格来说，阿淑尔巴尼拔创建了多个图书馆，分别将它们设立在他自己新建的北宫、辛那赫里布的西南宫殿，以及两个王室住所之间的纳布神庙和伊斯塔神庙之中。1850年，当奥斯汀·亨利·莱亚德和他的工人们在西南宫殿发现第一个藏书地时，他们对偶然发现的大量泥板感到无比惊讶：

> 在距离地面1英尺*或更高的地方，(房间)完全被(泥板)填满了；它们有些是完整的，但大多数裂成了许多碎片，这很可能是上方建筑物倒塌所致。它们大小不一；最大的泥板是平的，尺寸约为9英寸[†]×6.5英寸……有些不超过1英寸长，上面只有一两行文字。大多数泥板上的楔形文字都非常尖锐，轮廓清晰，但……细小。[25]

几乎所有来自尼尼微的泥板，包括莱亚德发掘的泥板以及后来发现的其他泥板，都被带到了伦敦的大英博物馆。现如今，大英博物馆的"库云吉克藏品"包含大约3万块泥板或泥板的碎片。自19世纪中叶以来，破译它们以及将这块巨大拼图的碎片重新拼合起来，一直是亚述学家的主要关注点。尽管这一过程至今仍未完成，

---

* 1英尺约合0.3米。——编者注
[†] 1英寸为2.54厘米。——编者注

但是人们对阿淑尔巴尼拔图书馆中的内容已经有了很多了解。

国王似乎想把古代美索不达米亚产生的所有书面知识都集中到尼尼微。有两种文本对他来说特别重要：关于预兆的文献，以及关于仪式和咒语的记录。前者主要包括与占星术相关的约70块泥板的合集，以及由100块泥板组成的关于内脏占卜的合集，这种占卜术通过观察羔羊祭物的内脏来进行预测。占星术和内脏占卜术是公元前一千纪美索不达米亚最负盛名的两种预测技术，国王需要决定他的军队是否应该参战，或决定是否让特定人选担任高级职务时，都会使用它们。[26]

正如他的"自传"所揭示的那样，阿淑尔巴尼拔在年轻时就已经熟悉了"天地之象"，当时他学习速度很快——或者说他声称如此——他的老师将内脏占卜合集中要求极高的倒数第二块泥板分配给了他，这是一篇名为《如果肝脏是天堂的镜子》的深奥评论。我们今天已经获知阿淑尔巴尼拔的图书馆中的500多篇评论和评论片段。这些评论与楔形文字符号表及词典一起，帮助美索不达米亚的学者——当然还有国王——充分理解他们所研究的文本的含义。由于这些文本通常相当古老，来自公元前二千纪甚至前三千纪，并且有些不是用巴比伦语或亚述语写的，而是用古老的苏美尔语写的（在公元前7世纪，这种语言就像拉丁语对我们而言一样古老），因此这些对研究有辅助作用的文本意义非凡。此外，一些评论为特定的文本段落赋予了全新的意义。除了其他意义之外，它们有助于重新解释那些从字面上看没有意义的内容。例如，从天文学上来说，"如果星星站在太阳圆盘的前面"这个预兆不可能发生，而一份评论将其重新定义为"火星位于另一个行星的前面"。[27]

人们也在尼尼微发现了大量刻有仪式和咒语文本的泥板，其中包括：对抗巫术的仪式文本，如马齐鲁（Maqlû）系列文本等；一

第十二章　学者、施虐狂、猎人、国王

个被称为苏尔普（Šurpu）的合集，它指示了如何举行去角质仪式（去除皮肤外层的死皮细胞），目的是净化被道德或宗教问题污染的人；还有一个长长的对抗鬼魂咒语的合集，该合集被称作乌度格-胡尔（Udug-ḫul）。早在希波克拉底和盖伦之前，阿淑尔巴尼拔的书库就包含了古代世界最大的一套医学文本。其中许多文章构成了一个庞大的合集的一部分，其内容涵盖了身体各个部位的疾病（这些部位包括颅骨、眼睛、耳朵、脖子、支气管、肾脏和腘绳肌），以及皮肤病和伤口、精神疾病、性功能障碍、妇科、产科及兽医护理的有关知识。驱魔师和医生写给国王埃萨尔哈东和阿淑尔巴尼拔的信表明，在危机时刻，这些文本中记录的巫术和医学知识会得到应用，以帮助国王及其家人恢复身心健康。

在阿淑尔巴尼拔图书馆的泥板之中，现代读者特别感兴趣的是历史和文学文本。在文学文本中，著名的《吉尔伽美什史诗》占据了最重要的位置。它的主人公、悲剧英雄吉尔伽美什获得了名声，却徒劳地争取身体的不朽，他是阿淑尔巴尼拔效仿的一个榜样。图书馆中的其他神话史诗包括《巴比伦创世史诗》《埃拉史诗》《安祖史诗》，最后这部史诗讲述的是战神尼努尔塔击败了一只从众神之王恩利尔那里偷走"命运之碑"的原始之鸟。如果阿淑尔巴尼拔希望享受一些轻松的阅读，他的图书馆也提供了一些选择，例如大量的谚语、谜语和笑话，或者一个有趣的散文故事，它讲述了尼普尔城中的一个贫困居民在该市市长对他做了坏事之后对市长进行了三倍的报复，这个故事最近被改编成为第一部巴比伦语电影。[28]

阿淑尔巴尼拔的前任国王埃萨尔哈东已经开始在尼尼微收藏王家文本，他曾雇用巴比伦的人质和战俘为他抄写楔形文字副本。几个世纪以来，巴比伦一直被认为是楔形文字文明的源头，当阿淑尔巴尼拔开始寻找更多的材料来充实他的王家图书馆时，巴比伦仍然是学术、宗教和文学文本的主要来源。阿淑尔巴尼拔与巴比伦和博尔西帕的学者之间的信件，我们都是从后来的副本中得知的，它们显示了国王对其想要收藏的学术文本的热切渴望。有一次，阿淑尔巴尼拔给巴比伦的学者写信，要求他们给他送来"所有书吏的学问、埃阿与阿萨卢希（Asalluhi）神的技艺、《如果一座城市》（关于领土的预兆）、驱魔文集、礼仪哀歌合集以及歌曲汇编"。[29]

国王要求提供的文本是"从我主马尔杜克大人那里"，也就是从巴比伦的马尔杜克埃萨吉尔神庙图书馆中获取的。然而，巴比伦的学者们很精明，他们向国王提供了新抄写的副本，而不是将他们手中的那些不可替代的原本送给他。由于来自巴比伦和南方其他城市的泥板上所使用的巴比伦文字比更为正规的亚述文更不容易辨认，阿淑尔巴尼拔的手下就将许多泥板上的文字复制在形状优美的新泥板上，以特别规整的亚述风格字体书写，并以绳为尺，来确保纵列文字排列整齐。所有这些泥板上都有所谓的阿淑尔巴尼拔脚注，表明它们属于国王并赞扬他的博学。脚注还说明了文本属于哪一合集，以及该文本在其中的编号或标题。

在一本植物学手册的脚注中，阿淑尔巴尼拔自豪地宣称，他自己重新整理了他在以前的文章中发现的植物名称，因此独自编纂了一部新的参考性著作，它比过去的同类作品要好得多：

（手册的）第一章（或是第十章、第十二章）"乌尔乌安那（Uruanna）指的是'肥皂草'"。有些植物名称以前在双语和单语词典中得到过解释，但自古以来从未有过权威的"新版本"（zarâ lā ṣabtū），也未被分门别类，而世界之王、亚述国王阿淑尔巴尼拔重新整理了它们。[30]

第十二章 学者、施虐狂、猎人、国王

"新版本"这个短语在其他地方比较少见,但它也出现在一位名叫埃萨吉尔-金-阿普利(Esagil-kin-apli)的巴比伦大师级学者所做的编辑工作中,他生活在公元前11世纪中期,曾将许多驱魔和占卜手册汇编为新合集。他的工作从未被遗忘,很明显,阿淑尔巴尼拔在上文引用的注释中,希望将自己表现为埃萨吉尔-金-阿普利再世,即昔日著名学者的新化身。

在他统治时期的前15年中,阿淑尔巴尼拔曾给予向他提供阅读材料的巴比伦学者慷慨的金钱奖励。有一次,他写信给他们说:"你们将拥有1塔兰特(约30千克)的白银。我到巴比伦后,就会给你们特权。我将取悦你们的心,使你们安心。"但在与他的兄弟发生内战后,心灰意冷的阿淑尔巴尼拔不愿意再用这种恩惠来赏赐不忠的巴比伦人。在公元前647年的冲突之后,亚述人从巴比伦带到尼尼微的泥板,可能是作为战争赔偿被强行拿走的,这种"绑书"(booknapping)行为类似于五个半世纪前图库尔提-尼努尔塔一世对巴比伦图书馆的掠夺。许多泥板来自私人收藏,例如,来自尼普尔的一位名叫阿拉布(Arrabu)的驱魔师必须提供185块泥板,其中包含仪式中的哀歌和梦兆文本。亚述图书馆的记录显示,亚述官员不仅征收了泥板,还征收了大量的写字板,即用一层蜡覆盖的木板,这些木板有时会由两片或多片铰链组合成"书籍"。就像后来在古典世界中一样,写字板在美索不达米亚的行政管理和学术研究中发挥了重要作用。人们在阿淑尔和迦拉发现了少量写字板的样本,但是没有在尼尼微发现它们。[31]

阿淑尔巴尼拔不仅收集泥板,还聚拢学者。他在巴比伦招募了许多占卜师、祭司、驱魔师和医生,令他们为他提供宗教与健康方面的建议,有时还有政治方面的建议,这给巴比伦带来了严重的"人才流失"。此外,像他的父亲埃萨尔哈东一样,他收到了分布在亚述和巴比伦各地的占卜师的数百封信件。这些占卜师的任务是定期向国王报告他们所做的天体观测工作,观测对象包括月食以及特定行星和恒星的出现和消失。通过赞助对这些现象的系统研究,阿淑尔巴尼拔可能促成了学术向一种新的、有数学依据的天文预测"科学"的范式转变,一直到楔形文字文明的最后阶段为止,这种范式都是美索不达米亚的学术研究的重要特征。[32]

许多人认为,阿淑尔巴尼拔创建了历史上第一个综合性的图书馆,一个巨大的书面知识库,它早在希腊化时代的学者创建类似的图书馆,如帕加马图书馆和亚历山大图书馆之前就已经存在。此外,他对占星术和天文学的推广可能引发了一场不折不扣的科学革命。然而,国王本人是一位伟大的学者吗?考虑到他还有很多其他事情要做,用专业文人的标准来要求阿淑尔巴尼拔,可能不是真正公平的。但是,既然他这样形容过自己,我们就必须问这个问题。

阿淑尔巴尼拔对书写艺术的认真态度是毋庸置疑的:有许多宫殿浮雕上的阿淑尔巴尼拔形象是腰带上塞着笔的,即便在他猎杀狮子时也是如此。但是,国王从他的学者那里收到的信件,令人怀疑他对楔形文字文化是否真的那样精通。很多时候,写信的人发现有必要向国王解释一些实际上相当简单的术语和概念。例如,在与他讨论一系列关于鸟类的预兆时,阿淑尔巴尼拔的私人占卜师巴拉西不得不指出常用词 išdiḫu("益处")的含义;在他与占星家纳布-阿赫-埃里巴一起写的一封信中,这位学者为广泛使用的速记符 ITI(意思是"月")添加了一个音注 ur-hu。最后,有一封信可以确认是阿淑尔巴尼拔本人在担任王储期间所写的,这封信是写给埃萨尔哈东的,它异常简短,其字体显得"大而难看,而且并不工整"。这并不是一个真正技艺高超的书写者的作品。[33]

然而，即便以最宽松的标准去衡量，阿淑尔巴尼拔也不是一个人文主义者。相反，他是一个恶毒与残暴的人，在生活中一直需要得到肯定。国王对落败敌人命运的描述异常可怕，似乎是由一种发自内心的仇恨驱动的。例如，阿淑尔巴尼拔声称，公元前648年，在亚述人征服巴比伦后，他把反对他的人集中起来，然后"毁掉他们的脸，剥掉他们的皮，剁碎他们的肉"。他不敢随部队参加军事行动，但在羞辱他抓获的国内敌人时，反倒特别有创造性。国王和他的人民会在尼尼微的王家城堡的主门前，观看他为惩罚对手而精心设计编排的恐怖节目。对待阿拉伯统治者乌埃特（Uaite'，即亚乌塔）时，阿淑尔巴尼拔为了消除所有"道德禁忌"而带着无情的幽默感指出："我绑住他的脖子，把他与熊和狗拴在一起，让他看守尼尼微的城门。"他也在该城门向公众展示过埃兰国王特乌曼的头，此前，它被挂在冈布莱人（Gambulean）的首领杜纳努（Dunanu）的脖子上，而杜纳努被迫在城内游街示众。杜纳努后来也被"扔在屠宰台上，像羊羔一样遭到宰杀"。也正是在城门这里，曾与埃兰人站在一起的尼普尔总督纳布-舒穆-埃莱什的两个儿子被迫磨碎了他们父亲的尸骨。不仅阿淑尔巴尼拔的文本体现了这些事件中的一些片段，而且他的宫殿浮雕也描绘了他血腥恐怖的一面。[34]

阿淑尔巴尼拔的铭文还描述了国王附庸和外国统治者如何在他脚下屈膝爬行以示臣服，这些细节往往描写得很生动。Proskynesis，即以庄严的姿态俯伏在地以示尊敬的行为，是古代近东的一种普遍做法，并非阿淑尔巴尼拔所发明。但是，并没有其他亚述国王用同样屈辱性的语言描述过它。例如，据说逃亡的埃兰王子塔玛里图来到尼尼微，然后"亲吻国王陛下的脚，用胡须来扫地"，而在一份为宫殿浮雕所配的短文中，阿淑尔巴尼拔谈到了一个埃兰贵族代表团，他们"带着大量的礼物来到我这里，用舌头舔门槛"。这些不是一个人文主义者的回忆,而是一个虐待狂反复玩味的事情。[35]

阿淑尔巴尼拔是一位看起来既迷人又有很大缺陷的历史人物。他所倡导的文学和艺术文化是非常成熟的。他北宫中的猎狮浮雕非常漂亮,他的一些铭文可以说是富有诗意的杰作。但与此同时,国王也表现出了令人不安的倾向,沉溺于残忍的恶行中。

在阿淑尔巴尼拔统治时期,一幅最著名的浮雕展示了国王与王后饮酒的宴会场景,很好地说明了他的两面性。观众似乎从中直接看到了一幅田园风光——国王和他的妻子在一个美丽的花园里平静地约会,音乐家们演奏着他们的乐器,鸟儿们在天空中飞翔、在树上筑巢。然而,景象并不像表面上那样无害与和谐,因为如果仔细观察,人们可以在其中一棵树上看到别的东西:一颗被打败的敌人的头颅,它可能是特乌曼。这一幕让人想起了托马斯·曼的小说《魔山》中的"雪梦":主人公一开始发现自己身处一个世外桃源般的海岸风景区,那里有很多美丽的人,然后他被引诱到了附近一个有着古老柱子的神庙中,在那里,两个衣衫不整的半裸老女人撕碎了一个小男孩,并将其吃掉。我也想到了20世纪德裔犹太哲学家瓦尔特·本雅明的著名格言:"每一部文明的文献,同时也是野蛮的文献。"[36]

阿淑尔巴尼拔是一位极富野心的统治者,但他也有自欺欺人的倾向。早期的亚述国王也曾宣称自己强壮有力并且像著名的古代圣人阿达帕一样充满了智慧。但当他们意识到这种说法只适用于他们的"政治身体",而他们的"自然身体"仍然是一个不完美的凡人时,他们就会避免把这些自我夸耀的言论置于一系列公开的考验之下。而阿淑尔巴尼拔反其道而行之。他是一个前卫的(avant la lettre)民粹主义者,他渴望被人爱戴,而不仅仅是受到别人的尊重；他似乎一直在误解中挣扎，认为自己真的可以成为另一个阿达帕、另一个埃萨吉尔-金-阿普利，甚至成为更好的存在，即一个新的吉尔伽美什。就像在舞台上一样，阿淑尔巴尼拔不断地假装充当这些角色，而不是专心地统治他的国家。

不幸的是，如果说吉尔伽美什的故事是一场悲剧，那么阿淑尔巴尼拔所演的戏则越来越像一场闹剧。他是一名糟糕的军事领袖、一位被高估的猎手、一个平庸的学者。由于他的施虐狂倾向，他更像尼禄，而不像马可·奥勒留或者阿克巴那样的哲人皇帝。在他统治的后期，亚述的政治和经济形势恶化，阿淑尔巴尼拔一定意识到了亚述精英阶层的许多成员已经开始认为他的统治是失败的。他越来越远离公共生活，越来越依赖宦官，而且似乎忽视了他的管理职责。在他指定的名年官中，有一位首席裁缝和一个名叫布鲁图（Bullutu）的首席歌手，这明显违反了这一职位只能被分配给受人尊敬的军官和行政人员的古老规则。[37]

在后来希腊人流传下来的传奇故事传统中，阿淑尔巴尼拔变成了亚述的最后一位国王、颓废的萨尔达纳帕鲁斯。然而现实中，在亚述崩溃以前，在阿淑尔巴尼拔之后还有三位短命的统治者登上过亚述国王的宝座。但是，这个传说故事把萨尔达纳帕鲁斯放在亚述历史的末尾，也是有一定道理的。有许多迹象表明，尽管国王阿淑尔巴尼拔在其统治期间有着极大的野心，但是他却决定性地加速了亚述帝国的衰落。[38]

不过，就当时来说，在亚述帝国中，人们的生活仍在继续。构成亚述社会基础的农民、牧民、商人、工匠和奴隶可能很少会受到阿淑尔巴尼拔的古怪行为以及亚述宫廷所发生的事情的影响。

第十三章

帝国的日常生活

从新亚述时期流传下来的资料有一种"以国王为中心"的偏向：它们大量谈论国王，而较少谈论任何其他人。这也许可以让人对阿淑尔巴尼拔和一些其他的亚述统治者进行详细的心理分析。但是，如此关注"伟人"，并主要从他们的角度来书写历史是要付出代价的：这样往往会掩盖普通公民、农民和奴隶，以及妇女、儿童和老人的经历。这些人在所有古代社会中都占人口的绝大部分，他们的生活才是人类的日常生活，而阿淑尔巴尼拔的生活则属于特殊情况。幸运的是，以适当方式研究的话，亚述人的资料也能大量揭示平民在帝国全盛时期和之后的时期内生活与死亡的情况。

在聚焦亚述人的城市生活之前，本章将从农村的农民和饲养动物的牧民开始，仔细观察亚述的"普通人"。无论穷人还是富人，女人还是男人，奴隶还是自由公民，他们都是"亚述人"，但是，亚述的每个群体也都有自己的身份认同，这种认同是由各种社会力量、经济力量以及文化力量所塑造的。

在古代世界和前现代世界中，大多数国家的大部分人口居住在城市以外的地区，种植农作物和从事畜牧业。这使得亚述的起源具有一定的特殊性：早期亚述人，也就是公元前二千纪上半叶生活在阿淑尔城邦时期的人，几乎都是城镇居民。但是随着阿淑尔转变为一个领土王国，农村社区成了亚述国家的一个组成部分。在公元前8世纪和前7世纪，亚述人居住在整个帝国内的小型定居点、乡镇以及小村庄之中。

巴比伦冲积平原上的农业以人工灌溉为基础，农作物的产量极高，而在亚述领土上所实行的更大范围的雨水灌溉农业则可能导致农作物产量相当不稳定。在阿淑尔城周围地区，每年至少需要200毫米的降雨才能满足社会需求，尽管在更北方的平原地带以及扎格罗斯山脉的山脚下，降水更加丰富。在新亚述时期，沿底格里斯河和大扎卜河、小扎卜河以及哈布尔河开凿的水渠和人工运河在一定程度上改善了这种状况，但这也并没有创造出巴比伦绿色平原中天堂般的肥沃土地。亚述的农业在多大程度上继续依赖雨水，可以从公元前8世纪阿拉法总督伊斯塔-杜里（Ishtar-duri）写给萨尔贡二世的信中看出："雨下得很大，所以庄稼长得很好。国王我主可以感到高兴。"[1]

亚述最常见的农作物是大麦，大麦在春天收获，经过脱粒和粉碎，然后被加工成面粉和啤酒。果园里生产各种水果和蔬菜。帝国时期葡萄酒产量出现增长，特别是在哈兰城的周围地区，而在其他地方也有增长。2021年，意大利考古学家在伊拉克杜胡克省希尼斯（Khinis）附近发现了几个石凿坑，在公元前700年左右，人们用这些坑将葡萄榨汁，随后再将葡萄汁加工成葡萄酒。相比之下，椰枣树在亚述没有得到大规模种植。虽然它们在伊拉克南部无处不在，可以在秋季第二次收获，但它们在更北的地区并不能够经受住当地偶尔会有的夜间霜冻。然而，有几位亚述国王在记录中说，他们从外国带来了其他植物，并将它们种植在亚述的宫殿花园和农业庄园中。辛那赫里布从某个没有提到名字的地方（大概是印度）进口了"长羊毛的树"，也就是棉花，但他建立可运作的棉花产业的尝试似乎最终失败了。[2]

亚述的大片农田为国王所有，国王将其分配给了神庙、军官和士兵、高级行政人员以及被驱逐者。虽然在没有王室许可的情况下，王室的土地通常不能出售，但是也有一些其他的农村地产不受这种限制。除非得到豁免，否则土地所有者必须向国家缴纳谷物税和麦秆税。[3]

每年的农业生产周期中的实际工作，从耕地、播种到收获，通常是由半自由的或者没有人身自由的农民来完成的。他们往往和他们的小家庭，以及一些猪、牛和山羊一起住在他们所照料的田地附近。我们对他们的日常生活知之甚少，但很明显，他们有着自己的传统和宗教习俗，其中包括驱赶田间害虫的特定仪式，这些害虫有蝗虫、蚱蜢、毛虫和象鼻虫等。一部名为 Zu-burudabbeda（"麻痹蝗虫之牙"）的楔形文字手册收集了对相关仪式的描述，这些仪式包括在黑暗的冬夜向农业和战争的守护神尼努尔塔献上食物和酒。为了确保在即将到来的大麦收获季得到尼努尔塔的支持，人们在这种情况下用咒语来祈求这位神："尼努尔塔啊，埃库尔神庙中的神明之首，接受它吧！请吃美味的食物，喝甜蜜的饮料！请友好对待这块农田，并驱逐它们吧，它们是尼恩基利姆（Ninkilim，即"啃咬之主"，害虫的超自然领袖）的大狗、蝗虫（和）"吞噬者"害虫，它们的嘴就是大洪水！"[4]

当然，人们也采取了实际措施来对付田间的害虫。公元前710年左右，一场蝗灾袭击了亚述帝国的大片地区，阿淑尔的总督遵照王室的命令，确保他辖下的子民用杜松子粉熏蝗虫产卵的地方，以便在蝗虫卵孵化的时候将它们杀死。[5]

第十三章　帝国的日常生活

在更遥远的草原上，在无法种植农作物的地方，牧羊人照看着他们的绵羊和山羊，为亚述王国提供奶、肉、羊毛和皮革。对亚述中央政府来说，控制这些半游牧群体并不容易。有一次，正如一封写给埃萨尔哈东的信所揭示的那样，牧羊人拒绝交付他们所欠阿淑尔神庙的绵羊，时间长达7年。相反，他们把自己武装了起来，说："谁来对付我们，我们就用弓箭射倒他。"神庙的一个名叫达迪（Dadî）的代表警告国王，这种无政府状态可能会对他的权威产生危险的后果："如果连这些亚述人都拒绝尊重国王陛下，那么外国人将如何对待国王陛下呢？"这段插曲提醒我们，虽然亚述国王有着广泛的权力，但其权力也有局限性。[6]

亚述城市中的生活，比农村的生活留下了更多的记录。帝国时代的城市社会是高度分层的，即便在真正自由的公民中也是如此。阿淑尔城中的不同房屋，其面积并没有很大的差异，通常在50平方米至150平方米之间，因此它们只能容纳相对较小的家庭。但在杜尔-卡特利姆，一个名叫舒尔穆-沙里（Shulmu-sharri）的人拥有所谓的"红房子"，它的面积约为5 200平方米，它有着82个房间，这些房间围绕着五个大院子。舒尔穆-沙里是阿淑尔巴尼拔手下的一位有权有势的军官，也是国王的心腹，他在长达30年的时间里购买了大约50名奴隶，其中三分之二是女性。[7]

亚述城镇中的许多自由民似乎都是识字的。在阿淑尔城发掘出的私人房屋中，每三座就有一座出土了楔形文字档案，其中包含商业文件，不少房屋还有着收藏文学、宗教和学术文献的图书室。亚述其他地方的城市人口中也有相当一部分人能够读写。迄今为止，西亚约有30个遗址出土过新亚述时期的私人档案，其中包括法律文本和经济文本。尽管这些文本内容往往非常程式化，但它们揭示了许多亚述城市居民的谋生方式。[8]

事实证明，新亚述时期社会的特点是职业大量分化，一种近乎现代社会中的劳动分工模式出现了。除了各种祭司、行政人员和军事人员外，还有建筑师、占卜师、法警、面包师、理发师、船夫、制弓师、酿酒师、建筑工人、屠夫、木匠、糖果师、厨师、预言家、驱邪师、捕鸟人、园丁、守门人、宝石和石头切割师、帽匠、驯马师、翻译、皮革匠、石匠、测量师、商人、信使、乐器演奏家和歌手、榨油匠、香水制造者、制陶工、先知、密探、书吏、铁匠、裁缝、鞣皮工、家庭教师、运粮者、洗衣工、纺织工等。在这些职业中，人们可以进一步细化分工并处于不同的等级。[9]

新亚述时期档案中的法律文件可分为两大类。所谓的"坚固泥板"（dannutu）记录了不动产或奴隶的收购情况。它们属于所有权证书，所以会在一个家族的档案库中保存多年，有时甚至保存几代人的时间。与此相反，白银或大麦的借据（年利率通常为25%）在债务被偿还后就会被债权人丢弃。

许多新亚述时期的债务票据都是以"票据簿"的形式出现的。"票据簿"是附在皮革卷轴上的泥块，虽然这些皮革卷轴没有保存至今，但上面肯定刻有阿拉米语版本的票据。有相当多的票据簿也是用阿拉米语书写的，甚至一些泥板都是如此；还有一些，除了使用楔形文字外，上面也刻有或用墨水写有阿拉米语铭文。因此，除了楔形文字和亚述文，在亚述帝国内，阿拉米字母和阿拉米语也得到了广泛使用。[10]

许多亚述人追随他们古亚述和中亚述时期的祖先的脚步，成为追逐利润的职业商人。帝国取消了边界和贸易限制，促进了商业交流。《圣经》中的先知那鸿在强调亚述商人重要性的同时，也对他们进行了相当负面的描述，这也许是因为他认为亚述商人与亚述权

第十三章　帝国的日常生活　　295

力中心的紧密关系带给了亚述商人一些不公平的优势：

> 你增添商贾，多过天上的星。蝻子吃尽而去。[11]

阿淑尔城的一位名叫杜里-阿淑尔（Duri-Ashur）的富裕居民，是新亚述时期商人阶层的典型代表。在亚述帝国的最后几十年里，他组织了驴队，在今天辛贾尔山（Jebel Sinjar）地区从事贸易活动，货品包括帽子和纺织品等。当包括驴子在内的所有货物都卖完后，杜里-阿淑尔的代理人会购买大量的葡萄酒，并将其倒入兽皮中。这些兽皮被与木梁捆绑在一起制成木筏，沿着底格里斯河运回阿淑尔城，在那里，葡萄酒（途中靠河水保持了清冽口感）和木梁都可以卖掉，换来可观的利润。为了给他的贸易事业筹资，杜里-阿淑尔从小投资者那里集资，其中包括居住在阿淑尔城的几位埃及妇女。她们后来也获得了一份收益。[12]

亚述商人往往很富有。虽然杜里-阿淑尔的房子比杜尔-卡特利姆的"红房子"小得多，但它的占地面积也有大约150平方米，是阿淑尔城最大的房屋之一。而亚述的书吏和学者尽管声望很高，但通常都相当贫穷。一封来自尼尼微的信显示，亚述首席书吏，也就是帝国的一位顶级"知识分子"，他的住所"很小"，而且明显非常肮脏，"甚至连驴子都不想进去"。[13]

在王室失宠的学者和宗教专家也面临着特殊的困境。例如，阿淑尔巴尼拔即位后，著名的纳布-祖库普-克努的孙子、驱魔师兼医生乌拉德-古拉（Urad-Gula）发现自己突然失业了。在写给新统治者的信中，他痛诉了自己的命运："在先王的时代，我曾收到过他的礼物；他曾送给我一头骡子或一头牛，每年我都能得到一两个迈纳的银币，但现在，我却连一双凉鞋都买不起。我连一件多余的衣服都没有，还欠下了将近6迈纳（约3千克）白银的债务。人们对我说：'你年老之后，谁来养活你呢？'"可以肯定的是，乌拉德-古拉用优美的语言表达了大量的不满；这是美索不达米亚文人的一个悠久传统——为促使王室雇主更善待他们而展示自己的修辞技巧。但即使我们承认这位心怀不满的学者可能夸大了自己的困境，在古代亚述从事学术研究远不如投身商业赚钱这一点依然很明显——至今仍无太大区别。[14]

与更早的时期一样，亚述帝国时期的家庭往往很小。丈夫通常与妻子和孩子住在一起（有时还有几个奴隶），偶尔也会与他的父母一起住在私宅里。来自富裕家庭的妇女在结婚时会带上嫁妆——包括珠宝、纺织品、容器、化妆用品、工具、家具和白银等。在离婚时，嫁妆仍归女方所有，这能为她提供一定的物质保障。[15]

在亚述，婚姻的主要目的是生育后代。孩子们除了能够带来欢乐之外，还会在父母年老时照顾他们，将他们埋葬在家中的地下墓穴里，并通过每月举行的祭奠仪式来缅怀他们。与所有前现代社会一样，在亚述，怀孕和分娩也充满了危险。由于当时的卫生条件差，人们无法应对难产、产后出血和产褥热，产妇的死亡率很高。尼尼微的一块泥板上有一首简短的挽歌，这是少数用亚述语而非巴比伦语写成的文学作品之一，它以感人至深的诗意追忆了一位死于分娩的无名亚述妇女。文字的开头是这位妇女的丈夫哀叹她的命运，并询问她为什么要渡过冥河：

"就像是抛弃了河流正中的一艘船，
你的船桅都断了，缆绳也被斩断：
你为什么要穿过城市中的河流，披上裹尸布呢？"

这个女人，或者说是她的鬼魂，向她的丈夫讲述了发生在她身上的事情：

"究竟如何才能不放弃，如何才能不斩断我的缆绳呢？
在我有孩子的日子里，我是多么幸福啊！
我快乐，我的丈夫也快乐！
开启我的痛苦的那天，一个阴影从我的脸上划过，
我开始分娩的那一天，我的眼睛失明了。
我紧握拳头恳求母神：
'哦，母亲，生下我的母亲，饶我一命吧！'
母神听见之后，遮住了她的脸说：
'你［是谁］，为什么这样求我？'
［我的配偶，］爱我的人，大声喊道：
'［谁夺走了］我的妻子和我的慰藉？
［……］亘古恒远，
［……因为］她将永远身处毁灭之地。'"

在这段文字的最后，女鬼绝望地哭诉她的早逝：

穿过城市的［街道，女人的影子］发出哀号：
"［唉！］那时候是我丈夫陪伴着我！
我和他住在一起，那是爱我的人的财产，
然后死神悄悄地来到我们的卧室。
他把我从家里赶了出去，
把我从我的丈夫身边赶走；
我的脚步被他带到了一个没有归路的地方。"[16]

无论是在出生时,还是在出生后的几个星期和几个月里,一旦出现问题,不仅母亲,就连婴儿也会受到严重威胁。著名的驱魔师阿达德-舒穆-乌苏尔写给埃萨尔哈东国王的一封信表明了失去孩子会让他们的父母多么痛苦:"至于国王陛下写给我的那封信:'我感到非常难过;我们做了什么,让我为我的这个小生命如此沮丧?'如果这病能治好,您情愿放弃半个王国。可我们能怎么办呢?国王陛下,这是一件无能为力的事。"[17]

在缺乏有效医疗手段的情况下,年轻夫妇会通过祭神仪式和咒语来抵御生育的危险和抚养年幼子女过程中的危险。由于本质仁慈的神灵不可能对孕妇和婴儿的死亡负责,所以人们将恐惧投射到了一个名叫拉玛什图的狠毒女恶魔身上,她会抢夺婴儿,有着一种与母亲相反的形象,长着狮子的头、鸟的爪子和女性的上半身。在她下垂的乳房上,猪崽和狗可以吃奶,她爪子一样的手指有时会抓着蛇。在用来对付她的咒语中,拉玛什图据说会"数着"即将分娩的母亲的"月份",并"在墙上标记她们的时间",然后"溜进上锁的房子,勒死年幼的孩子"。[18]

要想摆脱这个可怕的女恶魔,确保孕妇分娩时的安全和孩子们的生命安全,有一种办法是制作一个她的雕像,对着它念咒语,然后把它丢弃在草原上,或者把它放在小船上,让小船在底格里斯河顺流而下。对付拉玛什图的另一种方法是寻求另一个超自然生物的帮助,即"邪恶风魔之王"帕祖祖(Pazuzu)。帕祖祖的手脚长满了利爪,瘦脸上瞪着凸出的眼睛,阴茎勃起[所有这些都使他看起来与埃及的贝斯(Bes)神相似],看起来几乎与拉玛什图一样可怕,但是他却充当着"白魔法"的代表:他的力量被用来驱赶吃小孩的恶魔。人们把小型的帕祖祖头像带在身上或挂在脖子上,把描绘它的大护身符摆放在家中,以保护孕妇和小孩。帕祖祖在1971

年的小说《驱魔人》（*The Exorcist*）及其随后改编的电影中大放异彩，但是这些广受欢迎的恐怖片将其与魔鬼联系在了一起，而不是将其塑造成在亚述和巴比伦所扮演的仁慈角色。[19]

健康新生儿的到来通常会给亚述人带来巨大的幸福感，但同时也会带来挑战，今天的为人父母者对此也深有体会。在晚上，婴儿经常哭闹，这不仅会吵醒父母，更糟糕的是还会惊扰家中的鬼魂，其中包括容易发怒的库萨尔利库（kusarriku），一个半神的牛头人。为了让孩子们安静下来，让家里的鬼魂安心，父母们会给孩子唱摇篮曲，一些楔形文字手册记载了一些摇篮曲。亚述-巴比伦的摇篮曲会问婴儿为什么在子宫里的时候不哭，并用诗意的语言恳求婴儿像井水一样平静，"让婴儿像困倦的羚羊一样入睡"，并让他像守夜的牧羊人一样打瞌睡。[20]

与其他地方一样，亚述的夫妻之间也是时而融洽，时而发生争吵。婚姻不和谐的原因是多方面的，其中之一是男性的性功能障碍，对此亚述人会借助仪式和咒语来解决。楔形文字手册《沙兹加》（Shaziga）中有一段典型的与性功能有关的咒语："野驴，野驴，野牛，野牛。是谁让你像松散的绳索一样瘫软，是谁在你的核心部位（即阴茎）上浇了冷水？是谁让你精神萎靡，昏昏欲睡？"伴随这种咒语展开的仪式，将会把问题投射到邪灵或女巫等外部因素之上。这类法术很难治愈生理问题，但或许有助于消除"房事焦虑"。[21]

每隔一段时间，妻子就会怀疑丈夫在性方面有不轨行为。尼尼微的几块泥板上记载了一种肝脏预兆："如果'样子'（肝脏的一种特征）像蝎子的螯针，男人的妻子就会燃烧起她的胯下，点燃男人的房子。"这个词条的评注解释说："如果你看到'胯下'这个词，

'胯下'指的是嫉妒:她产生了嫉妒之情,因此放火烧了男人的房子。"当然,妻子有时也会在婚姻之外找到伴侣,她们有时会对丈夫感到厌烦,甚至会采取激烈的手段来摆脱婚姻的束缚。另一种肝脏预兆说:"如果在'样子'和'路线'(肝脏的两个特征)之间有三条线,那么男人的妻子就会不断地(给另一个男人)传达信息,让他杀死她的丈夫,并说:'杀了我丈夫,娶了我!'"[22]

大多数涉及女性的新亚述时期文本都是由男性创作和撰写的,它们反映了男性的独特视角。有一段意志薄弱的主人和他精明的奴隶之间的讽刺文学对话就是一个例子。在这段文字中,主人不知道怎样才能使自己的生活有意义,他安排了一系列的活动,但又马上改变主意,放弃了自己的计划。每一次,奴隶都会迫不及待地迎合主人一番,为他的行动或不作为提供充分的理由。其中有一节概述了和一个女人产生感情联系的好处及其(最直观的)隐患:

> 奴隶,听我说!——我在这里,我的主人,我在这里。
> 我要去爱一个女人!——去爱吧,我的主人,去爱!
> 和女人交欢的男人会忘记悲伤和恐惧。
> 不,奴隶,我不和女人交欢。
> 那就不要交欢,我的主人,不要交欢。
> 女人是个陷阱,一个真正的陷阱,一个洞,一条沟渠!
> 女人是一把锋利的铁匕首,会割断年轻人的喉咙。[23]

在公元前8世纪和前7世纪的亚述父权制世界中,人们通常会要求妇女像罗马谚语中所说的那样:"她为家庭服务,她纺织羊毛。"但也有例外。当丈夫或儿子去世,或者他们丧失劳动能力时,新亚述时期的妇女通常会接管家业。神庙中的女祭司也比一般女性更加独立。[24]

也有一些妇女完全脱离了家庭生活，比如女预言家、酒馆女老板或妓女。但她们往往是社会的边缘人士，有时还被怀疑是女巫。妇女威胁秩序和宇宙和谐的形象，也出现在宗教背景中，无论是拉玛什图的形象还是《巴比伦创世史诗》中诸神的始祖提阿马特（她后来试图消灭自己的后代）的形象都是如此。

更早时期的许多强大女神，例如与书写及丰收有关的尼萨巴（Nisaba），在公元前一千纪遭到了降级，不再扮演重要角色。而在新亚述时期，人们则对伊斯塔女神顶礼膜拜，伊斯塔女神是爱情和战争的守护神，是异性装扮癖和性别流动性*的捍卫者，也是唯一下过阴间又升入天堂的神灵。似乎所有遭到压抑的、想要摆脱日常生活中父权制束缚的冲动都被投射到了这位女神身上，她成了反叛和越轨的化身。

在新亚述时期，奴隶处于社会的最底层。他们被视为他人的财产，因此有时也会受到重视，比如上文的讽刺对话中的奴隶，但在其他情况下，奴隶则被视为可以替代的。在驱魔师阿达德-舒穆-乌苏尔写给埃萨尔哈东的一封信中，我们就可以看到他们对奴隶的轻蔑态度。他在信中说，要找实验品来检测一种未经测试的药物，以确定是否应该给埃萨尔哈东的儿子阿淑尔巴尼拔用这种药："我们先让那些奴隶喝下，然后再让王储喝。"[25]

无论是男人还是女人，都可能由于成为战俘或因为债务而沦为

---

* 性别流动性（gender fluidity）指个体在不同时间点上，其性别认同和表现可能发生变化，这可以体现在外在层面，如穿着、行为和社交互动，也可以是内在的心理体验，如自我感知和情感。——编者注

奴隶。奴隶的子女延续父母的地位，被视为在家中出生的奴隶。来自阿淑尔的一份出售两名女性（母亲和女儿）的合同，显示了被奴役的战俘可能会遭遇的情况，她们是"来自埃兰的俘虏，国王将她们交给了阿淑尔城（的人）"。卖主是十个具有不同职业背景的男子，他们很有可能作为同一支部队的成员，在公元前646年参加了对苏萨的洗劫，这两名女子是对他们服役的奖励。由于共同拥有这两个女人对他们来说没有什么实际用处，他们就将其卖给了一个叫作曼努-基-阿淑尔（Mannu-ki-Ashur）的人，他从此成了这两个女人的唯一主人。当然，女奴特别容易受到伤害，因为她们的身体既可以被用于工作，也可以供奴隶主发泄欲望。[26]

因欠债而成为奴隶的情况就像因作战被俘而成为奴隶的情况一样普遍，它同样会给受奴役者带来巨大的苦难。一封来自尼尼微的信提到了一个女人被父亲卖掉的例子，根据推测，这是由于她父亲欠了债。这位父亲住在伊朗西部的迦拉尔拉（Karalla），他显然对女儿所处的危境深感不安，因此给女儿发了一封密信，恳求她："快逃，回到我这里来。"[27]

在整个亚述帝国，常有奴隶试图逃离恶劣的生活条件。有时，奴隶为了重获自由，会与他们的主人以及国家权力机构发生暴力冲突。在埃萨尔哈东统治时期的一封信中，一位官员报告说，一个来自卡赫美什的商人被他的奴隶杀死了，然后他说："但他们之中没有一个人成功逃跑，我们已经将他们全部逮捕。"[28]

为了尽可能使奴隶难以逃跑，把奴隶主的名字或有关奴隶身份的信息烙在奴隶的皮肤上是很常见的，这种处理方法最初被用于养牛。已知的中亚述和新亚述时期的法律实践手册指示奴隶主把短语ḫalaq ṣabat刻在不可靠的奴隶的脸上，意思是"他是一个逃跑者，抓住他！"。在认为这是亚述人或美索不达米亚人另一个特有的不人道做法之前，必须强调的是，后来的文明也有非常类似的做法。在古希腊，逃跑过的奴隶的额头上都刻有 kátekhé me pheúgo 的字样，意思是"抓住我，我是个逃犯"。而罗马人则强迫奴隶把一个金属环挂在脖子上，环上刻有拉丁语 fugi tene me，其含义是相同的。后来，在美国南部，逃亡的奴隶如果被抓住，脸颊上就会被烙上字母 R［表示"逃跑"（runway）］。[29]

亚述政府热衷于帮忙捉回逃亡的奴隶，但同时也担心有权势的商人和官员仗势欺人，不公正地奴役手无寸铁的妇女和儿童。一份来自阿淑尔的文件指控两名税吏伪造债务票据，强迫七名已故榨油匠的遗孀还债。还有，在萨尔贡二世统治时期的一封信中，一位官员奉命调查阵亡士兵家属的情况，以及是否有人"强迫（士兵的）遗孀成为他的女奴，或强迫其儿子或女儿为奴"。[30]

美索不达米亚的城市生活中充满了宗教节日、神圣的游行和公共祭祀，以及婚礼和丧葬仪式等家庭活动。生日并不重要，尽管人们对自己的年龄似乎有着相当清楚的认识。来自哈兰附近胡兹里纳（Huzirina）的一段文字显示了亚述人如何看待人的衰老，在这段文字中，40 岁为"盛年"，50 岁为"短寿"，60 岁为"成年"，70 岁为"长寿"，80 岁为"老年"，90 岁为"极老"。鉴于古代世界的预期寿命普遍较短，这些数字似乎是相当惊人的，但我们已经知道，在公元前一千纪的亚述和巴比伦，至少有些人非常高寿：阿达-古皮（Adda-guppi）是巴比伦国王那布尼德（Nabonidus，公元前 555—前 539 年在位）的母亲，她出生于阿淑尔巴尼拔统治时期的哈兰城，去世时已经 100 多岁了。迦拉的祭司乌拉德-纳布（Urad-Nabu）也曾在一封信中祝愿埃萨尔哈东"长命百岁"。[31]

楔形文字预兆手册《如果一座城市》提到了美索不达米亚城市

生活的各种特征。均衡的人口被认为是城市繁荣的重要条件。愚人太多是个问题，而反之亦然："如果一个城市里智者太多，这个城市就会被遗弃。"我们可以从中了解到，位于高处的房屋是不好的，而坐落在洼地里的房屋是好的，还可以了解到房屋外观华丽（不好）或不美观（好）意味着什么，以及门应该朝哪个方向开，等等。关于家畜和宠物的事情也被囊括其中。例如，书中有一些关于猫的预兆，其中包括"如果猫在一个人的房子里哭泣，这座房子将经历悲伤"，"如果猫在一个人的房子的窗户上呕吐，这座房子将遭受损失"，或者"如果猫向一个人撒尿，那么他将变得富有"。性道德甚至也受到了关注。相关的预兆显示，男人与另一个同性发生关系是可以被社会接受的事情，只要他是主动而不是被动的一方。学生们必须在课业中学习解读这些露骨的性预兆，但他们并不总是能够完成任务，这并不让人意外。例如，关于"如果一个男人'来到'她的大腿之间"这一预兆，一名书吏学徒在一篇来自尼尼微的预兆评论中指出："我不知道这是什么意思。"[32]

亚述人的文化也有轻松的一面。1950年，法国亚述学家乔治·孔特诺（George Contenau）曾经说过，他无法想象美索不达米亚人开怀大笑或自得其乐，但他大错特错。来自亚述图书馆的讽刺诗和其他幽默文本，揭示了亚述人也可以是风趣幽默和不拘小节的。特别有趣的是一部谚语、笑话和短篇故事集，它以尼普尔的一位古巴比伦学者的名字命名，即"西度（Sidu）系列"。其中第9块泥板包含了一只狐狸（自恋而狡猾的典型角色）发表的一系列荒谬言论，包括以下内容："狐狸向海里撒尿后说：'整片大海都是我的尿。'狐狸向底格里斯河里撒尿后说：'洪水涨上来了，都是因为我的尿。'"这与今天的自恋者并没有什么不同。另一篇文章描述了一个小丑，即所谓的阿鲁津努（aluzinnu，在希腊传统中以

alazôn 一词再度出现），如何假扮各种受人尊敬的专业人士，嘲笑他们的华而不实，质疑他们的技艺是否有用。例如，有一位驱魔师成功地驱除了一个恶灵，但他只是烧毁了恶魔居住的房屋。该书的另一部分有时被称为"地狱厨房"，提供了一系列简短的食谱，每月一份：

> 在基斯利姆月（亚述历9月），你们的食物是什么？你们将会吃苦蒜上的驴粪和变质牛奶中的干草。
> 在沙巴图月（亚述历11月），你们的食物是什么？你们将会吃热面包，以及塞满狗屎和尘土的公驴臀部。[33]

显然，亚述人并不是这样烹制菜肴的。在烹饪时，他们使用过许多种不同的食材：蔬菜包括洋葱、大蒜、大葱、韭菜、芹菜、芝麻菜、莴苣、芥菜、鹰嘴豆、扁豆、豌豆、菜豆、萝卜、芜菁和蘑菇，水果包括苹果、梨、李子、石榴、杏、枣、葡萄、无花果以及各类浆果。香椿、甘草等香料和开心果等坚果也为亚述菜肴增色不少。在特殊场合，人们会吃鱼或各种肉类，如羊肉、牛肉和猪肉。他们还食用鸭、鹅、鸽子、鹌鹑、鹧鸪以及它们的蛋，还有各种野味，包括鹿、羚羊、野猪、乌龟和兔子。更奇特的食物包括袋狸鼠这样的小型啮齿类动物，以及蚱蜢和蝗虫。在油脂方面，人们使用芝麻油和羊尾巴上的脂肪；在调味品方面，人们使用薄荷、醋和鱼露，虽然鱼露的价格昂贵，但它在后来罗马的菜肴中也非常重要。蜂蜜和椰枣糖浆是甜味剂。各种面包和粥是日常主食。亚述人的饮品包括水、果汁、啤酒和葡萄酒。在帝国时期，亚述的精英阶层越来越喜欢饮用葡萄酒。[34]

人们通常在酒馆里饮用啤酒。亚述的公民，尤其是男性公民，可以在酒馆摆脱日常的忧虑和烦恼。有些酒馆同时也是妓院。根据亚述-巴比伦的宗教习惯，去酒馆是一种手段，可以消除因某些负面预兆而笼罩在一个人身上的邪恶，同时使他重新融入社会。许多酒馆老板都是女性，如传说中的希杜丽（Siduri），她经营着一家"位于世界尽头的酒馆"，吉尔伽美什在那里找到了休息的地方，之后他穿越死亡之水，前往大洪水故事中的英雄乌塔纳皮什提的所在地。"西度系列"和"阿鲁津努文集"所记载的俏皮话和风凉话很可能也是在酒馆的喧闹气氛中口头流传下来的。在酒馆里，酒精会使人打开话匣子，有时会引发血腥的酒吧斗殴。在一封写给埃萨尔哈东的信中，一位官员提到了最新晋升的三名军官，他警告国王说："这三个人都是酒鬼。当他们喝醉的时候，这三个人中没有谁能够从同僚手中夺回他自己的铁剑。"另一封信提到了醉酒骑马的士兵，他们使迦拉的街道变得不安全。《圣经》中的《以赛亚书》（第 28 章第 7 节和第 8 节）和《箴言》（第 31 章第 4 节至第 9 节）都强烈反对国王、祭司和先知等有权力的人饮酒，这一点也不奇怪。[35]

人们在酒馆里说话的语气可能经常很粗暴。亚述帝国的人们是如何咒骂和发誓的，我们可以通过尼尼微的一块小泥板得知，上面刻满了对某位贝尔-埃提尔（Bel-etir）的谩骂。这段文字里所使用的词语，亚述人在礼貌的交谈中是尽量避免使用的："贝尔-埃提尔，你这该死至极的人质，流着眼屎，凸着眼珠子，你是伊巴的儿子，她总是会停经，是放屁工厂里的大便桶，属于一个卑鄙的家族，是死神的走狗，有着一个星星从天上消失的房子，她是一个女奴、一坨动产，是叙利亚的乡下人，是一群到处通奸的女人中唯一长胡子的一个。"[36]

贝尔-埃提尔很可能是一个外国人。在公元前7世纪中叶,当阿淑尔巴尼拔与沙马什-舒穆-乌金发生内战时,贝尔-埃提尔可能就是阿淑尔巴尼拔的反对者。当然,亚述的城市居民之间也存在着紧张关系。人们之间发生争吵的主要原因是金钱、遗嘱和所有权,但杀人、抢劫、盗窃和破坏财产的案件偶尔也会发生。为了恢复和平状态,这些案件所引发的冲突需要得到管理和具有法律约束力的裁决。

值得注意的是,新亚述时期并没有成文的法典。书吏和学者继续抄写著名的《汉谟拉比法典》,该法典是在提格拉特-皮莱塞尔三世建立亚述帝国的约一千年前制定的,被视为描述理想司法状态的经典文本,而不是在实际法庭诉讼中应用的法律的渊源。当时也没有法院和专业法官。事实上,阿卡德语中的"法官"(dayyānu)一词在新亚述时期的文献中基本没有出现。取而代之的是行政人员和神职人员组成的司法机构:在国家层面上,有维齐尔和"萨尔特努"(sartennu)官员;在行省一级,有行省总督;在城市一级,有市长;在神庙范围内,有高级祭司。他们根据原告和被告的证词、证人的陈述以及书面证据对案件做出裁决。如果难以确定事实真相,主管的官员可以要求其中一方宣誓,或者将诉讼双方送入河中进行"神判",在那里,经受不住水流冲击的一方将被视为有罪。在大多数情况下,他们会判处败诉方向另一方支付罚金,而不是监禁或体罚。[37]

在新亚述时期,最终的司法仲裁者是国王,但他只干预涉及公共利益的死刑案件,如叛国罪或盗窃神庙罪。许多书信记载了盗窃神庙罪的例子。在其中一封信中,阿淑尔的市长辛-纳迪(Sîn-na'di)向国王报告说,他已经找到了被神庙盗贼偷走的一块金片,盗贼已被拘留,金匠巴萨利(Basali)已经对神庙进行了修复,可能是重新镶嵌了金片。在这种情况下，罪犯可能会受到比犯下其他大多数罪行更为严厉的惩罚，甚至可能会被判处死刑，但资料中并没有明确说明这一点。[38]

被王室官员召见，无论是在法律诉讼中还是出于其他原因，如征兵或强迫劳动，往往都会使被召见者感到非常焦虑。尤其是服兵役，尽管服兵役能带来丰厚的回报（主要是战利品），但是这对许多亚述人来说肯定是一种沉重的负担，而且往往也能对他们造成一种精神创伤。亚述的战车兵、骑兵和重装步兵由职业或半职业士兵组成，担任辅助弓箭手和长矛手的多民族精锐部队也由职业或半职业士兵组成，而普通步兵则主要由亚述农民组成，他们在夏季农闲时被征召入伍。[39]

受到政府传唤时，许多亚述平民似乎会感到一种近乎恐怖而且怪诞的不安。为了安抚自己的情绪，并为了让自己不遭受过多的虐待，他们在这种情况下会求助于一套仪式和咒语，这套仪式和咒语被称为"埃加库拉"（Egalkura），即"（成功地）进入宫殿（的仪式）"。他们在与官员见面之前所要念的咒语，可以让我们了解被统治者对统治者及其所雇用的官僚的看法。下面这段文字来自阿淑尔泥板上的埃加库拉咒语：

> 宫殿中的任务是严酷的，它们艰巨到了令人难以忍受的地步，并且这里的惩罚是严厉的，而宫殿中的劳动充满了抗议。在它的门后（？），由恐怖统治着，住在这里的是一头无情的狮子。进入其中的人将向（太阳神）沙马什祈祷："沙马什啊，请保佑我在那里的言语，使我的恳求（在当权者面前）成功，以便我能安全地进去，高兴地回来。沙马什，我的主啊，愿我见到你的恩典。"[40]

国王和他的代表们就像是无情的狮子，宫殿就像是一个恐怖的地方，这样的描述证明了许多亚述君主的说法是虚伪的，即他们行使权力首先是为了臣民的利益。事实上，人们对统治者和政府的怕多于爱，他们尽量避免与统治者和政府接触。

然而，随着公元前7世纪的到来，亚述国王们追求贪婪——有时甚至是谋杀——的时代很快就要结束了。亚述帝国的末日即将来临。这个末日将会充满暴力，同时扫除强者和弱者。

第十四章

帝国的黄昏

驻守在尼尼微城东南角沙马什门外的守军正在拼命战斗。巴比伦和米底的士兵向他们射去箭矢。亚述士兵们清楚，如果他们不能击退对手，那么他们将无法活下去。

在过去的几个月里，工作队疯狂地尝试用基本没有经过加工的石块胡乱地延长侧墙，来缩小尼尼微的城门。亚述的国王们，尤其是不久前将尼尼微变成当时最伟大城市的辛那赫里布，都希望城门是巨大而美丽的，即便在他们最疯狂的梦中，他们也不会想到尼尼微宏伟的城门有一天会成为战争的负担。但此时，在公元前612年炎热的夏天，事实证明城门正是亚述人的麻烦所在。城门的尺寸，以及过长的城墙，使得亚述人无法对尼尼微城进行有效的防御。

此时，8月份的一个决定命运之日，在长达三个月的围困之后，敌人终于攻破了城池。巴比伦人和米底人及其盟友的军队蜂拥进城，做了亚述人曾经多次对其他民族所做的事情：大肆屠杀、掠夺以及破坏。尼尼微的宫殿、神庙和私人住宅被付之一炬。

驻防在沙马什门的亚述士兵，以及在最后一刻试图从城门逃走的一些市民，此时都已死去，他们是敌人征服尼尼微的进攻中的牺牲品。他们被箭射中，或由于其他原因而丧生，尸体到处都是，有的人脸朝下，有的则以奔跑的姿势死去。没有人把他们的尸体收集起来埋葬。

死亡者的骸骨在原地躺了大约2 600年。刺穿他们身体的箭镞，以及被匆忙搬向外门的石块（他们抵御敌人进攻的最后一道屏障），也都处于原来的位置，直到1989年和1990年，加利福尼亚大学伯克利分校的一个考古队对沙马什门进行了发掘，清除了覆盖现场的碎石，并开始复原其背后发生的故事。[1]

敌人对尼尼微的征服，导致了亚述的士兵和平民在沙马什门被击倒，以及其他数万人死亡，这是关于亚述帝国崩溃的戏剧性叙事中的一个关键片段。亚述的灭亡是突如其来的，只用了短短几年，它更像是一个事件，而不是一个过程，因此这与罗马帝国的缓慢衰落截然不同，尽管罗马帝国在其他方面与亚述有着很多共同点。法国亚述学家保罗·加雷利（Paul Garelli）认为这是一段"屈辱历史"，而现代的历史学家也确实很难解释，像古亚述这样一个庞大、富裕、强盛的国家，一个延续了一千多年的王朝，怎么可能突然间就完全消失了。但是，这一切并不是突然发生的，一些长期趋势促成了这一切的发生。[2]

人们发现，亚述帝国最后20年的资料，与亚述历史上其他时期的资料有些不同。在这最后20年里，虽然亚述王室的铭文并没有完全消失，但它们对学术研究的帮助不大，因为亚述国王不会写下挫折和屈辱。尽管与亚述国王的情况不同，但是巴比伦国王的铭文也并没有特别重要的参考价值：巴比伦统治者的一贯传统是注重与神的关系，注重祭祀和神庙建设，而不是注重军事活动，因此，在打败亚述的过程中发挥了决定性作用的那布珀拉沙尔和尼布甲尼撒二世很少提及他们对北方邻国的巨大胜利。那布珀拉沙尔宣称他

"推翻了苏巴瑞安（Subarean，即亚述），并将其土地变为荒凉之地"，他使用的"武器来自令人敬畏的（战神）埃拉，埃拉用闪电击打我的敌人"，但他并没有为此补充更多细节。[3]

其他种类的文本更能说明这些问题。来自巴比伦（其次是亚述）的法律文件和经济文件帮助学者们重建了事件发生的顺序，并阐明了随着冲突的进行，巴比伦的一些城市何时改变了阵营。《巴比伦编年史》系列是一个重要的资料来源。在公元前622年至前617年的空白之后，人们于公元前616年开始续写这一系列文本，并从那时起以详细的信息记录了巴比伦军队和米底军队在亚述中心地带所造成的破坏，以及亚述国家最后悲剧一般的动荡和埃及人在那些灾难年代所扮演的角色。最近公开的两封来自亚述西北部的信件，为我们揭示了尼尼微被征服之后不久的局势。我们从塞琉古时期的楔形文字泥板中了解的一些历史-文学文本，包括所谓的《那布珀拉沙尔史诗》，同样令人们感兴趣，尽管我们仍然无法确定它们在多大程度上准确地反映了公元前7世纪晚期所发生的事情，因为它们写作的年代距离那时已过去了大约300年。《希伯来圣经》（其中最著名的是《那鸿书》）和希腊文资料［如贝若苏（Berossus）和克特西阿斯的记载］也是如此。这些资料有许多不准确之处，但也包含了一些引人入胜的细节，而这些细节似乎来自第一手资料。最后，不仅在尼尼微，人们在阿淑尔、迦拉、杜尔-卡特利姆和其他地方都发现了大量的考古证据。这些资料共同描绘了一个处于灭亡边缘的帝国，它无法抵御一系列重大挑战的冲击。[4]

如前所述，我们对阿淑尔巴尼拔统治时期的最后几年几乎一无所知。从公元前7世纪30年代初开始，他的王室铭文就不再提及军事行动。乍一看，这一时期的政治局势似乎很稳定。埃兰被大大削弱，巴比伦很平静，而亚述在安纳托利亚东部的宿敌塔巴尔和乌拉尔图则处于水深火热之中。但是，也有迹象表明亚述遇到了相当大的麻烦。考古证据以及希腊历史学家希罗多德的记述表明，也许是由于斯基泰人的袭击，亚述帝国在东地中海和黎凡特部分地区的霸权，在公元前640年之后不久就结束了。与此同时，亚述也似乎经历了一些由歉收造成的内部经济困难。[5]

公元前631年，在位近40年的阿淑尔巴尼拔去世。他可能死于年老，然而目前并没有确切的证据说明他的死因。他年轻的儿子阿淑尔-埃提尔-伊拉尼继位，统治时间约为公元前630年至前627年。但事实证明，阿淑尔-埃提尔-伊拉尼只不过是一个有名无实的领袖，是有权有势的宦官辛-舒穆-利希尔的傀儡。以阿淑尔-埃提尔-伊拉尼的名义颁发的诏书的序言，毫无疑问地表明了他的从属地位：

在我生父（阿淑尔巴尼拔）去世后，没有父亲抚养我长大，没有父亲教我展翅高飞，没有母亲照顾我或教育我。然而，首席宦官辛-舒穆-利希尔，一个对我的生父有功，并像父亲一样不断指导我的人，让我坐稳了王位，并在我未成年时让亚述人民守护我的王权。[6]

这显然是一个不掌握实权的国王所说的话。他的软弱并没有被忽视。该序言还显示，阿淑尔-埃提尔-伊拉尼即位后不久，亚述内部就发生了由纳布-莱赫图-乌苏尔领导的叛乱。叛乱最终得到平息，但这只是因为国王得到了辛-舒穆-利希尔的帮助。

接下来，在公元前627年，阿淑尔-埃提尔-伊拉尼消失了。由于他当时还很年轻，所以他很有可能是被谋杀的。大约在同一时间，亚述的傀儡、巴比伦国王坎达拉努也去世了。

这两位国王的死亡影响巨大。这导致了亚述和巴比伦的政治混乱，然后引发了旷日持久的战争，最终导致亚述灭亡。巴比伦的《阿基图编年史》说得很好："在坎达拉努（死）后……亚述和阿卡德（即巴比伦）发生了动乱；随之而来的是长期的敌对状态，战争也接连不断。"[7]

早在阿淑尔-埃提尔-伊拉尼去世之前，阿淑尔巴尼拔的另一个儿子辛-沙鲁-伊什坤就想登上亚述王位。此时，由于他的兄弟被除掉，他发现自己的地位大大加强了。但是，辛-沙鲁-伊什坤并不是唯一的王位竞争者。首席宦官辛-舒穆-利希尔采取了一个极不寻常的举动——他也想在亚述称王。由于宦官在生理上无法维持王朝的延续，所以他们以前从未在亚述担任过国王。宦官们应该辅佐国王，而不是坐上国王的位置。因此，毫无疑问，辛-舒穆-利希尔的阴谋引发了亚述王室合法性的重大危机。[8]

有人利用了两位相互竞争的亚述领袖之间的内讧，并在这一过程中改变了历史进程，这个人名叫那布珀拉沙尔，是一个巴比伦官员。他可能是比特-达库里迦勒底"部落"的成员，但也很可能是一个高级行政官员家族的后裔，其家族成员曾在巴比伦南部的乌鲁克城为数位亚述国王服务。那布珀拉沙尔的父亲库杜鲁是乌鲁克的总督，那布珀拉沙尔本人肯定也在乌鲁克担任过一些职务。换句话说，父子二人都是亚述占领军在当地的"合作者"，是亚述情报网的一部分，对亚述的军事惯例和行政惯例非常熟悉。[9]

在阿淑尔-埃提尔-伊拉尼去世后，库杜鲁起义反抗他的亚述统治者，但是亲亚述的军队击败了他，并"将他的尸体拖过（乌鲁克的）街道"。然而，他的儿子逃过了亚述人所实施的惩罚，很快就成为解放运动的领袖，一举结束了亚述对巴比伦的统治。

公元前 626 年 2 月，在亚述人无法干预的情况下，那布珀拉沙尔成了公认的乌鲁克国王。与此同时，他也首次尝试在巴比伦城建立统治。但他最初未能守住这座城市：在进入巴比伦几个月之后，他的军队就被亚述人的反攻击退。但是，亚述军队由于在乌鲁克和巴比伦两地作战，很快就发现自身的战线拉得过长，形势岌岌可危。在两条战线的夹击下，他们遭受了一系列耻辱性的失败。那布珀拉沙尔回到了巴比伦，并且如《巴比伦编年史》所记载的那样，在阿拉赫萨姆纳月（亚述历 8 月）的第 26 天登上了巴比伦的王位。他的加冕礼在《那布珀拉沙尔史诗》中有详细描述。他在仪式上接受了王冠、王室印章和其他权力象征，一群巴比伦贵族兴高采烈地对他们的新统治者说："主人啊，王啊，愿您永生。愿您征服您敌人的土地，为巴比伦复仇。"[10]

"为巴比伦报仇"的确是那布珀拉沙尔在接下来的岁月里全心全意奋斗的目标。他的目的，是让亚述为其南方邻国在过去数十年甚至数百年间遭受的许多屈辱性失败付出终极代价。

那布珀拉沙尔之怒火的首批受害者之一似乎是辛-舒穆-利希尔。根据《那布珀拉沙尔史诗》的说法，国王在巴比伦附近的库塔哈城的一座宫殿屋顶上遇到了"全能的首席宦官"，这位宦官可能就是辛-舒穆-利希尔本人。走投无路的宦官恳求他说："不要杀我，伟大的国王。"但是那布珀拉沙尔对敌人绝望的求饶无动于衷。他发出了命令："杀死这个亚述人。"[11]

随着辛-舒穆-利希尔的死亡，阿淑尔巴尼拔的儿子辛-沙鲁-伊什坤便成为亚述王权的唯一拥有者。他将统治亚述王国，直到公元前 612 年。即位后，他几乎马上就开始尝试夺回对南方的控制权。

在公元前625年至前620年期间，巴比伦发生了一系列残酷的战役，巴比伦的城市，尤其是乌鲁克，不断地变换阵营，围城战也在各地爆发。25年前，在阿淑尔巴尼拔与沙马什-舒穆-乌金的战争中，巴比伦人和亚述人将重要神灵的雕像从其圣地分别转移到巴比伦和阿拉法，而平民则遭受了巨大的苦难。这些混乱肯定一再导致社会秩序崩溃。这一时期的许多法律和经济文献，都提到了"城门关闭"或"土地上有敌对行动"。亚述国内的局势也并不稳定。尽管细节模糊不清，但辛-沙鲁-伊什坤似乎不得不在公元前623年镇压了另一场内部叛乱。

六年后，那布珀拉沙尔成功地将亚述人赶出巴比伦。虽然并没有详细资料表明当时发生了什么或者这一切是如何发生的，但是巴比伦文献的编年体记录表明，到了公元前620年，尼普尔和乌鲁克都处于那布珀拉沙尔的永久控制之下。随后双方陷入僵局，巴比伦人慢慢控制了底格里斯河东部地区有争议的领土。

公元前616年，辛-沙鲁-伊什坤和那布珀拉沙尔之间的敌对行动，集中发生在幼发拉底河中游地区，在那里，巴比伦国王再次战胜了亚述军队，然后又得到了来自曼纳亚领土上的伊朗盟军的增援。但是，那布珀拉沙尔的西进行动激怒了埃及人，在阿淑尔巴尼拔统治末期，埃及人控制着幼发拉底河以西的广大地区。此时，埃及正由法老普萨美提克一世统治，早在几十年前，阿淑尔巴尼拔就任命他为埃及统治者。也许普萨美提克仍然对底格里斯河畔的亚述帝国（他曾经的恩人）怀有某种同情；也可能他只是认为，对于埃及在黎凡特的新领土野心而言，那布珀拉沙尔比辛-沙鲁-伊什坤统治下的亚述人威胁更大。不管怎样，他为了亚述国王进行了干预，并将那布珀拉沙尔赶回巴比伦。此举使得亚述与巴比伦的战争无可挽回地变成了一场"国际"冲突。[12]

那布珀拉沙尔此时感觉到，与埃及军队进行大规模对抗是不明智的，于是他决定将注意力重新集中到底格里斯河东部地区。公元前616年底，他在阿拉法城附近击败了一支亚述人的军队。在这次成功的鼓舞下，巴比伦军队于第二年沿着底格里斯河向亚述的宗教古都阿淑尔进军，但他们被亚述人击退，不得不向南撤退到了塔克里坦（Takritain），也就是今天伊拉克中部的提克里特（Tikrit）。然而，亚述人的反攻也没有推进多远：虽然辛-沙鲁-伊什坤的军队试图将巴比伦人赶出塔克里坦的据点，但他们没有成功，亚述人不得不再次撤回故乡。

公元前615年年中，亚述人在政治和军事上都面临着挑战，但形势还没有到令人绝望的地步。之前有过亚述军队被逐出巴比伦的情况，甚至在不久前巴比伦和埃兰还对亚述核心地带发动过不成功的袭击。但在这些事件中，亚述帝国的完整性都没有受到严重威胁。对亚述来说更有利的是，辛-沙鲁-伊什坤可以依靠强大的埃及王国的支持。然而在公元前615年秋天，一支新的外来势力加入了战场，他们就是米底人。随着米底人参战，亚述的生存突然受到了威胁。

米底人最早出现于公元前9世纪沙尔马内塞尔三世统治时期的铭文中，在当时，他们是一群最初过着半游牧生活，但日益倾向于过定居生活的伊朗部落，居住在扎格罗斯山脉中部地区的埃克巴塔那［Ecbatana，今伊朗西部的哈马丹（Hamadan）］周围。希腊历史学家希罗多德认为，早在公元前700年，米底人就已经建立了一个庞大的帝国，然而考古记录和楔形文字文献中都没有这方面的证据。相反，米底人的政治分裂状态，使得从沙尔马内塞尔三世到阿淑尔巴尼拔时期的亚述国王都很难完全控制他们。同时，米底人之间的不团结也导致他们在200多年的时间里不可能对亚述构成严重的军事威胁。[13]

然而，在公元前7世纪的最后25年里，米底人之中发生的一个重大变化颠覆了亚述的战略部署。一位被《巴比伦编年史》称为乌玛基什塔尔（Umakishtar），被希腊人称为奇阿克萨的米底人首领，成功地将不同的米底人部落联合起来，建立了一个联盟，甚至造就了一个真正统一的国家。虽然使他能够做到这一点的因素尚不清楚，但是［除了与埃兰和埃利皮（Ellipi）等国家相遇之外］，很可能是因为亚述多次试图在米底人的领土上建立行省，并加强该地区的贸易，特别是沿着"呼罗珊大道"的向东的贸易，一个更有凝聚力的米底人政权才最终出现。亚述人促成了典型的"次级国家形成"*，他们实际上是制造了一个怪物，并且掘好了自己的坟墓。[14]

《巴比伦编年史》首次提到米底人是在公元前615年的条目末尾，当时米底人"南下来到了阿拉法"，这是一个亚述城市，也是阿淑尔东边一个行省的首府。尽管该文本中存在空白，但我们可以确信，米底人给该地区带来了死亡和毁灭。几个月后，公元前614年夏季，米底人又回来了，这次他们为自己赢得了更大的收获。在经过尼尼微并踩躏了附近的塔尔比苏城之后，米底人在阿淑尔城附近安营扎寨。在前一年巴比伦人对阿淑尔城的进攻失败后，亚述人草草地加固了该城。阿淑尔城的居民似乎并没有预料到最坏的情况，因为阿淑尔城陷落之前几年和几个月里的法律和经济文件并没有显示出危机迫在眉睫的迹象。然而，米底人在几周之内就征服了这座城市，并大加掠夺和破坏，正如《巴比伦编年史》生动指出的那样："给一个伟大的民族带来了可怕的失败。"考古证据证实了文

---

* "次级国家形成"（secondary state formation），指生活在某个国家边缘的部落或酋邦在其影响下形成国家的过程。——编者注

字记载：全城到处都有被毁的痕迹和一系列大火燃烧过的痕迹。人们在旧宫殿、"东宫"以及安努-阿达德神庙中发现了被烧焦的小麦。亚述人肯定在这些建筑中囤积了大量的小麦，以应对米底人的长期围攻。人们还在城市西侧的塔比拉门（Tabira Gate）通往城内的街道附近发现了一些死者的骸骨，死者包括一名头颅被砍下的妇女，其尸体与其说是被埋在那里，不如说是被丢在那里。[15]

阿淑尔的陷落对亚述来说是一场灾难，这主要并不是由于其军事影响和战略影响（尽管这些影响也很重要），而是出于意识形态的原因。自古以来，阿淑尔一直是亚述王国的宗教中心，是亚述主神阿淑尔的所在地，也是亚述国王加冕和安葬的地方。然而此时，阿淑尔神庙和王陵都成了废墟，亚述的那些伟大国王的骸骨散落在了城市各处。这肯定对亚述精英和军队的士气造成了致命打击，他们失去了主要的精神支柱。

巴比伦人来得太晚了，没赶上对阿淑尔的进攻。巴比伦国王那布尼德后来将米底人描述为野蛮人，他们令文明程度较高的那布珀拉沙尔大失所望，毫无顾忌地摧毁本应幸免于难的圣地，破坏本应不受干扰的宗教崇拜。但是，就算那布珀拉沙尔真的有这样的顾虑，这也并没有阻止他与来自东方的战士愉快地合作。正如《巴比伦编年史》所记载的那样，他和奇阿克萨"在（阿淑尔）城附近会面，并达成了一项协议"。虽然资料没有详细说明这个重要的联盟的目标，但目标似乎显而易见：两位国王想要一起夺取亚述首都尼尼微，为亚述帝国敲响丧钟。

最终进攻尼尼微的行动发生在公元前612年。在前一年里，辛-沙鲁-伊什坤派兵返回幼发拉底河中游地区，最后一次表明他还没有完全丧失主动出击的能力。但他未能通过这次行动取得任何持久的成功。公元前612年，从西马努月（Simanu，亚述历3月）起，他被困在了尼尼微城堡的宫殿里。在那里,他可以看到巴比伦人和米底人的联军(可能还有来自埃兰和阿拉伯半岛的部队)对尼尼微城发动进攻,这无疑使他越来越震惊和绝望。[16]

数百年后,巴比伦的书吏们研究了一些楔形文字书信,据说这些书信是那布珀拉沙尔和辛-沙鲁-伊什坤在尼尼微最后的日子里互相传递的。虽然这些书信的真实性尚有争议,但在尼尼微遭到围困期间,类似的或几乎相同的书信是完全有可能往来的。那布珀拉沙尔在给亚述人的信中轻蔑地写道:

> 你已经与巴比伦为敌,你使领地充满了混乱,你造成了巴比伦人民的痛苦,你带来了犯罪、罪恶和恶行,你助长了邪恶,你在领地上激起了叛乱,你未能创造和平。我必为巴比伦复仇。我必让用坚固石头砌成的尼尼微城墙(的碎片)堆积起来,如同沙堆;我必将萨尔贡之子辛那赫里布的后裔、一个家奴的后代、巴比伦的征服者、巴比伦土地的掠夺者连根拔起。因为你对巴比伦的土地所做的恶事,伟大的主马尔杜克和其他伟大的神明必会让你为此负责。[17]

对自己的处境感到绝望的辛-沙鲁-伊什坤只能请求对方的宽恕。他称呼那布珀拉沙尔为"能够实现自己一切愿望的强大国王",自称是他的仆人,并承认了自己的过错:"我没有履行我对国王、我的主人的职责。"然而,如果他希望自己的顺从能给他带来最后的机会,能够通过外交途径来摆脱困境,那他就是在自欺欺人。谈判的时机早已过去。公元前612年夏末,敌军终于突破了亚述的防线。他们侵入尼尼微城,大肆掠夺,杀害了成千上万的居民,并将其他大部分人驱逐出境。辛-沙鲁-伊什坤在敌人的进攻过程中死去，但《巴比伦编年史》中的一处空白使得我们对他的确切死因一无所知。[18]

随后，尼尼微遭到的破坏是按照精心制订的计划进行的。在焚毁城中的神庙和宫殿之前，获得胜利的敌人不仅抢走了珍贵的物品，而且还有条不紊地毁坏了无处不在的大量亚述国王雕像，特别是毁坏了它们的眼睛、嘴巴、耳朵和鼻子。这与34年前阿淑尔巴尼拔攻陷苏萨时发生的情况非常相似。在横冲直撞的过程中，当亚述军队偶然发现了公元前693年杀死辛那赫里布的儿子阿淑尔-纳丁-舒米的埃兰国王哈鲁舒-因舒什纳克的雕像时，阿淑尔巴尼拔声称："我砍掉了它讥笑着的鼻子，削掉了它说着无礼话语的嘴唇，折断了它拿弓对抗亚述的双手。"此时，辛那赫里布和阿淑尔巴尼拔的肖像遭到了类似的象征性死后追杀，有间接证据表明，埃兰士兵也参与了亵渎行动。[19]

古老的亚述都城迦拉也遭到了残酷的攻击。由于文献资料中没有提到该城的陷落，所以我们至今仍不知道它究竟是在公元前614年还是在公元前612年陷落的，也不知道到底是谁造成了这一灾难。但是，考古证据再次还原了当时的情况：在许多公共建筑中，大火燃烧过的痕迹和灰烬的沉积证明了它们受到破坏的程度。人们在迦拉城堡中的纳布神庙的地板上，发现了埃萨尔哈东与米底人的酋长们于公元前672年签订的《继承条约》的副本，它碎成了数百片，征服迦拉的米底人可能是故意将其砸碎的，以报复亚述人对他们祖先屈辱性的征服活动。伊拉克考古学家在发掘阿淑尔纳西尔帕二世西北宫殿东南部庭院中的一口井时，有了一些特别可怕的发现。这口井里挤满了尸骸，至少有180具，它们大多属于18岁至30岁的身体健康的年轻人，许多人的手脚被铁镣捆绑着。征服者一定是在他们还活着的时候把他们扔进井里的。[20]

在征服尼尼微后，那布珀拉沙尔向西方派出了一些军队，他们在那里劫掠了纳西比纳［Nasibina，尼西比斯（Nisibis）］，并驱逐了亚述的鲁萨普（Rusapu，拉萨帕）行省的部分人口。在更北的地区，战争也在继续。亚述人在行省首府图什罕［今土耳其迪亚巴克尔（Diyarbakir）省齐亚拉特土丘（Ziyarat Tepe）］的抵抗似乎一直持续到了公元前611年。最近，人们在那里发掘出了一封楔形文字信件，它很可能就写于这一年。这封信生动地描绘了这座城市所处的绝望境地，发信人曼努-基-里巴利（Mannu-ki-Libbali）可能是图什罕的总督，他写信给亚述的财务官，即一位负责土耳其-伊拉克边境地区、底格里斯河东岸的亚述边境战事的高级官员，信中写道："至于马匹、懂亚述语和阿拉米语的书吏、军队指挥官、政府官员、铜匠、铁匠、清洁工具和装备的人、木匠、制弓匠、制箭匠、织工、裁缝和修理工，我该向谁求助呢？一个人也没有。我该怎么指挥呢？谁也逃不掉（？）。我要完了！"[21]

这封信可能从未寄出，里面的话是他绝望的呐喊。曼努-基-里巴利并没有能力继续与巴比伦和米底的军队作战。因此，死亡确实降临了。考古证据表明，很可能就在总督写完最后一封信的几天后，敌人攻陷并摧毁了图什罕，然后基本上遗弃了该城。与其他亚述城市一样，城市中的居民和不幸的曼努-基-里巴利肯定不是被杀就是被当作战俘带走了。[22]

即使在图什罕陷落之后，拯救亚述的斗争也没有完全结束。在朦胧的历史尾声中，一位自称为阿淑尔-乌巴利特（二世）的亚述王子最后一次尝试恢复亚述国家及其王朝。根据《巴比伦编年史》的记载，在公元前612年末的某个未知月份，他"在哈兰登上了王位，成为统治亚述的国王"。哈兰是月神之城，位于巴里赫河畔，地处西部很远的地方,巴比伦人和米底人尚未攻打过它。

新统治者所使用的王号"阿淑尔-乌巴利特"传达了两个信息。一方面,这个名字的含义是"阿淑尔神永生",表达了亚述能够最终复兴的希望。另一方面,这个名字让人回想起了阿淑尔-乌巴利特一世(约公元前1363—前1328年在位),他是亚述第一位拥有"国王"(šarru)称号的统治者,也促使阿淑尔转变为了一个领土国家。当阿淑尔-乌巴利特二世选择这位帝国创始人作为自己的榜样时,他肯定充分意识到了自己所面临的挑战与和他的同名的祖先曾经成功应对的挑战一样巨大,甚至更为艰巨。

有那么几年,哈布尔河和巴里赫河沿岸地区,以及托罗斯山脉山麓地区(亚述人唯一尚未征服的地区)的人民似乎承认阿淑尔-乌巴利特二世为他们的统治者,但并没有用"国王"的称号来称呼他。由于不能按照传统在阿淑尔加冕,阿淑尔-乌巴利特似乎被称作"王储",字面意思就是"国王的儿子",这顺带表明,辛-沙鲁-伊什坤是他的父亲。[23]

公元前610年,在那布珀拉沙尔的率领下,一支由巴比伦士兵和米底士兵组成的军队向西进军,目标是彻底解决亚述残余的抵抗力量。在此期间,阿淑尔-乌巴利特再次设法获得了埃及人的支持,后者曾经帮助过辛-沙鲁-伊什坤。但当那布珀拉沙尔即将发动进攻的消息传到哈兰时,根据《巴比伦编年史》的记载:"阿淑尔-乌巴利特和埃及军队被恐惧征服。"他们放弃了这座城市,渡过幼发拉底河,把河东的领土留给了巴比伦人和米底人。那布珀拉沙尔攻占了哈兰城,"并在城内和神庙中掠夺了大量财物"。

《巴比伦编年史》告诉我们,到了第二年,阿淑尔-乌巴利特再次回到了哈兰地区。跟在他身边的是由新登基的法老尼科二世所率领的埃及军队。在进军途中,埃及人在米格都(Megiddo)的一场战役中击败并杀死了犹大国王约西亚。阿淑尔-乌巴利特似乎在哈兰取得了初步胜利，但随后，他的推进停了下来。这是我们最后一次听到他的消息。在他身上究竟发生了什么事情，我们仍然不得而知，但在公元前609年之后，他就从历史舞台上消失了。

此时，巴比伦的军队不再受到亚述反击者的威胁，他们可以朝着乌拉尔图远征了。公元前605年，那布珀拉沙尔的儿子、王储、以征服耶路撒冷而闻名的尼布甲尼撒二世，在幼发拉底河的卡赫美什和叙利亚的哈马特两次大败埃及军队。随着阿淑尔-乌巴利特的消失和埃及退出黎凡特，一个新的帝国在西亚建立了起来：火炬从亚述传到了巴比伦。

哈布尔河沿岸的亚述城市，似乎并没有遭受亚述国家核心地带的中心城市所遭受的大规模破坏，亚述的文字传统在这一地区延续得要更久一些。人们在杜尔-卡特利姆发现的最晚的亚述语言和亚述字母的文献，来自公元前603年和公元前600年，这些文献中的日期参照了巴比伦国王尼布甲尼撒二世的统治时间，这表明杜尔-卡特利姆的居民在公元前7世纪和前6世纪之交的时候完全承认了巴比伦的统治。

人们最近发现的另一个亚述风格的文本，是关于出售伊尔希纳（Ilhina）城附近几块田地和果园的一份文件，它可能与杜尔-卡特利姆的亚述语文献来自同一时期，被发现于土耳其东南部图尔阿布丁（Tur Abdin）地区的哈桑凯伊夫（Hasankeyf）附近的田地之中。引人关注的是，该文本可追溯至"首席持杯者拉巴西（Lâbasi）的第九个年头"，当时"米底国王是乌巴基斯特里（Ubakisteri）"。乌巴基斯特里这个人只可能是米底的统治者奇阿克萨，巴比伦人称他为乌玛基什塔尔。似乎在亚述崩溃之后，亚述国家的最高官员之一、首席持杯者拉巴西在一个偏远的丘陵地带为自己开辟了一小片不易被征服的领地。他正式承认米底人是他的霸主，但他可能不必应付米底人的过多干涉。在哈桑凯伊夫的文件中，倒数第二行所提到的书吏是"来自阿淑尔城"的基西尔-纳布（Kisir-Nabû）。他可能与阿淑尔神庙的一位著名驱魔师是同一个人，1908年，人们在他位于阿淑尔的家中挖出了1 000多份医学、魔法和其他方面的文献，其中有许多都是他写的。公元前614年，在米底人攻城前后不久的时间里，他可能设法逃走，并来到了拉巴西及其支持者的藏身处。[24]

拉巴西的山地小王国一直是相对不重要的一片割据领地，尽管它值得在将来被写入一部历史小说当中。我们并不知道它是何时灭亡以及如何灭亡的。如果米底人真的建立了某种形式的有组织的政府，我们也仍然不清楚，他们通过何种手段统治亚述北部和东部地区，使这些地区成为他们势力范围的一部分。最有可能的情况是，米底人的联盟逐渐瓦解了。尽管后来的希腊文献中出现了相反的说法，但似乎从未出现过一个米底"帝国"。

公元前627年至前605年期间所发生的事件，可以说是第一次"世界大战"。其特点是发生了一系列重大叛乱、战斗和围攻，导致巴比伦、亚述和黎凡特一些城市的平民出现大量伤亡，并造成了大批士兵的阵亡。这些战争导致数万甚至数十万人被驱逐出境，亚述主要的中心城市被彻底摧毁。这场冲突最初仅限于亚述和巴比伦两个大国之间，随着时间的推移，演变成了一场规模空前的国际冲突。伊朗的曼奈亚人站在了亚述人一边，而伊朗的米底人则站在巴比伦人一边。埃兰人，可能还有阿拉伯人，也站在那布珀拉沙尔一边参与了一些战斗，而另一个大国埃及同样加入了战场，埃及人支持的是亚述国王辛-沙鲁-伊什坤和阿淑尔-乌巴利特二世。当犹大王国试图阻止埃及人在黎凡特重建霸权时，它也卷入了这场战争。

从幼发拉底河的苏胡和卡赫美什，到安纳托利亚东部的乌拉尔图，当时还有许多其他的战场。[25]

在敌对行动结束后，关于这场战争的故事进入了一些古代文明的文化记忆中。亚述的灭亡被生动地记录在巴比伦的编年史、书信和历史史诗中，也通过《希伯来圣经》以及古希腊和古罗马的历史著作被人铭记。无论在哪里，这场战争都被视为一个典型事件，一个关于政治上的狂妄招致危难的道德故事。在不到20年的时间里，亚述这个拥有空前影响力和财富的帝国发生了规模空前的崩溃。

尽管亚述文明的一些特征得以保存下来，但是亚述文明在这场灾难中依然损失惨重。亚述国家不复存在。延续了1 000多年的亚述王室突然断绝，亚述的城市生活仅以最初级的规模延续，亚述中心地带的楔形文字也完全不再有人使用。由于杀戮、驱逐、逃亡，辛那赫里布以及其他国王精心设计的运河系统因不再得到维护而停止运转，亚述农村腹地的人口大幅度减少。考古调查显示，在公元前612年之后，亚述农村地区小型定居点的数量和规模都急剧下降。[26]

公元前7世纪末，亚述遭受了一场巨大的灾难，这场灾难的突然性和严重性令现代历史学家感到困惑，这促使他们去寻找比政治决策变化无常更为深层次的原因，来解释所发生的一切。一些学者甚至宣称政治只是事态发展的表象。他们认为，有更强大的力量在起作用。近来，出现了两种引人注目的关于亚述灭亡的理论。

第一种观点认为，亚述帝国崩溃的原因是环境变化。2014年，美国的古气候学家亚当·W. 施耐德（Adam W. Schneider）与土耳其的亚述学家塞利姆·阿达尔（Selim Adalı）认为，亚述的灭亡是由公元前7世纪中叶的一场严重干旱引发的。他们认为，这场旱灾在亚述中心地带引发了一系列饥荒，而在此前的几十年里，由于亚述国王的大规模驱逐，亚述中心地带的人口急剧增加。这场危机反过来使得巴比伦人和米底人得以侵入亚述，并征服亚述的主要城市。[27]

2019年，美国地质学家阿希什·辛哈（Ashish Sinha）和其他学者进行了一项详细的研究，试图通过一套更为复杂的古气候学数据来证实这一理论。他们追踪了来自库纳巴（Kuna Ba）洞穴中的两根石灰岩石笋（即所谓的洞穴化学淀积物）中的氧和铀同位素的比例，从而获得了这些数据。库纳巴洞穴位于伊拉克的苏莱曼尼亚市附近，在尼尼微东南约300千米处。与冰芯或树木年轮相似，洞穴化学淀积物提供了其形成时期年降雨量的信息。[28]

库纳巴洞穴的数据显示，公元前850年至前740年，即这些学者所称的"亚述大雨期"，是古亚述历史上最潮湿的时期之一。"雨期条件"更早就出现了，大约从公元前925年一直持续到前725年。学者们将这一时期的环境状况与"亚述帝国扩张最突出的阶段"联系起来，认为这一时期是亚述农业生产发展的黄金时期。在"亚述大雨期"之后，是一个长期的降水减少阶段，最终在公元前675年至前550年之间出现了长达125年的干旱高峰期，学者们称之为"亚述大干旱"。在此期间，亚述的农业经济萎缩，最终削弱了帝国抵御外部势力进攻的能力，造成了灾难性的后果。公元前620年失去巴比伦，是一次尤为灾难性的打击。与亚述和西亚其他地区的雨水灌溉农业相比，南方以水利工程灌溉为基础的农业耕作方式受干旱的影响较小，因此那布珀拉沙尔在与亚述人的战斗中能够依靠持续的丰收来获得巨大的战略优势。学者们认为，北方持续干旱的状况，也解释了为什么大多数亚述城市和许多农村定居点在公元前612年后的几十年里没有人重新定居。

第二种理论侧重于用另一种危机来解释亚述的灭亡：据说斯基泰骑马战士发动了一场入侵。德国的埃及学家卡尔·扬森-温克尔恩（Karl Jansen-Winkeln）声称，这一事件对亚述的命运产生了重大影响。他的观点基于希罗多德《历史》中的一段记载，在这段文字中，这位希腊历史学家描述了斯基泰人袭击叙利亚和巴勒斯坦的情况。希罗多德说，他们遭遇了埃及法老普萨美提克一世，后者通过支付重金，让他们远离了埃及。希罗多德还说，他们在叙利亚和巴勒斯坦一带统治了28年。由于希罗多德的作品是这些斯基泰插曲事件的唯一资料来源，所以许多学者认为该记载并不可靠。扬森-温克尔恩认为这种怀疑是没有根据的，他还将他认为真实发生的斯基泰人突袭事件与其他类似的事件进行了比较：例如，公元14世纪，在突厥化蒙古领导人帖木儿的率领下，大批骑兵令人猝不及防地突然出现，几乎瞬间就征服了大片领土。扬森-温克尔恩推测，斯基泰人对黎凡特的入侵发生在公元前640年左右，这意味着斯基泰人直接穿过了亚述在叙利亚和东地中海地区的省份。后来，他们从这里撤退，埃及军队填补了这一地区的空白。根据扬森-温克尔恩的说法，这样的事态发展使得亚述失去了西部领土，并严重削弱了亚述帝国的实力，以至于亚述很容易成为巴比伦人和米底人的猎物。扬森-温克尔恩还认为，在阿淑尔巴尼拔统治的最后几年里，亚述的领土损失也可能引发了亚述王位竞争者之间的内部冲突。[29]

当我们权衡是环境因素还是外来入侵者的袭击导致了亚述的崩溃时，楔形文字资料几乎没有提供任何帮助。还应注意的是，上述两种解释并不是相互排斥的。相反，气候变化导致西亚更加干旱，可能正是斯基泰人迁徙的原因。尽管如此，我们仍然难以判断气候假说和骑马战士"蛮族入侵"的观点的可信度。

首先，我们最好记住，用单一的原因来解释亚述的衰亡多少是有些可疑的：正如卡尔·波普尔（Karl Popper）所讥讽的那样，一种解释一切的理论什么也解释不了。尽管如此，气候变化能够影响历史，这一观点在本质上是可信的。虽然辛哈 2019 年的气候研究数据来自美索不达米亚外围地区，而非亚述中心地带，因此说服力可能会受到一定影响，另外同位素数据通常也会包含些许误差，但从库纳巴洞穴中获取的信息似乎得到了其他地方的数据的证实。

辛哈与他的共同作者认为，在公元前 925 年至前 725 年的约 200 年间，亚述的农业受益于"雨期条件"。在这一时期内，尤其是在其初期，亚述经历了令人印象深刻的政治崛起和经济崛起。这的确诱使着我们认为这两种现象之间存在因果关系。

然而，将似乎从公元前 740 年左右（当时"亚述大雨期"走向了结束）开始的干旱时期与亚述的衰落联系起来是很成问题的。毕竟，真正意义上的亚述帝国是在提格拉特-皮莱塞尔三世（公元前 744—前 727 年在位）统治时期才出现的。换句话说，当亚述进入它最强大的发展阶段时，气候条件并没有变得更加有利，而是变得更加不利。从公元前 740 年到前 640 年的 100 年间，降雨量日益稀少，而这正是亚述国家的疆域最为宽广的时期。因此，可以说，在公元前 740 年左右，亚述人开始通过扩张疆域，以及从其他地方获取谷物和其他物资来适应更加干旱的气候条件。公元前 8 世纪中叶肆虐亚述的流行病也可能促成了这种多少有些矛盾的发展。[30]

亚述也许早在公元前 640 年就失去了其最西边的领土，然后大约在公元前 620 年又失去了巴比伦，因此新研究所推测出的帝国最后几十年降水量下降的趋势，可能仍然对亚述造成了严重影响。但是，亚述中心地带受到干旱影响的程度实际上很难估量。来自亚述城市的法律文件表明，在公元前 643 年（或前 641 年）和前 638 年（或前 636 年），亚述的经济状况出现了相当大的困难。公元前 624 年、前 623 年和前 612 年（在古扎纳）也是如此。但在亚述帝国最后几十年的许多其他年份里，文献证据却表明，亚述的经济状况实际上是相当正常的。例如，在公元前622年，谷物价格再次下降，我们可以推测之前两年谷物价格上涨是内忧外患而非干旱的结果。此外，如前所述，阿淑尔市民在该城的最后几年里似乎"照常行事"，在米底人征服阿淑尔之前，政府能够将大量谷物储存在阿淑尔城内的不同建筑中。在城市的不同地点，人们发现了烤焦后的谷物储备，它们堆起来大约有1米高。最近的阿淑尔发掘者彼得·米格卢斯（Peter Miglus）认为，这些谷物足以养活阿淑尔城内的全部人口（他估计有1.1万人，外加大约8 000名士兵）至少一个月，甚至长得多的时间。这一切都没有表明降水量的变化给亚述带来了重大的农业危机。[31]

关于斯基泰人的入侵，主要的疑点是这件事只有希罗多德提到过。正如扬森-温克尔恩所强调的，从公元前640年到前627年的楔形文字历史文献确实非常有限，但是很难解释它们完全没有提到斯基泰人的大规模入侵。公元前一千纪中期的一篇伪造历史的巴比伦文本，提到了一场公元前21世纪的巴比伦统治者乌尔的舒尔吉对抗"阿淑尔、苏特安人和斯基泰人"的战争，这可以解释为对那布珀拉沙尔的解放战争的暗示，隐晦地指出斯基泰人在其中扮演了一个角色，但这也只是一种猜测。斯基泰人使得亚述失去了西部领土，这并非不可能的，但仍然是一种带有高度推测性的观点。[32]

关于亚述的灭亡，更加常见的解释是政治因素。有一种观点认为，如果亚述帝国停止扩张，那么它就无法维持下去。到了阿淑尔巴尼拔统治时期，由于进一步征服所需的军事成本和行政成本过高，所以王国注定要灭亡。但这种"收益递减"的观点也并不完全有说服力。停止扩张的帝国不一定会不可避免地走向灭亡。我们只需要记住，公元 2 世纪初，罗马帝国在图拉真的统治下扩张到最大版图之后又存续了多久。[33]

这就让我们从结构性因素和系统性因素回到更为偶然的因素上来。尽管在严肃的历史学家之中，强调特定人物及其决策对历史进程的影响已经变得有些不受欢迎，但不可否认的是，在亚述这样一个国家，国王是整个政治机器的关键，特定统治者的失败有时会造成严重的后果。而且公元前 7 世纪的一些亚述统治者似乎犯了重大错误。例如，由于埃萨尔哈东担心可能存在阴谋，所以他对王国的军事机构和民事机构进行了大清洗。阿淑尔巴尼拔则是进一步排挤了那些能力出众的精英，他对廷臣和宫里的宦官恩宠有加，却对国家官员冷眼相待。在公元前 7 世纪 30 年代，阿淑尔巴尼拔任命他的首席歌手布鲁图为名年官，这一举动让人想起卡里古拉（Caligula）让一匹马担任罗马元老院执政官的虚构故事。阿淑尔巴尼拔的继任者似乎也信任着类似的宫廷幕僚，这些人在外交政策和军事领导方面并没有太多经验。在公元前 631 年之后的名年官中，有几个首席宦官、两个宫廷书吏、一个宫廷总管、一个内侍，甚至还有国王的首席厨师萨伊鲁（Sa'ilu），他是公元前 620 年的名年官。正如后世希腊关于萨尔达纳帕鲁斯的传统所反映的那样，从阿淑尔巴尼拔开始，亚述国王似乎大部分时间都待在宫殿里，而不是在战场上。他们本可以在战场上见到军官和行政官员，那样就能对国家事务有更真实的印象。阿淑尔巴尼拔从"民粹主义者"到隐居者的转变，尤其阻碍了帝国的决策过程，损害了亚述国王在其主要官员和臣民中享有的声誉，还减少了敌人对亚述统治者的恐惧感。[34]

从亚述人的角度来看，这场领导危机是不幸的，它在宦官辛-舒穆-利希尔短暂的统治下达到了顶峰，而恰恰在这个时候，帝国接二连三地受到了一系列重大挑战的影响：失去西部的黎凡特领土，无论是由于斯基泰人的入侵还是其他原因；那布珀拉沙尔领导的巴比伦叛乱；最后，一个强大的新军事势力——米底人突然崛起。那布珀拉沙尔曾是亚述在乌鲁克设置的官员，米底人则是在亚述人尝试将扎格罗斯中部地区变成一个可治理的政治实体的过程中统一的。他们都了解亚述人的思想和活动方式，都是特别危险的对手。

尽管气候并不是亚述突然崩溃的主要原因，但是气候引起的干旱可能加深了亚述的困境。在亚述帝国境内，生活在各地的人缺乏凝聚力，这可能进一步削弱了亚述的政治免疫系统。亚述是一个"没有使命的帝国"，除了积累权力和财富外，亚述从未在其核心领土之外创造过类似亚述"认同感"的东西。除了秩序和稳定，以及颂扬亚述无限权威的艺术语言之外，亚述几乎没有为其统治的公民提供任何象征性资本。反过来，当亚述的统治者突然面临致命的军事压力时，这些公民也没有理由支持他们。[35]

总之，在公元前7世纪30年代至前609年，亚述遭受了一场"屋漏偏逢连夜雨"般的蹂躏。内部因素与外部因素的结合导致了亚述的崩溃。此后，没有人试图复兴亚述国家，这可能与亚述王室在王国发挥核心作用有着很大关系。一方面，亚述国王是政治领袖，但另一方面，他们也是阿淑尔神的大祭司，这与没有神职的巴比伦国王是不同的。没有了国王，亚述不仅作为一个世俗政体不复存在，而且作为一种宗教观念和象征秩序也不复存在。

然而，并非一切都消失了。形象地说，虽然亚述可能被炸成了几千块碎片，但是许多碎片仍然存在着。特别是在亚述国家的发源地阿淑尔城中，亚述文化中的某些方面依然延续了下去。亚述帝国的政治机构在公元前612年的大灾难后消失了，而尽管亚述人的身份被动摇、打击，变得支离破碎，但是这个身份依然存在着。

第三部分

亚述的"身后事"

第十五章

亚述在地面上的遗存

公元前401年夏末，希腊将军色诺芬和他的1万大军被困在了美索不达米亚中部。他们的使命是支持波斯王子小居鲁士争夺波斯王位，然而小居鲁士却战死在了巴比伦附近的库纳克萨（Cunaxa），他们的使命戛然而止。取得胜利的波斯国王阿尔塔薛西斯二世（Artaxerxes II）紧随他们展开了追击，希腊雇佣兵们必须尽快逃离危险，返回家园。

这些希腊人最终取得了成功。他们长途跋涉的终点是黑海，在那里，战士们发出了著名的感叹："Thalatta, thalatta！"（大海啊！大海！）不过，最有趣的还是这些来自遥远西方的士兵一路上的经历。当他们沿着底格里斯河东岸向上游前进时，他们穿过了一片土地，就在250年前，那里还是亚述帝国繁华的中心地带。

色诺芬提到了他和他的部下在这一地区所经过的三个定居点。首先，他们看到河对面的西岸"有一座繁荣的大城，名叫凯伊奈（Kainai），蛮族人用皮筏从那里运来面包、奶酪和酒"。再往北走一点，"有一座荒废的大城"。色诺芬说："它的名字叫拉里萨（Larisa），古时候居住在这里的是米底人。它的城墙宽25英尺，高

100英尺，环绕城市的整座城墙长 2 帕拉桑*。在这个城市附近，有一座石头塔庙，塔庙上有许多从附近村庄逃出来的蛮族。"色诺芬接着说，从拉里萨出发，他们"走了一段路，有 6 帕拉桑远，然后来到了一座被遗弃的、已经成为废墟的大堡垒。这座城市的名字叫作梅斯皮拉（Mespila），曾经居住着米底人。城墙的地基是用满是贝壳的抛光石头砌成的，地基宽 50 英尺，高 50 英尺。人们在这个地基上砌了一堵砖墙，墙宽 50 英尺，高 100 英尺；城墙的长度为 6 帕拉桑"。[1]

在向北行进的途中，色诺芬和他的士兵们所看到的定居点很可能就是阿淑尔、迦拉和尼尼微。阿淑尔被色诺芬称为"凯伊奈"，那里到处都是居民和补给品，显然已经从公元前 614 年米底人的攻击中恢复了过来。相比之下，被称为"拉里萨"的迦拉则被描述为荒无人烟的，尽管色诺芬在一座"塔庙"顶上看到了许多人，而它很可能就是供奉迦拉守护神尼努尔塔的塔庙，当地居民在看到希腊人从南面逼近时就躲到了那里。尼尼微被称为"梅斯皮拉"，据说也已经"成为废墟"，那里无人居住。色诺芬并不知道这三座城市曾经是亚述帝国著名的中心城市，而且最值得注意的是，他在称呼这三座城市时所使用的名称，与亚述时代当地居民引以为豪的古代名称是毫无关系的。

在亚述帝国陨落约 200 年后，色诺芬穿过了亚述中心地带，揭示了该地区急剧衰落和变化的程度之深。有关亚述人身份的所有痕迹，无论是政治结构还是城市名称，似乎都已荡然无存。

但与此同时，色诺芬的描述也不应被视为完整可靠的资料。毕竟，他并非出于对民族志的兴趣而访问该地区，他必须尽快率领他

---

* 帕拉桑（parasang）是长度单位，2 帕拉桑为 11~12 千米。——编者注

的部队通过那里，以便远离危险。色诺芬没有亲自渡过底格里斯河去探访"凯伊奈"，也就是阿淑尔；他也没有停下脚步去看看"拉里萨"和"梅斯皮拉"高高的长墙后面到底发生过什么。

可以肯定的是，如果色诺芬对这些城市进行了更全面的考察，他确实会发现许多残骸。但他也会在废墟中看到生命的迹象，并且他还会发现亚述文化延续下来的元素。尼尼微的古名实际上从未被遗忘，这个名字一直存在，并被保留到了现代。至于迦拉，即使在其陷落数百年后，该城周围地区仍被称为"迦拉切尼"（Calachene）。考古学家发现，在被毁后的几十年里，这两个地方都有一些人们重新定居的痕迹，不过定居点的规模很小，现代学者称其为"棚户区"。在尼尼微，人们对纳布神庙、伊斯塔神庙以及西南宫殿进行了修缮；在迦拉，人们则修复了纳布神庙和西北宫殿。多少个世纪以来，亚述中心地带一直沿用着"阿图拉"（Athura）、"亚述"（Assyria）或者"阿索瑞斯坦"（Asorestan）等名称，这些名称都源于古代的"阿淑尔"（Ashur）。而希腊语中指代更西边黎凡特地区前亚述领土的"叙利亚"（Syria）一词，最初也是源自"阿淑尔"。人们可以用丁尼生（Tennyson）勋爵的话来形容这一切："虽然失去许多，但仍有许多留存。"[2]

鉴于这些具有延续性的迹象，"后帝国"（post-imperial）一词比"后亚述"（post-Assyrian）更适用于亚述帝国崩溃后的时期。这里并不是"荒芜之地"，亚述帝国的衰落也不是"历史的终结"。[3]

尽管如此，我们对这一时期该地区的了解，尤其是到公元前2世纪帕提亚人征服该地区之前的那段时间的了解，仍然非常粗略。这在很大程度上是由于当地书写习惯的改变。楔形文字泥板几乎是可以永存的，这也解释了为什么在亚述王国最后的150年里，有数以万计的泥板保留至今。相比之下，皮革和纸莎草纸是容易腐烂的材料，在伊拉克北部的气候中无法保存下来，而它们在公元前600年之后肯定取代了泥板，成为底格里斯河中游地区的主要书写材料。因此，在亚述灭亡后的6个世纪里，我们从这一地区获得的文字资料寥寥无几。而且，由于许多亚述遗址的发掘者都把重点放在了帝国时期地层上，而往往忽略了帝国时期之后的地层，所以可用的考古证据也同样有限。由于所有这些因素，亚述帝国时期之后的大部分历史都需要借助巴比伦、波斯和地中海世界的文献资料来拼凑，而这些文献资料往往失之偏颇，或由于其他原因而并不可靠。但是，透过这块暗色的玻璃，我们还是有可能一窥曾经强大的亚述帝国破碎后的世界。

亚述人的生活得以延续的最有力证据（不仅在经济领域，而且还在文化领域）是在阿淑尔发现的。正如色诺芬的话所表明的那样，亚述的宗教中心并没有在公元前614年米底人的进攻之后被遗弃。出土于巴比伦城市西帕尔的一块泥板（很可能来自公元前559年）提到，阿淑尔的一位巴比伦总督曾将一名奴隶作为礼物献给西帕尔的太阳神神庙。显然，阿淑尔及其周边地区已得到新建立的巴比伦帝国的良好管理。[4]

在此期间，亚述曾经的精神中心——巨大的阿淑尔神庙——一直躺在废墟之中。但不知何时，就在其南面围墙的废墟之上，人们又建起了一座新的神庙。如今，这座新的神庙被称为"A神庙"，这是发掘者给它起的名字。它比原来的阿淑尔神庙要小得多，但它的墙壁很厚，圈起来的面积为18米×19米，而且还有一道新的围墙将它与周围隔开，因此，这座建筑看起来颇有气势。[5]

A神庙最突出的特点，从字面意义上说，在于它是用已灭亡的亚述王国的历史文献建成的，且建于这些文献的上面。人们在地面内、墙壁中、门框上发现了 100 多则王室铭文，铭文覆盖的年代从公元前二千纪早期的埃里舒姆一世统治时期，一直到亚述最后一任国王辛-沙鲁-伊什坤统治时期。修建 A 神庙的人可能是从附近一座古老的神庙图书馆的废墟中找到它们的，该图书馆曾是亚述历史文本的存放处。被嵌入 A 神庙的结构并成为其一部分之后，这些文本往往已支离破碎，不再被用于仔细研究和阅读。但每一个进入神庙的人都会知道，自己正站在世界第一个帝国的文字遗产之上，并被其包围。

我们不知道 A 神庙的建造时间，也不知道它供奉的是哪位神灵，所以很难解释这种奇怪而特殊的建造方式。有一种可能是，A 神庙是在阿淑尔神庙被毁后一代人左右的时间里，由当地残余的居民建造的。他们可能是希望为阿淑尔神提供一个新的家园，并试图通过实际接触记录他们辉煌过去的文字，来获取新的信心。[6]

另一种略为不同的观点认为，A 神庙是由在巴比伦帝国时期流亡到美索不达米亚南部城市乌鲁克（楔形文字文献证明了他们在那里生活过）的亚述人建造的。慕尼黑的亚述学家卡伦·拉德纳（Karen Radner）认为，当波斯统治者居鲁士二世于公元前 539 年灭亡巴比伦政权并建立波斯帝国后，他允许这些亚述人回到阿淑尔。事实上，居鲁士在巴比伦一个黏土圆筒上的铭文中声称，他"将众神（的神像）带回其圣地，从［……］到阿淑尔、苏萨、阿卡德、埃什努纳、赞班（Zamban）、梅-图兰（Me-Turan）、德尔，远至古提乌姆（Gutium）边境地带"，而且被驱逐出这些城市的人及其后裔也获准返回家乡。[7]

正如《希伯来圣经》中的著名记载所言，居鲁士的慷慨行为也照顾到了犹太人，他们得到了居鲁士的允许，可以从巴比伦流放地返回犹大，并在耶路撒冷重建之前被尼布甲尼撒二世蹂躏过的圣殿。拉德纳认为，在阿淑尔也发生过类似的事情：公元前6世纪末，亚述人从巴比伦返回后，在他们的宗教故都建造了一座"第二圣殿"，此时距离他们被驱逐出这里已经过去了约70年。拉德纳认为，这座神庙，即A神庙，可以看作阿淑尔古代宗教传统和它们在帕提亚时代持续传承之间缺失的一环。

并非所有学者都同意A神庙是后帝国时代的阿淑尔神庙这一观点。在帕提亚王朝后期，即公元1世纪到3世纪之间，A神庙被一座新的神庙取代，这座新的神庙显然是用来供奉赫拉克勒斯（Heracles）的，而希腊的赫拉克勒斯相当于巴比伦的战神埃拉-涅伽尔。根据该遗址的这段历史，有人认为早期的A神庙实际上也可能是埃拉-涅伽尔神庙，它并不是由当地居民建造的，而是由阿淑尔新的巴比伦征服者建造的，他们在公元前614年之后不久控制了这座城市。建造这座神庙的目的是将阿淑尔神边缘化，让另一位神灵成为城市崇拜的中心。将亚述王室铭文融入建筑结构中是一种羞辱行为：进入神庙的人们非但不会从中汲取力量，反而会践踏这些文字，象征性地重演亚述的惨败。[8]

在没有更进一步的证据或新的考古发现的情况下，我们不能够确定哪种理论是正确的。但是，只有假定对阿淑尔神的崇拜没有中断太久，才能解释帕提亚时期的宗教习俗与新亚述时期的宗教习俗之间存在着相似之处。因此，A神庙更有可能是后帝国时期纪念阿淑尔神的一处圣地，而不是巴比伦征服者所建造的一座反亚述的、带有仇恨色彩的纪念堂。

在阿淑尔往西更远的地方，亚述帝国灭亡后，还有其他几个重要的亚述中心城市继续有人定居。其中包括位于下哈布尔地区的杜尔-卡特利姆城，该城此时归巴比伦管辖。杜尔-卡特利姆的农村腹地也没有被完全遗弃。根据考古调查，在下哈布尔地区，约36%的亚述居民点在帝国时期之后仍有人居住，尽管它们的规模有所缩小。在它们之中，靠近河流的居民点幸存下来的尤其多，而那些位于较远的草原地区的居民点则往往被人们放弃，这可能是因为那些地方的农业产量非常低，一旦随着亚述大城市的衰落而失去其消费群体，它们就不再具有竞争力。[9]

在尼布甲尼撒二世统治初期，叙利亚东北部的原亚述城镇古扎纳成了另一位巴比伦总督的驻地。亚述最后的要塞哈兰也显然没有被完全摧毁，尽管它肯定在公元前610年的战役中遭受了重大破坏。巴比伦国王那布尼德（公元前555—前539年在位）的母亲来自哈兰，他修复了该城著名的月神辛的神庙。在附近的埃德萨（Edessa），也就是后来的奥斯若恩（Osroëne）王国的首都，亚述宗教传统一直延续到了公元后。甚至在幼发拉底河以外的一些地方，亚述的遗产也在延续，一个突出的例子是纳皮吉城，沙尔马内塞尔三世曾在那里安置了大量亚述人，该城后来更名为希拉波利斯（意为"圣城"），在公元2世纪琉善的希腊语作品《论叙利亚女神》中，该城被描述为人们忠实地纪念传说中的亚述统治者塞弥拉弥斯和萨尔达纳帕鲁斯事迹的地方。[10]

在亚述东部，与底格里斯河沿岸的亚述中心城市相比，阿尔贝拉城没有受到公元前7世纪末战争的破坏，这里仍然是亚述文化的另一个重要堡垒。由于阿尔贝拉（今伊拉克库尔德自治区的埃尔比勒）一直有人居住，如今又是一座繁华的现代城市，因此人们几乎不可能对该地进行大规模的考古发掘。而来自其他地方的文献证据表明，在亚述帝国灭亡后，这座城市的地位依然显赫。在一段时间内，它似乎曾是米底人控制下的一个地区性要塞，波斯帝国建立后，它仍然保持着这一功能。波斯国王大流士一世在其著名的贝希斯敦铭文中声称，公元前521年夏天，他在阿尔贝拉刺死了他的萨迦提亚（Sagartian）对手特里坦塔伊克梅斯（Tritantaichmes），此人是米底王室的一位成员。[11]

公元前5世纪末，一封来自埃及的阿拉米语信件提到了阿尔贝拉以及底格里斯河东部地区一些其他城镇的官员。信中提到了一位名叫纳赫索尔（Nakhthor）的埃及不动产经营者，他代表着他的波斯主人在该地区旅行。纳赫索尔来到该地区的时间，与色诺芬和他的1万名部下经过迦拉与尼尼微废墟的时间相近。在这一时期内，阿尔贝拉肯定是波斯阿图拉总督辖区的一个重要地区中心，贝希斯敦、纳克什-伊鲁斯塔姆（Naqsh-i Rustam）和苏萨的波斯铭文都提到过阿图拉。波斯人的浮雕显示，来自阿图拉的人们会向波斯宫廷运送牲畜和纺织品。[12]

当然，波斯统治下的亚述领土在政治和经济方面的作用也不应被夸大。公元前331年，阿尔贝拉成为波斯国王大流士三世的一处据点，他从这里出发迎击亚历山大大帝的军队，阻挡其前进。10月1日，高加米拉[Gaugamela，可能是在亚述东部的泰勒戈梅尔（Tell Gomel）]战役打响，亚历山大取得了决定性的胜利。这场战役开创了一个希腊化国家统治亚洲大片地区的时代，是世界历史的转折点。虽然亚述人曾是这种决定性时刻的推动者，但此时亚述所能做的只是为该事件提供场地。底格里斯河中游的人民不再是历史舞台上的演员，他们只能坐在观众席上。

在巴比伦王国和波斯帝国统治时期，阿淑尔、尼尼微与阿尔贝拉之间的三角地带人烟稀少，到了亚历山大征服美索不达米亚之后，希腊人的塞琉古王朝成为美索不达米亚的新统治者，很可能使得这一地区重新焕发生机。然而，关于该地区希腊人活动的最重要的证据，来自塞琉古王朝之后的时期，这时，一个新的王朝，即伊朗的帕提亚王朝掌握了权力。

帕提亚人在公元前2世纪下半叶征服了美索不达米亚，并统治了这里近500年，但其政治结构不如前几个帝国集中。在尼尼微，帕提亚人似乎给予了一个殖民地或多或少的自治权，该殖民地可能建立于塞琉古时代，主要由讲希腊语的居民组成。来自尼尼微的一根柱子上的希腊语铭文（很可能是公元前32年或前31年的铭文）提到了一个名叫阿波罗法尼斯（Apollophanes）的人，并显示他曾担任过该城的军事指挥官（strategos）和督察官（epistates）。人们在辛那赫里布西南宫殿遗址发现的一尊公元1世纪或2世纪的赫拉克勒斯石灰石雕像，上面同样刻着希腊铭文，表示雕刻者是一个名叫第欧根尼（Diogenes）的人。该雕像质量上乘，具有古典风格。人们在尼尼微的阿淑尔巴尼拔北宫的一幅精美的新亚述时期浮雕上所发现的粗糙希腊文，提到了同一位或另一位第欧根尼。很难想象，在希腊-帕提亚时代，人们还能随意接触到500多年前制作的宫殿浮雕，因此有人认为，好奇心无疑很强的第欧根尼是在施工过程中挖排水沟时发现这块石板的。[13]

在帕提亚时代，亚述以前的领土分裂成了几个半独立的附庸王国。位于西边的是哈兰附近的奥斯若恩王国，它在公元165／166年成为罗马的一部分。阿迪亚贝纳（Adiabene）王国则是以阿尔贝拉为中心，向西延伸至尼尼微，控制着过去的亚述东部中心地带。事实上，根据老普林尼的说法，"阿迪亚贝纳"只不过是"亚述"的一个新名称。商业城市哈特拉（Hatra）位于阿淑尔以西约50千米处，是一个重要的贸易枢纽和新兴的"阿拉伯王国"的中心。该城有几座帕提亚风格的大型神庙建筑，包括一座巨大的圣殿，它供奉着哈特拉的守护神，即古老的太阳神沙马什。最后是阿淑尔城本身。在公元后的头三个世纪里，阿淑尔重新崛起，成为一个相当繁荣的、重要的、半自治的地区中心。[14]

帕提亚时期的阿淑尔可能曾被称为拉巴纳（Labbana，源自亚述语 Libbi-āli，意为"内城"），它在某些方面与公元前7世纪新亚述时期截然不同。例如，新的帕提亚风格的宫殿（可能是地方官员的一系列住所）建于城市南部，而没有建在城市北部边缘的旧宫殿遗址上。但是，这里也有一些显著的延续性，特别是在文化和宗教领域。亚述帝国时期的许多重要神灵，尤其是阿淑尔和他的妻子谢鲁阿，以及伊斯塔、娜娜娅、贝尔、纳布和涅伽尔，在帕提亚时代也受到了崇拜。在公元前614年被拆毁的阿淑尔神庙的废墟上，人们建成了一座规模很大的新阿淑尔神庙〔此时被称为阿索尔（Assor）神庙〕。帕提亚时期的几块地方长官（他们都有一个阿拉米语称号 Marya，意为"主人"）的石碑，非常容易让人联想到亚述王国时期类似的纪念碑。其中，有一块保存尤为完好的石碑可能来自公元112年或113年，上面刻着某位鲁思-阿索尔（R'uth-Assor，在阿拉米语中意为"阿淑尔的快乐"）的名字。石碑的顶部采用了新亚述时期统治者的石碑所特有的圆形设计，石碑上的守护者正在膜拜象征太阳和月亮的符号，这幅图像看起来像是直接从新亚述时期的样式复制而来的。唯一不同的是，鲁思-阿索尔穿着帕提亚风格的裤装，而不是新亚述时期国王的传统服装。[15]

在帕提亚时代，阿淑尔城中许多居民的名字是另一个具有延续性的领域。可以肯定的是，在此期间，阿拉米语、伊朗语、希腊语和阿拉伯语人名的数量大幅增加。但仍有许多人使用亚述-阿卡德语名字，他们的名字与公元前7世纪的人们所使用的名字几乎完全相同。我们发现，阿淑尔的一位总督名叫纳布达央（Nbudayyan），它的意思是"纳布是法官"；还有一位名叫齐布-阿淑尔（Qib-

Ashur，意为"阿淑尔的命令"）；甚至还有一位名叫阿淑尔-赫登（Ashur-heden），即阿淑尔-阿胡-伊迪纳，这是伟大的亚述国王埃萨尔哈东的名字。亚述在公元前 7 世纪灭亡后，不仅亚述的人名得以延续，而且新亚述时期的语言的其他元素也得以幸存，比如美索不达米亚北部的人们所使用的阿拉米方言中，就明显包含着亚述语言的词汇遗产。[16]

然而，帕提亚时代的阿淑尔城所保留下来的最令人震惊的新亚述时期遗产，是继续庆祝某些宗教节日。在帕提亚时代新的阿淑尔神庙场地内，地面石板上的铭文除了包含前来朝拜阿淑尔和谢鲁阿的信徒的姓名外，还记录了他们参拜神庙的日期。这些日期与亚述帝国时期两个重要宗教节日的时间惊人地重叠：尼萨努月（亚述历 1 月）的头 12 天内庆祝的新年（或阿基图）节，以及沙巴图月（亚述历 11 月）的第 20 天至第 26 天内举行的一系列与"命运之台"有关的仪式。在帕提亚时代，人们在位于城墙西北的辛那赫里布旧阿基图屋遗址上修建了一座新的圣殿，这也表明了阿淑尔的阿基图节的持久重要性。[17]

尽管存在着这些延续性，但是帝国时期的宗教庆典与帕提亚时期的宗教庆典也有重要区别。前者是国家层面的活动，参与者包括亚述国王、神职人员和亚述精英阶层。与此相反，在帕提亚时期，来到阿淑尔神庙向神灵祈祷并寻求保佑日常生活的都是普通居民。亚述帝国宗教中森严的等级制度，显然已被更加"民主"的崇拜形式取代。[18]

阿淑尔复兴成为美索不达米亚北部的重要宗教中心，但这并没有持续多久。公元 224 年，一位名叫阿尔达希（Ardashir）的伊朗勇士击败了最后一位帕提亚国王阿尔塔巴努斯四世（Artabanus IV）。公元 226 年，他在帕提亚首都泰西封（Ctesiphon）加冕，成为以其祖先萨珊（Sasan）命名的新的萨珊王朝的第一位统治者。两年后，阿尔达希进攻帕提亚人最后的据点之一哈特拉，征服了阿淑尔，并摧毁了其主神庙。公元257年，阿尔达希的继任者沙普尔一世（Shapur I）对阿淑尔发动了第二次进攻，这也是对阿淑尔的最后一击。在第一次被米底人摧毁约850年后，阿淑尔城不复存在，对阿淑尔名年官神的崇拜也最终被尘封在了历史之中。[19]

公元后最初几个世纪，美索不达米亚东北部出现了犹太教、基督教和（萨珊王朝时期的）琐罗亚斯德教等新兴的一神教，它们逐渐取代了过去的"异教"崇拜。在公元1世纪，"新的亚述"阿迪亚贝纳的统治者皈依了犹太教。据犹太历史学家约瑟夫斯（Josephus）记载，阿迪亚贝纳的海伦娜（Helena）女王搬到了耶路撒冷，在那里，她为遭受饥荒的居民提供食物，并慷慨地赞助犹太圣殿。此后不久，基督教在阿迪亚贝纳立足了。根据公元1世纪末到2世纪的所谓《十二使徒遗训》，该地区最早接受基督教教义的是使徒达太（Addai）的弟子阿盖（Aggai）。阿尔贝拉成为早期东方基督教的一个重要中心，从公元2世纪起一直是一个主教区。[20]

令人惊讶的是，基督教在该地区的崛起并不意味着古老的亚述宗教被完全消灭。根据叙利亚的《波斯殉教者事迹》（*Acts of Persian Martyrs*），艾提拉哈（Aitilaha，据说在公元4世纪中叶被琐罗亚斯德教的狂热分子杀害）在皈依基督教之前曾是"阿尔贝拉女神沙尔贝尔（Sharbel）"的祭司。这位沙尔贝尔只能是古老的亚述女神、阿尔贝拉的伊斯塔，她是这座城市的神圣守护神，伟大的亚述国王阿淑尔巴尼拔曾经特别崇拜她。[21]

随着教会在阿迪亚贝纳慢慢扎根，教士们刻意地压制了亚述帝国时期遗留下来的一些习俗。但与此同时，教会的权力机关也将关于亚述国王及其事迹的记忆融入他们所宣传的、新出现的故事和传说中,其目的无疑是要在该地区建立一种与当地传统相容的基督教身份。例如,上文提到的《波斯殉教者事迹》称,在东方教会中最受欢迎的圣人之一马尔·贝赫纳姆(Mar Behnam)和他的姐妹萨拉(Sarah)就是亚述国王辛那赫里布的孩子。据说,当一位名叫马泰〔Mattai,即"马太"(Matthew)〕的基督徒苦修者和难民治好了萨拉的麻风病后,她和她的兄弟都皈依了基督教。辛那赫里布对自己的孩子不再向异教神灵献祭而感到震惊,于是把他们俩都杀了。但不久之后他也病倒了,在他需要马泰亲自照料时,他不得不承认基督的力量,并请求这位苦修者为他施洗。按照传统的时间顺序计算,这些历史人物和历史事件之间相隔了1 000多年,但这个故事却大胆地将它们融合在了一起,给该地区的人们留下了深刻的印象。[22]

另一个带有明显亚述色彩的基督教传说见于叙利亚的《马尔·卡尔达格史》(*History of Mar Qardagh*),该书可能写于公元7世纪早期,但故事发生在大约300年前,当时的萨珊王朝统治者沙普尔二世(Shapur II, 309—379)正在迫害和杀害他统治下的许多基督徒。故事的主人公卡尔达格据说"来自一个伟大的民族,并且是亚述王族的后裔":"他的父亲是宁录家族的显赫后裔,母亲是辛那赫里布家族的显赫后裔。"起初,卡尔达格是伊拉克东部迪亚拉河到西部尼西比斯城一带所有土地的总督,沙普尔命他担任这一职务,是为了嘉奖他对琐罗亚斯德教教义的热情,以及他在打马球时表现出的身体素质。在阿尔贝拉附近的梅尔基(Melqi),卡尔达格建造了一座堡垒和一座火神庙,并为一个异教节日举行了盛大庆祝。但是,当一位名叫阿布迪索(Abdisho)的圣人让他相信福音的真理时,卡尔达格皈依了基督教,并烧毁了他领地上所有的火神庙。他最终死于波斯军队之手,被石块砸死在梅尔基的堡垒门口,成了一名殉教者。[23]

让这个故事特别吸引人的是，卡尔达格的据点梅尔基很可能与阿尔贝拉附近的一座新亚述时期的小城米尔基亚（Milqia）是同一个地方，米尔基亚也有一座供奉阿尔贝拉的伊斯塔女神的阿基图屋。埃萨尔哈东和阿淑尔巴尼拔在其统治期间都修复过这座圣殿，并对其表现出了极大的兴趣。与阿淑尔一样，在亚述帝国灭亡后的很长一段时间里，米尔基亚/梅尔基的阿基图屋似乎一直都是举行宗教庆典的场所，也许与每年的新年庆典有关联。因此，这个故事是一个很有启发性的例子，说明了阿迪亚贝纳的基督教社区有时会将《圣经》传说与当地历史以及古代亚述宗教遗址的遗产融合在一起。

基督徒在古代亚述人曾经居住的地区生活了近2 000年，在此期间他们经历了巨大的变化。在很长一段时间里，他们的处境还算不错。在萨珊王朝统治下，新兴的东方教会享有相当程度的自治权。新的统治者经常与罗马及拜占庭的皇帝交战，他们也认可东方教会反对与西方强权有关联的基督教教派的做法。迫害和试图压制当地神职人员的情况相对较少。公元7世纪，当伊斯兰教出现后，这种有利局面最初并没有发生改变。叙利亚东部的基督徒精通希腊语和叙利亚语，不久之后，他们还精通阿拉伯语，在阿拔斯王朝早期、巴格达的文化"黄金时代"，他们作为翻译家和学者发挥了主导作用。但是，随着时间的推移，作为比穆斯林享有更少权利的"非穆斯林"（dhimmis），伊拉克北部的基督徒越来越遭到边缘化。随着几个世纪的流逝，一支又一支外国征服者的军队穿过该地区，这些基督徒的社区逐渐萎缩。在奥斯曼帝国时期，许多当地的基督徒躲到了偏远地区，如图尔阿布丁——"敬神者之山"。在公元前

612年亚述帝国灭亡后，亚述首领拉巴西曾在同一个地方建立亚述人的最后据点。[24]

直到公元19世纪，美索不达米亚北部的叙利亚基督徒一直避免使用"亚述人"一词称呼自己。但是，当西方的旅行家、考古学家和传教士开始强调他们在该地区遇到的基督徒是"古代亚述人的后裔"时，正如奥斯汀·亨利·莱亚德在1849年出版的《尼尼微及其遗迹》一书中所说的那样，越来越多的当地基督徒开始认可这一称呼。毫无疑问，这种重新定位的原因之一，是他们希望与强大的亚述帝国建立联系，从而提高他们的地位。[25]

然而，这种期望最终被证明是一种可悲的幻想。在土耳其人和库尔德人新兴的民族主义与欧洲列强的帝国利益之间，亚述基督徒（他们此时的自称）在一段时间内经历了可怕的大屠杀、流离失所、强奸与绑架。在导致奥斯曼帝国对外敌屈服的动乱中，特别是在第一次世界大战期间，超过25万亚述基督徒被杀害，还有许多人被迫迁居。战后，为亚述基督徒建立独立家园的尝试很快就失败了，从奥斯曼帝国的残骸中分裂出来的民族国家成为针对基督教群体的新一轮大屠杀的舞台。在这些大屠杀中，有一次发生于1933年，当地部落成员和伊拉克军队在伊拉克的斯梅勒（Simele）村及其周边地区大肆屠杀，总共导致600名至3 000名亚述基督徒死亡。[26]

在今天，中东的去基督教化已经达到了惊人的地步。在过去40年内的多次政治危机中，许多残存的基督徒逃离了该地区。现在，亚述基督徒在瑞典、德国、澳大利亚和美国的人数，比在伊拉克北部、土耳其东南部和伊朗西北部的人数还要多。其中大多数人认为自己是萨尔贡和辛那赫里布最后的后裔，并继续给自己的孩子取这两位国王和其他亚述国王的名字，但他们已不再生活在自己的故乡。

然而，在不同的流亡地，他们都寻求保护自己的宗教和文化传统，强调他们与亚述帝国的联系，并与新的环境分享他们的遗产。亚述基督徒在西方展示其历史和文化的一个显著例子，是由在伊拉克出生的亚述基督徒弗雷德·帕哈德（Fred Parhad）所设计的亚述国王阿淑尔巴尼拔的大型铜像。这座雕像是"由亚述人"献给旧金山市的，它竖立在旧金山总图书馆前面。[27]

如今，古亚述"在地面上"只剩下了帝国时期大城市的巨大废墟。可悲的是，正如ISIS（"伊斯兰国"）统治亚述中心地带期间发生的事件所表明的那样，这些城市的废墟也与亚述基督徒一样面临着被彻底消除的危险。但是，古亚述还留下了另一种遗产，一种不那么容易被时间摧残的遗产，那就是帝国的理念。

第十六章

模范帝国

公元前7世纪末，在巴比伦人和米底人的毁灭性攻击之后，虽然亚述文化的一些组成部分得以延续，而且一些亚述城市仍有人居住，但是似乎到前609年，亚述帝国就已经无可挽回地终结了。著名的研究古代近东历史的专家马里奥·利维拉尼（Mario Liverani）认为，亚述帝国已经"消失得无影无踪"。据利维拉尼所说，"在亚述帝国崩溃后幸存下来的帝国结构要素"是"极少且转瞬即逝的"。[1]

真的是这样吗？比较历史学与宗教学学者彼得·贝德福德（Peter Bedford）持截然相反的观点，他写道："帝国并没有终结，相反，它的中心从底格里斯河上游向南转移到了巴比伦，而在波斯人的统治下，可以说它的中心继续向东转移。"[2]

对于像帝国这样变化无常的事物来说，事实肯定没有那么明确。当亚述人建立起自己的帝国时，他们创造了一种政府形式，这种形式在尼尼微毁灭之后依然存在，从这个意义上来说，亚述帝国之后的新巴比伦帝国和波斯帝国确实是亚述实践的延伸。然而，帝国是一种不断变化的现象。当先前的帝国被后来的帝国取代后，随之而来的通常不仅是地点的改变，还有质的变化。人们在采用既有的政治结构的同时，还会进行一定的调整，并创造出新的治理方式

和政治意识形态。³

因此,当新巴比伦帝国和波斯帝国先后成为亚述帝国的继承者时,它们既有延续也有变化。在某些方面,这两个政体沿袭了亚述人的先例,而在另外一些方面,它们背离了亚述人的先例。后来的帝国也同样继承了前代帝国的遗产,因此,它们都是从亚述到现代的继承链条中的一环。

那布珀拉沙尔(公元前 626—前 605 年在位)所建立的国家,在他的儿子、继承者尼布甲尼撒二世(公元前 604—前 562 年在位)的长期统治下得到了巩固,这个国家持续存在了大约 70 年的时间,最终覆盖的那片区域,其面积差不多相当于亚述在公元前 648 年左右所统治的地域面积。它被称为"新巴比伦"或"迦勒底"帝国,以美索不达米亚最著名的城市巴比伦为中心。公元前 539 年,波斯国王居鲁士二世从最后一位巴比伦国王那布尼德手中夺取了政权,新巴比伦就此终结。由于新巴比伦在《圣经》中所扮演的重要角色,其历史上最著名的事件就是它与犹大王国的冲突。尼布甲尼撒二世在公元前 597 年以及 11 年后,先后两次实现了辛那赫里布未能实现的目标——征服耶路撒冷。公元前 586 年攻占耶路撒冷时,他摧毁了耶路撒冷的圣殿,并将大部分犹大人口驱逐到了巴比伦的河流附近。

尽管亚述人的残暴战争让巴比伦人产生了反亚述的怨恨情绪,但是新巴比伦在许多方面都深深地受惠于其前身亚述帝国。它借鉴了亚述"帝国工具包"中的重要元素,从帝国的控制方式和行政组织形式,到意识形态概念及其在艺术中的表达。⁴

鉴于亚述和巴比伦在过去 120 年间的军事和政治纠葛,前者为刚刚兴起的新巴比伦提供了蓝图也就不足为奇了。自提格拉特-皮莱塞尔三世于公元前 729 年征服巴比伦以来，亚述的军事精英和文职精英一直在巴比伦和其他南方城市担任要职。可以肯定的是，与帝国的其他地方不同，亚述人从未完全取缔巴比伦的传统治理体系。许多巴比伦城市保留了相当程度的市政自治权。但是亚述的影响力仍然很大。更重要的是，新巴比伦的第一任统治者那布珀拉沙尔出身于巴比伦的一个官员世家，该家族曾经是亚述王室在巴比伦的代表，并与亚述王室时常联络。在其职业生涯之初，那布珀拉沙尔本身就是亚述人任命的，这一定使他对亚述帝国的运作方式有了深刻的了解。[5]

特别值得注意的是，那布珀拉沙尔的新帝国的中央官僚机构在多大程度上根植于亚述模式。虽然我们目前还没有发现巴比伦有像尼尼微城所拥有的那种"国家档案"，但是在尼布甲尼撒二世统治初期的一块残缺不全的黏土棱柱上，一则与建筑有关的铭文为我们了解新巴比伦国家机器的实际运作提供了一些重要线索。该文本的末尾列出了以某种方式为尼布甲尼撒在巴比伦建造新宫殿做出贡献的所有宫廷官员、总督和市政管理人员。值得注意的是，在保留下来的文本所提到的 17 位国家官员中，有 14 位的头衔源于亚述。其中一些头衔——例如 mašennu（"行政长官"或"司库"）——是真正的亚述用语，它们在新巴比伦帝国之前的巴比伦未曾出现过。巴比伦国王与其臣民之间的沟通规则，以一种被称为"王言"（amat šarri）的制度为标志，而君主对效忠宣誓（adê）的反复要求也源自亚述。[6]

总的来说，巴比伦的纪念性艺术与亚述在迦拉、杜尔-沙鲁金和尼尼微的宫殿和神庙中展示的艺术风格大相径庭。在巴比伦城或其他巴比伦的遗址中，人们既没有发现描绘战争场景的浮雕，也没有发现与亚述首都的国王谒见室套房入口处的公牛和狮子巨像类似

第十六章　模范帝国

的雕塑。然而，在新巴比伦帝国的西部地区（尼布甲尼撒率领的巴比伦军队花了很大力气才重新征服了那里），一些岩石浮雕的图像语言显然是以过去的亚述模式为基础的。人们在黎巴嫩北部瓦迪布里萨（Wadi Brisa）发现了一幅尼布甲尼撒统治时期的浮雕，该浮雕描绘了一位正在与一头即将飞扑的狮子搏斗的巴比伦国王，而这正是亚述帝国艺术中的一个重要主题。这种借鉴代表着新巴比伦的国王有意在遥远的地方将自己展示为他们的亚述前人的合法继承者。[7]

巴比伦统治者在国内的权力中心模仿亚述模式的一个例子是尼布甲尼撒的巴比伦北宫的布置：有城墙围绕着这座宫殿，使其仿佛一座堡垒，这让人想起亚述城堡土丘上类似的王室居所，比如萨尔贡二世在杜尔-沙鲁金的宫殿。公元前6世纪的巴比伦内城的矩形规划似乎更多也是基于亚述传统，而非巴比伦传统。在这一点上，杜尔-沙鲁金同样提供了一个相似的例子。[8]

在亚述帝国灭亡之后的那些年里，大部分居住在巴比伦的亚述人都被剥夺了以前拥有的权力，或者直接就被杀死了。后来到达南方的亚述人，无论是作为战俘还是难民，通常都被分配了一些琐碎的差事，比如在神庙的土地上工作。但是，公元前612年之后在巴比伦安家的亚述人，至少有一些似乎担任着更有声望的职位，其中包括巴比伦城内的一些亚述书吏。根据尼布甲尼撒南宫中用亚述文字书写的档案文件（最晚的一份来自公元前599年或前596年），他们是巴比伦中央行政机构的官僚。他们书写的文本属于一套泥板中的一部分文字，这套泥板记录了向包括犹大王室成员在内的政治人质提供大麦、椰枣和油的情况。[9]

一些亚述"知识分子"似乎也在巴比伦找到了新的生活方式。一块来自巴比伦的未注明日期的占星泥板，其下方有"昆杜-伊拉亚-乌金（Kundu-ilaya-ukin）的财产"的字样，这可能是来自阿淑尔的贝尔-昆迪-伊拉亚（Bel-kundi-ilaya）家族的名称的错误写法。这个家族的成员可能在公元前614年阿淑尔遭到毁灭前后不久逃到了巴比伦。[10]

在那布珀拉沙尔的故乡乌鲁克城，一个于公元前7世纪中叶建立起来的亚述人社区在公元前6世纪下半叶仍然存在，并一直延续到波斯时代。乌鲁克的埃安纳（Eanna）神庙的行政文书提到了这个社区的成员。我们可以辨认出，他们有着真正的亚述人名，例如，雷曼尼-阿淑尔或帕尼-阿淑尔-拉穆尔都包含了阿淑尔神的名字。显然，乌鲁克的亚述人继续敬拜着他们传统的神明，并在专门供奉阿淑尔的圣殿中作为祭司、神庙酿酒师和屠夫为阿淑尔神服务。

埃安纳神庙中的文本将阿淑尔神的名字译为"安萨尔"（AN.ŠÁR），这是自公元前7世纪初以来"阿淑尔"的常见拼写方式，也是天神安努的一个祖先的名字。在公元前一千纪，天神安努在乌鲁克扮演着越来越重要的角色。很有可能，亚述流亡者试图通过将阿淑尔同化为当地具有一定影响力的神灵，从而使他们对阿淑尔的崇敬得到认可。反过来，当乌鲁克的领袖和祭司将安努作为他们城市的主神时，他们可能从新引进的亚述神明身上得到了启发，这种宗教改革始于公元前5世纪，在某些方面让人联想到同一时期在耶路撒冷新形成的耶和华神学。[11]

在搬到新家时，乌鲁克的亚述居民显然从家乡带来了一些传家宝。其中有一枚精美的中亚述时期的印章，上面的图案描绘的是王室狩猎的场景。人们在乌鲁克埃安纳神庙围墙内发现的一份公元前520年的行政文件上就印有这枚印章的图案。人们在乌鲁克还发现了活跃于公元前4世纪末的一位博学的驱魔师的泥板，泥板上的内容包括亚述人对肝脏占卜的评论。泥板上的注释显示，它曾属于阿淑尔巴尼拔在尼尼微的著名图书馆。除非这篇评论是作为战利品被带到乌鲁克的,否则它一定是通过和印章类似的方式被带到这座城市的。在希腊化时期,乌鲁克的许多学术论文与早期的亚述文本有明显的相似之处,这表明,在乌鲁克,被其他地方抛弃的亚述学术传统可能在帝国灭亡后幸存了几个世纪的时间。[12]

尽管依赖于亚述的创造,但是大多数新巴比伦的国王对亚述帝国的评价并不高,他们指责亚述帝国虐待巴比伦。然而,即便是这样的批评,也通常是含糊其词的。那布珀拉沙尔、尼布甲尼撒及其之后的三位不重要君主的王室铭文中,都没有提到亚述国王的名字,直到公元前556年。这些巴比伦君主的铭文按照早期巴比伦而非亚述的模式,对一般的政治历史事件基本保持沉默,而是侧重描述建筑工程、神庙祭祀以及国王与神之间的关系。

随着新巴比伦末代国王那布尼德开始统治,这一切都至少在某种程度上发生了变化。可以肯定的是,那布尼德也曾对亚述说过狠话,贬斥辛那赫里布在公元前689年对巴比伦的进攻。但在神庙得以重建的历史背景下,他的铭文提到了其他几位亚述国王的功绩,并对他们给予了肯定。当提到阿淑尔纳西尔帕二世、沙尔马内塞尔三世、埃萨尔哈东、阿淑尔巴尼拔以及阿淑尔-埃提尔-伊拉尼时,那布尼德称他们为"亚述国王",甚至有两次称他们为"我的祖先"。[13]

那布尼德对阿淑尔巴尼拔表现出了特别浓厚的兴趣。当他正式委托人们为哈兰的月神辛(他对该神的宣传远远超出了正常的程度)制造一座新雕像时,那布尼德需要一个雕像的模型,因为旧雕像已经被米底人摧毁。正如国王在巴比伦的铭文中所描述的那样,他在"一个用珍贵的碧玉(王权之石)制成的圆筒形印章上找到了这样一个模型，亚述国王阿淑尔巴尼拔曾在这个印章上构想出辛的形象，并将其牢牢地放在辛神的颈部"。那布尼德告诉他的读者，在哈兰遭到摧毁后，这枚印章不知何故幸存了下来，并被带到了巴比伦的敬拜马尔杜克的埃萨吉尔神庙，他在那里偶然发现了这枚印章。[14]

那布尼德将自己最崇拜的神明的"正确"形象归功于阿淑尔巴尼拔的创造，这明显体现了那布尼德对阿淑尔巴尼拔的尊重。那布尼德对自己其他方面的描述也植根于亚述模式。在出土于哈兰的两块石碑上，国王身披的斗篷，与许多亚述的纪念碑上新亚述时期君主所穿的装饰华丽的礼服是相似的。石碑本体的顶部呈圆形，其形状与亚述时期的王室石碑如出一辙。

那布尼德迷恋亚述的文化和宗教，特别迷恋哈兰城，其主要原因是国王本人就来自这座城市。他的母亲阿达-古皮出生于阿淑尔巴尼拔在位时期的第20年，并且似乎活到了102岁高龄，她在哈兰生活了几十年，可能经历过哈兰城的部分毁灭。阿达-古皮一生都是该城守护神月神辛的忠实崇拜者。甚至有人说阿达-古皮是亚述王室成员，尽管并没有证据。那布尼德在其母亲死后为她题写了长长的碑文，他可能是在哈兰度过的童年，然后搬到了巴比伦居住。新巴比伦帝国是在其前身亚述帝国的废墟上建立起来的，而新巴比伦帝国的最后一位统治者却比他之前登上巴比伦王位的任何一位国王都更为"亚述化"，这种转折多少带有一点讽刺意味。[15]

新巴比伦帝国的统治者在许多方面都以亚述帝国为榜样。但在某些方面，他们的统治方式实际上是与亚述截然不同的。从公元前8世纪提格拉特-皮莱塞尔三世统治时期开始，亚述国王建立了许多新的行省来统治帝国周边地区。这些行省由地方长官及其幕僚代表王室管理，产生了源源不断的税收。人们对新巴比伦帝国如何管理巴比伦本土以外地区的具体情况仍然所知甚少，但可以肯定的是，在公元前6世纪80年代之前的几年里，新巴比伦帝国的边缘区域，尤其是西部地区，并没有像亚述帝国全盛时期那样被整齐地划分为多个行省。在这些年里，巴比伦国王的权力主要局限于通过每年的军事行动，从基本上保持独立的地方强人（其中包括西顿、推罗和阿什杜德的国王）那里征收贡品。[16]

在尼布甲尼撒漫长的统治时期过半的时候，巴比伦人设法在帝国西部建立了一些即使不算是正式的行省，至少也是小块片区的地方行政单位，从而能够对那些地方加强控制。在上叙利亚地区和叙利亚西北部，他们似乎已经建立了类似于行省的结构，而在其他边缘地区，则是巴比伦神庙势力获得了土地，他们必须在地方权力机构和劳动者们的帮助下，为自己和王室的利益开发这些土地。总而言之，这种制度似乎从未达到亚述帝国时期的控制水平，巴比伦人也从未将其统治扩展到埃及人和米底人的领土上。

在距离统治中心更近的巴比伦与"近郊"地区，新巴比伦的国王引进精简的治理结构也并没有那么容易。在巴比伦中部的城市中，市长和大祭司的权力基本上没有受到任何限制，而东底格里斯地区以及王国南部，包括重要的乌鲁克城，则一直被富有影响力的"权贵们"和部落首领们控制，他们与巴比伦中央政府只有松散的联系。在帝国相对较短的历史中，这种权力分散的局面曾经两次引发了内部动乱，从而导致王位更迭：第一次发生在尼布甲尼撒的儿子阿梅尔-马尔杜克统治巴比伦的公元前560年，第二次发生在拉巴什-马尔杜克（Labashi-Marduk）统治巴比伦的公元前556年。[17]

尽管新巴比伦的国王为他们的建设工程付出了巨大的努力，但是巴比伦的大城市中心从未像迦拉、杜尔-沙鲁金或尼尼微那样成为"王城"。即便是首都巴比伦阔大的城市景观，也仍然被位于市中心的巨大宗教建筑群主宰，它们包括敬拜马尔杜克的埃萨吉尔神庙和毗邻的塔庙"巴别塔"。王宫则位于更靠北的地方。亚述国王事事都要参与，同时担任着阿淑尔的大祭司，而新巴比伦帝国的统治者们尽管在铭文中虔诚地喋喋不休，却始终无法成为宗教领袖。巴比伦的马尔杜克大祭司仍然出自当地历史悠久的家族。[18]

这表明，新巴比伦国王的权力不如他们的新亚述前辈那么大，从某种意义上说，他们的国家也没有那么强盛和富有凝聚力。不过，中央政权的这种相对弱势也带来一个重要的好处：它有利于巴比伦的市政权力机关以及宗教和文化机构在国家崩溃后的时期内继续存在。在亚述，君主国的垮台导致了大范围、全方位的崩溃，相比之下，巴比伦的城市和神庙在那布尼德向波斯人投降的500多年后依然存在。

公元前539年，居鲁士二世战胜新巴比伦之后建立的波斯帝国在多个方面超越了其前辈。在波斯帝国最辉煌的时期，它的疆域面积约为亚述帝国的四倍，大约总共有550万平方千米。它的领土地跨三大洲，延伸到了中亚地区和印度边境，另外还包括欧洲东南部和非洲东北部的部分地区。从公元前539年到前331年，它的寿命长达200多年，比亚述帝国和新巴比伦帝国加起来的寿命还要长。[19]

美索不达米亚地区较早的征服者，例如公元前二千纪的阿摩利人和加喜特人，迅速采纳了底格里斯河和幼发拉底河沿岸古老文明的习俗和政治结构，并在巴比伦地区的传统城市中建立了他们的王宫。而波斯人走的是另一条道路。随着波斯人的崛起，权力向东转移，来到了下扎格罗斯山脉的苏萨以及法尔斯的波斯波利斯等地，尽管巴比伦，在某种程度上还有亚述，仍然是在经济上十分重要的地区。

在建立自己的帝国时，波斯的统治者们借鉴了新巴比伦帝国和亚述帝国的特色。但他们也吸收了从米底王国（公元前550年被居鲁士征服），特别是从古老的埃兰王国继承的一些传统，埃兰王国比美索不达米亚诸国更靠近波斯的"故乡"伊朗西南部。值得注意的是，人们在波斯波利斯发现的大流士一世统治时期的1.5万多块行政文本泥板中，只有大约1 000块是用阿拉米语书写的，而用巴比伦楔形文字书写的只有一块。它们绝大多数是用埃兰语言和文字书写的，而埃兰文化对波斯文化其他方面的影响同样巨大。

随着时间的推移，大多数有些影响力的军官和文官职位被新的统治者分配给了波斯人。但在一开始，尤其是在居鲁士征服巴比伦后的最初几年里，巴比伦的传统精英也担任过重要职位，而且波斯人在他们的新帝国中借鉴了巴比伦政治、经济和意识形态结构中的一些特点。[20]

即便是在其统治的早期，波斯人对新巴比伦的态度似乎也是矛盾的，所谓的"居鲁士圆柱"最为清楚地表明了这一点。圆柱上著名的文本是在公元前539年后不久为巴比伦的读者撰写的，它揭示了居鲁士希望塑造的自己的形象，以及他所建立的帝国的形象。一方面，该文本强调了居鲁士作为传统巴比伦国王的优点：它是用巴比伦语言和文字书写的；它被刻在一个巨大的桶形黏土圆柱上，此类文本历来被刻在这种古老的载体上；它以记录巴比伦城墙上的建筑工程结尾。更重要的是，该文本将居鲁士描绘成一位即将恢复巴比伦的传统历史角色的统治者，在此之前，那布尼德是个外来的邪恶国王，他对月神的"疯狂"*偏爱违反了马尔

---

* 原文为lunatic，含双关义：Luna是罗马神话中的月神，又指月亮，而由于以前人们曾认为精神问题与月相有关，所以lunatic也有"疯狂""精神错乱"等含义。——编辑注

杜克之城的崇拜原则。[21]

另一方面，居鲁士圆柱（刻在上面的文本无疑是应国王的要求写的）也包含了一些远远不是以巴比伦为中心的内容。例如，它强调居鲁士出身于伊朗的"安珊（Anshan）王朝"，突出了他的异国身份，并以各种方式暗指着亚述王国。它不仅提到了国王让阿淑尔的人民和神灵回到他们的家乡，还提到在巴比伦的城墙里发现了亚述国王阿淑尔巴尼拔（他曾经洗劫过巴比伦城）埋于其中的奠基物。在这里，我们第一次看到波斯人试图将他们的帝国描绘成亚述而非巴比伦的继承国。从波斯人统治之初，巴比伦的书吏们就奉命在文件日期上标注"诸地区之王居鲁士"的字样，使用的是以前统治巴比伦的亚述统治者获得的国王称号，而不是传统的巴比伦称号，这也说明了同样的情况。[22]

如果仔细观察波斯新建的重要城市，我们会发现波斯人在巴比伦模式与亚述模式之间为他们的新帝国做出选择时的挣扎。近年来，一个由意大利人和伊朗人组成的考古队在波斯波利斯有了一个极为壮观的考古发现，那就是距离波斯波利斯王宫主要平台不远处的纪念性大门。它可能建于波斯帝国初期，也就是大流士一世（公元前521—前486年在位）统治时期之前，而在细节方面，这扇大门及其装饰与尼布甲尼撒在巴比伦建造的著名的伊斯塔门十分相似。它的釉面砖上有龙、公牛和楔形文字铭文，似乎是用与伊斯塔门相同的砖模制成的，这表明，波斯波利斯的大门是由来自巴比伦的工人们建造的。毫无疑问，这扇大门致敬了巴比伦城及其宗教和宇宙论。[23]

然而，波斯人很快就放弃了他们在建造波斯波利斯城门时所借鉴的巴比伦传统。没过几年，波斯大都城的建筑师们就开始在其他艺术语言（包括古代亚述的艺术语言）中寻找模仿对象。事实上，早在居鲁士统治时期，帕萨尔加德的 S 宫殿石门上的浮雕就表现了一个狮妖、一个身穿鱼斗篷的人和一个牛头人的形象，而这些形象与尼尼微的辛那赫里布西南宫殿中的浮雕最为相似。[24]

后来波斯波利斯与波斯帝国其他中心城市的建筑艺术风格混合了埃及、埃兰和希腊风格的不同元素，而亚述风格的影响始终很强烈。波斯波利斯"万国之门"上不朽的公牛巨像、同一地点出土的波斯国王杀死即将飞扑的狮妖的图像，以及许多波斯浮雕中国王的发型和胡须的样式，都与亚述的风格非常相似。在波斯波利斯的石雕景观中，一排排描绘进贡者的浮雕也反映着亚述精神。与之相比，可清晰分辨出巴比伦影响痕迹的例子要少得多。

另一则更为符合亚述而非巴比伦模式的著名波斯铭文，是贝希斯敦岩石上的大流士一世三语铭文，虽然巴比伦语言和文字是其所用的三种语言中的一种（另外两种是埃兰语和古波斯语），但其内容包含对军事行动的强调和对叛徒的肉体惩罚，这更容易让人联想到亚述的王室编年史而非巴比伦的王室铭文。[25]

贝希斯敦铭文的浮雕是众多波斯文物中的一件，浮雕上有一个带翅膀的太阳盘，盘中有一个人的躯干，这很可能是国王的形象。浮雕上的这个神秘宇宙秩序象征也与亚述人有着密切的渊源。我们目前还不清楚亚述的太阳盘代表的是阿淑尔神，还是太阳神沙马什，或者是两者的结合。我们同样不确定波斯帝国艺术中的圆盘代表的是什么，它可能代表着波斯主神阿胡拉·马兹达，也可能并不代表他。但是，这两个传统中的符号都与国王的形象密切相关，因此其主要功能之一很可能就是传递统治者作为主神之代言人的理念，并强调统治者的主要任务是履行代表神灵将秩序强加于世界的普遍使命。换句话说，亚述人和波斯人不仅共享太阳圆盘这一艺术图案，还共享着其背后的王权思想。[26]

亚述：世界历史上第一个帝国的兴衰

在贝希斯敦的纪念性铭文完成之后的近 200 年时间里，似乎再也没有一位波斯统治者委托撰写过类似的铭文。居鲁士在巴比伦的圆柱上对自己事迹的描述也是唯一的此类文字。后来波斯国王的王室信息以一种平淡的、非个人化的和抽象的方式，侧重于一般性的陈述，特别是关于国王如何帮助维护宇宙秩序。这样，波斯帝国的意识形态明显偏离了早先的巴比伦和亚述模式。

不过，在其他方面，亚述仍然是波斯帝国的核心参照物，不仅在艺术方面，在帝国的结构和运作模式方面也是如此。大流士一世统治时期，亚述帝国维护良好的行省制度以 20 多个"总督区"的形式在波斯重生，每个"总督区"由一位必须直接向国王报告的总督管理。波斯的土地占有制度和帝国的"王家大道"也源自亚述。[27]

亚述似乎成了波斯人的模范帝国。公元前 5 世纪的希腊历史学家尼多斯的克特西阿斯在担任波斯国王阿尔塔薛西斯二世的主治医生（并治愈了国王在库纳克萨战役中受的伤）的近 20 年之后，写下了一部长篇近东史，他在波斯宫廷内收集了大量关于亚述的故事。在克特西阿斯写下的这些故事被纳入后来的作品〔比如西西里的狄奥多罗斯（Diodorus Siculus）的通史〕之后，它们成了西方历史记忆的一部分。相比之下，关于新巴比伦的情况，克特西阿斯的记载相对较少，他的波斯资料来源显然对新巴比伦并不太感兴趣。巴比伦祭司贝若苏在希腊化时代早期撰写了另一部近东史，他试图纠正克特西阿斯的记载，更加强调巴比伦所扮演的角色，但他的作品虽然更加准确，却没有在后世得到广泛的研究。因此，在后来的"全球史"叙述中，巴比伦帝国往往被一笔带过，而亚述则出现在了舞台中心。

有两个问题仍有待回答：第一，为什么波斯统治者在最初对巴比伦抱以一定程度的尊重和赞赏，之后突然对巴比伦失望，转而看重亚述；第二，波斯人是如何了解亚述帝国的历史、政治和艺术的。毕竟，亚述国家在居鲁士征服巴比伦的约70年前就已不复存在。

波斯对巴比伦的日益失望可能出自以下几个原因。新巴比伦帝国缺乏真正普遍的帝国意识形态，对于雄心勃勃的波斯统治者来说，巴比伦可能从一开始就不是一个有吸引力的模式。而在巴比伦发生的一系列反波斯起义，也是波斯放弃巴比伦模式的重要原因。第一次起义发生于公元前522年居鲁士的儿子冈比西斯（Cambyses）死后的政治混乱时期，第二次发生在几十年后的公元前484年，当时巴比伦人起义反抗新继位的波斯国王薛西斯。薛西斯对巴比伦进行了大规模报复，巴比伦进入了危机时期。有了这些经历之后，波斯统治者认为昔日的亚述王国比桀骜不驯的巴比伦更适合作为他们新帝国的典范也就不足为奇了。

波斯帝国具有独特的亚述元素，尤其是在艺术领域，这一点仍然难以解释。在居鲁士二世崛起时，亚述的王室重镇迦拉、杜尔-沙鲁金，尤其是尼尼微，都已成为废墟。波斯艺术家和工匠在波斯帝国早期的几十年里曾前往这些城市，研究阿淑尔纳西尔帕二世或辛那赫里布的伟大宫殿的遗迹，这似乎是一个相当可疑的说法。

更有可能的情况是，亚述艺术和文明的元素通过巴比伦人、乌拉尔图人、米底人或埃兰人等中间人传给了波斯人。尤其是米底王国和埃兰王国，它们可能是"输入亚述文明的载体"，因为它们离波斯人的故乡很近。波斯人可能接触到亚述艺术和文化的另一个地方是亚述城市阿尔贝拉，与其他亚述城市相比，阿尔贝拉受到公元前7世纪晚期的大破坏的影响较小，在波斯统治时期仍然是一个重要的地区中心。[28]

同样需要记住的是，在公元前 640 年左右，当亚述帝国还在蓬勃发展时，居鲁士二世的祖先阿鲁库（居鲁士一世的儿子）曾在尼尼微的阿淑尔巴尼拔的宫廷中待过一段时间。认为他在尼尼微的经历对新生的波斯王国产生了深远的影响，这一观点并非不合理的。[29]

最后，考古学家在波斯波利斯所谓的宝库中挖出了大量的亚述艺术品。其中最令人印象深刻的是一个精美的石碗，它的碗柄为狮子形状，上面刻有阿淑尔巴尼拔的名字。这个石碗和其他物品可能是在公元前 614 年或前 612 年被米底人掠夺来的。如果米底人把它带到了他们的首都埃克巴塔那，波斯人可能就是从那里拿走它的。公元前 330 年，亚历山大大帝的士兵洗劫了波斯波利斯宝库，那里可能曾经存放过许多更加珍贵的亚述文物。其中一些文物（以及保存在其他地方的文物）上的图案可能是波斯艺术家创作亚述风格图案和纪念碑时参照的范本，从而引发了一场亚述文艺复兴。[30]

公元前 331 年，在亚历山大进行划时代的东征之后，希腊化的塞琉古王朝建立了一个新帝国，这一帝国随后被帕提亚人和萨珊王朝的伊朗帝国取代，而萨珊王朝在伊斯兰征服之后又被阿拉伯人统治的帝国取代。随着时间的推移，帝国的思想也传到了世界其他地方：在东方，以印度为中心的孔雀帝国和莫卧儿帝国是帝国发展的顶点；在北方，土耳其世界的塞尔柱帝国和奥斯曼帝国是帝国的典型代表；在西方也是如此，罗马这一古典世界最伟大的帝国胜过了其他西方国家。[31]

无论是各自的行省制度，还是对军事的高度重视，以及在文化方面对更早、更先进文明的借鉴，总的来说，罗马与亚述之间明显的相似之处都不是刻意"借用"的结果。相反，这两个国家对相似的政治挑战做出了相似的回应。但毫无疑问，罗马人仔细观察了塞琉古帝国（亚述帝国的"曾孙"）是如何运作的，以及塞琉古帝国是如何建立起一个欧亚帝国体系的。罗马人热衷于效仿这一模式。可以肯定的是，庞培与恺撒，以及后来的奥古斯都和他之后的罗马皇帝，通常都非常注意与东方的国王保持距离（不管这些国王属于塞琉古帝国还是后来的帕提亚王朝或萨珊王朝），并将自己的专制野心隐藏在了共和政体的烟幕之下。而他们所创建的政治结构，以及最终古典时代晚期的罗马皇帝越来越明确地定义自己角色的方式，往往都效仿了东方的模式。

罗马帝国为后来的拜占庭帝国、法兰克帝国和日耳曼帝国树立了榜样。许多近代帝国，包括最庞大的大英帝国，都可以被视为帝国传承链条中的一环。时至今日，帝国的概念仍然深深植根于政治话语中，尽管具有帝国野心的现代国家急于回避该词的负面含义，通常不再标榜自己是一个帝国。

随着帝国的火炬从一个国家传递到另一个国家，亚述越来越退居幕后。随着时间的推移，帝国的实践和理念都发生了变化，亚述帝国对其直接继承国产生的任何直接影响可能都变成了一种间接效应，越来越使人难以察觉。但在帝国的话语体系中，至少在西方，亚述从未停止过扮演重要角色。中世纪"帝国转移"学说的支持者及其古典先驱们（从公元前 5 世纪的希腊历史学家希罗多德到公元 4 世纪的罗马神学家奥罗修斯）经常将世界历史上第一个帝国的建立归功于亚述人。这种说法的根源在于古代世界流传的许多关于亚述帝国及其最重要的国王和王后的故事。保存这些故事的主要资料库是《圣经》和古典历史学家的著作，在这些典籍中，即使自成一体的亚述文化传统没有得到保留，亚述也得以延续了下来。[32]

第十七章

变形的镜像

最后一批以亚述语言和文字书写的楔形文字文献大约诞生于公元前 600 年。约 700 年后，巴比伦的楔形文字也走向了终结。在可以明确断代的巴比伦泥板中，年代最晚的是来自公元 75 年的一份巴比伦天文历书。从那时起，人们对美索不达米亚古代文明（包括亚述帝国）的所有了解便都来自第二手和第三手的外部资料，其中最主要的是《希伯来圣经》以及希腊和罗马历史学家的记载。在上述类型的许多著作中，亚述和巴比伦都是异域的典范。作为压迫或堕落的代名词，这两个国家体现了与耶路撒冷、雅典和罗马世界相关的真理、智慧和政治功效的对立面，这种观念持续了大约有 1 800 年。[1]

在公元 19 世纪，人们对古代近东城市和原始著作的重新发现改变了一切。突然之间，巴比伦和亚述重新发出了自己的声音，促使人们对美索不达米亚的历史和文化进行彻底的重新评估。但事实证明，新的发现还促成了另外一件也许更为重要的事情：它们导致人们重新评估了《圣经》和古典文献，在此之前，这些文献为西方提供了作为其身份基础的宗教和历史典范。

随着新证据的累积，人们越来越将《希伯来圣经》视为一部历史文献而非圣典。最初，人们用亚述和巴比伦的记载证实《圣经》中所描述的神圣历史的可靠性，同时也用其来解释《圣经》。在亚述王室铭文里出现的《圣经》中的耶胡或希西家等国王的名字，以及展示辛那赫里布围攻拉吉的浮雕与其他描绘黎凡特场景的浮雕，似乎为《圣经》的忠实读者证明了《圣经》所记述的内容是真实的。然而，不久之后，人们在尼尼微、迦拉和其他地方发现的文字与图像也开始显示出了相反的情况：《希伯来圣经》往往是错误的。在其他例子中，新破译的楔形文字泥板似乎表明，《圣经》中至关重要的叙述，如大洪水的故事，源自更早的美索不达米亚文本，其中许多文本是用尼尼微的阿淑尔巴尼拔图书馆中的碎片拼凑起来的。哥白尼和达尔文在宇宙学和生物学领域掀起的思想革命已经大大削弱了《圣经》的权威，而所有这些新发现使得人们对经文的权威性产生了更多怀疑。

毫不奇怪，基督教机构的成员对新的考古发现的大量涌现感到不安。早在1847年，牛津的埃克塞特学院的一位圣公会教士兼研究员就曾"最强烈地"抗议进一步对亚述遗址进行发掘，因为发掘结果可能会"考验"经文的"可信度"。[2]

与之形成鲜明对比的是，传统宗教观点的批评者利用新发现彻底否定《希伯来圣经》，其中一些人心怀反犹主义的目的。德国亚述学家弗里德里希·德利奇（Friedrich Delitzsch）是一位著名的路德宗神学家兼希伯来学家的儿子，他在20世纪20年代初出版的一本名为《大欺骗》（*The Great Deception*）的书中声称，由于"所谓的《旧约圣经》"已被证明是缺乏独创性的、不可靠的，它"对于基督教会和基督教家庭来说完全是多余的"。德利奇认为，真理和道德价值观一方面可以在早期的美索不达米亚传统中找到，另一方面也可以在希腊文的《新约圣经》中找到，而不能在《希伯来圣经》中找到。事实上，德利奇认为，耶稣所倡导的从本质上说是"巴比伦的理想"。这种炫耀泛巴比伦和泛亚述的修正主义往往忽视了一个事实，即美索不达米亚国王的铭文并非"客观"历史写作的典范，亚述和巴比伦文本所提供的"伦理教训"也往往并非那么具有指导意义。[3]

近几十年来，关于《圣经》传统与美索不达米亚传说之间复杂关系的争论在某种程度上已经退出了学术前沿。但在古代近东背景下研究《圣经》仍然具有启发性。它有助于突出《圣经》真正的革命性特征。只有关注《圣经》的叙事和律法如何借鉴了美索不达米亚模式，又对其进行了怎样的修改，才有可能了解《希伯来圣经》中的许多宗教思想和政治思想在当时实际上是多么前卫。同时，作为"反对派文学"，《圣经》提供的重要信息让人们得以了解被剥夺权利的臣民（尤其是帝国周边地区被围困或遭到征服的臣民）如何看待亚述、巴比伦和波斯帝国。这种边缘视角在楔形文字记录中很少见。古典作家的作品提供了类似的视角：它们也有助于人们更好地了解亚述帝国在其他人（包括那些没有直接受到其侵略性政治影响的人）眼中的形象。当然，《圣经》与古典文献中的亚述形象往往严重失真，但它们让我们看到，亚述帝国并不仅仅是它所伪装成的秩序和安全的维护者，对许多人来说，它也是破坏和压迫的象征。

由于处在美索不达米亚和埃及两大文明之间的陆桥上，黎凡特南部的城市和国家几乎从未完全独立过。在整条历史长河中，它们的身份是在两大势力的政治压力和文化压力下形成的。建立于公元前一千纪早期的北方以色列王国与南方犹大王国也不例外。当它们建立时，埃及、亚述和巴比伦都相对弱小。随着时间的推移，亚述不可阻挡的崛起给它们带来了残酷的两难选择：是屈服，还是拒绝这个新兴超级大国提出的要求？

当提格拉特-皮莱塞尔三世（公元前 744—前 727 年在位）开始吞并西边的大片土地时，以色列王国的统治者决定与亚述征服者作战，这造成了灾难性的后果。在短短几年内，以色列就只剩小块残余领土；沙尔马内塞尔五世于公元前 722 年征服其首都撒马利亚后，以色列王国便不复存在。许多以色列人被驱逐到了亚述中部和亚述帝国的其他地区，其他人则在犹大王国避难。但没过多久，犹大也受到了亚述的压力。公元前 701 年，辛那赫里布攻打耶路撒冷，犹大王国勉强幸存了下来，直到公元前 640 年左右都是亚述的附属国。[4]

《希伯来圣经》相当详细地描述了这段历史。《列王记下》以叙事的形式描述了这些事件，而从阿摩司开始的几位《圣经》中的先知则以更加感性和诗意的方式描述了这些事件。《圣经》提到过"阿淑尔"约 150 次，这个词通常代表着"亚述"；《圣经》提到了亚述国王提格拉特-皮莱塞尔三世、沙尔马内塞尔五世、萨尔贡二世、辛那赫里布、埃萨尔哈东，可能还有阿淑尔巴尼拔（"亚斯那巴"，Osnappar）；《圣经》确认了辛那赫里布的儿子乌尔都-穆里苏（"亚得米勒"，Adrammelech）是杀害他父亲的凶手；《圣经》还对亚述最后的首都尼尼微城表现出了浓厚的兴趣，它的名字在《圣经》中出现了 17 次。[5]

尽管《圣经》通常持反亚述的立场，但在判断以色列和犹大的国王们应如何面对亚述的威胁时，《圣经》却显得十分矛盾。其中不仅有人们英勇抵抗的故事，也有先知们对"现实政治"的呼吁，其目的是自保，尽管这需要与帝国侵略者妥协。政治理念的复杂性表明，《圣经》中关于亚述的大部分内容确实反映了以色列人和犹大人针对亚述帝国威胁的讨论。与此同时，像耶和华的天使一夜之间"在亚述营中杀了十八万五千人"这样的故事，也表明了《圣经》的记载中包含着大量的历史虚构成分，这些虚构故事很可能是在人们编辑历史著作的后期产生的，而且它们往往受到了特定神学目的的影响。[6]

不过，亚述的最终崩溃是绝对明确的。《那鸿书》将这一重大历史时刻描写为神圣正义取得了胜利，尤其是对尼尼微城的胜利：

> 祸哉，这流人血的城，
> 充满谎诈和强暴。
> 抢夺的事总不止息。
> ……
> 马兵争先，刀剑发光，
> 枪矛闪烁，被杀的甚多，
> 尸首成了大堆，
> 尸骸无数，人碰着而跌倒。
> 都因那美貌的妓女多有淫行，
> 惯行邪术，藉淫行诱惑列国，
> 用邪术诱惑（"诱惑"原文作"卖"）多族。
> 万军之耶和华说："我与你为敌。
> 我必揭起你的衣襟，蒙在你脸上，
> 使列国看见你的赤体，
> 使列邦观看你的丑陋。"[7]

虽然《那鸿书》的文体是神谕式的，它声称其所指的乃是未来的事件，但学者们几乎一致认为，它是在公元前612年尼尼微遭到毁灭之后写成的。即便如此，它还是描述了至少一些犹大人在亚述帝国崩溃之前对亚述的看法。在上面引用的这段话中，《那鸿书》使用了一系列的性隐喻来贬低亚述的首都。这一策略可能是尝试以引起争议的方式影射尼尼微的主神伊斯塔，这个女神对性欲的渴望是出了名的。显然，《那鸿书》的作者了解尼尼微的神圣仪式和宗教传说，认为它们是令人憎恶的，并为亵渎它们而感到高兴。对于该书的作者来说，一个在政治和宗教上都如此腐化的帝国理应被消灭。

亚述的崛起动摇了以色列王国和犹大王国的统治，而这一时期恰好是《圣经》的作者们提供了大量准确历史信息的最早时期。虽然《圣经》中的故事可以追溯到青铜时代晚期和随后的大崩溃时代，当时以色列作为一个民族实体已经出现了（最终也成为一个政治实体），但很明显，《圣经》对这些时代的记忆是模糊的。真正意义上的希伯来史学的出现并不早于公元前8世纪，而以文字形式让其宣言流传下去的最早希伯来先知也活跃于这一时期。换句话说，亚述帝国时期与《圣经》成书过程的第一个时期是相吻合的。

这一观点引出了亚述不仅在政治领域而且在宗教领域也施加了影响这个问题。《圣经》确切地指出，亚述帝国极大地改变了以色列王国和犹大王国的统治方式。但我们不太清楚的是，亚述是否也影响过以色列人和犹大人对他们的神以及神与他们、与世界的关系所持的看法。

没有证据表明亚述人曾积极强迫被征服者崇拜亚述的神灵。可以肯定的是，在一些特殊场合，刚刚被亚述征服的人必须发誓忠于这些神灵，并且他们必须向阿淑尔城内的阿淑尔神庙送去大量象征性的食物。但在帝国周边地区，亚述人从未建造过专门供奉亚述神灵的庙宇，尤其是阿淑尔神庙。因此，《圣经》一次都没有提到过阿淑尔神也就不足为奇了。《创世记》第 10 章提到了一个叫阿淑尔的人物，他在离开巴比伦之后建造了尼尼微和迦拉。* 然而，这个人物并不是神，而是一位以这片土地命名的虚构人类建城者。[8]

亚述帝国的压迫所造成的创伤对希伯来宗教的影响更多是间接的。虽然以色列和犹大的知识精英们从未面对过亚述神明的要求，但他们不得不应对亚述国王赤裸裸的强大权力。希伯来的祭司和先知无法通过军事或政治行动来抵制这种权力，于是他们做了另外一件事：将这种权力投射到他们自己的神身上。

这种政治-神学上的"转移"是一种革命性的举措，它创造了一种新型的宗教。我们可以从先知以赛亚的宣言中看到这种转移的效果：以赛亚批评亚述国王对普世统治的要求，并对亚述国王希望"得了全地，好像人拾起所弃的雀蛋"的愿望表示强烈反对，与此同时，他又对耶和华说："圣哉！圣哉！圣哉！万军之耶和华，他的荣光充满全地！"在这里，希伯来人的神似乎具有亚述当权者的特殊品质。[9]

在《申命记》中有一个最明显的例子，它可以说明神是如何获得亚述君主的特征的，其中部分内容似乎是以埃萨尔哈东的《继承条约》中所载的效忠誓言为蓝本的，这位亚述国王在公元前 672 年指定其子阿淑尔巴尼拔为继承人时，强迫臣民发下这些誓言。这些誓言和随之而来的诅咒被写在了大型泥板上，泥板上面盖有几个神明的印章，被陈列在帝国各地的主要神庙中。2009 年，多伦多大学

---

* 《创世记》第 10 章第 11 节称宁录建立了尼尼微和迦拉等城，在第 22 节列举闪的儿子时才提到了亚述（阿淑尔），与此处作者所述有些不同，因为作者认为建立亚述的不太可能是宁录，详见本段尾注。——编者注

的考古学家在黎凡特奥龙特斯河畔的库拉尼亚古城遗址发现了一块这样的泥板。[10]

埃萨尔哈东很可能还将一份《继承条约》的副本送到了亚述附庸国犹大王国的首都耶路撒冷，几乎可以肯定的是，该条约在那里被翻译成了阿拉米语或希伯来语，并得到了仔细研究。但是，令亚述人始料未及的事情发生了：希伯来祭司将条约中的规定重新应用到他们自己的神身上，声称他（而不是亚述国王）应该得到无条件的忠诚和服从。

祭司们为此编写的文本是所谓《申命记法典》的早期版本，《申命记法典》是《圣经·申命记》第12章至第28章中的律法汇编。除其他例子外，一系列针对违法者的诅咒也表明了该法典依赖于亚述的条约文本。《圣经》中预言，作为不服从的代价，一个人首先会患上溃疡，然后失明，最后当敌人占有他的妻子时，他的婚姻也将毁于一旦。在埃萨尔哈东的《继承条约》中，有一个部分包含了与之非常相似的诅咒，并且顺序是完全相同的，实行惩罚的是辛、沙马什和伊斯塔三位神明。[11]

在《继承条约》中，埃萨尔哈东要求他的臣民"像爱自己一样爱你们的主人阿淑尔巴尼拔，他是亚述王埃萨尔哈东的儿子，是伟大的王储"。《申命记》则要求以色列人"尽心、尽性、尽力爱耶和华你的神"。埃萨尔哈东所宣扬的是国王拥有无限权力的愿景，而《申命记》则宣称，只有上帝才有资格拥有这种权力。《申命记》指出，任何世俗的国王都"不可为自己加添马匹"，"不可为自己多立妃嫔"，"也不可为自己多积金银"，而它强烈控诉的这些事情，没有哪位君主比亚述国王更热衷于去做。[12]

对于家庭成员或宗教专业人士的背叛行为，亚述和希伯来两种传统中的处理方式大相径庭，但是其措辞却再次惊人地相似。埃萨尔哈东要求他的臣民"听到任何对伟大的王储阿淑尔巴尼拔来说邪恶的、不恰当的、丑陋的、既不体面也不好的话语……从你的兄弟、你的儿子、你的女儿口中",或者"从预言家、宗教狂喜者、解梦者口中"说出,都必须立即向王储报告,然后由王储施以惩罚。而《申命记》则规定:"你们中间若有先知或是作梦的"或者"你的同胞弟兄,或是你的儿女,或是你怀中的妻"说过"我们去随从你素来所不认识的别神,侍奉它吧"这样的话,就不能听从,而要无情地将其处死。在《申命记》中,对国王的忠诚再次由对上帝的忠诚所取代。[13]

《圣经》将《申命记法典》描述为摩西在以色列人进入圣地之前不久向他们传达的神圣律法。但自19世纪初以来,学者们就一直质疑这一叙事以及该文本可以追溯到如此之早的年代的说法。《列王记下》第22章和第23章中的一段历史叙事,为《申命记》的实际背景提供了线索。它描述了公元前7世纪20年代,在犹大国王约西亚统治时期,大祭司希尔基亚在耶路撒冷圣殿中发现了一本"律法书",它要求所有人只敬拜耶和华,并抛弃耶路撒冷以外的所有圣所。既然《申命记》也提出了同样的要求,那么希尔基亚所谓"发现"的那本书很可能就只是《申命记》本身的早期版本,而且这个版本并不是一个古老的文本,而是在它所谓"被发现"前不久才创作完成的。20世纪50年代,人们发掘出了埃萨尔哈东的《继承条约》手稿,该条约写于约西亚统治时期的几十年之前,而且人们发现该条约与《申命记》是相似的,因此,这一理论变得更为可信。[14]

《圣经》与埃萨尔哈东的《继承条约》的相似之处不仅有助于我们更好地理解《圣经》中对神的看法是如何起源的,而且可以让我们以全新的视角来看待《申命记》与《圣经》其他的核心部分。

《申命记》中的律法,比如要求一个人杀掉崇拜其他神灵的兄弟姐妹和妻子的律法,乍一看似乎是压迫性的和不人道的,而这些律法最终也确实被用在了邪恶的用途上,尤其是在基督教和其他宗教带着普世传教的野心采纳了古代犹太教的核心教义之后。不过,一旦我们清楚这些规定的初衷是为了对抗亚述国王的压迫性要求,它们就可以被解读为一群革命思想家的反帝国思潮,他们一心想要解放思想,从长远来看,也是要把自己的家乡从精神奴役和政治奴役中解放出来。帝国发动进攻,帝国外围地区发起了回击。[15]

《圣经》中的其他地方也出现了与亚述相遇所引发的回声,例如《以赛亚书》第14章中的嘲讽哀歌,这首诗歌最初可能是针对亚述国王萨尔贡二世的,而甚至在著名的约瑟和他的兄弟们的故事中,我们也可以看出埃萨尔哈东崛起掌权的故事中的元素。《圣经》中的两个创世故事、大洪水故事以及摩西出生的故事似乎也有古代美索不达米亚的背景,我们不能排除它们也可以追溯到亚述时代的可能性。由于没有证据表明新亚述时期的南黎凡特地区有存放楔形文字文本的图书馆,所以更有可能的情况是,《圣经》中这些故事的作者是在公元前6世纪流亡巴比伦期间接触到美索不达米亚的范本的,在当时,包括约雅斤(Jehoiachin)王在内的犹大精英成员都住在尼布甲尼撒在巴比伦的宫殿里。[16]

《约拿书》是一个特例,其最后一章的背景是尼尼微城。但是,要想正确理解这位著名的《圣经》先知,以及吞掉他的大鱼的故事与亚述历史的关系,就必须考虑到涉及亚述帝国的第二类文本:古典传统。

亚述在希腊和罗马历史学家的著作中占有重要地位。他们对亚述历史中的两个时刻特别感兴趣:亚述帝国的建立及其最终的灭亡。关于亚述形成和崩溃过程中的那些关键性事件，最详细的描述可以在公元前 1 世纪希腊历史学家西西里的狄奥多罗斯的作品中找到，他大量借鉴了克特西阿斯的一部更早的史著，而克特西阿斯是波斯国王阿尔塔薛西斯二世的医生。[17]

根据克特西阿斯和狄奥多罗斯的记载，亚述的崛起乃至整个世界历史都始于一个名叫尼努斯的人，据说他是亚述的第一位统治者。如今，人们最熟悉尼努斯的地方，可能是莎士比亚的《仲夏夜之梦》中对他的坟墓的喜剧性描述，在剧中，波顿（Bottom）和他卑微的朋友们将他的名字误称为"尼尼"*。正如《创世记》第 10 章中的阿淑尔一样，尼努斯之名的真正来源是一个地名，即尼尼微（亚述的尼努阿）城的名字。希腊历史学家颠倒了因果关系，把尼努斯说成世界上第一个大都市尼尼微的建立者，但这显然是不正确的：尼努斯应该被视为另一位神话人物，一个记忆中的人物，而不是历史上的人物。

狄奥多罗斯称，尼努斯在 17 年的时间里征服了埃及尼罗河与今天俄罗斯境内的顿河之间的所有土地，但他最初未能夺取巴克特拉（Bactra）城，即阿富汗的巴克特里亚纳（Bactriana）王国的首都。就在尼努斯围攻巴克特拉城期间，他遇到了他未来的妻子塞弥拉弥斯。随着她的出现，故事变得更加引人入胜。

塞弥拉弥斯的原型是一位真实的亚述王后：沙姆什-阿达德五世（公元前 823—前 811 年在位）的妻子、阿达德-尼拉里三世（公元前 810—前 783 年在位）的母亲、富有权势的萨穆-拉玛特。克特西阿斯和狄奥多罗斯记录了塞弥拉弥斯的传奇故事，为这位强大的王室女性形象增添了许多奇特甚至怪异的特征。在某些方面，该故

---

* "尼尼"（Ninny），意为"笨蛋"。——译者注

第十七章 变形的镜像

事将她变成了一个"东方主义"的幻想，目的是强化希腊人与罗马人对东方的刻板印象：懦弱、专制和暴力。[18]

　　故事开始于塞弥拉弥斯出生在地中海东岸的亚实基伦城。她的母亲德尔塞托（Derceto）是一位叙利亚女神，曾与一位英俊的青年有染。对自己与凡人有过肉体结合，德尔塞托深感羞耻，于是她将自己襁褓中的女儿扔在了荒野中，然后投湖自尽，变成了人首鱼身的样子。这个失去了母亲、遭到遗弃的小女孩的处境看似是毫无希望的，但在重重困难之中，德尔塞托的女儿活了下来：她由鸽子们哺育，然后被一群牧羊人捡了回去，牧羊人的头领称她为"塞弥拉弥斯"。狄奥多罗斯解释说："这个词在叙利亚语中是'鸽子'的意思。"塞弥拉弥斯在牧羊人的抚养下长大成人，长成了一个大美人。亚述军官昂内斯（Onnes）在黎凡特办事时看到了她，立刻爱上她并娶她为妻。但他的幸福婚姻并不长久：塞弥拉弥斯被她的丈夫带到了巴克特拉，她想出了征服被围困的敌城的办法，证明了自己是一个狡猾的军事战略家，从而吸引了亚述国王尼努斯的注意。尼努斯逼迫昂内斯自杀，以便他自己娶塞弥拉弥斯为妻。尼努斯与塞弥拉弥斯共同统治了一段时间。在尼努斯死后，塞弥拉弥斯独自领导着亚述帝国。她继续在遥远的地区发动战争，同时也在追求浓烈的爱情：人们在近东各地发现的数以千计的人工土墩，据说是她的姘夫们的坟墓，他们都是在与王后共度一夜后被杀死的，堪称"相反的山鲁佐德"*。当塞弥拉弥斯最后去世，将帝国交到儿子尼尼亚斯（Ninyas）手中时，她化作一只鸽子升入了天堂。[19]

---

* 民间故事集《一千零一夜》中，国王每日娶一少女，次日杀掉。山鲁佐德为拯救无辜少女，自愿嫁给国王，靠每天讲故事免遭杀戮，最终感化了国王。——编者注

塞弥拉弥斯是"最知名的女性",她的故事在古代世界流传甚广。一部希腊小说(现存最早的此类作品)以媚俗的爱情故事形式描述了她与尼努斯国王的关系。罗马诗人马提雅尔(Martial)在一首诗歌中,将她塑造成了一位卓有成就的时装设计师。公元1世纪的拉丁作家瓦勒里乌斯·马克西穆斯(Valerius Maximus)对她的发型特别感兴趣,在一段后来西方艺术经常描绘的故事中,他写道:"当巴比伦叛乱的消息传来时,塞弥拉弥斯……正忙着梳理头发。头发梳到一半,她就立即前去攻城;直到她重新掌权,她才把发型整理得像模像样。"[20]

塞弥拉弥斯在东方也有一定名气。在公元前189年至前187年间写于希腊化的乌鲁克城的一份楔形文字文件中,我们可以找到她成名的早期证据。该文件记录了一个希腊裔妇女捐赠了三个奴隶,她的名字叫作沙梅-拉玛塔(Shamê-rammata),很可能就是"塞弥拉弥斯"的意思。她的印章图案是一名女性的头像,其头发在后面盘成一个发髻,这让人略感失望,因为瓦勒里乌斯·马克西穆斯对塞弥拉弥斯自由飘逸的长发情有独钟。[21]

事实上,塞弥拉弥斯的传说尽管在古典文献中更为人熟知,但它一定起源于美索不达米亚和黎凡特。早在乌鲁克城出现"沙梅-拉玛塔"之前,克特西阿斯就在波斯宫廷听说过塞弥拉弥斯。塞弥拉弥斯的名字与亚述-巴比伦语中"鸽子"(summu)一词之间的联系,以及塞弥拉弥斯的第一任丈夫昂内斯的名字与乌安那(Uanna,大洪水时代之前的一个渔夫、远古圣人以及埃阿神的门徒)的名字之间的密切联系,都清楚地表明了这一传说有着美索不达米亚渊源。塞弥拉弥斯传奇的最早版本可能是用阿拉米语写成的,但是由于人们把它们写在了皮革和纸莎草纸等易腐烂的材料上,所以它们就此失传了。

第十七章 变形的镜像　　381

阿拉米语文献中可能存在的塞弥拉弥斯传统，会让人想到《约拿书》。《约拿书》讲述了亚米太（Amittai）之子先知约拿的故事，这个故事大体如下：上帝命令约拿前往尼尼微，并向尼尼微人传道，约拿对此深感不安，于是决定朝相反的方向出发。他来到了地中海东岸的雅法（Jaffa），登上一艘前往遥远西方的伊比利亚半岛上的他施（Tarshish）的船。但他没能到达那里。船遭遇狂风暴雨，水手们将约拿扔进了大海。这是一个致命的危险时刻。但是约拿却被一条大鱼吞下，从而奇迹般地得救了。在鱼肚中度过三天后（这后来被解读为耶稣在坟墓中度过三天的预兆），约拿被吐到了陆地上。随后约拿改变了想法，决定接受他的神圣使命，前往尼尼微，并开始向城里的居民布道。出乎他意料又让他失望的是，尼尼微城的居民竟然忏悔了，上帝也因此饶恕了他们。

这是一个奇怪的故事，在 2 000 多年以来一直吸引着读者，但也让读者感到困惑。关于那条鱼的故事尤其如此。迄今为止，人们对这一情节的解释没有一个真正有说服力，从 18 世纪一位德意志修道士假设约拿在海中一座小岛上的一个名为"鲸鱼"的酒馆里待过一段时间，到声称这一主题其实植根于印度神话，不一而足。[22]

与塞弥拉弥斯的传说进行比较，可能有助于我们更好地理解约拿的故事。这两个故事有几个共同点：约拿的名字意为"鸽子"，这是一种与塞弥拉弥斯密切相关的鸟；约拿从雅法出发，而雅法是一座离塞弥拉弥斯的出生地亚实基伦不远的海港城市；约拿在鱼腹中神秘逗留了三天之久，让人联想到塞弥拉弥斯的人鱼母亲德尔塞托的遭遇；约拿和塞弥拉弥斯的生命旅程都以尼尼微为终点。并且这两个故事都有一个"全球"背景和帝国世界观，与《圣经》中其他先知书更为封闭的视角截然不同。换句话说，《约拿书》似乎是塞弥拉弥斯故事的一个怪异的扭曲版本。

可以肯定的是，约拿的名字还有另一个参照：根据《列王记下》第 14 章第 25 节，"亚米太的儿子先知约拿"曾是公元前 8 世纪的战争先知。但是，《约拿书》与塞弥拉弥斯传说的相似之处是如此之多，以至于我们很难不得出这样的结论：创作于公元前 6 世纪到前 3 世纪之间某个时候的《约拿书》的匿名作者在创作故事时，借鉴了塞弥拉弥斯的传说。是什么促使作者将一位半神的王后变成一位男性先知，我们目前还不清楚，但这种转变本身与亚述王后故事中的许多变形非常一致。因此，约拿很可能是《圣经》中的另一个以亚述人为原型的人物，尽管他来自传说而非历史。

少数古典作家（以及巴比伦祭司贝若苏在其用希腊文写作的美索不达米亚文明史中）简要地提到过亚述国王，如提格拉特-皮莱塞尔三世、辛那赫里布以及埃萨尔哈东。然而，与《圣经》传统截然不同的是，大多数希腊和罗马历史学家对亚述帝国的开端（尼努斯、塞弥拉弥斯和尼尼亚斯的时代）及其最终崩溃的时间只字未提。他们声称，在这两者之间，有三四十位国王统治过亚述，统治时间跨度约为 1 500 年，但是亚述人却没有取得任何值得记录的成就。这是一个完全停滞的形象，体现了一种东方主义的写作套路，与希腊人和罗马人关于东方蛮族基本不会变化的观念一脉相承。然而，在这种永恒不变的循环往复中，亚述帝国突然陷入了一场重大危机，历史又重新开始了。

对于古典历史学家来说，这场正在上演的戏码中的核心人物是萨尔达纳帕鲁斯，据说他是亚述最后一位国王。希罗多德是第一位提到这位统治者的希腊作家，他将其描述为一位拥有大量金钱和权力的国王。但是狄奥多罗斯和后来的其他历史学家却将萨尔达纳帕鲁斯描述成一个懦弱无能的人，他把自己限制在尼尼微的宫殿里，不愿与外界打交道。据说，他的皮肤"比牛奶还白，眼睑上涂着颜料"，并且"过着女人的生活，终日与妻妾为伴，纺织紫色的衣服"。甚至，"他追求男女之爱的快乐，因为他毫无节制地纵欲"。他的懒惰是如此过分，以至于米底的阿尔巴塞斯（Arbaces）和巴比伦的贝勒西斯（Belesys）最终发动了反对他的叛乱。萨尔达纳帕鲁斯被迫采取行动，双方陷入了一系列殊死搏斗。最后，底格里斯河泛滥成灾，尼尼微的防御墙倒塌，萨尔达纳帕鲁斯不得不承认游戏到此结束。他搭建了一个大火葬台，上面堆着他所有的珍宝，他的嫔妃和宦官也都被关在里面，他与这些人一起在大火中自杀。他的死标志着亚述帝国的灭亡。[23]

萨尔达纳帕鲁斯追求享乐的性格还体现在另一种古典传统中，这种传统与国王陵墓有关。据说这座陵墓位于奇里乞亚的安奇阿勒（Anchiale）城附近，公元前 333 年，亚历山大大帝军队中的官兵曾经看到过这座陵墓。希腊历史学家阿里斯托布鲁斯（Aristobulus）是亚历山大的朋友，曾经陪同亚历山大征战东方，根据他的记载，这座坟墓上装饰着一个人像，人像的"右手手指紧紧并拢，仿佛是在打响指"，上面用"亚述文字"刻着"'萨尔达纳帕鲁斯，阿纳西恩达拉克塞斯（Anacyndaraxes）之子，一天之内建造了安奇阿勒和塔尔苏斯。食物，饮料，爱情；剩下的就连这样都不值得'——'这样'指的是弹指一挥间"。[24]

这里的描述实际上与一些真正的亚述图案产生了呼应。"打响指"可能暗指许多亚述王室石碑上的一种特有手势：亚述国王伸出右手食指，以示崇拜。关于食物、饮料和狂欢的说法，与公元前 653 年以女神伊斯塔的名义拯救亚述国王阿淑尔巴尼拔的预言惊人地相似，该预言使亚述国王免于与埃兰的特乌曼开战。前文已经引述过该预言的关键段落,内容如下:"你应该待在你目前所在的地方。吃饭,喝酒,作乐,敬仰我的神力。在此期间,我将去完成这项任务。"[25]

事实上,萨尔达纳帕鲁斯这个名字是"阿淑尔巴尼拔"的变形,这两位国王在其他方面也有很多相同之处。可以肯定的是,希腊人为他们的萨尔达纳帕鲁斯增添了许多特征,这些特征仍然可以被视为东方化的"他者化"的结果。而且,古代作家们在某些事情上是大错特错的:阿淑尔巴尼拔并不是亚述的最后一位国王;他没有死于火灾,尽管他的兄弟沙马什-舒穆-乌金死于火灾;他在奇里乞亚没有陵墓。但是,阿淑尔巴尼拔确实不愿意发动战争,他指定了自己的首席歌手担任名年官,并且非常依赖宦官,他还是唯一被描绘成躺在床上与王后共同参加宴会的亚述国王。在一封信中,他让博尔西帕的学者给他送去"四块石头护身符(可能是泥板),用来放在国王的床头和床脚",这也表明床对他来说是很重要的。阿淑尔巴尼拔似乎是一位美学家和生活家,而不是一位身经百战的领袖,尽管他在一些铭文中也试图将自己描绘成后者。[26]

当亚述帝国崩溃时,阿淑尔巴尼拔早已不在人世;而他过于长久的统治,对亚述政治上的衰落起到了决定性的作用。希腊史学家的记载尽管是耸人听闻的,却并没有完全歪曲这个引人注目的统治者的实际情况。

亚述帝国的联合缔造者、有男子气概的王后塞弥拉弥斯,以及亚述帝国的掘墓人、女子气的国王萨尔达纳帕鲁斯均成了西方的"例外典范"(model of exceptionality)。他们所代表的颠三倒四的世界告诫人们,永远不要摒弃支撑西方政治和社会秩序的父权制价值观与二元性别认同。但作为截然不同的两极的代表,这两个人物

第十七章 变形的镜像 385

也具有吸引人的和开辟新天地的潜力。从古时流传下来的关于亚述第一位王后和最后一位国王的故事提醒人们，另外的生活方式、性别关系和性别身份都是存在的，政治不一定永远只属于男人。后来的作家、画家甚至作曲家对塞弥拉弥斯和萨尔达纳帕鲁斯的描述，以及对美索不达米亚历史上其他人物的描述，都表现出了这种明显的矛盾心理。[27]

萨尔达纳帕鲁斯的生活方式通常受到了人们的贬低而非赞美。在古代世界批评他的人中，就有活跃于公元1世纪末和2世纪初的罗马诗人尤维纳利斯。在他的一首讽刺诗中，尤维纳利斯要求他的读者"祈求一种大胆的精神，从而摆脱对死亡的恐惧，要认为赫拉克勒斯的那些令人痛苦的忧虑和他所有残酷的劳作，都远远胜过维纳斯的欢乐、丰盛的宴会和萨尔达纳帕鲁斯的绒褥"。《萨尔达纳帕鲁斯之羽》(pluma Sardanapalli)成为一个非常流行的故事，以至于中世纪的人们认为萨尔达纳帕鲁斯发明了羽绒床——如果考虑到历史上的阿淑尔巴尼拔对羽绒床的痴迷，这个想法很有说服力。关于该主题，最有名的绘画作品是欧仁·德拉克洛瓦(Eugène Delacroix)于1827年创作的油画《萨尔达纳帕鲁斯之死》(The Death of Sardanapallus)，画中的国王躺在一张巨大的床上，周围是他的那些被杀死的妻妾以及战马和珍宝，那张巨大的床似乎正在不祥地滑向观众。但与尤维纳利斯不同的是，德拉克洛瓦在描绘国王时带有某种程度的同情之心。通过精心安排自己最后离去时的场景，萨尔达纳帕鲁斯在画面中成了自己的模范艺术家。[28]

早在古代，萨尔达纳帕鲁斯就偶尔会以比较正面的形象出现。一个显著的例子是罗马的一尊狄俄尼索斯神雕像，雕像中的狄俄尼索斯神是一位头戴常春藤花环、留着长胡子的老人。不知何时，有人在雕像上刻下了一则铭文，说它是萨尔达纳帕鲁斯的形象，这表明，至少有一些罗马公民认为亚述国王是美好生活的楷模，他饮酒作乐，与杰出神灵所树立的榜样是一致的。[29]

并不令人意外的是，基督教的兴起终结了这种憧憬。在几个世纪的时间里，萨尔达纳帕鲁斯与塞弥拉弥斯都成了不折不扣的恶人。古典时代晚期的基督教作家奥罗修斯将萨尔达纳帕鲁斯描述为"一个比女人更有缺陷的男人"，这说明了一切。在但丁的《神曲》中，有一个部分描写了12世纪的佛罗伦萨及其尚未堕落的生活方式，暗指着国王的性变态："萨尔达纳帕鲁斯还没有来／去展示在私人房间里可以做什么。"塞弥拉弥斯的情况更为糟糕。但丁将她置于第二层地狱，并将她置于被地狱狂风惩罚的几个好色灵魂的首位，他写道："那个女皇／统治着如此多的土地和语言种群，／她是如此地任由性欲摆布人们，／她制定法律来支持她的喜好／这样她自己的行为就不会受到指责。"但丁还谈到了辛那赫里布，他从《圣经》中得知了辛那赫里布的命运。但丁说，炼狱第一层平台的地板上雕刻着一个场景，在众多骄傲者及其所受惩罚的例子中，有一幕"显示了辛那赫里布的儿子们是如何／在神庙里扑向他／以及在他死后，他们是如何把他丢在那里的。"[30]

随着文艺复兴时期和近代早期的到来，亚述最著名的那些人物在受到谴责和控诉的同时，也得到了更有同情心的描写。塞弥拉弥斯尤其受到了广泛关注，不仅作为一个致命的女人，也是作为一个强大的女人。从圭多·雷尼（Guido Reni）到埃德加·德加（Edgar Degas），许多著名画家都描绘了她的力量和美貌。更令人瞩目的是，在巴洛克时代的歌剧中，塞弥拉弥斯也大受欢迎。最近的一项研究列出了这一时期以塞弥拉弥斯为主角的至少19部歌剧。其中有些歌剧是为了歌颂当时有权势的女性而创作的。例如，当1743年5月12日，在布拉格的圣维图斯（St. Vitus）大教堂，哈布斯堡王朝的玛丽亚·特蕾莎（Maria Theresa）加冕为波希米亚女王时，就上演了歌剧《塞弥拉弥斯》。[31]

萨尔达纳帕鲁斯也被重新发现。他作为政治和军事领袖的角色并不能够为他平反，但那些希望迎来更自由时代曙光的人对他的色情追求充满了兴趣。17世纪的英国讽刺作家和翻译家约翰·奥尔德姆（John Oldham）为萨尔达纳帕鲁斯献上了一首诗，这首诗带有明显的色情成分，如果不是因为其语言老套，根本无法引用它：

> 我认为我现在看到了你站在后宫之中，
> 你的手中握着爱的权杖，
> 你的力量遍及它宽广的领域：
> 万名侍女匍匐在你脚下，
> 准备迎接你的崇高命令。
> 所有的贵族，有些还是王后的后裔，
> 他们前来受膏于你的王家种子。
> ……
> 因为大自然张开大腿之处，
> 你的阳物就立在这广阔的领地上。
> 全人类都承认它的巨大影响力，
> 并向其庞大的宝库进贡。
> ……
> 世世代代，子子孙孙，
> 这是我唯一应被纪念的荣耀：
> 没有一个君主像我一样干过或死过！[32]

这首诗的结尾，将国王和他的女人在火葬堆上的自焚描绘成了一场巨大的狂欢。

在 19 世纪上半叶，"塞弥拉弥斯"与"萨尔达纳帕鲁斯"经历了他们在西方高雅艺术中最后的辉煌时刻。1823 年，罗西尼（Rossini）的《塞弥拉弥德》（*Semiramide*）标志着"塞弥拉弥斯歌剧"这一流派的顶峰。就在两年前，拜伦勋爵写了悲剧《萨尔达纳帕鲁斯》，剧中的主人公是作者的另一个自我。萨尔达纳帕鲁斯说："如果他们恨我，那是因为我不恨他们。"这句话完全不像是历史上的阿淑尔巴尼拔说的。拜伦的戏剧启发德拉克洛瓦创作了那幅名画，也启发赫克托·柏辽兹（Hector Berlioz）创作了 1830 年关于萨尔达纳帕鲁斯的康塔塔，但它未能打动它所献给的人——约翰·沃尔夫冈·冯·歌德。在歌德的《浮士德》第二部中，当魔鬼梅菲斯特（Mephistopheles）提出让浮士德过上慵懒统治者的奢华生活时，浮士德的回复是："卑鄙且离谱！萨尔达纳帕鲁斯！"

拜伦勋爵还是最后一部以《圣经》中亚述国王的形象为题材的伟大文艺作品的作者。他于 1815 年创作的诗歌《辛那赫里布的毁灭》，以"飞驰"的抑抑扬格写成，它的开头一句常被引用——"亚述人像狼一样扑了过去"，这首诗借鉴了《列王记下》第 19 章第 35 节至第 36 节的内容，将亚述人在耶路撒冷的失败归因于神的直接干预：

> 因为死亡天使在风中张开了他的翅膀，
> 当他经过敌人的脸庞时，他对着他们吹气；
> 沉睡者的眼睛变得死寂而且冰冷，
> 他们的心只起伏了一下，就永远地沉寂了！

19 世纪中叶，随着亚述"真实的"历史得到重新发现，《圣经》与古典文献中关于亚述帝国的记载逐渐失去了权威性。亚述的半传奇统治者突然不得不与帝国"真正"的君主展开竞争。由于这些君主缺乏前者的魅力，塞弥拉弥斯、萨尔达纳帕鲁斯和《圣经》中的辛那赫里布从未被人们完全遗忘。绘画、诗歌、小说、音乐作品，甚至最晚出现的电影，都继续以他们为主角。但是，无论是莱顿·斯特雷奇（Lytton Strachey）1915年创作的反战散文《辛那赫里布与鲁珀特·布鲁克》（"Sennacherib and Rupert Brooke"），阿瑟·奥涅格（Arthur Honegger）和保罗·瓦莱里（Paul Valéry）1934年创作的音乐剧《塞弥拉弥斯》，还是1962年上映的意大利古装电影《霸王妖后》（*Io Semiramide*），大多数这类作品未能获得广泛赞誉。随着时间的推移，塞弥拉弥斯作为东方红颜祸水典型代表的重要角色逐渐被埃及女王克娄巴特拉取代。辛那赫里布与萨尔达纳帕鲁斯则更加湮没无闻。

然而，20世纪历史中的一个重要事件似乎受到了萨尔达纳帕鲁斯传奇的启发。1945年4月30日，阿道夫·希特勒带着妻子和狗在柏林的帝国总理府地堡中自杀，这似乎是对亚述国王自焚的滑稽重演，尤其是考虑到随后的焚尸的话。当然，希特勒是否真的有意地或下意识地模仿了亚述国王的自焚，是无法证明的。[33]

第十八章

第二次毁灭

2015年2月25日,好战的"伊斯兰国"(又称"伊拉克和大叙利亚伊斯兰国")通过社交媒体发布了一段视频。[1]该视频的第一个场景显示的是尼尼微古城北侧的涅伽尔门。在门内可以看到一尊精美的公牛巨像,它是用坚硬的石头雕刻而成的。接下来,镜头详细记录了一个身穿黑衣、站在平台上、手持电钻的男子的工作过程,他不慌不忙地破坏着雕像的头部,深深地切割着雕像精致的五官和精心雕琢的胡须。另一名男子站在巨像旁边,身穿伊斯兰传统服装,用阿拉伯语方言解释说,他来自波斯湾的某个地方。他说:"先知穆罕默德命令我们粉碎和摧毁雕像。他的伙伴们在征服土地时也是这样做的。既然安拉命令我们粉碎和摧毁这些雕像、偶像和遗址,我们就很乐意听从。我们不在乎别人是怎么想的,也不在乎这是否会让我们损失数十亿美元。"紧接着的第二个场景拍摄于底格里斯河对岸几千米处的摩苏尔博物馆内,在画面中,身穿奇特服装的男子正在推倒亚述和帕提亚的雕像,并用大锤将其砸碎,同时还背诵着《古兰经》中的经文。在屏幕之外,有一个声音以传统的纳希德[*]风格唱道:"地狱里充满了偶像和木像。摧毁美国及其部族的雕像。"[2]

就这样,亚述的大都城在第一次毁灭的 2 500 多年后遭到了第二次毁灭。就像公元前 612 年时一样,尼尼微城墙门楼上的有翼公牛屈服在了敌人的致命力量之下,它们根本无法抵挡敌人。这些人把对全球现代世界的愤怒,转化成为对第一个"全球"帝国的古老遗迹的攻击,这造成了灾难性的后果。作恶者们把阿尔弗雷德·雅里(Alfred Jarry)的讽刺剧《被囚禁的乌布》(Ubu in Chains)中可恶的佩雷·乌布(Père Ubu)的幻想付诸实践:"如果我们没有把废墟也拆掉,我们就不能成功地摧毁一切。"[3]

2014 年 6 月 10 日,"伊斯兰国"夺取了摩苏尔市,令许多伊拉克人和世界许多其他地方的人感到惊讶和恐惧,引发灾难的条件已经产生。6 月 29 日,"伊斯兰国"的领导人阿布·巴克尔·巴格达迪(Abu Bakr al-Baghdadi)在摩苏尔的大清真寺宣布建立新的伊斯兰哈里发国。突然之间,曾经位于亚述帝国中心地带的摩苏尔遭到了一个极端暴力的军事组织控制,该组织一心想要完成种族清洗和文化清洗的"使命"。

后来发展成为"伊斯兰国"的组织是由约旦人阿布·穆萨布·扎卡维(Abu Musab al-Zarqawi)于 1999 年建立的。当美国于 2003 年领导多国部队进攻伊拉克后,该组织发展势头迅猛,招募了许多新成员,并且参与了伊拉克境内的多次恐怖袭击。2011 年叙利亚内战爆发后,该组织将活动范围扩大到了邻国叙利亚,其影响力

---

[*] 纳希德(nashid 或 nasheed),伊斯兰教中的一种重要宗教音乐形式,通常指一类只用人声演唱而无伴奏的赞美诗。——编者注

进一步扩大。2013 年，该组织改名为"伊拉克和大叙利亚伊斯兰国"，然后控制了叙利亚城市拉卡（Raqqa），使得拉卡在长达三年多的时间里成为其实际意义上的首都。

正是在拉卡，"伊斯兰国"启动了大规模破坏文化遗产的激进计划。在过去的 10 年中，伊拉克和叙利亚的许多宗教圣地、考古遗址、博物馆和纪念碑都因抢劫、炮击和部署军事设施而遭到破坏或摧毁，参与持续冲突的各方都负有部分责任。而"伊斯兰国"在占领拉卡后不久又开始了一项全新的行动：该组织开始蓄意拆毁那些他们认为与其萨拉菲主义（Salafist）意识形态不符的文化遗址。

2014 年 3 月 26 日，"伊斯兰国"武装分子摧毁了其首批目标之———拉卡的什叶派圣地乌韦斯·卡尔尼（Uwais al-Qarni），随后又摧毁了许多其他什叶派圣地和坟墓。他们还袭击了基督教的教堂和修道院、苏非派的圣地以及雅兹迪人（Yazidis）宗教团体的圣地。

尽管叙利亚没有像尼尼微或迦拉那样大规模的亚述考古遗址，但在"伊斯兰国"袭击叙利亚的早期，也有一些亚述时代的文物遭到了破坏。2014 年 4 月，叙利亚文物和博物馆总局在网上发布了一则信息，内容和当地居民在哈布尔河畔的泰勒阿加加（古城沙迪坎尼所在地）非法挖掘出来的浮雕和立体雕像有关。从一些照片中可以看出，其中包括一尊公元前 9 世纪 20 年代的亚述雕像，雕像上刻有铭文，铭文的内容是威胁"毁坏此像者"将会断子绝孙。看不懂楔形文字的叙利亚"伊斯兰国"成员毫不畏惧：2014 年 5 月 5 日，他们在网上发布的照片显示，"伊斯兰国"的支持者们手持大锤，在一栋被该组织改建为伊斯兰法庭的建筑前，砸毁了一尊来自泰勒阿加加的雕像。[4]

征服摩苏尔之后，"伊斯兰国"破坏文化遗产的活动变本加厉。

摩苏尔城及其周边的许多宗教建筑被夷为平地。2014年7月24日，"伊斯兰国"的附属武装组织用炸药炸毁了底格里斯河东岸的优努斯清真寺，将其彻底摧毁。考虑到该清真寺并非什叶派圣地，而是逊尼派圣地，因此这是一次令人震惊的极端行动，它表明，从此以后任何东西都无法摆脱被该组织破坏的可能。

令人略感意外的是，"伊斯兰国"扩张到摩苏尔地区后，处于其控制下的亚述遗址最初没有受到任何影响。数月之内，在尼尼微和迦拉/尼姆鲁德没有发生任何事情。但这只是暴风雨前的平静。2015年2月，"伊斯兰国"发布了尼尼微的涅伽尔门和摩苏尔博物馆遭到破坏的视频，当地居民和国际观察家对亚述古都可以幸免于难的希望破灭了。这是古亚述考古学上的一个灾难性的转折点。

自1980年两伊战争爆发以来，伊拉克经历了各种政治危机。在2015年之前，伊拉克北部的考古遗址所遭受的破坏相对较小。而伊拉克南部的情况则大不相同。1991年的海湾战争结束之后，联合国安理会实施的经济制裁导致伊拉克陷入混乱状态，许多遗址遭到了大规模抢劫。在2003年美国领导联军发动进攻之后，伊拉克南部的文物遭到掠夺的情况变得更加严重：伊新（Isin）或乌玛（Umma）等古城的废墟开始变得像月球上的景观，一个又一个坑洞点缀在土丘之上。

在同一时期内，尼尼微和伊拉克北部的一些其他遗址被人们忽视了，只遭到轻微的掠夺，但大体保持完整。20世纪90年代，在尼尼微的库云吉克土丘上，用于保护辛那赫里布谒见室遗迹的铁皮屋顶遭到拆除，这使得王座大厅中的浮雕暴露在了风雨当中；一些浮雕被人们打成碎片，在古董市场上出售。但这里几乎没有发生其他事情。事实上，摩苏尔大学的考古学家在2010年恢复了对尼尼微的发掘，希望能开创该遗址科学探索的新阶段。[5]

2015年初，"伊斯兰国"的领导层决定对摩苏尔地区的考古景观发起协同攻击，这使得原本充满希望的进步戛然而止。尼尼微涅伽尔门的公牛巨像被毁容一事得到了广泛报道，而这仅仅是个开始。2015年4月11日，该恐怖组织发布了一段精心编排的视频，它展示了武装分子如何在迦拉的西北宫殿中阿淑尔纳西尔帕二世的谒见室的墙壁前布置桶装炸弹，然后在一次巨大的爆炸中炸毁了整个房间和王宫的毗邻部分。这是一场巨大的灾难：亚述唯一一座保存较为完好、足以让亲临现场的游客对亚述宫殿留下深刻印象的建筑变成了废墟，几十块不可替代的浮雕石板也无可挽回地消失了。后来，迦拉的守护神尼努尔塔神的巨型塔庙被推土机夷为平地，纳布神庙及其引人注目的"鱼门"（因门两侧有人鱼雕塑而得名）也被拆除。西北宫殿南部区域的亚述王后陵墓也被毁坏。

伊拉克北部的其他遗址也遭到了严重破坏。在阿淑尔以西约50千米的帕提亚时代商业中心哈特拉，武装分子手持冲锋枪和大锤破坏了神庙中的雕像和墙壁上的装饰。杜尔-沙鲁金和亚述古都阿淑尔也遭到了一些蓄意破坏，其中阿淑尔城西被精心修复过的塔比拉门成了重点被破坏对象。在尼尼微，还有两座城门，即所谓的阿达德门和马什奇门（Mashqi Gate），被推土机碾为平地。由于这两座城门很大程度上是现代人重建的，因此损失并不像其他城门被毁那样惨重。但是，在2016年4月份或5月初的某个时间点，库云吉克的辛那赫里布谒见室套房中剩余的浮雕遭到了拆除，这是另一个毁灭性的打击。[6]

除了蓄意的破坏行为，"伊斯兰国"还出于商业目的盗掘亚述文物。位于尼尼微西南部拿比约拿的先知优努斯清真寺被炸毁后，为该组织工作的工人们开始在废墟下的土丘上挖掘隧道。他们沿着亚述国王埃萨尔哈东的一座古老宫殿的墙壁寻找可以出售的考古珍宝，这种方法与奥斯汀·亨利·莱亚德和其他19世纪中期的英国发掘者在尼尼微使用的方法类似。在摩苏尔解放后，人们发现的一份阿拉伯语文件称："感谢安拉的恩惠，1436年莱哲卜月28日（2015年5月17日）星期日，在拿比约拿土丘上两个地点的发掘工作中，我们在第一个地点发现了用古楔形文字刻写的亚述砖块，在第二个地点发现了一座巨大的有翼公牛雕塑；我们请求安拉指引我们并让我们取得成功。"这份文件是写给"自然资源部"的，"伊斯兰国"设立该机构的目的是出售石油、矿产、贵金属和古董。即便是恐怖分子，也有自己的官僚机构。[7]

在某一时期内，"自然资源部"的负责人是一名"伊斯兰国"的高级领导人，他最著名的化名是阿布·萨耶夫·图尼西（Abu Sayyaf al-Tunisi）。2015年5月，当"伊斯兰国"的工人正在拿比约拿进行挖掘时，美国的特种部队对阿布·萨耶夫位于叙利亚东部德尔祖尔（Der ez-Zor）镇附近的总部进行了突袭。这次行动缴获的物品包括多件文物和计算机文件，以及其他考古文物的照片。照片上的一件文物是一块来自泰勒阿加加（沙迪坎尼）的亚述石碑，石碑上以楔形文字刻有公元前9世纪亚述总督沙马什-阿布亚（Shamash-abuya）的名字。这些物品可能都是"伊斯兰国"为了出售而摆放出来的。在一起具有里程碑意义的文化遗产案件中，2016年12月，根据《美国爱国者法案》（USA Patriot Act），这块石碑和其他三件物品被没收，但人们至今仍未找到它们。[8]

"伊斯兰国"在伊拉克蓄意破坏亚述和其他文化遗址的行为受到了国际社会最强烈的谴责。联合国大会于2015年5月28日通过的一项决议将其称为战争罪，时任联合国教科文组织总干事的伊琳娜·博科娃（Irina Bokova）则谈到了"文化清洗"。这些评价当然是恰当的，但它们并没有回答一个关键问题：考虑到"伊斯兰国"如果只是一直掠夺和出售文物（它也确实这样做了），其获利会更加丰厚，究竟是什么促使该组织先是大肆摧毁文物，然后又大范围公开展示这些破坏文物的行动呢？[9]

本章开头所描述的"伊斯兰国"于 2015 年 2 月 25 日公布的视频提供了一些线索，而我们在 2015 年第八期《达比克》(Dabiq)的一篇文章中可以找到更广泛的解释，该杂志是"伊斯兰国"在互联网上免费分发的、经过专业制作的英文宣传杂志。这篇文章试图为他们袭击尼尼微、哈特拉和摩苏尔博物馆辩护：

> 在上个月里，哈里发的士兵们手持大锤，重新遵从了他们的父亲易卜拉欣（愿他得到安宁）的圣训，摧毁了一个早已从地球表面消失的民族的偶像崇拜（shirkī）遗产。他们进入了维拉亚特尼那瓦（Wilāyat Nīnawā）的古亚述人遗址，拆毁了他们的雕塑以及偶像和国王的雕刻。这引起了敌人的强烈不满，他们对失去一处"珍贵的遗产"感到愤怒。然而，圣战者们（mujāhidīn）丝毫不会在乎异教徒的感受……在最近几代人的时间里，异教徒挖掘出了这些雕像和遗迹，并试图将其描绘成伊拉克穆斯林应该接受并引以为豪的文化遗产和身份认同的一部分。然而，这与安拉及其使者的指引是背道而驰的，只能为民族主义的政治议题服务。[10]

这段话给出了"伊斯兰国"毁坏亚述遗址和文物的一系列原因。首先是宗教原因。该文章称，当"伊斯兰国"的武装分子用大锤攻击古代雕塑时，他们基本上重演了据说"易卜拉欣"（即亚伯拉罕）以及后来的先知穆罕默德在他们自己的时代所做的事情：砸碎"异教徒"被多神教信仰误导而设置的偶像和其他形象。在视频和照片中，袭击者所穿的衣服都是古旧式样的，对于外界的观众来说略显滑稽，但是他们选择这些衣服是有原因的：这是为了让人明白，破坏者是在遵循伊斯兰教形成时期的先例，更准确地说是"伊斯兰国"自以为是这样的，即便是在服装等细节上也是如此。[11]

当然，现在已经没有人再崇拜亚述和帕提亚时代的雕塑了，"伊斯兰国"摧毁的大多数雕像实际上并不是神的代表。不过，我们还是不难理解，为什么"伊斯兰国"的支持者们会认为尼尼微涅伽尔门的有翼公牛这样的纪念性雕塑是一种可恶的东西。亚述的人头公牛和狮子巨像都是复合形象，它们结合了从动物到神灵等不同形象的特征。对于"伊斯兰国"及其一元的、纯粹的、简明的宗教崇拜来说，这种复杂性一定特别令他们烦恼和具有挑衅性。[12]

在尼尼微的事件发生几周后，"伊斯兰国"的武装分子又开始了一项在后勤上更具挑战性的工程，即抹除亚述古城迦拉的考古遗迹。在伊斯兰教传统中（借鉴了早期犹太教的先例），尼姆鲁德（即《圣经》中的宁录）是建造了巴别塔的恶棍，是一个多神论者、最早的帝国主义暴君，也是易卜拉欣的主要对手。在伊斯兰教传说中，安拉以最为可怕的方式惩罚了他：一只蚊子从他的鼻孔钻进他的脑袋，啄食他的大脑，最终杀死了他。显然，一座以如此邪恶的人物命名的城市不应该受到更好的待遇。[13]

综上所述，我们如果忽视《达比克》中所说的"伊斯兰国"破坏古代遗址是因为这些遗址体现了崇拜假神的危险，那就大错特错了。该组织激进的宗教意识形态的确很重要，但是，将"伊斯兰国"的文化政治仅仅视为他们想要重现公元7世纪穆罕默德所处的世界的生活，并不足以解释该组织的行动，因为仍然存在太多矛盾。例如，"伊斯兰国"声称图像在宗教上是可憎的，但是该组织却不断制作自己的图像，无论是活动的还是静止的，然后通过社交媒体广泛传播，它们包括斩首、关在笼子里的囚犯以及军事袭击的视频和照片，另外还有破坏古迹的视频和照片。换句话说，"伊斯兰国"在一场偶像崇拜狂欢中，公布了自己破坏偶像的行为，这似乎与伊斯兰教正统教义大相径庭。具有讽刺意味的是，正如许多人所观察到的那样，"伊斯兰国"制作的图像深受西方电子游戏（如《使命召唤》）和影视（从《终结者》到《权力的游戏》）美学的影响。"伊斯兰国"相当成功地采用了其最主要的敌人的文化代码。此外，《古兰经》中的一些段落，似乎将古代遗迹视为对那些质疑安拉有干预历史的力量的人的一种明显警告，这意味着这些遗迹应该得到保护而不是被摧毁。[14]

事实上，"伊斯兰国"对古亚述遗址的蓄意破坏还有其他一些重要原因。《达比克》中的那段话非常明确地指出了这些原因：他们进行破坏，一方面是为了让西方异教徒感到悲伤，另一方面是为了重塑伊拉克穆斯林的文化身份。

关于前者，"伊斯兰国"的一些说法非常准确。的确是西方的"异教徒"在"最近几代人的时间里……挖掘出了这些雕像和遗迹"。来自英国和法国的学者兼冒险家发起了对中东的考古探索，这类项目与他们的殖民动机密不可分（尽管它也植根于真正的对知识的兴趣）。1853 年，在巴黎铸造的一枚奖章说明了一切。它的一面是法国皇帝拿破仑三世的头像，另一面则是一个代表法国的人物揭开一位坐着的女性的面纱，而这位女性身旁有一尊公牛巨像，也就是尼尼微古城的化身。这一图像上还刻有一段拉丁文：Niniven latentem Gallia aperuit（"法国打开了埋藏已久的尼尼微"）。[15]

在很长一段时间里，发掘亚述遗址主要是西方人的工作，而当地居民通常只能作为卑微的工人参与其中。不仅如此，他们在发掘过程中所发现的历史也被认为是西方人的历史。当然，在许多人眼中，亚述的名声远非毫无污点。但由于亚述帝国在《圣经》以及古希腊和古罗马作家的作品中扮演了重要的角色，所以它是西方世界历史的一部分；无论是神圣的还是渎神的，它首先都是属于西方世界的。后来在该地区发生的事情，尤其是在伊斯兰时期发生的事情，被许多人视为脱离了古代近东英雄史的腐朽堕落的历史尾声。因此，在西方观众看来，亚述和巴比伦艺术在巴黎和伦敦展出，而不是在伊斯坦布尔和巴格达展出是公平的，尽管这些城市最终也会建立专门的古代近东博物馆。

"伊斯兰国"的领导人非常清楚西方对古代美索不达米亚文明的迷恋。由于向西方挑衅与尽可能打破西方的禁忌是他们的主要战略（尤其是为了尽可能吸引公众注意力并招募新成员），因此他们下令破坏伊拉克的考古遗址是非常合理的。事实证明，这个扭曲的计划在一定程度上是成功的。从奴役雅兹迪妇女到强迫儿童射杀政敌，"伊斯兰国"所犯下的人道主义罪行虽然没有被完全忽视，但是西方媒体往往不会大量报道它们，而对尼尼微和迦拉的蓄意破坏却引起了西方公众的强烈抗议，相关的新闻报道更是层出不穷。

无论如何，"伊斯兰国"通过破坏亚述遗址和其他古代遗址，以及将这些行为公之于众的方式试图影响的并非只有西方人。正如《达比克》的文章解释的那样，"伊拉克穆斯林"也是其目标对象，他们被"民族主义的政治议题"左右，有可能将这些遗址视为自己的"文化遗产和身份认同"的一部分，而非保持纯粹的穆斯林身份。

事实上，在奥斯曼帝国统治时期之后的中东地区，在伊拉克、叙利亚以及伊朗、黎巴嫩和以色列，建设现代国家的尝试往往与该地区的古代历史相冲突。就伊拉克而言，由于其现代边界是被随意划定的，所以要想将伊拉克转变为一个超越根深蒂固的教派分歧和种族分歧的国家，尤其具有挑战性。因此，该国的统治者从一开始就发现，颂扬在这片土地上曾经繁荣昌盛的古代文明是有益的，因为这可能会有助于推动建立一个统一的国家，并能够推动对这些文明的研究。[16]

1921年，奥斯曼帝国的巴士拉省、巴格达省和摩苏尔省合并成为伊拉克国家。五年后的1926年，巴格达考古博物馆（后更名为伊拉克博物馆）成立，英国商人兼政治官员格特鲁德·贝尔（Gertrude Bell）担任首任馆长。该博物馆展出了巴比伦和亚述的文物，但最初仍是一个相当低调的机构。在1932年至1958年期间，伊拉克一直是个独立的君主制国家，泛阿拉伯主义主导了伊拉克的民族认同。不过，1958年的革命将伊拉克变成一个共和国之后，伊拉克的政治领导人开始越来越强调该国伊斯兰时代之前的辉煌历史。[17]

1959年，阿卜杜勒·卡里姆·卡西姆（Abd al-Karim Qasim）将军采用了新的伊拉克国旗，新的国旗将美索不达米亚女神伊斯塔的星形图案与沙马什神的太阳圆盘图案合并在了一起，这一标志也被用作伊拉克钞票上的水印。1968年，在野五年的阿拉伯复兴社会党重新掌权，官员们以更大的力度强调伊拉克的美索不达米亚根源。他们赞助新的发掘活动，建造新的博物馆，并重建了巴比伦和尼尼微的一些古代神庙、宫殿和城门。一年一度的"巴比伦节"在巴比伦古城举行，该节日以音乐和戏剧表演为特色，颂扬着伊拉克的古代历史，来自不同国家的政府官员和政党成员、外交官、学者与艺术家汇聚一堂。"巴比伦节"的政治性质体现在其口号上——既有"昨天的尼布甲尼撒,今天的萨达姆·侯赛因",也有"从尼布甲尼撒到萨达姆·侯赛因:巴比伦再次崛起"。2001年,巴格达举行了一次国际会议,以隆重庆祝伊拉克文字诞生5 000年,宣布会议开幕的是伊拉克副总理兼代理外交部长塔里克·阿齐兹(Tariq Aziz,他是一位亚述基督徒)。[18]

萨达姆·侯赛因是1979年至2003年期间伊拉克的统治者,他特别喜欢巴比伦国王汉谟拉比(将巴比伦变成一个主要政治角色的伟大立法者)以及征服过耶路撒冷的尼布甲尼撒二世。而亚述在他的想象中也很重要。尼尼微附近竖起的广告牌把萨达姆描绘成了一个新的阿淑尔巴尼拔,广告牌上的他正在一辆亚述风格的战车上狩猎狮子。而在2000年,萨达姆用化名推出了一部庸俗的爱情小说《扎比芭与国王》(*Zabībah wal-malik*),这部小说颂扬了一位强大的亚述国王与一位才貌双全、类似于塞弥拉弥斯的已婚妇女之间的爱情关系,多少带些政治意味。[19]

亚述文化在伊拉克的纸币和邮票上占有显著地位。从1958年至1979年,10第纳尔纸币的背面图案是亚述的有翼公牛和亚述祭司。1990年以后,10第纳尔纸币上出现了亚述国王阿淑尔巴尼拔骑马的版画。2011年,即美国领导联军进攻伊拉克8年后,伊拉克发行了1 000第纳尔面值的邮票,上面印有迦拉重建后的阿淑尔纳西尔帕二世宫殿入口。然而仅仅4年后,"伊斯兰国"就炸毁了这座宫殿。[20]

"伊斯兰国"的领导人充分意识到了美索不达米亚文明在伊拉克秉持世俗主义的阿拉伯复兴社会党的民族建构努力中所发挥的核心作用,以及在2003年之后统治伊拉克的政府中所发挥的作用,尽管后者不像前者那么有效。他们反感这种对遥远过去的重视。"伊斯兰国"想要建立的哈里发国必定会超越中东民族国家人为划定的边界，并且只植根于伊斯兰教这一种意识形态。考古遗址和博物馆让人回忆起了繁荣的前伊斯兰文明，以历史上的有形之物挑战了"伊斯兰国"狭隘的意识形态，因此他们必须不惜一切代价将其抹去。这正是"伊斯兰国"在2015年和2016年破坏亚述遗址时想要实现的目标。

然而，尽管该组织成功地造成了巨大的物质损失，但它最终却未能将古代美索不达米亚从伊拉克人民的心理地图上抹去。2015年3月，联合国教科文组织总干事伊琳娜·博科娃在访问巴格达期间发起的"为遗产而团结"运动，得到了许多伊拉克人的大力支持。2015年11月，伊拉克邮政部门又发行了一套以亚述为主题的邮票，这套邮票的创作者是伊拉克艺术家萨阿德·加齐（Saad Ghazi）。这一次，邮票展示了亚述有翼公牛被砍下的头颅，以及亚述国王萨尔贡二世和辛那赫里布的形象，二人的前面还放着一把锤子；通过图像旁边的阿拉伯语和英语文字，这套邮票提醒人们记住"破坏伊拉克文物（的罪行）"。[21]

在伊拉克境外，也有各种各样的活动力图让人们记住伊拉克的文化遗产，并抨击企图抹除这些遗产的行动。在伦敦，美籍伊拉克艺术家迈克尔·拉科维茨（Michael Rakowitz）以无法复原的亚述涅伽尔门公牛巨像为原型，创作了一尊巨大的有翼公牛雕塑，这是一个特别令人回味的例子。该雕塑由1万多个各种颜色的伊拉克椰枣糖浆空罐组成，2018年3月，它被安放在特拉法尔加广场（Trafalgar Square）的第四基座上，受到了公众的广泛赞誉。[22]

在伊拉克北部，情况也发生了变化。"伊斯兰国"的武装分子不再能够在尼尼微、迦拉或阿淑尔等亚述古城肆意横行。2017年

7月，伊拉克政府军与库尔德武装以及国际部队结盟，重新占领摩苏尔市，成功完成了一场艰难的流血行动，这场行动被贴切地称为"尼尼微啊，我们来了"（qādimūn yā Naynawā）。该地区的考古遗址已经得到了保护，专家们正在研究受损情况，并开始修复尚未不可挽回地消失的建筑。由伦敦大学学院教授埃莉诺·罗布森（Eleanor Robson）创建的纳赫瑞恩（Nahrein）网站等机构正在努力增强当地参与者（包括伊拉克的考古学家、博物馆馆长和教育工作者）的能力，帮助他们保护自己家园的文化遗产。[23]

甚至在伊拉克北部，人们也恢复了发掘工作。实地考古工作的一个悖论是，通过考古所获得的知识不可避免地来自破坏。从这个意义上说，"伊斯兰国"为了寻找古代宝藏，拆除了尼尼微拿比约拿土丘顶上的优努斯清真寺，并在废墟之下挖出了一个隧道网络，这既是一场灾难，也创造了一个机遇。"伊斯兰国"的所作所为，使得德国和伊拉克的考古学家团队在海德堡大学的彼得·米格卢斯和斯特凡·毛尔（Stefan Maul）的指导下，有史以来第一次对该遗址进行了系统发掘。自2018年以来，这些发掘工作使人们对亚述最重要的一座纪念性建筑的结构与功能有了新的认识：这是由亚述国王辛那赫里布、埃萨尔哈东以及阿淑尔巴尼拔建造和使用的宫殿，附近还有他们的兵工厂。人们在这座建筑的各个房间里发现的物品，包括一根带有埃及图案的权杖的上半部分（这再次证明了亚述对尼罗河畔土地的迷恋），以及亚述末代国王辛-沙鲁-伊什坤的妻子的档案中的楔形文字文件。[24]

尽管遭遇了种种挫折，尽管宗教激进主义者和偶像破坏者可能会继续进行抵制，但是人们仍在探索如何才能更好地了解古亚述。无论是在伊拉克当地，还是通过世界各地的博物馆和大学的藏品，未来的考古工作将证实本书所提出的一些论点，推翻另一些论点，并揭示亚述历史中一些全新的、令人意想不到的方面。关于世界历史上的第一个帝国，它的政治组织，它如何推动创造更加"全球化"的经济网络和新的通信网络，以及它如何应对一系列挑战并最终被其压垮，我们还需要了解很多东西。其中许多挑战，从流行病、气候变化到民粹主义领导人的崛起，在今天仍然是紧迫的问题。通过研究这些问题的早期事例，我们可以更好地理解它们。

尾声

在格林兄弟的童话故事集中,有一个关于贫穷的渔夫和他妻子的故事。两人住在海边一间简陋的小屋里。有一天,渔夫捕到了一条比目鱼,它原来是一位被施了魔法的王子。比目鱼请求渔夫放了它,渔夫便答应了,但他回到家后,妻子责怪他为什么不向有魔法的鱼要一栋漂亮的房子,来作为释放它的回报。于是渔夫回到海里,他的愿望实现了。但渔夫的妻子仍不满足:她要求住进宫殿,然后成为国王、皇帝和教皇。渔夫一次又一次地回到大海,大海则变得越来越凶险,而比目鱼却一次又一次地满足了他的要求。但到了最后,在妻子的请求下,渔夫告诉比目鱼她想像上帝一样时,比目鱼在可怕的、风暴肆虐的海面上回应道:"回家吧,她又坐在老房子里了。"

亚述的历史也遵循着类似的轨迹。它始于公元前三千纪的小城邦阿淑尔。随着时间的推移,"阿淑尔"首先成为一个强大的领土国家,与巴比伦和埃及齐名,然后在公元前8世纪中叶成为一个统治西亚大片地区的庞大帝国。但到了公元前7世纪末,在短短的几年里,亚述就彻底崩溃了,再也没有恢复——除了一切的起点阿淑尔城,亚述的文化和宗教元素在那里又延续了800年。从此之后,这个世界历史上的第一个帝国便只存在于后世文明的记忆和东方教会的传说之中。

本书基于从亚述和其他文明的遗址中发掘出的数以万计的楔形文字文本和其他文物，试图介绍我们目前对亚述，特别是对亚述帝国最新的认识。最后，还有一个问题：亚述国家到底是什么？它是一台榨取邻国财富的高压机器，还是说至少在某些方面也是一股善的力量呢？迄今为止，研究亚述历史的学者和学生给出了一些截然不同的答案。亚述学家乔·安·斯库尔洛克（Jo Ann Scurlock）认为，"帝国主义者"可能并不总是做正确的事，但她强调，至少"在《圣经》的先知们的判断中，亚述人代表了帝国（乃至人类社会）所能提供的最好的东西"。[1]

但是，自从雅克·德·摩根（Jacques de Morgan）在 1909 年精辟地指出，"阿淑尔是它的神明，掠夺是它的道德，物质享受是它的目标，而残酷和恐怖则是它的手段"，也有其他的声音一再强调亚述帝国的阴暗面。2016 年，考古学家苏珊·波洛克（Susan Pollock）批评了她所认为的现代学术界存在的亲亚述偏见，谴责学术界对亚述战争受害者的苦难缺乏兴趣。英国《卫报》的艺术评论家乔纳森·琼斯（Jonathan Jones）说，当"从大英博物馆的亚述展厅来到古埃及厅或古希腊诸神展厅时"，他感受到了"更丰富的人性"，他觉得"埃及和希腊都是文明的，而亚述不是"。最后，引用一个流行文化中的例子。在拉里·R. 戈尼克（Larry R. Gonick）的《卡通宇宙史》（*Cartoon History of the Universe*）中，读者遇到了一位亚述国王，这位亚述国王绝望地问自己："天哪！今天该做些什么呢？剥皮、鞭打、肢解、刺穿？还是把他们拴在狗屋里呢？"[2]

然而，对亚述的这种负面评价，尤其是与对其他文明更为宽厚的评价相比较，似乎并不是完全公平的。可以肯定的是，亚述人可能是残暴的，并以此为荣。然而，人们可以对琼斯说，在帕提侬神庙美丽的大理石，以及大英博物馆埃及展厅中精致典雅的法老艺术背后，往往隐藏着不亚于亚述的血腥历史。同样，罗马人也并不比世界历史上第一个帝国更有人性。罗马哲学家和政治家塞涅卡在其《道德书简》(Epistolae morales)中对此有非常明确的论述："我们制止过失杀人和单独的谋杀行为，但是战争以及屠杀整个民族这种被人大肆吹捧的罪行呢？我们的贪婪是无止境的，我们的残忍也是无止境的。"现代殖民帝国也是如此，它们声称要"开化"被它们压迫的千百万人，要改善那些经常被它们掠夺、恐吓以及屠杀的人的生活。与这些虚伪的帝国相比，亚述人公开庆祝掠夺、折磨和军事征服的行为至少是诚实的。琼斯在另一篇文章中把亚述人等同于纳粹，这同样起不到帮助作用。亚述人从未发起过旨在大规模屠杀特定种族群体的行动。[3]

一般来说，最好不要将古代亚述人"本质化"。毕竟，就像格林兄弟故事中的渔夫和他妻子的地位一样，随着时间的推移，亚述的政体也发生了巨大变化。起初，亚述的政体非常"民主"，但是逐渐变得以拥有无上权力的统治者为核心。而亚述文化和宗教的许多特征也发生了变化。

但有一点可以肯定：无论好坏，亚述帝国都是一个极其现代化和充满活力的国家，无论是其军队中的多民族单位、高效的道路系统，还是其统治者所依赖的政治监控。可以说，亚述是历史的引擎，它彻底改变了西亚和东地中海地区，并在一定程度上通过其他国家改变了整个世界。

如果说有什么最能展现亚述的真实面貌的话，那它也许是跟渔夫和他妻子的故事形成互补的另一个小寓言。亚述的核心领土位于底格里斯河沿岸，从那里开始，亚述王国将其影响力扩展到了越来越远的地方。当《圣经》描述伊甸园（即人间天堂）的所在地时，底格里斯河是其提到的四条河流之一。德国评论家和哲学家瓦尔特·本雅明在他的《历史哲学论纲》中描述了"历史天使"［形象依据保罗·克利（Paul Klee）的一幅画］如何面对在《圣经》的花园中出现的可怕风暴：

（天使的）脸转了过去。我们看到的是一连串的事件，而他看到的却是一场单一的灾难，这场灾难不断地将残骸堆积起来，扔到他的脚前。天使想留下来唤醒逝者，让破碎的一切恢复原样。然而，有一场风暴从天堂刮来；风暴猛烈地卷住了他的翅膀，使得天使再也无法合拢它们。风暴不可抗拒地将他推向他所背对的未来，而他面前的这堆残骸却在不断地朝着天空飞去。这场风暴就是我们所说的进步。[4]

然而，这场风暴不也是对古代亚述最恰当的比喻吗？在许多方面，亚述帝国确实带来了"进步"。但是，它的身后也堆起了一座巨大的废墟之山：城市被摧毁，生命被夺走，文明也遭到了颠覆。[5]

亚述最重要的统治者

以下名单列举了亚述最重要的统治者的名字与其在位时间，这些统治者的名字是以一种简化的方式呈现的，没有用特殊字符，这是书中处理古代近东名字的通用做法。每位统治者名字前的数字，表示他在《亚述王表》(AKL)中的位置。现存的《亚述王表》记录的范围截止到沙尔马内塞尔五世（109号），在他之后的国王，名字前的数字延续了《亚述王表》的编号，从110号一直到117号。需要注意的是，尽管《亚述王表》没有提到伊提提和扎里库姆这两位统治者，但是由于他们在历史上的重要性，本书还是将其列入了下面的名单中。而有几个《亚述王表》中提到的统治者的名字，因为其他方面的证据不足，被排除在该名单之外。新亚述时期国王的主要妻室的名字如果已知的话也会列出，以斜体字来表明*。

从提格拉特-皮莱塞尔一世（87号）开始，国王的统治时间可以完全准确地判定，而之前国王的统治时间则有一定的误差。古亚述时期统治者的统治时间依据的是戈伊科·巴尔亚莫维奇的《亚述之前的阿淑尔》(Gojko Barjamovic, "Assur Before Assyria")，即将

---

* 中文用楷体来表明。——译者注

发表）。

根据美索不达米亚历法的惯例，特定统治者的在位时间不是从登基的年份开始算起的，而是始于其在位的第一个完整年份。因此，公元前858年至前824年在位的沙尔马内塞尔三世（102号），实际上是在公元前859年的某个时候登上王位的。

公元前三千纪

00 伊提提（Ititi）　　　　　　　　　　　　　　公元前23世纪
00 扎里库姆（Zarriqum）[或撒里库姆（Sarriqum）]　　公元前21世纪中叶
27 苏里里/苏勒（Sulili/Sulê）　　　　　　　　　约公元前2025年（推测）

古亚述时期

30 普祖尔-阿淑尔一世（Puzur-Ashur I）　　　　约公元前2020年（推测）
31 沙里姆-阿胡姆（Shalim-ahum）
32 伊鲁舒玛（Ilushumma）
33 埃里舒姆一世（Erishum I）　　　　　　　　约公元前1969—前1930年
34 伊库努姆（Ikunum）　　　　　　　　　　　约公元前1929—前1916年
35 沙鲁姆-肯/萨尔贡一世（Sharrum-ken/Sargon I）　约公元前1915—前1876年
36 普祖尔-阿淑尔二世（Puzur-Ashur II）　　　　约公元前1875—前1868年
37 纳拉姆-辛（Naram-Sîn）　　　　　　　　　约公元前1867—前1834/1824年
38 埃里舒姆二世（Erishum II）　　　　　　　　约公元前1833/1823—前1809年
39 沙姆什-阿达德一世（Shamshi-Adad I）　　　约公元前1808—前1776年
40 伊什美达干一世（Ishme-Dagan I）　　　　　约公元前1775—前1736年
40a 穆特-阿什库尔（Mut-Ashkur）
40b 里姆什（Rimush）
40d 普祖尔-辛（Puzur-Sîn）

过渡时期

41 阿淑尔-杜古尔（Ashur-dugul）
47 阿达西（Adasi） 约公元前 1730 年
48 贝卢姆-巴尼（Belum-bani） 约公元前 1729—前 1719 年
54 基丁-尼努阿（Kidin-Ninua） 约公元前 1630—前 1616 年
57 沙姆什-阿达德二世（Shamshi-Adad II） 约公元前 1597—前 1591 年
58 伊什美达干二世（Ishme-Dagan II） 约公元前 1590—前 1574 年
59 沙姆什-阿达德三世（Shamshi-Adad III） 约公元前 1573—前 1557 年
60 阿淑尔-尼拉里一世（Ashur-nirari I） 约公元前 1556—前 1530 年
61 普祖尔-阿淑尔三世（Puzur-Ashur III） 约公元前 1529—前 1505 年
62 恩利尔-纳西尔一世（Enlil-nasir I） 约公元前 1504—前 1491 年
69 阿淑尔-贝尔-尼谢舒（Ashur-bel-nisheshu） 约公元前 1417—前 1409 年

中亚述时期

73 阿淑尔-乌巴利特一世（Ashur-uballit I） 约公元前 1363—前 1328 年
76 阿达德-尼拉里一世（Adad-nirari I） 约公元前 1305—前 1274 年
77 沙尔马内塞尔一世（Shalmaneser I） 约公元前 1273—前 1244 年
78 图库尔提-尼努尔塔一世（Tukulti-Ninurta I） 约公元前 1243—前 1207 年
79 阿淑尔-纳丁-阿普利（Ashur-nadin-apli） 约公元前 1206—前 1203 年
80 阿淑尔-尼拉里三世（Ashur-nirari III） 约公元前 1202—前 1197 年
81 恩利尔-库杜里-乌苏尔（Enlil-kudurri-usur） 约公元前 1196—前 1192 年
82 尼努尔塔-阿皮尔-埃库尔（Ninurta-apil-Ekur） 约公元前 1191—前 1179 年
83 阿淑尔-丹一世（Ashur-dan I） 约公元前 1178—前 1133 年
84 尼努尔塔-图库尔提-阿淑尔（Ninurta-tukulti-Ashur） 约公元前 1133 年（推测）
87 提格拉特-皮莱塞尔一世（Tiglath-pileser I） 公元前 1114—前 1076 年
89 阿淑尔-贝尔-卡拉（Ashur-bel-kala） 公元前 1073—前 1056 年
92 阿淑尔纳西尔帕一世（Ashurnasirpal I） 公元前 1049—前 1031 年

亚述最重要的统治者

93 沙尔马内塞尔二世（Shalmaneser II） 公元前 1030—前 1019 年
94 阿淑尔-尼拉里四世（Ashur-nirari IV） 公元前 1018—前 1013 年
95 阿淑尔-拉比二世（Ashur-rabi II） 公元前 1012—前 972 年
97 提格拉特-皮莱塞尔二世（Tiglath-pileser II） 公元前 966—前 935 年

新亚述时期

98 阿淑尔-丹二世（Ashur-dan II） 公元前 934—前 912 年
99 阿达德-尼拉里二世（Adad-nirari II） 公元前 911—前 891 年
100 图库尔提-尼努尔塔二世（Tukulti-Ninurta II） 公元前 890—前 884 年
101 阿淑尔纳西尔帕二世（Ashurnasirpal II） 公元前 883—前 859 年
  穆里苏-穆坎尼沙特-尼努阿（*Mullissu-mukannishat-Ninua*）
102 沙尔马内塞尔三世（Shalmaneser III） 公元前 858—前 824 年
103 沙姆什-阿达德五世（Shamshi-Adad V） 公元前 823—前 811 年
  萨穆-拉玛特/塞弥拉弥斯（*Sammu-ramat/Semiramis*）
104 阿达德-尼拉里三世（Adad-nirari III） 公元前 810—前 783 年
105 沙尔马内塞尔四世（Shalmaneser IV） 公元前 782—前 773 年
  哈玛（*Hamâ*）
106 阿淑尔-丹三世（Ashur-dan III） 公元前 772—前 755 年
107 阿淑尔-尼拉里五世（Ashur-nirari V） 公元前 754—前 745 年
108 提格拉特-皮莱塞尔三世（Tiglath-pileser III） 公元前 744—前 727 年
  雅巴（*Yabâ*）
109 沙尔马内塞尔五世（Shalmaneser V） 公元前 726—前 722 年
  巴妮图（*Banitu*，推测）
110 萨尔贡二世（Sargon II） 公元前 721—前 705 年
  （1）拉伊玛（*Ra'imâ*）
  （2）亚他利雅（*Atalya*）
111 辛那赫里布（Sennacherib） 公元前 704—前 681 年
  （1）塔什迈图-沙拉特（*Tashmetu-sharrat*）
  （2）那齐亚（*Naqia*）

112 埃萨尔哈东（Esarhaddon） 公元前 680—前 669 年
　　埃沙拉—哈玛特（Esharra-hammat）
113 阿淑尔巴尼拔（Ashurbanipal） 公元前 668—前 631 年
　　里巴利—沙拉特（Libbali-sharrat）
114 阿淑尔-埃提尔-伊拉尼（Ashur-etel-ilani） 公元前 630—前 627 年
（推测）
115 辛-舒穆-利希尔（Sîn-shumu-lishir） 公元前 627 年（推测）
116 辛-沙鲁-伊什坤（Sîn-sharru-ishkun） 公元前 626（推测）—前 612 年
117 阿淑尔-乌巴利特二世（Ashur-uballit II） 公元前 611—前 609 年

亚述最重要的统治者

致谢

如果没有远近朋友的鼓励和支持，我永远不会开始写这本书，更不用说完成它了。我尤其要感谢伦敦彼得斯·弗雷泽与邓洛普（Peters Fraser and Dunlop）经纪公司的亚当·冈特利特（Adam Gauntlett），是他首先提出了让我写这本书的想法，并且不辞辛劳地为我找到了一流的出版商，尽管这本书的主题看上去很冷门。纽黑文的理查德·亚诺维茨（Richard Yanowitz）友好地帮助我改进了最初的出版计划。在写作过程中，几位同事给我寄来了他们未发表的作品原稿，并给予了我很多有用的建议。我特别感谢哈佛大学的戈伊科·巴尔亚莫维奇，他与我分享了他尚未发表的文章《亚述之前的阿淑尔》，这篇文章对我构思本书第一章的重要性超过了我在尾注中所表达的程度。巴塞罗那大学的罗西奥·达·里瓦（Rocío Da Riva）和牛津大学的斯蒂芬妮·达利为我寄来了即将发表的文章的草稿，慕尼黑大学的玛丽·弗雷泽（Mary Frazer）、海德堡大学的斯特凡·雅各布（Stefan Jakob）、伦敦大学的朱利安·里德（Julian Reade）和多伦多大学的特蕾西·斯珀里尔（Tracy Spurrier）对我的疑问做出了解答，费城大学的安·吉南（Ann Guinan）和柏林大学的安布罗斯·魏贝尔（Ambros Waibel）在引文方面给予了我帮助。我也非常感谢都灵大学的阿莱西奥·帕尔米萨诺（Alessio Palmisano）所绘制的地图。耶鲁大学的研究生乔纳森·贝尔茨（Jonathan Beltz）、埃弗利娜·考布科娃（Evelyne Koubková）、帕夫拉·罗森斯坦（Pavla Rosenstein）、埃里·塔德莫尔（Eli Tadmor）和帕克·赞恩（Parker Zane）耐心地倾听了我对亚述历史和文化等各方面连贯或不连贯的想法，并提出了宝贵的批评和反馈意见。此外，帕夫拉和埃里还阅读了本书的部分定稿。我在耶鲁大学的同事本杰明·R. 福斯特（Benjamin R. Foster）、伊丽莎白·诺特（Elizabeth Knott）、阿格妮特·W. 拉森（Agnete W. Lassen）和克劳斯·瓦根松纳（Klaus Wagensonner）在具体问题和插图方面提供了帮助，减轻了我的日常工作。凯瑟琳·E. 斯兰斯基（Kathryn E. Slanski）为本书想出了一个较好的书名，并在许多其他方面给予了我支持。

像这样一部内容广泛的著作，我在很大程度上借鉴了他人的成果，在此无法一一列举。但是，我必须提到我的老师雷克尔·博格（Rykle Borger）和卡尔海因茨·德勒（Karlheinz Deller），他们都是研究亚述文明的杰出专家。还有许多同事和朋友，我曾多次与他们就亚述及其后继帝国的问题进行富有成效的讨论，他们是：罗西奥·达·里瓦、弗雷德里克·马里奥·费尔斯（Frederick Mario Fales）、格兰特·弗雷姆（Grant Frame）、安德烈亚斯·富克斯（Andreas Fuchs）、迈克尔·尤尔萨（Michael Jursa）、斯特凡·M. 毛尔、彼得·米格卢斯、杰米·诺沃特尼（Jamie Novotny）、西莫·帕尔波拉（Simo Parpola）、卡伦·拉德纳（Karen Radner）以及哈伊姆·塔德莫尔（Hayim Tadmor）。

这本书的大部分内容是我在2021年秋天撰写的，当时耶鲁大学批准的学术休假给了我非常需要的时间。到了2022年夏天，我在慕尼黑完成了这本书，在那里，我得到了路德维希·马克西米利安大学（Ludwig Maximilian University）亚述学与人类学研究所的恩里克·希门尼斯（Enrique Jiménez）的慷慨接待。在我提交初稿后，基础图书公司（Basic Books）的主编布莱恩·迪塞尔伯格（Brian Distelberg）给我寄来了详尽而深刻的批评意见，指出了我在写作习惯和结构上的不足。在第二轮修改中，布兰登·普罗亚（Brandon Proia）努力地提高了文字的流畅度，并帮助我消除了许多德语上的错误。凯西·斯特克福斯（Kathy Streckfus）对本书进行了认真细致的校对。在我得到所有帮助和反馈之后，书中仍然存在的错误和误解都是我自己造成的，这是不言而喻的，但我必须承认这一点。

重要文本的缩略语

RIMA.：亚述时期的美索不达米亚王家铭文

RIMA 1. A. Kirk Grayson, *Assyrian Rulers of the Third and Second Millennia BC (to 1115 BC)* (Toronto: University of Toronto Press, 1987).

RIMA 2. A. Kirk Grayson, *Assyrian Rulers of the Early First Millennium BC I (1114-859 BC)* (Toronto: University of Toronto Press, 1991).

RIMA 3. A. Kirk Grayson, *Assyrian Rulers of the Early First Millennium BC II (858-745 BC)* (Toronto: University of Toronto Press, 1996).

RINAP.：新亚述时期的王家铭文

RINAP 1. Hayim Tadmor and Shigeo Yamada, *The Royal Inscriptions of Tiglath-pileser III (744-727 BC) and Shalmaneser V (726-722 BC), Kings of Assyria* (Winona Lake, IN: Eisenbrauns, 2011).

RINAP 2. Grant Frame, *The Royal Inscriptions of Sargon, King of Assyria (721-705 BC)* (University Park, PA: Eisenbrauns, 2021).

RINAP 3/1. A. Kirk Grayson and Jamie Novotny, *The Royal Inscriptions of Sennacherib, King of Assyria (704-681 BC)*, Part 1 (Winona Lake, IN: Eisenbrauns, 2012).

RINAP 3/2. A. Kirk Grayson and Jamie Novotny, *The Royal Inscriptions of Sennacherib, King of Assyria (704-681 BC)*, Part 2 (Winona Lake, IN: Eisenbrauns, 2014).

RINAP 4. Erle V. Leichty, *The Royal Inscriptions of Esarhaddon, King of Assyria (680-669 BC)* (Winona Lake, IN: Eisenbrauns, 2011).

RINAP 5/1. Jamie Novotny and Joshua Jeffers, *The Royal Inscriptions of*

Ashurbanipal (668-631 BC), Aššur-etel-ilāni (630-627 BC), and Sîn-šarra-iškun (626-612 BC), Kings of Assyria, Part 1 (University Park, PA: Eisenbrauns, 2018).

RINBE.：新巴比伦帝国的王家铭文

RINBE 2. Frauke Weiershäuser and Jamie Novotny, *The Royal Inscriptions of Amēl-Marduk (561-560 BC), Neriglissar (559-556 BC), and Nabonidus (555-539 BC), Kings of Babylon* (University Park, PA: Eisen-brauns, 2020).

SAA. 亚述国家档案

SAA 1. Simo Parpola, *The Correspondence of Sargon II, Part I. Letters from Assyria and the West* (Helsinki: Helsinki University Press, 1987).

SAA 2. Simo Parpola and Kazuko Watanabe, *Neo-Assyrian Treaties and Loyalty Oaths* (Helsinki: University of Helsinki Press, 1988).

SAA 3. Alasdair Livingstone, *Court Poetry and Literary Miscellanea* (Helsinki: University of Helsinki Press, 1989).

SAA 4. Ivan Starr, *Queries to the Sungod: Divination and Politics in Sargonid Assyria* (Helsinki: University of Helsinki Press, 1990).

SAA 6. Theodore Kwasman and Simo Parpola, *Legal Transactions of the Royal Court of Nineveh, Part I. Tiglath-Pileser III Through Esarhaddon* (Helsinki: University of Helsinki Press, 1991).

SAA 9. Simo Parpola, *Assyrian Prophecies* (Helsinki: University of Helsinki Press, 1997).

SAA 10. Simo Parpola, *Letters from Assyrian and Babylonian Scholars* (Helsinki: University of Helsinki Press, 1993).

SAA 12. Laura Kataja and Robert M. Whiting, *Grants, Decrees and Gifts of the Neo-Assyrian Period* (Helsinki: University of Helsinki Press, 1995).

SAA 13. Steven W. Cole and Peter Machinist, *Letters from Assyrian and Babylonian Priests to the Kings Esarhaddon and Assurbanipal* (Helsinki: University of Helsinki Press, 1998).

SAA 15. Andreas Fuchs and Simo Parpola, *The Correspondence of Sargon II, Part III. Letters from Babylonia and the Eastern Provinces* (Helsinki: University of Helsinki Press, 2002).

SAA 16. Mikko Luukko and Greta Van Buylaere, *The Political Correspondence of*

Esarhaddon (Helsinki: University of Helsinki Press, 2002).

SAA 18. Frances Reynolds, *The Babylonian Correspondence of Esarhaddon and Letters to Assurbanipal and Sîn-šarru-iškun from Northern and Central Babylonia* (Helsinki: University of Helsinki Press, 2003).

SAA 19. Mikko Luukko, *The Correspondence of Tiglath-pileser II and Sargon II from Calah/Nimrud* (Helsinki: Neo-Assyrian Text Corpus Project, 2012).

SAA 20. Simo Patpola, *Assyrian Royal Rituals and Cultic Texts* (Helsinki: Neo-Assyrian Text Corpus Project, 2017).

SAA 21. Simo Parpola, *The Gorrespondence of Assurbanipal, Part II. Letters from the King and from Northern and Central Babylonia* (Helsinki: Neo-Assyrian Text Corpus Project, 2018).

电子资源

许多亚述王室铭文、书信以及法律和行政文件的最新版本可以在"古代中东地区的官方铭文"（OIMEA，http://oracc-museum.upenn.edu/oimea/index.html），以及"亚述帝国档案文本"（ATAE，http://oracc.museum.upenn.edu/atae/index.html）在线查看。这两个网站都依托于"开放详注楔形文字语料库"（Oracc）平台，由众多学者在卡伦·拉德纳领导的"慕尼黑开放访问楔形文字语料库计划"（MOCCI）内创建。

注释

导言

1. 关于埃萨尔哈东的引语,见 RINAP 4, 21: iv 80-v 1; 135: 9'-12'。
2. RINAP 4, 184, rev. 13. 原文用的是第三人称单数。
3. Eckart Frahm, "Images of Assyria in Nineteenth-and Twentieth-Century Western Scholarship," in *Orientalism, Assyriology and the Bible*, ed. Steven W. Holloway (Sheffield, UK: Sheffield Phoenix Press, 2006), 74-94.《那鸿书》的引文来自第 3 章第 1 节。
4. 引自 Mogens Trolle Larsen, *The Conquest of Assyria: Excavations in an Antique Land* (London: Routledge, 1996), 13。
5. Larsen, *Conquest of Assyria*, 15-16.
6. "实际发生过的"(德语: wie es eigentlich gewesen),是 19 世纪德国历史学家利奥波德·冯·兰克(Leopold von Ranke)在其 *Geschichte der romanischen und germanischen Völker von 1494 bis 1535* (Leipzig, 1824) 第一部分的序言中使用的表述。
7. 关于伊拉克北部亚述遗址早期探索的扣人心弦的故事是这几段文字的依据,见 Larsen, *Conquest of Assyria*。
8. 关于此事的细节,见 Grant Frame, "Lost in the Tigris," in *Neo-Assyrian Sources in Context*, ed. Shigeo Yamada (Helsinki: Neo-Assyrian Text Corpus Project, 2018), 215-238。
9. 见本书第十八章。
10. 见 Peter T. Daniels, "Edward Hincks's Decipherment of Mesopotamian-Cuneiform," in *The Edward Hincks Bicentenary Lectures*, ed. Kevin J. Cathcart (Dublin:

Department of Near Eastern Languages, University College Dublin, 1994), 30-57。

11 *Inscription of Tiglath Pileser I., King of Assyria, B.C. 1150*, trans. Henry Rawlinson, Fox Talbot, Dr. Hincks, and Dr. Oppert (London: Royal Asiatic Society and J. W. Parker and Son, 1857).

12 关于"历史的前半部分"这个概念，见 William W. Hallo, "Assytiology and the Canon," *American Scholar* 59, no. 1 (Winter 1990): 105-108。

13 David Damrosch, *The Buried Book: The Loss and Rediscovery of the Great Epic of Gilgamesh* (New York: Holt, 2007), 9-33.

14 目前，Walter Andrae, *Das wiedererstandene Assur*, 2nd ed., revised and enlarged by Barthel Hrouda (Munich: C. H. Beck, 1977) 仍然是对阿淑尔城最佳的综合研究。

15 相关概述见 Mogens Trolle Larsen, *Ancient Kanesh: A Merchant Colony in Bronze Age Anatolia* (Cambridge: Cambridge University Press, 2015)。

16 关于泰勒谢赫哈马德城堡的考古工作，最新综述见 Hartmut Kühne, ed., *Die Zitadelle von Dūr-Katlimmu in mittel- und neuassyrischer Zeit* (Wiesbaden: Harrassowitz, 2021)。

17 Jason Ur, "Physical and Cultural Landscapes of Assytia," in *A Companion to Assyria*, ed. Eckart Frahm (Malden, MA: Wiley, 2017), 13-35.

18 Mikko Luukko and Greta Van Buylaere, "Languages and Writing Systems in Assyria," in Frahm, *Companion to Assyria*, 313-335.

19 条约的一个版本可见 SAA 2, no. 6。

20 见 Beate Pongratz-Leisten, *Religion and Ideology in Assyria* (Berlin: De Gruyter, 2015), 115。

21 Nicholas Postgate, "The Bread of Aššur," *Iraq* 77 (2015): 159-172.

22 关于古代近东艺术中统治者"雕像"大体上的作用和功能，见 Paolo Matthiae, *I volti del potere: Alle origini del ritratto nell'arte dell'Oriente Antico* (Turin, Italy: Einaudi, 2020)。

23 Dominique Charpin and Jean-Marie Durand, "Assur avant l'Assyrie," *MARI* 8 (1997): 367-392.

24 关于"混合政体"这个术语,见Mario Liverani, "From City-State to Empire: The Case of Assyria," in *The Roman Empire in Context: Historical and Comparative Perspectives*, ed. Johann P. Arnason and Kurt A. Raaflaub (Oxford: Wiley-Blackwell, 2011), 251-269。关于黑格尔的历史思想，见他 *Lectures on the Philosophy of History* (German: *Vorlesungen über die Philosophie der Weltgeschichte*)，这本书在他去世后出版于 1837 年。

25 Wilfred G. Lambert, "The God Aššur," *Iraq* 45 (1985): 82-86.

26 关于亚述宗教史和王权意识形态史的研究，见 Pongratz-Leisten, *Religion and Ideology*。

27 见 Robert Rollinger, "Assyria in Classical Sources," in Frahm, *Companion to Assyria*, 570-582; Dante, *De Monarchia* II.8。

28 见 Larsen, *Ancient Kanesh*, 43，以及本书的第十二章。

29 关于这座公牛巨像的照片（BM 118809b, RINAP 2, 162-171, ex. 24），见大英博物馆，www.britishmuseum.org/collection/object/W_1850-1228-4_1，获取于 2021 年 11 月 5 日。正如朱利安·里德告诉我的那样，这种棋盘游戏也可以在其他地方的巨像上找到。

30 见 Karen Radner, "An Imperial Communication Network: The State Correspondence of the Neo-Assyrian Empire," in *State Correspondences of the Ancient World from the New Kingdom to the Roman Empire*, ed. Karen Radner (Oxford: Oxford University Press, 2014), 64-93。

第一部分　通向辉煌的长路

第一章　底格里斯河畔的小城

1 见 Roger Matthews, *The Early Prehistory of Mesopotamia, 50000-4500 BC* (Turnhout, Belgium: Brepols, 2000)。

2 见 Jason Ur, "Physical and Cultural Landscapes of Assyria," in *A Companion to Assyria*, ed. Eckart Frahm (Malden, MA: Wiley, 2017), 13-35。

3 关于乌鲁克的早期历史，见 Nicola Crüsemann, Margarete van Ess, Markus Hilgert, and Beate Salje, eds., English-language edition edited by Timothy Potts, *Uruk: First City of the Ancient World* (Los Angeles: Getty Publications, 2019)。

4 关于美索不达米亚北部城市文化的开端，见 Jason Ur, "Early Mesopotamian Urbanism: A New View from the North," *Antiquity* 81 (2007): 585-600。

5 关于史前的尼尼微，见 Renate Vera Gut, *Das prähistorische Ninive: Zur relativen Chronologie der frühen Perioden Nordmesopotamiens* (Mainz: Von Zabern, 1995)。

6 以下段落以及本章的其他部分，在很大程度上借鉴了戈伊科·巴尔亚莫维奇的未发表文稿《亚述之前的阿淑尔》。巴尔亚莫维奇的文稿最初计划刊登在一本似乎已流产的手册中，其修订版预计会在不久的将来作为专著出版。

7 关于最早提到舒布尔/苏巴尔图的铭文,见 Piotr Steinkeller, "An Archaic 'Prisoner Plaque' from Kiš," *Revue d'Assyriologie* 107 (2013): 131-157。关于地名列表中

的阿淑尔,见Douglas Frayne, *The Early Dynastic List of Geographic Names* (New Haven, CT: American Oriental Society, 1992), 42, 48。

8 关于阿淑尔城古老的伊斯塔神庙,见 Jürgen Bär, *Die älteren Ischtar Tempel in Assur: Stratigraphie, Architektur und Funde eines altorientalisehen Heiligtums von der zweiten Häilfte des 3. Jahrtausends bis zur Mitte des 2. Jahrtausends v. Chr.* (Saarbrücken: Saarbrücker Druckerei und Verlag, 2003)。关于阿淑尔神庙的历史,见 Helen Gries, *Der Assur Tempel in Assur: Das assyrische Hauptheiligtum im Wandel der Zeit* (Wiesbaden: Harrassowitz, 2017)。

9 见 Stefan M. Maul, "Assyrian Religion," in Frahm, *Companion to Assyria*, 337-338。

10 见 Ignace J. Gelb, Piotr Steinkeller, and Robert M. Whiting, *Earliest Land Tenure Systems in the Near East: Ancient Kudurrus* (Chicago: Oriental Institute of the University of Chicago, 1991), no. 45。

11 关于迄今为止尚未公开的古阿卡德语的阿淑尔文本,见 Hans Neumann, "Assur in altakkadischer Zeit: Die Texte," in *Assyrien im Wandel der Zeiten: XXXIXe Rencontre Assyriologique Internationale, Heidelberg 6-10. Juli 1992*, ed. Hartmut Waetzoldt and Harald Hauptmann (Heidelberg: Heidelberger Orient-Verlag, 1997), 133-138。

12 Neumann, "Assur in altakkadischer Zeit," 135.

13 在 RIMA 1, 7 中,伊提提的文本得到了编辑。

14 见 Piotr Steinkeller, "Corvée Labor in Ur III Times," in *From the 21st Century BC to the 21st Century AD*, ed. Steven Garfinkle and Manuel Molina (Winona Lake, IN: Eisenbrauns, 2013), 350-351。一种不同的观点认为,在乌尔第三王朝时期,阿淑尔有更大的独立性,提出这种观点的是 Piotr Michalowski, "Aššur During the Ur III Period," in *Here and There: Across the Ancient Near East. Studies in Honour of Krystyna Lyczkowska*, ed. Olga Drewnowska (Warsaw: Agade, 2009), 149-156。关于扎里库姆的铭文,见 RIMA 1, 9。

15 关于本段中提到的经济方面的文件,确切参考资料见巴尔亚莫维奇的研究《亚述之前的阿淑尔》。

16 见 Shigeo Yamada, "The Editorial History of the Assyrian King List," *Zeitschrift für Assyriologie* 84 (1994): 11-37。下文中的《亚述王表》转引自 A. Kirk Grayson, "Königslisten und Chroniken: B. Akkadisch," in *Reallexikon der Assyriologie und Vorderasiatischen Archäologie*, vol. 6, *Klagegesang—Königtum*, ed. D. O. Edzard (Berlin: De Gruyter, 1980), 101-115。另见 Jean-Jacques Glassner, *Mesopotamian Chronicles* (Atlanta: Society of Biblical Literature, 2004), 136-145。

17 关于卡尼什的印章铭文,见 RIMA 1, 12-13。斯鲁鲁与苏里里的身份并不确定,因为《亚述王表》称,苏里里或苏勒是阿米努(Aminu)的儿子,而不是达基库的儿子。然而，他与阿米努的关系可能是虚构的，是后来的亚述人修订王表的结果，其目的是将苏里里或苏勒与前面部分据说是其"祖先"的阿摩利人统治者联系起来。在大约150年后，那个古亚述时期的商人将"达基库之子斯鲁鲁"的印章用在他自己的泥板上，这很可能是由于他被称为乌库（Uku）之子斯鲁鲁，与早期的统治者同名。关于乌尔第三王朝的文本，见 Edmond Sollberger, *Royal Inscriptions, pt. 2*, Ur Excavations, Texts, vol. 8 (London: British Museum and University Museum, University of Pennsylvania, 1965), no. 14；关于进一步的讨论，见巴尔亚莫维奇的《亚述之前的阿淑尔》，另见 John Malcolm Russell, "Assyrian Art," in Frahm, *Companion to Assyria*, 458。

18　印章上的铭文将"阿淑尔"与表示地名的限定词 ki 联系在一起，表明了该神与该城市之间的密切联系。

19　RIMA 1, 21: 35-42 (shortened).另见Mogens Trolle Larsen, *Ancient Kanesh: A Merchant Colony in Bronze Age Anatolia* (Cambridge: Cambridge University Press, 2015), 115。

20　Agnete Lassen, "The 'Bull-Altar' in Old Assyrian Glyptic: A Representation of the God Assur?" in *Movement, Resources, Interaction: Studies Dedicated to Klaas Veenhof*, ed. Fikri Kulakoglu and Gojko Barjamovic (Turnhout, Belgium: Brepols, 2017), 177-194.

21　Mogens Trolle Larsen, *The Old Assyrian City-State and Its Colonies* (Copenhagen: Akademisk Forlag, 1976), 261-262 (shortened).

22　关于青铜阴道模型，见 Guido Kryszat,"Zur altassyrischen Votivinschrift Assur 1962 4a/VA 8365," *Nouvelles Assyriologiques Brèves et Utilitaires*, no. 66 (2017)。

23　古亚述时期的绝对年代仍有争议。本书依据的是巴尔亚莫维奇的《亚述之前的阿淑尔》中给出的时间。

24　Mario Liverani, "From City-State to Empire: The Case of Assyria," in *The Roman Empire in Context: Historical and Comparative Perspectives*, ed. Johann P. Arnason and Kurt A. Raaflaub (Malden, MA: Wiley- Blackwell, 2011), 251-269.

25　Larsen, *Ancient Kanesh*, 112-121.

26　Larsen, *Ancient Kanesh*, 216.

27　Larsen, *Ancient Kanesh*, 122-130.

28　Larsen, *Ancient Kanesh*, 101-111, 279.

29　本段主要基于 Gojko Barjamovic, "Mesopotamian Economy and Trade," in *Ancient Mesopotamia Speaks: Highlights of the Yale Babylonian Collection*, ed. Agnete W. Lassen, Eckart Frahm, and Klaus Wagensonner (New Haven, CT: Yale Peabody Museum of Natural History, 2019), 82-95。

30 对阿淑尔人口规模的估计来自 Klaas Veenhof, "The Old Assyrian Period (20th—18th Century BCE)," in Eckart, *Companion to Assyria*, 62。
31 关于支票的使用，见 Klaas Veenhof, "'Modern' Features in Old Assyrian Trade," *Journal of the Economic and Social History of the Orient* 40 (1997): 336-366。
32 Cécile Michel, *Correspondence des marchands de Kaniš au début du IIe millénaire avant J.-C.* (Paris: Cerf, 2001), nos. 176 and 177; Lassen et al., *Ancient Mesopotamia Speaks*, 220.
33 见 Larsen, *Ancient Kanesh*, 197; John Huehnergard, "Reading Ancient Mail," *Journal of the American Oriental Society* 138 (2018): 691-707。
34 A. Leo Oppenheim, *Letters from Mesopotamia* (Chicago: University of Chicago Press, 1967), 84-85.
35 Cécile Michel, *Innāya dans les tablettes paléo-assyriennes* (Paris: ERC, 1991), 13-15.
36 见 Jan G. Dercksen, "Adad Is King! The Sargon Text from Kültepe (with an appendix on MARV 4, 138 and 140)," *Jaarbericht Ex Oriente Lux* 39 (2005): 107-129; Gojko Barjamovic, "Contextualizing Tradition: Magic, Literacy and Domestic Life in Old Assyrian Kanesh," in *Texts and Contexts: The Circulation and Transmission of Cuneiform Texts in Social Space*, ed. Paul Delnero and Jacob Lauinger (Berlin: De Gruyter, 2015), 48-86。
37 这些文字依据的是 Gianni Marchesi and Nicolò Marchetti, "A Babylonian Official at Tilmen Höyük in the Time of King Sumu-la-el of Babylon," *Orientalia Nova Series* 88 (2019): 14; RIMA 1, 18。
38 Veenhof, "Old Assyrian Period," 58.
39 关于沙姆什-阿达德统治时期的历史，见 Dominique Charpin and Nele Ziegler, *Mari et le Proche Orient àlépoque amorrite* (Paris: SEPOA, 2003), 75-168。
40 Cahit Günbatt, *Harsamna krali Hurmeli'ye gönderilen mektup ve Kaniš krallari. The Letter Sent to Hurmeli King of Harsamna and the Kings of Kaniš* (Ankara: Türk Tarih Kurumu Yayinlari, 2014).
41 Georges Dossin, *Correspondance de Šamši-Addu et ses fils* (Paris: Imptimerie nationale, 1950), 69 (shortened); Jean-Marie Durand, Christophe Nicolle, and Lionel Marti, *Le culte des pierres et les monuments commémoratifs en Syrie amorrite* (Paris: SEPOA, 2005), 1.
42 Pierre Marello, "Documents pour l'histoire du royaume de Haute-Mésopotamie IV: Lamassî-Aššur," *MARI* 7 (1993): 271-273.
43 见 Nele Ziegler, "The Conquest of the Holy City of Nineveh," *Iraq* 66 (2004): 19-26。
44 伊什美达干遭到的口头攻击，可以在一封信中找到，见 Wolfgang Heimpel,

Letters to the King of Mari (Winona Lake, IN: Eisenbrauns, 2003), 146, 399。

45　RIMA I, 77-78.

46　这些信件汇编于 Andrew George, *Assyrian Archival Texts in the Schøyen Collection and Other Documents from North Mesopotamia and Syria* (Bethesda, MD: CDL Press, 2017), 97-100［写信者的名字读音应为阿塔尔-沙里（Atal-sharri）而不是阿里-沙里（Ari-sharri），见巴尔亚莫维奇的《亚述之前的阿淑尔》］。关于文中所提的条约，见 Jesper Eidem, "An Old Assyrian Treaty from Tell Leilan," in *Marchands, diplomates et empereurs*, ed. Dominique Charpin and Francis Joannès (Paris: Éditions Recherche sur les Civilisations, 1991), 185-207。

47　他的儿子似乎也支持这样做。在公元前 7 世纪的阿淑尔和尼尼微，仍有人会抄写伊什美达干与合为一体的阿淑尔-恩利尔之间的一段奇特文学对话，其中提到了神庙被火烧毁，他们计划在一个白色乌鸦降落的地方重建神庙。关于其内容和评论，见 Eckart Frahm, *Historische und historisch-literarische Texte*, Keilschrifttexte aus Assur literarischen Inhalts III (Wiesbaden: Harrassowitz, 2009), nos. 76 and 76a。

第二章　王国的诞生

1　关于这一时期的概况和其他书目，见 Shigeo Yamada, "The Transition Period (17th to 15th Century BCE)," in *A Companion to Assyria*, ed. Eckart Frahm (Malden, MA: Wiley, 2017), 108-116。年代学中的一些问题仍然完全悬而未决，见 Thomas Janssen, "Adad-nīrārī und die Erschaffung der AKL," *Nouvelles Assyriologiques Bréves et Utilitaires*, no. 114 (2020)。

2　Erich Neu, *Das hurritische Epos der Freilassung*（Wiesbaden: Harrassowitz, 1995）。另见 Eva von Dassow, "Piecing Together the Song of Release," *Journal of Cuneiform Studies* 65 (2013): 127-162。所引用的句子让人强烈联想到荷马的《伊利亚特》和《奥德赛》。这首诗描述了在解放被围困城市的一群俘虏之前，诸神、统治者和民众大会之间的多种互动，诗的特点也让人想起《伊利亚特》。

3　有关证据见 Jaume Llop, "The Creation of the Middle Assyrian' Provinces," *Journal of the American Oriental Society* 131 (2011): 591-603。

4　关于公元前 14 世纪至前 11 世纪的亚述历史概述，见 Stefan Jakob, "The Middle Assyrian Period (14th-11th Century BCE)," in Eckart, *Companion to Assyria*, 117-142。关于亚述领土扩张带来的一些经济变化，见 Bleda S. Düring, *The Imperialisation of Assyria* (Cambridge: Cambridge University Press, 2020), 65。

5　Frans A. M. Wiggerman, "A Babylonian Scholar in Assur," in *Studies in Ancient Near*

Eastern World View and Society Presented to Marten Stol on the Occasion of his 65th Birthday, ed. Robartus J. van der Spek (Bethesda, MD: CDL Press, 2008), 203-234.

6 引文来自William L. Moran, *The Amarna Letters* (Baltimore: Johns Hopkins University Press, 1992), 39。另见 Yamada, "Transition Period," 114。

7 在中亚述语中，表示国王的单词 šarru 已经失去了它在古亚述语 šarrum 中的最后一个字母 m。下文中的 limmu(m) 也是这种情况。

8 关于这一观点，见 John Malcolm Russell, "Assyrian Art," in Frahm, *Companion to Assyria*, 463。

9 Martha T. Roth, *Law Collections from Mesopotamia and Asia Minor* (Atlanta: Scholars Press, 1997), 206 (partly restored).

10 关于亚述人的情歌，见 Nathan Wasserman, *Akkadian Love Literature of the Third and Second Millennium BCE* (Wiesbaden: Harrassowitz, 2016), 206-223。

11 对加冕仪式相关文本的整理，见SAA 20, no. 7，以及Hanspeter Schaudig, *Staatsrituale, Festbeschreibungen und weitere Texte zum assyrischen Kult*, Keilschrifttexte aus Assur literarischen Inhalts, vol. 12 (Wiesbaden: Harrassowitz, 2020), no. 1。

12 SAA 20, no. 7: 30-36.关于中世纪的加冕仪式，见 Ernst Kantorowicz, *Laudes Regiae: A Study in Liturgical Acclamations and Mediaeval Ruler Worship* (Berkeley: University of California Press, 1946)。

13 Moran, *Amarna Letters*, 18.

14 Harry A. Hoffner, *Letters from the Hittite Kingdom* (Atlanta: Society of Biblical Literature, 2009), 322-324.

15 Jaume Llop, "The Development of the Middle Assyrian Provinces," *Altorientalische Forschungen* 39 (2012): 107.

16 Düring, *Imperialisation*, 93-94.

17 Eva C. Cancik-Kirschbaum, *Die mittelassyrischen Briefe aus Tall Šeḫ Ḥamad* (Berlin: Dietrich Reimer, 1996), no. 3.

18 以下的叙述（有关年代仍有争议）依据 Stefan Jakob, "Sag mir quando, sag mir wan," in *Time and History in the Ancient Near East: Proceedings of the 56th Recontre Assyriologique Internationale, Barcelona, July 26th-30th, 2010*, ed. Lluis Feliu, J. Llop, A. Millet Albà, and Joaquin Sanmartín (Winona Lake, IN: Eisenbrauns, 2013), 509-523, and Jakob, "Middle Assyrian Period," 122-132。"被共同语言分割的两个国家"，是乔治·萧伯纳（George Bernard Shaw）最先使用的一种说法，Nicholas Postgate, "The Bread of Aššur," *Iraq* 77 (2015): 170 用其来形容亚述和巴比伦。

19 Cancik-Kirschbaum, *Die mittelassyrischen Briefe*, no.10. 另一种说法是，陪同图库

尔提-尼努尔塔西行的那个未提及姓名的巴比伦国王是被俘的卡什提里阿什。
20   Jakob, "Middle Assyrian Period," 130.
21   Benjamin R. Foster, *Before the Muses: An Anthology of Akkadian Literature*, 3rd ed. (Bethesda, MD: CDL Press, 2005), 301. 关于国王的头衔，见 Betina Faist, "Kingship and Institutional Development in the Middle Assyrian Period," in *Concepts of Kingship in Antiquity: Proceedings of the European Science Foundation Exploratory Workshop, Held in Padova, November 28th—December 1st, 2007*, ed. Giovanni B. Lanfranchi and Robert Rollinger (Padua, Italy: S.A.R.G.O.N. Editrice e Libreria, 2010), 17-18。
22   Proverbs 16:18.
23   Foster, *Before the Muses*, 319.
24   关于图库尔提-尼努尔塔的伊斯塔神庙，见 Aaron Schmitt, "Verfallen und vergessen: Überlegungen zum Umgang mit dem Andenken Tukultī-Ninurtas I. anhand der Bauwerke des Herrschers in Aššur und Kār-Tukultī-Ninurta," in *Assur-Forschungen*, vol. 2, ed. Stefan M. Maul (Wiesbaden: Harrassowitz, 2020), 249-282。
25   A. Kitk Grayson, *Assyrian and Babylonian Chronicles* (Locust Valley, NY: J. J. Augustin, 1975), 176. 该编年史错误地将弑君者称为阿淑尔-纳西尔-阿普利（Ashur-nasir-apli）。
26   Jaume Llop and Andrew R. George, "Die babylonisch-assyrischen Bezichungen und die innere Lage Assyriens in der Zeit der Auseinander-setzungen zwischen Ninurta-tukulti-Aššur und Mutakkil-Nusku nach neuen keilschriftlichen Quellen," *Archiv für Orientforschung* 48/49 (2001/2002): 1-23. 我们是通过公元前7世纪阿淑尔巴尼拔的图书馆中的手稿得知这封信的。
27   关于中亚述时期以来亚述最重要的贸易区域，见 J. Nicholas Postgate, "The Economic Structure of the Assyrian Empire," in *Power and Propaganda: A Symposium on Ancient Empires*, ed. Mogens Trolle Larsen (Copenhagen: Akademisk Forlag, 1979), 197-200。
28   见 Betina Faist, *Der Fernhandel des assyrischen Reithes* (Münster: Ugarit Verlag, 2001), 239-249; Nicholas Postgate, *Bronze Age Bureaucracy* (Cambridge: Cambridge University Press, 2013), 29-46。
29   Stefan M. Maul, "Assyrian Religion," in Eckart, *Companion to Assyria*, 344.
30   Düring, *Jmperialisation*, 54; Marian Feldman, "Assur Tomb 45 andthe Birth of the Assyrian Empire," *Bulletin of the American Schools of Oriental Research* 343 (2006): 21-43.
31   见 Postgate, *Bronze Age Bureaucracy*, 61-62, with an illustration of the object, and

Cornelia Wunsch, "Findelkinder und Adoption nach neubabylonischen Quellen," *Archiv für Orientforschung* 50 (2003/2004): 174-244。

32   Roth, *Law Collections*, 157, 174-175.

33   Shiyanthi Thavapalan, "Keeping Alive Dead Knowledge: Middle Assytian Glass Recipes in the Yale Babylonian Collection," *Journal of Cuneiform Studies* 73 (2021): 158.

34   关于《图库尔提-尼努尔塔史诗》中列出的文本，见 Foster, *Before the Muses*, 315。

35   关于众神名单的描述和照片，见Agnete W. Lassen, Eckart Frahm, and Klaus Wagensonner, eds., *Ancient Mesopotamia Speaks: Highlights of the Yale Babylonian Collection* (New Haven, CT: Yale Peabody Museum of Natural History, 2019), 46, 231-233。

36   关于拉巴-沙-马尔杜克，见Elena Devecchi and Irene Sibbing-Plantholt, "See Hattuša and Die: A New Reconstruction of the Journeys of the Babylonian Physician Rabâ-ša-Marduk," *Journal of Near Eastern Studies* 79 (2020): 305-322。该信件被编进了 Daisuke Shibata, "Hemerology, Extispicy, and Ilī-padâ's Illness," *Zeitschrift für Assyriologie* 105 (2015): 139-153。

37   Eva C. Cancik-Kirschbaum, "Nebenlinien des assyrischen Königshauses in der 2. Hälfte des 2. Jts. v. Chr.," *Altorientalische Forsehungen* 26 (1999): 210-222.

第三章　混乱与复苏

1   关于这些事件的全面研究，见Eric Cline, *1177 B.C.: The Year Civilization Collapsed* (Princeton, NJ: Princeton University Press, 2014)，该书第9页有乌加里特信件的译文。

2   见 Karen Radner, *Das mittelassyrische Tontafelarchiv von Giricano/ Dunnu-ša-Uzibi* (Tarnhout, Belgium: Brepols, 2004)。

3   文本证据见RIMA 2, 42-44: 24-30, 67-71，以及Eckart Frahm, *Historische und historisch-literarische Texte*, Keilschrifttexte aus Assur literarischen Inhalts III (Wiesbaden: Harrassowitz, 2009), no. 5。长期以来，人们一直认为阿淑尔-贝尔-卡拉成功地复制了他父亲最伟大的功绩，包括他在地中海一带发起的战役。但是，正如 Bieke Mahieu, "The Old and Middle Assyrian Calendars, and the Adoption of the Babylonian Calendar by Tiglath-pileser I," *State Archives of Assyria Bulletin* 24 (2018): 63-95 最近所确定的那样，这一假设的主要依据，即所谓的"断碑"，其年代应该是在提格拉特-皮莱塞尔一世而非阿淑尔-贝尔-卡拉的统治期间；进一

步的阐述见 Daisuke Shibata, "The Assyrian King of the Broken Obelisk, the Date of the Archive of Giricano, and the Timing of the Assyrian Calendar Reform," *Journal of Cuneiform Studies* 74 (2022): 109-129。

4　Jean-Jacques Glassner, *Mesopotamian Chronicles* (Atlanta: Society of Biblical Literature, 2004), 188-189 (partly restored).

5　见 Frahm, *Historische und historisch-literarische Texte*, no. 61。

6　译自 Alan Lenzi, Akkadian Prayer Miscellany, http://akkpm.org/P451997.html，获取于 2022 年 1 月 28 日。另见 Benjamin R. Foster, *Before the Muses: An Anthology of Akkadian Literature*, 3rd ed. (Bethesda, MD: CDL Press, 2005), 329。

7　关于本段中提到的文本，见 RIMA 2, 133: 16-22, RIMA 3, 19: 35-38，以及 RIMA 2, 134-135: 60-67, 242: ii 5-36。

8　"Als alles vorbei war, ging alles weiter," from Jörg Fauser, "Kranichzüge über dem Schlachtviehhof," *Tip* 3 (1980) (reference courtesy Ambros Waibel).

9　见 Ashish Sinha, Gayatri Kathayat, Harvey Weiss, Hanying Li, Hai Cheng, Justin Reuter, Adam W. Schneider, et al., "Role of Climate in the Rise and Fall of the Assyrian Empire," *Science Advances* 5, no. 11 (November 2019)。

10　Mario Liverani, *Assyria: The Imperial Mission* (Winona Lake, IN: Eisenbrauns, 2017), 119.

11　关于这一点及以下内容，见 Eckart Frahm, "The Neo-Assyrian Period (ca. 1000-609 BCE)," in *A Companion to Assyria*, ed. Eckart Frahm (Malden, MA; Wiley, 2017), 167-169。关于卡特穆胡的部分，见 RIMA 2, 133-134。

12　RIMA 2, 134-135 (partly restored).

13　Nicholas Postgate, "Middle Assyrian to Neo-Assyrian: The Nature of the Shift," in *Assyrien im Wandel der Zeiten: XXXIXe Rencontre Assyriologique Internationale, Heidelberg 6-10. Juli 1992*, ed. Hartmut Waetzoldt and Harald Hauptmann (Heidelberg: Heidelberger Orientverlag, 1997), 159-168.

14　关于新亚述时期之初的国王命名模式，见 Eckart Frahm, "Observations on the Name of Sargon II and on Some Patterns of Assyrian Royal Onomasties," *Nouvelles Assyriologiques Brèves et Utilitaires*, no. 44 (2005)。关于月份的名字，见 Shibata, "Assyrian King of the Broken Obelisk"。

15　RIMA 2, 173, 176: 41-46, 90-92; Frahm, *Historische und historisch-literarische Texte*, nos. 19-20.

16　见 RIMA 2, 177-178: 121-126, and 178: 133。

17　关于"宴会石碑"，见 RIMA 2, 292-293: 102-154。关于蝗虫，见 Karen Radner, "Fressen und gefressen warden: Heuschrecken als Katastrophe und Delikatesse im

Alten Vorderen Orient," *Altorientalische Forschungen* 34 (2004): 7-22, with figure 7。关于"埃兰人的血汤"的配方,参考Gojko Barjamovic, Patricia Jurardo Gonzalez, Chelsea A. Graham, Agnete W. Lassen, Nawal Nasrallah, and Pia Sörensen, "Food in Ancient Mesopotamia: Cooking the Yale Babylonian Culinary Recipes," in *Aneient Mesopotamia Speaks: Highlights of the Yale Babylonian Collection*, ed. Agnete W. Lassen, Eckart Frahm, and Klaus Wagensonner (New Haven, CT: Yale Peabody Museum of Natural History, 2019), 124。

18 RIMA 2, 290: 40.

19 关于这一点及以下内容,见 Karen Radner, "The Assur-Nineveh-Arbela Triangle: Central Assyria in the Neo-Assyrian Period," in *Between the Cultures: The Central Tigris Region from the 3rd to the 1st Millennium BC*, ed. Peter A. Miglus and Simone Mühl (Heidelberg: Heidelberger Orientverlag, 2011), 321-329。

20 SAA 12, nos. 82-84. 考古学上对迦拉城的出色描述,见 Joan Oates and David Oates, *Nimrud: An Assyrian Imperial City Revealed* (London: British School of Archaeology in Iraq, 2001)。

21 RIMA 2, 290: 36-52; 291-292: 84-101. 关于对它们的分析,见 Liverani, *Imperial Mission*, 69-73; Jessie DeGrado, "King of the Four Quarters: Diversity as a Rhetorical Strategy of the Neo-Assyrian Empire," *Iraq* 81 (2019): 107-125。

22 关于宫殿浮雕的原始颜色,见 Shiyanthi Thavapalan, "A World in Color," in Lassen et al., *Ancient Mesopotamia Speaks*, 193-200。由于使用了可见光致发光技术和其他方法,人们现在已经知道,古代的艺术家们使用基于黏土的赭石来呈现红色、黄色和橙色的色调;用孔雀石呈现绿色;用白垩呈现白色;黑色则依靠煤灰和木炭来呈现;另外还有一种化合物,叫作埃及蓝,它是一种由硅、碱、钙和铜合成的化合物,被用于呈现蓝色。

23 见 Ömür Harmanşah, "Encounters, Interactions, and a Shared Cultural Sphere: The Assyrian Empire and the Syro-Hittite States of the Iron Age," in *The Assyrians: Kingdom of the God Aššur from Tigris to Taurus*, ed. Kemalettin Köroğlu and Selim F. Adalı: (Istanbul: Yap: Kredi Yayinlari, 2018), 256-275。

24 阿淑尔纳西尔帕在他的一篇铭文中指出,他在宫殿的门上放置了"山中和海里野兽"的石像,他似乎就是指的这些雕像。见 RIMA 2, 302: 9-10. 相关讨论见 Stefan M. Maul, "Der Sieg über die Mächte des Bösen: Götterkampf, Triumphrituale und Torarchitektur in Assyrien," in *Gegenwelten zu den Kulturen Griechenlands und Romsin der Antike* (Munich: Saur, 2000), 19-46。

25 Foster, *Before the Muses*, 555-578.

26 关于亚述的尼努尔塔神话的政治含义,见最近的 Beate Pongratz-Leisten, *Religion*

and *Ideology in Assyria* (Berlin: De Gruyter, 2015), 219-270。

27　见 RIMA 2, 195-196: i 32-33，以及 RIMA 2, 201-202: i 116-ii 1。

28　关于亚述人的战争诗歌，见 Mordechai Cogan, "'Ripping Open Pregnant Women' in Light of an Assyrian Analogue," *Journal of the American Oriental Society* 103 (1983): 755-757; Peter Dubovský, "Ripping Open Pregnant Women: Reliefs in Room L of Ashurbanipal's North Palace," *Orientalia Nova Series* 78 (2009): 394-419。关于阿摩司的引文来自 Amos 1:13。更综合的讨论见 Mario Liverani, "The King and His Audience," in *From Source to History: Studies on Ancient Near Eastern Worlds and Beyond Dedicated to Giovanni Battista Lanfranchi on the Occasion of His 65th Birthday on June 23, 2014*, ed. Salvatore Gaspa, Alessandro Greco, and Daniele Morandi Bonacossi (Münster: Ugarit-Verlag, 2014), 382-383。

29　Foster, *Before the Muses*, 883-884.

30　我把伊舒姆比作精神分析学家，这要归功于耶鲁大学的博士生埃里·塔德莫尔（Eli Tadmor），他目前正在写关于《埃拉史诗》的学位论文。

31　见 Mario Liverani, *Studies on the Annals of Ashurnasirpal II. 2: Topographical Analysis* (Rome: Università di Roma, 1992)。

32　见 RIMA 2, 202: ii 3-12 (with Liverani, *Imperial Mission*, 182); RIMA 2, 330: 12-14。

第四章　危机中的王权

1　RIMA 3, 19: ii 30-35. 关于对沙尔马内塞尔的西部战争的分析，见 Shigeo Yamada, *The Construction of the Assyrian Empire: A Historical Study of the Inscriptions of Shalmaneser III (859~824 B.C.) Relating to His Campaigns in the West* (Leiden: Brill, 2000)。

2　关于新亚述时期的亚述人在西部建立的"殖民地"及其对文化景观的影响，见 Eckart Frahm, "The Intellectual Background of Assyrian Deportes, Colonists, and Officials in the Levant," Supplement, *Hebrew Bible and Ancient Israel* 11 (2022): 56-82。

3　见 Mario Liverani, "Assyria in the Ninth Century: Continuity or Change?," in *From the Upper to the Lower Sea: Studies on the History of Assyria and Babylonia in Honour of A. K. Grayson*, ed. Grant Frame (Leiden: Netherlands Institute for the Near East, 2004), 214-217。

4　相关细节见 Giovanni B. Lanfranchi, "A Happy Son of the King of Assyria: Warikas and the Çineköy Bilingual (Cilicia)," in *Of God(s), Trees, Kings, and Scholars: Neo-Assyrian and Related Studies in Honour of Simo Parpola*, ed. Mikko Luukko, Saana

Svärd, and Raija Mattila (Helsinki: Finnish Oriental Society, 2009), 127-150。
5   RIMA 3, 18: ii 21-24.
6   RIMA 3, 23-24: ii 89-102.
7   在沙尔马内塞尔的铭文中，关于战车数量，亚哈提供的数据是 2 000 辆而不是 200 辆，但这肯定是错的。
8   见 Karen Radner, "The Neo-Assyrian Empire," in *Imperien und Reiche in der Weltgeschichte*, ed. Michael Gehler and Robert Rollinger (Wiesbaden: Harrassowitz, 2014), 107-108。
9   Liverani, "Assyria in the Ninth Century," 218. 关于这些边区的位置（仍然有些不确定），见最近的 Shigeo Yamada, "Ulluba and Its Surroundings: Tiglath-pileser III's Province Organizatior Facing the Urartian Border," in *Neo-Assyrian Sources in Context*, ed. Shigeo Yamada (Helsinki: Neo-Assyrian Text Corpus Project, 2018), 33-37。
10   RIMA 3, 69: 141-143.
11   关于这尊雕像及其铭文，见Eckart Frahm, "'Whoever Destroys This Image': A Neo-Assyrian Statue from Tell 'Ağāğa (Šadikanni)," *Nouvelles Assyriologiques Brèves et Utilitaires*, no. 51 (2015)。这尊雕像遭到了非法挖掘，后来可能被"伊斯兰国"成员摧毁，现在只剩下叙利亚文物和博物馆总局于 2014 年 4 月在互联网上发布的三张有颗粒感的照片。
12   有人尝试重构导致沙尔马内塞尔三世死亡的事件，见 Andreas Fuchs, "Der Turtān Šamšī-ilu und die große Zeit der assyrischen Großen (830-746)," *Welt des Orients* 38 (2008): 61-145。后面的段落也借鉴了这项研究，尽管 Fuchs 的一些观点需要进一步证实。
13   新亚述时期的名年官列表和编年史被编进了 Alan R. Millard, *The Eponyms of the Assyrian Empire, 910-612 BC* (Helsinki: Neo-Asiytiatt Text Corpus Project, 1994)。
14   对萨穆-拉玛特的政治作用的最新评估，见 Luis R. Siddall, *The Reign of Adad-nīrārī III: An Historical and Ideological Analysis of an Assyrian King and His Times* (Leiden: Brill, 2013), 86-100。
15   RIMA 3, 205: 7-18.
16   见第十七章。
17   RIMA 3, 233: 15-17. 安塔基亚的铭文被编进了 RIMA 3, 203-204。关于沙姆什-伊鲁的总体作用，见 Siddall, *Reign of Adad-nīrārī III*, 118-127 以及更早的文献。
18   SAA 2, no. 2: v 8-9.
19   将公元前 765 年的战役作为亚述后来暴发流行病的一个可能原因，这种观点见 Karen Radner, "The Assyrian King and His Scholars: The Syro-Anatolian and the

Egyptian Schools," in Luukko et al., *Of God(s), Trees, Kings, and Scholars*, 228-231。

20 Fuchs, "Der Turtān Šamšī-ilu."

21 见 Felix Blocher, "Assyrische Würdenträger und Gouverneure des 9. und 8. Jh.: Eine Neubewertung ihrer Rolle," *Altorientalische Forschungen* 28 (2001): 298-324; Reinhard Bernbeck, "Sex/Gender/Power and Šammuramat: A View from the Syrian Steppe," in *Fundstellen: Gesammelte Schriften zur Archäologie und Geschichte Altvorderasiens ad honorem Hartmut Kühne*, ed. Dominik Bonatz, Rainer M. Czichon, and F. Janoscha Kreppner (Wiesbaden: Harrassowitz, 2008), 351-369。关于气候方面的数据，见 Ashish Sinha, Gayatri, Kathayat, Harvey Weiss, Hanying Li, Hai Cheng, Justin Reuter, Adam W. Schneider, et al., "Role of Climate in the Rise and Fall of the Assyrian Empire," *Science Advances* 5, no. 11 (November 2019)。

22 Stephanie Dalley, "Shamshi-ilu, Language and Power in the Western Assyrian Empire," in *Essays on Syria in the Iron Age*, ed. Guy Bunnens (Leuven, Belgium: Peeters, 2000), 79-88. 关于公元前763年、前762年阿淑尔的情况，见 Eckart Frahm, "Epidemics, Climate Change, and the Birth of Empire: Assyria in the Mid-Eighth Century," in *Infecting the Ancient Mesopotamian Cosmos*, ed. Troels P. Arbøll (forthcoming)。另见本书下一章的内容。

第二部分　帝国时代

第五章　大扩张

1 关于《亚述名年官编年史》中的相关条目，见 Alan R. Millard, *The Eponyms of the Assyrian Empire, 910-612 BC* (Helsinki: Neo-Assyrian Text Corpus Project, 1994), 40-41, 58。

2 关于马里的信件，见 Wolfgang Heimpel, *Letters to the King of Mari* (Winona Lake, IN: Eisenbrauns, 2003), 184-185, Text 26 17。

3 Millard, *Eponyms*, 41, 58.

4 Millard, *Eponyms*, 43, 59. 关于与古尔古姆可能有的联系，见 Nadav Na'aman, "The Incirli Stela and Tiglath-pileser III's Operations on the Gurgum-Que Border," *Nouvelles Assyriologiques Brèves et Utilitaires*, no. 48 (2019)。SAA 12, no. 13，这是公元前762年的一份王家特许状，其背面提到了一个名字为图库尔提-阿皮尔-埃沙拉（Tukulti-apil-Esharra）的人，也就是提格拉特-皮莱塞尔。迄今为止，所

有的学者都认为该文件是以阿达德-尼拉里三世的名义发布的,尽管这种观点带来了时间上的问题。但似乎更有可能的是,它实际上是由文本中后来提到的图库尔提-阿皮尔-埃沙拉签发的。如果这是正确的,这位图库尔提-阿皮尔-埃沙拉一定就是《亚述名年官编年史》所称的公元前 763 年和前 762 年在阿淑尔发生的叛乱背后的发起者。由于各种原因,很难断定他就是提格拉特-皮莱塞尔三世,但这也不是完全不可能的。见 Eckart Frahm, "Epidemics, Climate Change, and the Birth of Empire: Assyria in the Mid-Eighth Century," in *Infecting the Ancient Mesopotamian Cosmos*, ed. Troels P. Arbøll (forthcoming)。

5　关于提格拉特-皮莱塞尔三世的王家铭文,以及关于他统治时期的历史注释,见 Hayim Tadmor, *The Inscriptions of Tiglath-Pileser III, King of Assyria* (Jerusalem: Israel Academy of Sciences and Humanities, 1994);还可见 RINAP 1。

6　Andreas Fuchs, "Der Turtān Šamšī-ilu und die große Zeit der assyrischen Großen (830-746)," *Welt des Orients* 38 (2008): 94-96. 同时,必须承认提格拉特-皮莱塞尔三世在他的铭文中偶尔会提到亚述的官员们。关于铭文中所提到的由王家宦官进行的军事行动,例子见 RINAP 1, 44: 18-20。

7　这一部分概述的时间顺序依据 RINAP 1, 12-13。

8　Josette Elayi, *L'Empire assyrien: Histoire d'une grande civilization de l'Antiquité* (Paris: Perrin, 2021), 100.

9　见 Ashish Sinha, Gayatri Kathayat, Harvey Weiss, Hanying Li, Hai Cheng, Justin Reuter, Adam W. Schneider, et al., "Role of Climate in the Rise and Fall of the Assyrian Empire," *Science Advances* 5, no. 11 (November 2019); Canan Çakirlar and Salima Ikram, "'When Elephants Battle, the Grass Suffers': Power, Ivory and the Syrian Elephant," *Levant* 48 (2016): 167-183; Melissa S. Rosenzweig, "'Ordering the Chaotic Periphery': The Environmental Impact of the Neo-Assyrian Empire on Its Provinces," in *The Provincial Archaeology of the Assyrian Empire*, ed. John MacGinnis, Dirk Wicke, and Tina Greenfield (Cambridge, UK: McDonald Institute for Archaeological Research, 2016), 49-58。

10　关于流行病和气候变化在罗马的衰落和灭亡过程中所起到的作用,见 Kyle Harper, *The Fate of Rome: Climate, Disease, and the End of Empire* (Princeton, NJ: Princeton University Press, 2017)。

11　对沙尔马内塞尔五世统治的详尽描述,见 Keiko Yamada and Shigeo Yamada, "Shalmaneser V and His Era, Revisited," in *"Now It Happened in Those Days': Studies in Biblical, Assyrian, and Other Ancient Near Eastern Historiography Presented to Mordechai Cogan on His 75th Birthday*, ed. Amitai Baruchi-Unnai, Tova L. Forti, Shmuel Ahituv, Israel Eph'al, and Joseph H. Tigay (Winona Lake, IN:

Eisenbrauns, 2017), 2:387-442。关于他以王储身份发出的信件，见 Karen Radner, "Salmanassar V in den Nimrud Letters," *Archiv für Orientforschung* 50 (2003/2004): 95-104。

12　关于萨尔贡的王家铭文的新版本，以及关于其统治的大量注释，见 RINAP 2（其中关于阿淑尔的文字在第 384—388 页）。Josette Elayi, *Sargon II, King of Assyria* (Atlanta: SBL Press, 2017) 提供了萨尔贡统治时期亚述的历史简述。

13　有一份巴比伦国王名单也暗示了萨尔贡二世的"西方"背景，该名单使他成为"哈比加勒（HabiGAL）王朝"的第一位统治者，这个位于西部的地区在中亚述时期被称为哈尼加尔巴特或哈尼拉巴特。相关讨论见 Natalie N. May, "The Vizier and the Brother: Sargon II's Brother Sīn-aḫu-uṣur and the Neo-Assyrian Collateral Branches," *Bibliotheca Orientalis* 74, (2017): 491-527。

14　关于萨尔贡军事行动的最新概述，见 RINAP 2, 23-30。

15　关于攻打卡赫美什的经济影响,见Gerfrid G. W. Müller, "Gedanken zur neuassyrischen 'Geldwirtschaft,'" in *Assyrien im Wandel der Zeiten: XXXIXe Rencontre Assyridlogique Internationale, Heidelberg 6-10. Juli 1992*, ed. Hartmut Waetzoldt and Harald Hauptmann (Heidelberg: Heidelberger Orientverlag, 1997), 115-121。

16　RINAP 2, 279: 18-22。

17　关于杜尔-沙鲁金的主要结构和历史，见 Annie Caubet, ed., *Khorsabad: Le palais de Sargon II, roi d'Assyrie. Actes du colloque organisé au musée du Louvre par le Services culturel les 21 et 22 janvier 1994* (Paris: La Documentation française, 1996)。

18　May, "The Vizier and the Brother."

19　Stephen Howe, *Empire: A Very Short Introduction* (Oxford: Oxford University Press, 2002), 14-15。

20　政治理论家迈克尔-多伊尔［Michael Doyle, *Empires* (Ithaca, NY: Cornell University Press, 1986)］以罗马帝国为例，将这种过渡称为"跨越奥古斯都的门槛"。

21　关于进一步的讨论，见 Ariel M. Bagg, *Die Assyrer und das Westland* (Leuven, Belgium: Peeters, 2011), 271-308; Mario Liverani, *Assyria: The Imperial Mission* (Winona Lake, IN: Eisenbrauns, 2017), 4-5。"野心勃勃的帝国"一说来自 Bleda S. Düring, *The Imperialisation of Assyria* (Cambridge: Cambridge University Press, 2020), 8。

22　本段中的数字不可尽信，它们来自 Ariel Bagg, "The Neo-Assyrian Empire and Its Chronological and Geographical Frameworks," in *Neo-Assyrian Sources in Context*, ed. Shigeo Yamada (Helsinki: Neo-Assyrian Text Corpus Project, 2018), 27-44。

23　以下段落尝试概述亚述帝国中央机构的情况。最近有其他学者进行了类似的尝试，见 Elayi, *L'Empire assyrien*, 100-140。

24　此外，一份来自阿淑尔的国王名单（A. Kirk Grayson, "Königslisten und Chroniken: B. Akkadisch," in *Reallexikon der Assyriologie und Vorderasiatischen Archäologie*, vol. 6, *Klagegesang-Königtum*, ed. D. O. Edzard [Berlin: De Gruyter, 1980], 116-121）除了列出新亚述国王的名字，也提到了一些为他们服务的重要书吏和王家顾问，但这可能只是因为名单上提到的正是编写这份名单的书吏精英，而不是因为他们比其他人更有影响力。

25　SAA 1, nos. 22 and 26. 关于这两封信，另见 Karen Radner, "Royal Pen Pals: The Kings of Assyria in Correspondence with Officials, Clients and Total Strangers (8th and 7th centuries BCE)," in *Official Epistolography and the Language(s) of Power*, ed. Stefan Procházka, Lucian Reinfandt, and Sven Tost (Vienna: Verlag der Akademie der Wissenschaften, 2016), 63。

26　SAA 10, nos. 196 and 207. 人们对第二封信的翻译略有不同，见 Peter Machinist, "Kingship and Divinity in Imperial Assyria," in *Text, Artifact, and Image: Revealing Ancient Israelite Religion*, ed. Gary M. Beckman and Theodore J. Lewis (Providence, RI: Brown University Press, 2006), 173-174。关于"国王是上帝的形象"，见Ernst Kantorowicz, *The King's Two Bodies: A Study in Mediaeval Political Theology* (Princeton, NJ: Princeton University Press, 1997 [1957]), 504。关于进一步的讨论和思考，见Eckart Frahm, "Rising Suns and Falling Stars: Assyrian Kings and the Cosmos," in *Experiencing Power, Generating Authority: Cosmos, Politics, and the Ideology of Kingship in Ancient Egypt and Mesopotamia*, ed. Jane A. Hill, Philip Jones, and Antonio J. Morales (Philadelphia: University of Pennsylvania Press, 2013), 97-120。

27　见 Davide Nadali and Lorenzo Verderame, "Neo-Assyrian Statues of Gods and Kings in Context," *Altorientalische Forschungen* 46 (2019): 234-248; Natalie N. May, "'The True Image of the God....': Adoration of the King's Image, Assyrian Imperial Cult and Territorial Control," in *Tales of Royalty*, ed. Elisabeth Wagner-Durand and Julia Linke (Berlin: De Gruyter, 2020), 185-239。关于亚述王室的意识形态对犹大的影响，见本书第十七章。

28　见 Karen Radner, "Provinz. C. Assyrien," in *Reallexikon der Assyriologie und Vorderasiatischen Archäologie*, vol. II, *Prinz, Prinzessin-Qattara*, ed. Michael P. Streck (Berlin: De Gruyter, 2006), 42-68; Karen Radner, "Neo- Assyrian Empire," in *Imperien und Reiche in der Weltgeschichte*, ed. Michael Gehler and Robert Rollinger (Wiesbaden: Harrassowitz, 2014), 103-104。

29　Eckart Frahm, "The Neo-Assyrian Period (ca. 1000-609 BCE)," in *A Companion to*

Assyria, ed. Eckart Frahm (Malden, MA: Wiley, 2017), 178.

30 Jacob Lauinger, "Esarhaddon's Succession Treaty at Tell Tayinat: Text and Commentary," *Journal of Cuneiform Studies* 64, (2012): 91-92, 112.

31 见 Karen Radner, "An Imperial Communication Network: The State Correspondence of the Neo-Assyrian Empire," in *State Correspondences of the Ancient World from the New Kingdom to the Roman Empire*, ed. Karen Radner (Oxford: Oxford University Press, 2014), 71-77。

32 Radner, "Imperial Communication Network," 74.

33 Radner, "Royal Pen Pals."

34 SAA 15, nos. 288 and 289; Radner, "Imperial Communication Network," 67.

35 关于亚述的军队和战争中的亚述，见 Frederick Mario Fales, *Guerre et paix en Assyrie: Religion et impérialisme* (Paris: Les Editions du Cerf, 2010); Andreas Fuchs, "Assyria at War: Strategy and Conduct," in *The Oxford Handbook of Cuneiform Culture*, ed, Karen Radner and Eleanor Robson (Oxford: Oxford University Press, 2011), 380-401。前文和下文中的评论都是基于这些研究。

36 见 RINAP 3/1, 183; SAA 16, no. 774。相关分析见 Fuchs, "Assyria at War," 381-383。

37 Katsuji Sano, *Die Deportationspraxis in neuassyrischer Zeit* (Münster: Ugarit-Verlag, 2020), 163-206.

38 SAA 19, no. 81.

39 关于亚述驱逐行动的不同观点，（更为善意的）见 Karen Radner, "The 'Lost Tribes of Israel' in the Context of the Resettlement Programme of the Assyrian Empire," in *The Last Days of the Kingdom of Israel*, ed. Shigeo Hasegawa, Christoph Levin, and Karen Radner (Berlin: De Gruyter, 2018), 101-123，以及 Jonathan Valk, "Crime and Punishment: Deportation in the Levant in the Age of Assyrian Hegemony," *Bulletin of the Society of Overseas Research* 384 (2020): 77-103。关于那封信，见 SAA 19, no. 18。

40 Proverbs 14:28。关于"抢劫"，见 Valk, "Crime and Punishment," 81。

41 见 Zvi Ben-Dor Benite, *The Ten Lost Tribes: A World History* (Oxford: Oxford University Press, 2013)。

42 关于参考资料和其他讨论，见 Radner, "'Lost Tribes of Israel'"。

43 Avraham Faust, "The Southern Levant Under the Neo-Assyrian Empire," in *Imperial Peripheries in the Neo-Assyrian Period*, ed. Craig W. Tyson and Virginia R. Herrmann (Louisville: University Press of Colorado, 2018), 97-127.

44 见 Peter Machinist, "Assyrians on Assyria in the First Millennium BC," in *Anfänge*

politischen Denkens in der Antike: Die nahöstlichen Kulturen und die Griechen, ed. Kurt Raaflaub (München: R. Oldenbourg, 1993), 77-104; Frederick Mario Fales, "Ethnicity in the Assyrian Empire: A View from the Nisbe (II): 'Assyrians,'" in *Homenaje a Mario Liverani*, ed. Maria G. Biga, Joaquín M. Cordoba, Carmen del Cerro, and Elena Torres (Madrid: Centro Superior de Estudios de Oriente Próximo y Egypto, 2015), 183-204; Karen Radner, "Diglossia and the Neo-Assyrian Empire's Akkadian and Aramaic Text Production," in *Multilingualism in Ancient Contexts: Perspectives from Ancient Near Eastern and Early Christian Contexts*, ed. Louis C. Jonker, Angelika Berlejung, and Izak Cornelius (Stellenbosch, South Africa: African Sun Media, 2021), 146-181, esp. 147。

45 见 Bagg, *Die Assyrer und das Westland*, 281; Samuel Boyd, "Sargon's Dūr Šarrukīn Cylinder Inscription and Language Ideology: A Reconsideration and Connection to GenesisII: 1-9," *Journal of Near Eastern Studies* 78 (2019): 87-111。

46 阿淑尔巴尼拔的话见 RINAP 5/1, 41: vi 9'-13'。

第六章 帝国边缘

1 见 Ariel Bagg, "The Neo-Assyrian Empire and Its Chronological and Geographical Frameworks," in *Neo-Assyrian Sources in Context*, ed. Shigeo Yamada (Helsinki: Neo-Assyrian Text Corpus Project, 2018), 38。

2 RINAP 3/2, 204: 1-9.

3 RINAP 4, 20: iv 53-56.

4 RINAP 3/2, 83: 74-76.

5 接下来的几段主要基于Frederick Mario Fales, "Phoenicia in the Neo-Assyrian Period: An Updated Overview," *State Archives of Assyria Bulletin* 23 (2017): 181-295。另见 Caroline van der Brugge and Kristin Kleber, "The Empire of Trade and the Empires of Force: Tyre in the Neo-Assyrian and Neo-Babylonian Periods," in *Dynamics of Production in the Ancient Near East, 1300-500 BC*, ed. Juan Carlos Moreno García (Oxford: Oxbow, 2016), 187-222。

6 SAA 19, no. 22. 我们并不能完全确定库尔迪-阿淑尔-拉穆尔确实是一位总督。

7 SAA 2, no. 5. 以下段落中的引文来自同一出处。

8 以下内容见 Robert Rollinger, "Assyria and the Far West: The Aegean World," in *A Companion to Assyria*, ed. Eckart Frahm (Malden, MA: Wiley, 2017), 275-285。

9 RINAP 2, 63: 117-119(partly restored). 关于库尔迪-阿淑尔-拉穆尔的信, 见 SAA 19, no. 25。

10 见 Karen Radner and Alexander Vacek, "The Site of Al-Mina, the Port of Aḫtâ and Mediterranean Trade in the Age of the Assyrian Empire," in *Der Alte Orient und die Entstehung der athenischen Demokratie*, ed. Claudia Horst (Wiesbaden: Harrassowitz, 2020), 107-171。

11 关于东方化时期，见 Walter Burkert, *The Orientalizing Revolution: Near Eastern Influence on Greek Culture in the Early Archaic Age* (Cambridge, MA: Harvard University Press, 1992)。引用的《伊利亚特》行数为 11.531-537 和 14.201-302；辛那赫里布的话见 RINAP 3/1, 183: vi 5-7。相关讨论见 Martin L. West, *The East Face of Helicon* (Oxford: Oxford University Press, 1997), 147-148, 375-376。

12 关于荷马是亚述宦官的说法，见 Raoul Schrott, *Homers Heimat: Der Kampf um Troja und seine realen Hintergründe* (Munich: Hanser, 2008), 330-336。阿迪克里图舒是在 SAA 16, no. 136 中被提到的。关于在阿玛苏斯发现的碗，以及关于来到亚述的希腊人的更多讨论，见 Rollinger, "Assyria and the Far West," 280。

13 RINAP 2, 82: 457-459.

14 Karen Radner, "The Stele of Sargon II of Assyria at Kition: A Focus for an Emerging Cypriot Identity?," in *Interkulturalität in der Alten Welt: Vorderasien, Hellas, Ägypten und die vielfältigen Ebenen des Kontakts*, ed. Robert Rollinger, Birgit Gufler, Martin Lang, and Irene Madreiter (Wiesbaden: Harrassowitz, 2010), 429-449, esp. 445.

15 RINAP 4, 23: v 54-73.

16 RINAP 4, 135: 9'-12'.

17 RINAP 1, 106-107: 19'-25' (shortened); Eleanor Bennett, "The 'Queens of the Arabs' During the Neo-Assyrian Period" (PhD diss., University of Helsinki, 2021), 75. 关于亚述-阿拉伯关系的一般概述（后文的评论以此为基础），见 Israel Ephʻal, *The Ancient Arabs: Nomads on the Borders of the Fertile Crescent, 9th to 5th Centuries BC*, 2nd ed. (Jerusalem: Magnes Press, 1984); Eckart Frahm, "Assyria and the Far South: The Arabian Peninsula and the Persian Gulf," in Frahm, *Companion to Assyria*, 299-310，两者都有额外的文献和参考资料，其中包括下文中提到的大多数文献。

18 见 Peter Dubovský, "Ripping Open Pregnant Women: Reliefs in Room L of Ashurbanipal's North Palace," *Orientalia Nova Series* 78 (2009); Bennett "'Queens of the Arabs,'" 120-129。关于条约中的诅咒，见 SAA 2, no. 6: 428-429。

19 关于早期阿拉伯历史中的骆驼，见 Martin Heide, "The Domestication of the Camel: Biological, Archaeological and Inscriptional Evidence from Mesopotamia, Egypt, Israel and Arabia, and Literary Evidence from the Hebrew Bible," *Ugarit-Forschungen* 42 (2010): 331-382。

20　RINAP 3/2, 151-156.

21　关于来自示巴的珠子，见 RINAP 3/2, 146-150。示巴和亚述的资料只提到了示巴的男性统治者——根据《圣经》，著名的"示巴女王"让所罗门和他的王室成员为之倾倒，但这一历史原型却无处可寻。因此，《圣经》的作者们似乎很可能将他们看到的满载异国货物的示巴商队，与统治阿拉伯北部部落的阿拉伯女王混为一谈了。

22　萨尔贡的话见 RINAP 2, 63: 121。

23　Diodorus 2.24.5.

24　见最近的 Romolo Loreto, "The Role of Adummatu Among, the Early Arabian Trade Routes at the Dawn of the Southern Arabian Cultures," in *South Arabian Long-Distance Trade in Antiquity: "Out of Arabia,"* ed. George Hatke and Ronald Ruzicka (Newcastle upon Tyne: Cambridge Scholars Publishing, 2021), 66-110。

25　关于乌鲁巴战役，见 Shigeo Yamada, "Ulluba and Its Surroundings: Tiglath-pileser Ⅲ 's Province Organization Facing the Urartian Border," in *Neo-Assyrian Sources in Context*, ed. Shigeo Yamada (Helsinki: Neo-Assyrian Text Corpus Project, 2018)。关于下文中的内容，尤其参见 Andreas Fuchs, "Assyria and the East: Western Iran and Elam," in Frahm, *Companion to Assyria*, 259-267，里面有参考文献和补充细节。

26　关于米底人和他们在亚述的灭亡过程中的作用，见本书第十四章。

27　关于人们在恰拉伊齐的发现，更多信息和图片见 Karen Radner, "Mannea, a Forgotten Kingdon of Iran," *Assyrian Empire Builders*, University College London, 2013, www.ucl.ac.uk/sargon/essentials/countries/mannea。

28　SAA 20, no. 40: rev. 23'.

29　见 Andreas Fuchs, "Parsuaš," in *Reallexikon der Assyriologie und Vorderasiatischen Archäologie*, vol. 10, *Oannes-Priesterverkleidung*, ed. Michael Streck (Berlin: De Gruyter, 2003-2005), 340-342; Karen Radner, Sheler Amelirad, and Eghbal Azizi, "A First Radiocarbon Date for the Iron Age Cemetery of Sanandaj: Dating an Elite Burial in the Assyrian Province of Parsua," in *The Reach of the Assyrian and Babylonian Empires: Case Studies in Eastern and Western Peripheries*, ed. Shuichi Hasegawa and Karen Radner (Wiesbaden: Harrassowitz, 2020), 95-109。

30　Kiumars Alizadeh, "The Earliest Persians: Toponyms and Persian Ethnicity," *Dabir* 7 (2020): 16-53.

31　RINAP 4, 21-22: v 10-25.

第七章 一个幽灵的故事

1. 本章讲述的故事基于 Eckart Frahm, "Nabû-zuqup-kenu, das Gilgamesch-Epos und der Tod Sargons II", *Journal of Cuneiform Studies* 51（1999）：73-90，该期刊中有更多的信息和参考文献。这里只给出该文章中未包括的参考文献。
2. 见 Theodore Kwasman, "A Neo-Assyrian Royal Funerary Text," in *Of God (s), Trees, Kings, and Scholars: Neo-Assyrian and Related Studies in Honour of Simo Parpola*, ed. Mikko Luukko, Saana Svard, and Raija Mattila (Helsinki: Finnish Oriental Society, 2009), 111-126。
3. 相关讨论见 Irving Finkel, "The Lament of Nabû-šuma-ukîn," in *Babylon: Focus mesopotamischer Geschichte, Wiege früher Gelehrsamkeit, Mythos in der Moderne*, ed. Johannes Renger (Saarbrücken: SDV, 1999), 323-341。
4. 见 Eckart Frahm, "New Sources for Sennacherib's First Campaign," *ISIMU* 6 (2003): 157-160。
5. 在这里和本书的其他地方，亚述人的月份名都附有一个罗马数字，表明其在一年中的位置。比如说文中的就是一年中的第四个月。（中文版直接标注其对应的亚述历月份。——编者注）但是，目前还不可能把大多数亚述历的日期确切地与儒略历对应起来。
6. Andrew R. George, *The Babylonian Gilgamesh Epic: Introduction, Critical Edition and Cuneiform Texts* (Oxford: Oxford University Press, 2003), 734-735 (partly restored).
7. RINAP 2, 310: 1-9.
8. RINAP 3/2, 364.
9. 下文中关于"萨尔贡之罪"的文本引用自 SAA 3, no. 33。
10. Isaiah 14:18-19. 不可否认，该译文并非没有问题，指出这一点的是 Saul M. Olyan, "Was the King of Babylon Buried Before His Corpse Was Exposed? Some Thoughts on Isa 14, 19," *Zeitschrift für die alttestamentliche Wissenschaft* 18 (2006): 423-426。
11. Isaiah 14:7-8.

第八章 在耶路撒冷的城门前

1. 2 Kings 18:31-32. 关于"绑神"，即亚述军队劫走神像的做法，见 Shana Zaia, "State-Sponsored Sacrilege: 'Godnapping' and Omission in Neo-Assyrian Inscriptions," *Journal of Ancient Near Eastern History* 2 (2015): 19-54。

2　　关于"世界性事件"一说,见Seth Richardson, "The First 'World Event': Sennacherib at Jerusalem," in *Sennacherib at the Gates of Jerusalem: Story, History, and Historiography*, ed. Isaac Kalimi and Seth Richardson (Leiden: Brill, 2014), 433-505。

3　　最近对公元前 701 年这场战役的研究,包括 William R. Gallagher, *Sennacherib's Campaign to Judah: New Studies* (Leiden: Brill, 1999); Lester L. Grabbe, ed., *"Like a Bird in a Cage": The Invasion of Sennacherib in 701 BCE* (Sheffield, UK: Sheffield Academic Press, 2003); Kalimi and Richardson, *Sennacherib at the Gates of Jerusalem*; and Dan'el Kahn, *Sennacherib's Campaign Against Judah: A Source Analysis of Isaiah 36-37* (Cambridge: Cambridge University Press, 2020)。本章后面还将提到其他文献。

4　　关于新版的辛那赫里布王室铭文、对其统治时期历史的说明以及其他研究的参考资料,见 RINAP 3/1 and 3/2。对辛那赫里布统治的历史简述,见 Josette Elayi, *Sennacherib, King of Assyria* (Atlanta: SBL Press, 2018)。关于尼尼微及其农村景观的考古学研究和历史,见最近的 Lucas P. Petit and Daniele Morandi Bonacossi, eds., *Nineveh: The Great City, Symbol of Beauty and Power* (Leiden: Sidestone Press, 2017)。

5　　该文本的最新版本是 RINAP 3/1,63-66。

6　　关于"黑法老"的说法,见Robert G. Morkot, *The Black Pharaohs: Egypt's Nubian Rulers* (London: Rubicon Press, 2000)。埃萨尔哈东的话见 RINAP 4, 305: 22-23。Nicolas-Christophe Grimal, *La stèle triomphale de Pi('ankhy) au Musée du Caire* (Cairo: Institut français d'archéologie orientale, 1981) 分析了库什人铭文中的文学典故。

7　　关于这一时期亚述与库什王朝的关系,见 Silvie Zamazalová, "Before the Assyrian Conquest in 671 B.C.E: Relations between Egypt, Kush and Assyria," in *Egypt and the Near East—the Crossroads*, ed. Jana Mynárová (Prague: Czech Institute of Egyptology, 2011), 297-328。

8　　见 RINAP 3/1, 64-65: 42-47。

9　　Herodotus 2.141.

10　2 Kings 19:9. 关于塔哈尔卡的说法有可能是不准确的。它可能表明该文本创作年代较晚,当时塔哈尔卡已经取代他的前任谢比特库成为埃及法老。

11　2 Kings 18:13-14.

12　关于这些浮雕的照片和图画,见 Richard D. Barnett, Erika Bleibtreu, and Geoffrey Turner, *Sculptures from the Southwest Palace of Sennacherib at Nineveh*, vol. 2 (London: British Museum Press, 1998), Plates 322-352。

13　关于拉吉的考古,见David Ussishkin, "Sennacherib's Campaign to Judah: The

Archaeological Perspective with an Emphasis on Lachish and Jerusalem," in Kalimi and Richardson, *Sennacherib at the Gates of Jerusalem*, 75-103，以及一些较早的文献。

14　RINAP 3/1, 65-66: 52-58.
15　2 Kings 18:17.
16　SAA 18, no. 98. 相关讨论见Peter Dubovský, *Hezekiah and the Assyrian Spies: Reconstruction of the Assyrian Intelligence Services and Its Significance for 2 Kings 18-19* (Rome: Pontifical Biblical Institute, 2006), 163-166。
17　见 Nadav Na'aman, "New Light on Hezekiah's Second Prophetic Story (2 Kgs 19,9b-35)," *Biblia* 81 (2000): 393-402。
18　2 Kings 19:35-36.
19　这是大气和海洋科学家卡尔·德鲁斯（Carl Drews）提出的论点。德鲁斯的理论在 Chris Mooney 的文章中得到了详细介绍，见 Chris Mooney, "No, Really: There Is a Scientific Explanation for the Parting of the Red Sea in Exodus," *Washington Post*, December 8, 2014, www.washingtonpost.com/news/wonk/wp/2014/12/08/no-really-there-is-ascientific-explanation-for-the-parting-of-the-red-sea-in-exodus。
20　见 Alan R. Millard, *The Eponyms of the Assyrian Empire, 910-612 BC* (Helsinki: Neo-Assyrian Text Corpus Project, 1994), 34-41, 57-58; Jean-Jacques Glassner, *Mesopotamian Chronicles* (Atlanta: Society of Biblical Literature, 2004); 204-205。
21　见 Karen Radner, "The Assyrian King and His Scholars: The Syro-Anatolian and the Egyptian Schools," in *Of God(s), Trees, Kings, and Scholars: Neo-Assyrian and Related Studies in Honour of Simo Parpola*, ed. Mikko Luukko, Saana Svard, and Raija Mattila (Helsinki: Finnish Oriental Society, 2009), 230-231; Margaret Barker, "Hezekiah's Boil," *Journal for the Study of the Old Testament* 95 (2001): 31-42。请注意，约瑟夫在提到贝若苏时，已经声称是一场"瘟疫"使辛那赫里布的军队倒在了耶路撒冷（*Jewish Antiquities* 10.21-22）。
22　Stephanie Dalley, "Yabâ, Atalyā and the Foreign Policy of Late Assyrian Kings," *State Archives of Assyria Bulletin* 12 (1998): 83-98. 关于亚他利雅的片段见于 2 Kings 8:16-11:16 and 2 Chronicles 22:10-23:15。关于亚述王后的陵墓，见本书第十章。
23　Henry Aubin, *The Rescue of Jerusalem: The Alliance Between Hebrews and Africans in 701 BC* (New York: Soho Press, 2002).
24　Alice Bellis, ed., *Jerusalem's Survival, Sennacherib's Departure, and the Kushite Role in 701 BCE: An Examination of Henry Aubin's Rescue of Jerusalem* (Piscataway, NJ: Gorgias Press, 2020).
25　见 Jeremy Pope, "Beyond the Broken Reed: Kushite Intervention and the Limits of

l'histoire événementielle," in Kalimi and Richardson, *Sennacherib at the Gates of Jerusalem*, 116-117。

26 见 Gerfrid G. W. Müller, "Zur Entwicklung von Preisen und Wirtschaft in Assyrien im 7. Jh. v. Chr." in *Von Sumer nach Ebla und zurück: Festschrift Giovanni Pettinato zum 27.September 1999 gewidmet von Freunden, Kollegen und Schülern,* ed. Hartmut Waetzoldt (Heidelberg: Heidelberger Orientverlag, 2004), 185-210, esp. 188。

27 John Lewis Gaddis, *On Grand Strategy* (New York: Penguin Press, 2018). 关于辛那赫里布从耶路撒冷返回以应对巴比伦日益不稳定的局势的观点，见 Nazek Khalid Matty, *Sennacherib's Campaign Against Judah and Jerusalem in 701 B.C.: A Historical Reconstruction* (Berlin: De Gruyter, 2016)。

28 见 Richardson, "First 'Word Event,'" 436-437; Eckart Frahm, *Einleitung in die Sanherib-Inschriften* (Vienna: Institut für Orientalistik, 1997), 21-28。

第九章 辛那赫里布的巴比伦难题

1 以下内容见 Eckart Frahm, "Assyria and the South: Babylonia," in *A Companion to Assyria*, ed. Eckart Frahm (Malden, MA: Wiley, 2017), 286-298，里面有补充资料和参考文献。

2 RINAP 2, 298: 314-316 (shortened).

3 "Graecia capta ferum victorem cepit et artes intulit agresti Latio."（"被俘的希腊俘虏了她的野蛮征服者，把艺术带到了乡村的拉丁。"）Horace, *Epistles*, Book 2, Epistle 1, lines 156-157. 关于萨尔贡借鉴马尔杜克-阿普鲁-伊迪纳的铭文，见 RINAP 2, 463（以及更多文献）。

4 关于用动物来比喻马尔杜克-阿普鲁-伊迪纳，见 Andreas Fuchs, *Die Inschriften Sargons II. aus Khorsabad* (Göttingen: Cuvillier-Verlag, 1994), 334。

5 RINAP 2, 151: 141; RINAP 3/1, 34: 30-33.

6 RINAP 3/1, 36: 54.

7 RINAP 2, 139: 3-4; RINAP 3/1, 32: 4.

8 下面的历史概述在很大程度上借鉴了 Andreas Fuchs, "Eine Flotte, zwei Versager und ein Winter: Sanherib und sein Wirken insbesondere in den Jahren 694 bis 689," in *Der Herrscher als Versager?!*, ed. Heide Frielinghaus, Sebastian Grätz, Heike Grieser, Ludger Körntgen, Johannes Pahlitzsch, and Doris Prechel (Mainz: Mainz University Press, 2019), 63-141。

9 SAA 16, no. 21.

10 关于辛那赫里布心中的想法，见 Eckart Frahm, "Family Matters: Psychohistorical

Reflections on Sennacherib and His Times," in *Sennacherib at the Gates of Jerusalem: Story, History, and Historiography*, ed. Isaac Kalimi and Seth Richardson (Leiden: Brill 2014), 163-222。

11 涅伽尔-乌舍兹布从马背上摔下来的事情，我们是从一块泥板上记录的铭文中得知的（RINAP 3/2, 204: 14-17）。描绘该场景的图像必然也是存在的，但我们尚未找到。

12 RINAP 3/2, 332: 39-41 (partly restored).

13 关于辛那赫里布对哈鲁莱之战的叙述，见 RINAP 3/1, 181-184；关于文学上的分析，见 Elnathan Weissert, "Creating a Political Climate: Literary Allusions to *Enūma Eliš* in Sennacherib's Account of the Battle of Halule," in *Assyrien im Wandel der Zeiten: XXXIXe Rencontre Assyriologique Internationale, Heidelberg 6-10. Juli 1992*, ed. Hartmut Waetzoldt and Harald Hauptmann (Heidelberg: Heidelberger Orientverlag, 1997), 191-202。

14 关于编年史中的条目，见 Jean-Jacques Glassner, *Mesopotamian Chronicles* (Atlanta: Society of Biblical Literature, 2004), 198-199；关于尼尼微的文本，见 RINAP 3/1, 226: 88-89。

15 Weissert, "Creating a Political Climate."

16 译自 RINAP 3/1, 13, n. 28。

17 SAA 21, no. 18. 相关讨论见 Sanae Ito, "A Letter from Assurbanipal to Enlil-bāni and the Citizens of Nippus," *Inter Faculty* 4 (2013): 19-34.

18 RINAP 3/2, 316: 47-54 (shortened).

19 关于迪尔蒙的部分，见 RINAP 3/2, 2.48: 36-44。

20 关于辛那赫里布及其顾问在巴比伦被毁后实施的宗教改革，见 Peter Machinist, "The Assyrians and Their Babylonian Problem: Some Reflections," *Jahrbuch des Wissenschaftskol-legs zu Berlin* (1984-1985): 353-364; Eckart Frahm, *Einleitung in die Sanherib-Inschriften* (Vienna: Institut für Orientalistik, 1997) , 282-288; Galo W. Vera Chamaza, *Die Omnipotenz Aššurs: Enteicklungen in der Aššur-Theologie under den Sargoniden Sargon II., Sanherib und Asarhaddon* (Münster: Ugarit-Verlag, 2002), 71-167。

21 "马尔杜克神谕文本"的一个版本可见 SAA 3, nos. 34 and 35。最近人们在 Céline Debourse 修订的希腊化时期的泥板上找到了关于阿基图节的最详细描述，见 *Of Priests and Kings: The Babylonian New Year Festival in the Last Age of Cuneiform Culture* (Leiden: Brill, 2022)。Debourse 认为，泥板中提到的一些仪式行为在亚述时代可能还并没有出现。

22 "文化吞噬"这个概念来自埃里·塔德莫尔。

23 RINAP 3/2, 227: 1-9 (shortened).
24 RINAP 3/2, 220: obv. 19'—rev. 11.
25 RINAP 3/2, 248: 44-47. 关于亚述阿基图节的总体情况，见 Beate Pongratz-Leisten, *Religion and Ideology in Assyria* (Berlin: De Gruyter 2015), 416-427。
26 《巴比伦创世史诗》的最新版本见 Wilfred G. Lambert, *Babylonian Creation Myths* (Winona Lake, IN: Eisenbrauns, 2013)，1-277。这部史诗很可能影响了《圣经·创世记》中对创世的最初记述。
27 见 Wilfred G. Lambert, "The Assyrian Recension of Enūma eliš," in Waetzoldt and Hauptmann, *Assyrien im Wandel der Zeiten*, 77-79。
28 RINAP 3/2, 224: 6-12 (shortened).
29 "复制粘贴"的比喻取自 Fuchs, "Eine Flotte, zwei Versager," 96。关于埃赫那吞的宗教改革，见 Jan Assmann, *Ägypten: Theologie und Frömmigheit einer frühen Hochkultur* (Stuttgart: Kohlhammer, 1991), 243-253。
30 辛那赫里布的铭文是在 RINAP 3/2, 221: 4-5 之后引用的。
31 有关讨论见 SAA 6, pp. xxix-xxxiv。
32 2 Kings 19:36-37. 相关背景见Simo Parpola, "The Murderer of Sennacherib," in *Death in Mesopotamia*, ed. Bendt Alster (Copenhagen: Akademisk, 1980), 171-182。必须承认，不是每个人都认为当时的经过是这样的。一些学者，包括最近的Andrew Knapp, "The Murderer of Sennacherib, Yet Again," *Journal of the American Oriental Society* 140 (2020): 165-181，还有 Stephanie Dalley and Louis R. Siddall, "A Conspiracy to Murder Sennacherib? A Revision of SAA 18 100 in the Light of a Recent Join," *Iraq* 83 (2021): 45-56，提出了何人从这次暗杀中获益最多的问题，认为刺杀辛那赫里布的策划者其实是埃萨尔哈东。不过，综合考虑之下，还是乌尔都-穆里苏是罪魁祸首的可能性更大。
33 信件 SAA 18, no. 100 (new edition: Dalley and Siddall, "Conspiracy")中描述了这件事。这封信的第一行或许能翻译为"[……]国王的善意（？）[……]"。
34 RINAP 4, 13-14: i 53-ii II.《巴比伦编年史》中埃萨尔哈东的登基日期更晚一些。关于逃亡的两兄弟（估计是逃往乌拉尔图），见 Nadav Na'aman, "Sennacherib's Sons' Flight to Urartu," *Nouvelles Assyriologiques Brèves et Utilitaires*, no. 5 (2006)。
35 见 Aristotle, *Politics* 2.1269b。

第十章 母亲最清楚

1 SAA 9, no. 1, 1.8.
2 关于那齐亚的生活和事业的全面研究，以及提到她的各个文字版本，见 Sarah C.

Melville, *The Role of Nagia/Zakutwin Sargonid Politics* (Helsinki: Neo-Assyrian Text Corpus Project, 1999)。

3   关于那齐亚与哈兰城可能有的联系，见Erle V. Leichty, "Esarhaddon's Exile: Some Speculative History," in *Studies Presented to Robert D. Biggs, June 4, 2004*, ed. Martha Roth, Walter Farber, and Matthew W. Stolper (Chicago: Oriental Institute of the University of Chicago, 2007), 189-191。

4   RINAP 3/2, 42-43: 44"-50"。

5   见 Eckart Frahm, "Family Matters: Psychohistorical Reflections on Sennacherib and His Times," in *Sennacherib at the Gates of Jerusalem: Story, History, and Historiography*, ed. Isaac Kalimi and Seth Richardson (Leiden: Brill 2014), 215-217。对于这一观点的怀疑，见 Natalie N. May, "Neo-Assyrian Women, Their Visibility, and Their Representation in Written and Pictorial Sources," in *Studying Gender in the Ancient Near East*, ed. Saana Svärd and Agnès Garcia-Ventura (University Park, PA: Eisenbrauns, 2018), 218。但请注意，May 在一个关键文本中将 al-te 读作 il-te，这需要进一步核实。

6   SAA 16, no. 95. 如何解释这封难懂的信是不确定的，它的确切日期也不确定。

7   Julian Reade, "Was Sennacherib a Feminist?," in *La femme dans le Proche-Orient antique*, ed. Jean-Marie Durand (Paris: Éditions Recherche sur les Civilisations, 1987), 139-145。

8   RINAP 4, 305-318。

9   RINAP 4, 318-322。

10 关于那块浮雕，见 RINAP 4, 323-324，里面有更多的文献；关于那封信，见 SAA 13, no. 61。

11 SAA 10, no. 244。

12 SAA 18, no. 85。

13 最近关于亚述王室女性的研究包括 Sarah C. Melville, "Neo-Assyrian Royal Women and Male Identity: Status as a Social Tool," *Journal of the American Oriental Society* 124 (2004): 37-57; Sherry L. Macgregor, *Beyond Hearth and Home: Women in the Public Sphere in Neo-Assyrian Society* (Helsinki: Neo-Assyriant Text Corpus Project, 2012); Saana Svärd, *Power and Women in Neo-Assyrian Palaces* (Helsinki: Neo-Assyrian Text Corpus Project, 2015); and May, "Neo-Assyrian Women"。关于不同亚述城市中的后宫，见 Simo Parpola, "The Neo-Assyrian Royal Harem," in *Leggo! Studies Presented to Frederick Mario Fales on the Occasion of His 65th Birthday*, ed. Giovanni B. Lanfranchi, Daniele Morandi Bonacossi, Cinzia Pappi, and Simonetta Ponchia (Wiesbaden: Harrassowitz, 2012), 613-626。将"后宫"一词与古代美索

不达米亚王室的女性住所联系在一起，偶尔会被批评为与时代背景不符，但目前还没有更好的说法。

14 见 Saana Teppo, "The Role and the Duties of the Neo-Assyrian *šakintu* in the Light of the Archival Evidence," *State Archives of Assyria* 16 (2007): 257-272; François Joannès, "Women and Palaces in the Neo-Assytian Period," *Orient* 51 (2016): 29-46。

15 关于阿淑尔巴尼拔的话，见 RINAP 5/1, 236-237: ii 63-80。本书第十七章将介绍后来希腊传统中的阿淑尔巴尼拔。

16 更多讨论见 Walter Scheidel, "Sex and Empire: A Darwinian Perspective," in *The Dynamics of Ancient Empires: State Power from Assyria to Byzantium*, ed. lan Morris and Walter Scheidel (Oxford: Oxford University Press, 2009), 255-324。关于战争中被绑架的外国女性如何成为亚述公民财产的具体例子，见本书第十三章。

17 关于《巴比伦编年史》的记载，见Jean-Jacques Glassner, *Mesopotamian Chronicles* (Atlanta: Society of Biblical Literature, 2004), 208-209。尽管没有提到已故王后的名字，但她很有可能就是埃沙拉-哈玛特。这封信的一个版本可见 SAA 10, no. 188。

18 见 Natalie N. May, "The Vizier and the Brother: Sargon II's Brother Sīn-aḫu-uṣur and the Neo-Assyrian Collateral Branches," *Bibliotheca Orientalis* 74 (2017): 514-515。提到阿比-拉穆的文件见 SAA 6, no. 252。虽然并非毫无保留意见，但我想知道，《圣经》中的亚伯兰／亚伯拉罕（Abram/Abraham，他来自巴比伦南部的乌尔，75 岁之前一直住在哈尼加尔巴特的哈兰）是否可能与那齐亚的姐妹阿比-拉穆（Abi-ramu）有某种历史上的联系，因为他与阿比-拉穆的名字十分相似。鉴于其他许多流行故事都发生在埃萨尔哈东的统治时期，而其中有相当一部分故事来自古埃及的阿拉米语文本和俗体纸莎草纸文献 [见 Kim Ryholt, "The Assyrian Invasion of Egypt in Egyptian Literary Tradition," in *Assyria and Beyond: Studies Presented to Mogens Trolle Larsen*, ed. Jan G. Dercksen (Leiden: Netherlands Institute for the Near East, 2004), 483-510]，这种可能性虽然无法得到证明，但也不应该被轻易排除。同样，很难否认，埃萨尔哈东上台的故事跟《圣经》中另一位与哈兰密切相关的族长，也就是亚伯拉罕的曾孙约瑟的故事有一些明显的相似之处。埃萨尔哈东和约瑟都是各自父亲较为年轻的妻子（与哈兰有家族关系）所生的比较小的儿子，但他们都获得了巨大的权力；他们都在看似不可能的情况下，成为各自父亲的宠儿；他们都得到了神的鼓励；并且最后都以各自的方式成为埃及的统治者。关于更多的讨论，见 Eckart Frahm, "'And His Brothers Were Jealous of Him': Surprising Parallels Between Joseph and King Esarhaddon," *Biblical Archaeology Review* 42, no. 3 (2016): 43-64。

19 关于迦拉的"王后墓"的详细信息，见John E. Curtis, Henrietta McCall, Dominique

Collon, and Lamia Al-Gailani Werr, eds., *New Light on Nimrud: Proceedings of the Nimrud Conference, 11th—13th March 2002* (London: British Institute for the Study of Iraq, in association with the British Museum, 2008), 以及带有大量插图的 Muzahim M. Hussein, *Nimrud: The Queens' Tombs* (Chicago: Oriental Institute of the University of Chicago, 2016). 关于这具身份不明的尸体的性别, 见同一本书的第9页。

20 Farouk N.H. Al-Rawi, "Inscriptions from the Tombs of the Queens of Assyria," in Curtis et al., *New Light on Nimrud*, 124.

21 见本书第四章。

22 对哈玛的遗体及其随葬品的详细评估, 见 Tracy L. Spurrier, "Finding Hama: On the Identification of a Forgotten Queen Buried in the Nimrud Tombs," *Journal of Near Eastern Studies* 76 (2017): 149-174。

23 人们在"三号墓"前厅的第二口装饰有青铜雕饰的石棺中发现了一张刻有人名"沙姆什-伊鲁"的金弓。在该石棺中, 除了其他物品外, 还有一名成年女性的遗骸, 她也可能是哈迪安努的女儿。

24 Al-Rawi, "Inscriptions," 119-124. 应该指出的是, "二号墓"石棺中的人的身份仍然不那么确定。特蕾西·斯珀里尔会在即将发表的文章中论述这些问题。

25 见本书第八章。在石棺里的物品中, 还出现了另一个名字, 乍一看似乎是另一位王后的名字"巴妮图"(意为"美丽"), 据说她是"沙尔马内塞尔的宫中女人"。由于人们在石棺中只发现了两具尸体, 所以有人认为"巴妮图"实际上等同于雅巴, 雅巴这个名字也有"美丽"的意思。如果这是真的, 雅巴则是沙尔马内塞尔五世的"宫中女人"。然而, 巴妮图也有可能是更早的沙尔马内塞尔(三世或四世)的妻子, 雅巴或亚他利雅从这个女性那里继承了这些物品。我要感谢特蕾西·斯珀里尔与我讨论了这些可能性。

26 Frahm, "Family Matters," 179.

27 SAA 6, no. 143.

28 SAA 4, no. 20.

29 SAA 16, no. 28. 对于这封信的不同解释, 见 Alasdair Livingstone, "Ashurbanipal: Literate or Not?," *Zeitschrift für Assyriologie* 97 (2007): 105。

30 SAA 3, no. 8 (partly restored and shortened).

31 关于谢鲁阿-埃提拉特("萨利特拉")在俗体文本故事中的作用, 以及对这位公主的进一步思考, 见最近的 Frederick Mario Fales, "Saritra and the Others: A Neo-Assyrian View of Papyrus Amherst 63," in *Città et parole, argilla e pietra: Studi offerti à Clelia Mora*, ed. Maria E. Balza, Paola Cotticelli Kurras, Lorenzo D'Alfonso, Mauro Giorgieri, Federico Giusfredi, and Alfredo Rizza (Bari, Italy: Edipuglia, 2020), 225-251. 关于她在公元前652年开始的长达四年的战争中的任务, 详见本书第

十二章。

32　SAA 4, no. 321 (shortened)。SAA 4, no. 322 以非常类似的方式求问了神谕。在这两次询问中，作者都没有留下名字，但由于里巴利-沙拉特是新亚述时期的一位能够书写楔形文字的王室女性，而这样的人应该不多，所以她很可能是撰写这些文字的人。拉哈尔（如果解读正确的话）可能是太阳神的一个秘传的名字。

第十一章　公元前 671 年

1　Eckart Frahm, "Hochverrat in Assur," in *Assur-Forschungen: Arbeiten aus der Forschungsstelle "Edition literarischer Keilschrifttexte aus Assur" der Heidelberger Akademie der Wissenschaften*, ed. Stefan M. Maul and Nils P. Heeßel (Wiesbaden: Harrassowitz, 2010), 89-139.

2　巴兰的预言见于《民数记》第 24 章第 17 节。值得注意的是，在《民数记》第 22 章第 5 节和《申命记》第 23 章第 4 节中，巴兰来自毗夺（Pethor），这个地方可能就是幼发拉底河中游地区的阿拉米-亚述城市皮特鲁（Pitru）。皮特鲁曾被沙尔马内塞尔三世征服，他将亚述殖民者安置在该城，并给它起了一个亚述名字：阿那-阿淑尔-乌特尔-阿斯巴特（Ana-Ashur-uter-asbat）。

3　关于埃萨尔哈东的王家铭文的最新版本，见 RINAP 4。Barbara N. Porter, *Images, Power, and Politics: Figurative Aspects of Esarhaddon's Babylonian Policy* (Philadelphia: American Philosophical Society, 1993) 中研究了埃萨尔哈东的巴比伦政治。关于国王的军事行动，见最近的 Josette Elayi, *L'Empire assyrien: Histoire d'une grande civilization de l'Antiquité* (Paris: Perrin, 2021), 213-219。

4　Jean-Jacques Glassner, *Mesopotamian Chronicles* (Atlanta: Society of Biblical Literatures, 2004), 201-202.

5　埃萨尔哈东的道歉信被编进了 RINAP 4, 11-14。关于历史背景，见 Andrew Knapp, "The *Sitz im Leben* of Esathaddon's Apology," *Journal of Cuneiform Studies* 68 (2016): 181-195。

6　SAA 2, no. 6; Jacob Lauinger, "Esarhaddon's Succession Treaty at Tell Tayinat: Text and Commentary," *Journal of Cuneiform Studies* 64 (2012): 87-123.

7　SAA 10, no. 185.

8　RINAP 4, 231-236: i 7—ii 18 (shortened).

9　见 SAA 10, nos. 348 and 24。

10　Simo Parpola, *Letters from Assyrian Scholars to the Kings Esarhaddon and Assurbanipal*, Part Ⅱ, *Commentary and Appendices* (Kevelaer: Butzon und Bercker, 1983), 229-236. 关于乌拉德-娜娜娅的信件，见 SAA 10, no. 315。

11　见 SAA 10, nos. 43 and 196。

12　见 Karen Radner, "Esarhaddon's Expedition from Palestine to Egypt in 671 BCE: A Trek Through Negev and Sinai," in *Fundstellen: Gesammelte Schriften zur Archäologie und Geschichte Altvorderasiens ad honorem Hartmut Kühne*, ed. Dominik Bonatz, Rainer M. Czichon, and F. Janoscha Kreppner (Wiesbaden: Harrassowitz, 2008), 305-314; Elayi, *L'Empire assyrien*, 225。尽管其他人持怀疑态度，但在我看来，《巴比伦编年史》的公元前 674 年条目中的沙-阿米莱（Sha-amile）可能是西莱（Glassner, *Mesopotamian Chronicles*, 208-209），而不是巴比伦南部的同名城市。

13　见 RINAP 4, 87-88，以及 Herodotus 2.75, 3.109。我对这两段话的解释采用的是 Karen Radner, "The Winged Snakes of Arabia and the Fossil Site of Makhtesh Ramon in the Negev," *Wiener Zeitschrift für die Kunde des Morgenlandes* 97 (2007): 353-365 中的观点。

14　《出埃及记》第 14 章第 2 节中提到了密夺。Herodotus 2.159 称该城镇为马格达洛斯（Magdalos）。

15　"拔出了库什王朝的根"这一说法见于 RINAP 4, 185-186: rev. 45-46。

16　RINAP 4, 54-56. 另见 Marian H. Feldman, "Nineveh to Thebes and Back: Art and Politics Between Assyria and Egypt in the Seventh Century BCE," *Iraq* 66 (2004): 141-150，以及 Karen Radner, "The Assyrian King and His Scholars: The Syro-Anatolian and the Egyptian Schools," in *Of God(s), Trees, Kings, and Scholars: Neo-Assyrian and Related Studies in Honour of Simo Parpola*, ed. Mikko Luukko, Saana Svärd, and Raija Mattila (Helsinki: Finnish Oriental Society, 2009)。

17　RINAP 4, 182: obv. 13-16. 埃及后来的关于这一事件的故事，见 Kim Ryholt, "The Assyrian Invasion of Egypt in Egyptian Literary Tradition," in *Assyria and Beyond: Studies Presented to Mogens Trolle Larsen*, ed. Jan G. Dercksen (Leiden: Netherlands Institute for the Near East, 2004), 483-510。

18　见 SAA 10, no. 347，以及 Parpola, *Letters from Assyrian Scholars*, xxii-xxxii。

19　SAA 10, no. 350 的信件中描述了杀死国王替身的情况。

20　关于公元前 671 年叛乱的讨论，见 Martti Nissinen, *References to Prophecy in Neo-Assyrian Sources* (Helsinki: Neo-Assyrian Text Corpus Project, 1998), 107-153; Karen Radner, "The Trials of Esarhaddon: The Conspiracy of 670 BC," *ISIMU* 6 (2003): 165-184; Frahm, "Hochverrat in Assur"。

21　辛和努斯库的承诺，可以从 SAA 10, no. 174 中得知。纳布-莱赫图-乌苏尔的信被编进了 SAA 16, no.59（最后一行的翻译，部分是复原的，但我们并不完全确定）。SAA 16, nos. 60 and 61 也是关于哈兰叛乱的。

22　SAA 10, no. 179.

23　Radner, "Trials of Esarhaddon," 168.

24　SAA 2, no. 6, §10. 约翰·勒卡雷的这句话出自他1974年出版的小说《锅匠,裁缝,士兵,间谍》(*Tinker, Tailor, Soldier, Spy*)。

25　纳布-阿赫-埃里巴的信件见 SAA 10, no. 68，来自古扎纳的信件见 SAA 16, no. 63。在古典世界中，"拉下月亮"也与巫术有关。见 Vergil, *Eclogues*, 8.69: "Carmina vel caelo possunt deducere Lunam."（"咒语甚至可以让月亮从天上掉下来。"）

26　Nissinen, *References to Prophecy*, 144-150.

27　关于编年史的这个条目，见 Glassner, *Mesopotamian Chronicles*, 202-203。

28　SAA 10, no. 316.

29　一个似乎描述了埃萨尔哈东葬礼的文本见 Theodore Kwasman, "A Neo-Assyrian Royal Funerary Text," in Luukko et al, *Of God(s), Trees, Kings, and Scholars*, 111-126。

第十二章　学者、施虐狂、猎人、国王

1　Jamie Novotny, *Selected Royal Inscriptions of Ashurbanipal* (Helsinki: Neo-Assyrian Text Corpus Project, 2014), 96.

2　Andrew R. George, *The Babylonian Gilgamesh Epic: Introduction, Critical Edition and Cuneiform Texts* (Oxford: Oxford University Press, 2003), 538-539. 见 Beate Pongratz-Leisten, *Herrschaftswissen in Mesopotamien* (Helsinki: Neo-Assyrian Text Corpus Project 1999), 312。

3　Novotny, *Selected Inscriptions of Ashurbanipal*, 97 (shortened); RINAP 5/1, 232: i 41-51.

4　René Labat "Un prince éclairé: Assurbanipal," *Comptes rendus des séances de l'Académie-des Inscriptions et Belles-Lettres* 116, no. 4 (1972): 670-676; Sebastian Fink, "Assurbanipal, der Wirtschaftsweise: Einige Überlegungen zur mesopotamischen Preistheorie," in *Emas non quod opus est, sed quod necesse est*, ed. Kai Ruffing and Kerstin Droß-Krüpe (Wiesbaden: Harrassowitz, 2018), 131-142; Sanae Ito, "Assurbanipal the Humanist? The Case of Equal Treatment," *State Archives of Assyria Bulletin* 23 (2017): 67-90.

5　本段和以下段落借鉴了 RINAP 5/1, 14-26 中一篇关于阿淑尔巴尼拔统治时期亚述军事行动的概述。Gareth Brereton, ed., *I Am Ashurbanipal, King of the World, King of Assyria* (New York: Thames and Hudson, 2018) 对阿淑尔巴尼拔统治的各个方面

都提出了新的见解，还配有他那个时代的许多艺术品和文本的图片。

6 RINAP 5/1, 61: ii 30-34. 关于罗马人掠夺埃及方尖碑的事情，见 Susan Sorek, *The Emperors' Needles: Egyptian Obelisks and Rome* (Exeter: Bristol Phoenix Press, 2010)。

7 关于普萨美提克的语言学实验，我们是从 Herodotus 2.2 中得知的。他们观察了两个在成长过程中没有与人对话过的新生婴儿，据此认定弗里吉亚语为有史以来最早的语言。

8 这一情节在RINAP 5/1, 41: vi 9'-13'中有描述。Tonio Mitto, Jamie Novotny, "'Ashurbanipal, the King Who Is Resplendent Like a Bright Light': Gyges' Dream in Ashurbanipal's E Prisms Revisited", *State Archives of Assyria Bulletin* 27 (2021): 133-158 依据最近发现的一些手稿，对这段令人困惑的文字进行了新的修订。根据这项研究，很可能是一位专业的译者向亚述人传达了巨吉斯的意思，但是文本中的空白仍然没有得到复原。柏拉图在其《理想国》第二卷中谈到了巨吉斯和他的戒指，《以西结书》第 38 章提到了歌革。

9 我们并不能完全确定这些事件所发生的时间，不排除提尔图巴战役早在公元前 663 年就已经发生的可能性。见 Julian E. Reade and Christopher B.E. Walker, "Some Neo-Assyrian Royal Inscriptions," *Archiv für Orientforschung* 28 (1982): 120-122。关于提尔图巴浮雕的埃及化特征，见 Marian H. Feldman, "Nineveh to Thebes and Back: Art and Politics Between Assyria and Egypt in the Seventh Century BCE," *Iraq* 66 (2004): 141-150。

10 RINAP 5/1 69-70: v 49-72 (shortened).

11 相关细节见本书第十七章。

12 关于相似的欲望及其滋生冲突的可能性，见 René Girard, *La Violence et le Sacré* (Paris: Grasset, 1972)。

13 见 Shana Zaia, "My Brother's Keeper: Assurbanipal versus Šamaš-šuma-ukīn," *Journal of Ancient Near Eastern History* 6 (2018): 19-52; Shana Zaia, "Going Native: Šamaš-šuma-ukīn, Assyrian King of Babylon," *Iraq* 81 (2019): 247-268。关于沙马什-舒穆-乌金的一则有缺损的苏美尔语铭文，见 Thorkild Jacobsen, "Abstruse Sumerian," in *Ah, Assyria... Studies in Assyrian History and Ancient Near Eastern Historiography Presented to Hayim Tadmor*, ed. Mordechai Cogan and Israel Eph'al (Jerusalem: Magnes Press, 1991), 279-291。

14 SAA 21, no. 3 (shortened). 这封信是我们通过在尼尼微发现的一份带有日期的档案副本得知的。关于这场冲突的详细历史记载，见 Grant Frame, *Babylonia, 689-627 B.C.: A Political History* (Leiden: Netherlands Institute for the Near East, 1992), 131-190。

15　笔者对这个故事的总结基于 Frederick Mario Fales, "Saritra and the Others: A Neo-Assyrian View of Papyrus Amherst 63," in *Città et parole, argilla e pietra: Studi offerti à Clelia Mora*, ed. Maria E. Balza, Paola Cotticelli Kurras, Lorenzo D'Alfonso, Mauro Giorgieri, Federico Giusfredi, and Alfredo Riza (Bati, Italy: Edipuglia, 2020), 225-251。

16　RINAP 5/1, 174-175: viii 3'"-16'"。

17　RINAP 5/1, 249-261: v 126-x 39.

18　关于此处及以下内容，见 Elnathan Weissert, "Royal Hunt and Royal Triumph in a Prism Fragment of Ashurbanipal (82-5-22,2)," in *Assyria 1995*, ed. Simo Parpola and Robert Whiting (Helsinki: Neo-Assyrian Text Corpus Project, 1997), 339-358; Julian E. Reade, "The Assyrian Royal Hunt," in *I Am Ashurbanipal, King of the World, King of Assyria*, ed. Gareth Brereton (New York: Thames and Hudson, 2018), 52-79。

19　Weissert, "Royal Hunt," 355.

20　关于齐奥塞斯库猎熊的更多信息，见David Quammen, "The Bear Slayer," *Atlantic*, July/August 2003, www.theatlantic.com/magazine/archive/2003/07/the-bear-slayer/302768。

21　RINAP 5/1, 77: viii 13-15.

22　RINAP 5/1, 58: i 35-36; SAA 3, no. 25. 将古代度量衡换算成现代单位的前提是，阿淑尔巴尼拔所使用的是"较轻的"而不是"较重的"标准，这一点并不能确定。

23　SAA 10, no. 100.

24　Gerfrid G. W. Müller, "Zur Entwicklung von Preisen und Wirtschaft in Assyrien im 7. Jh. v. Chr.," in *Von Sumer nach Ebla und zurück: Festschrift Giovanni Pettinato zum 27. September 1999 gewidmet von Freunden, Kollegen und Schülern*, ed. Hartmut Waetzoldt (Heidelberg: Heidelberger Orientverlag, 2004), 209. 关于来自迦拉的档案，见 Suzanne Herbordt, Raija Mattila, Barbara Parker, John Nicholas Postgate, and Donald J. Wiseman, eds., *Documents from the Nabu Temple and from Private Houses on the Citadel*, Cuneiform Texts from Nimrud 6 (London: British Institute for the Study of Iraq, 2019), no. 66。

25　Austen Henry Layard, *Discoveries in the Ruins of Nineveh and Babylon* (London: John Murray, 1853), 345. 关于下文中的内容，见最近的 Irving Finkel, "Assurbanipal's Library: An Overview," in *Libraries Before Alexandria: Ancient Near Eastern Traditions*, ed. Kim Ryholt and Gojko Barjamovic (Oxford: Oxford University Press, 2019), 367-389。

26　关于美索不达米亚的占卜术，简要介绍见 Stefan Maul, *Die Wahrsagekunst im Alten*

Orient: Zeichen des Himmels und der Erde (Munich: Beck, 2013)。

27　Wilfred H. van Soldt, *Solar Omens of Enuma Anu Enlil: Tablets 23 (24)—29 (30)* (Leiden: Netherlands Institute for the Near East, 1995), 46-47: ii 1-2. 关于楔形文字评论的概述，见 Eckart Frahm, *Babylonian and Assyrian Commentaries: Origins of Interpretation* (Minster: Ugarit-Verlag, 2011)。

28　见 "The Poor Man of Nippur—World's First Film in Babylonian," YouTube, posted by Cambridge Archaeology, posted November 26, 2018, www.youtube.com/watch?v=pxYoFInJLoE。

29　Grant Frame and Andrew R. George, "The Royal Libraries of Nineveh: New Evidence for King Ashurbanipal's Tablet Collecting," *Iraq* 67 (2005): 265-284 (the quote, shortened here, is on p. 275). 另见 Eckart Frahm, "On Some Recently Published Late Babylonian Copies of Royal Letters," *Nouvelles Assyriologiques Brèves et Utilitaires*, no. 43 (2005)。

30　关于这句话及其与阿淑尔巴尼拔的形象的相关性，见 Eckart Frahm, "The Exorcist's Manual: Structure, Language, Sitz im Leben," in *Sources of Evil: Studies in Mesopotamian Exorcistic Lore*, ed. Greta Van Buylaere, Mikko Luukko, Daniel Schwemer, and Avigail Mertens-Wagschal (Leiden: Brill, 2018), 39 (shortened)。

31　阿淑尔巴尼拔信中的话转引自 Frame and George, "Royal Libraries," 275: lines 28-32。我们是从一个巴比伦的晚期副本中得知这封信的，该副本可能准确地反映了阿淑尔巴尼拔最初所写的内容，但也可能不准确。关于图库尔提-尼努尔塔的"绑书"，见本书第二章。

32　该论点见于 David Brown, *Mesopotamian Planetary Astronomy-Astrology* (Groningen, Netherlands: Styx, 2000)。

33　关于阿淑尔巴尼拔的手写笔，见 Ursula Seidl, "Assurbanipals Griffel," *Zeitschrift für Assyriologie* 97 (2007): 119-124。巴拉西和纳布-阿赫-埃里巴的信件出版于 SAA 10, nos. 44 and 58, 以及 SAA 16, no. 19. 关于阿淑尔巴尼拔的读写能力究竟如何的问题，见 Alasdair Living-stone, "Ashurbanipal: Literate or Not?," *Zeitschrift für Assyriologie* 97, no. 1 (2007): 98-118 (quote on p. 107)。

34　RINAP 5/1, 129-130: vii 47-47'; 255: viii 11-13.

35　RINAP 5/1, 243: iv 28-29; Rykle Borger, *Beiträge zum Inschriftenwerk Assurbanipals* (Wiesbaden: Harrassowitz, 1996), 333-334. 需要承认的是，胡须的比喻在其他时代的一些文本中也出现过。

36　人们普遍认为树上的头颅是特乌曼的，然而，也要参见 Natalie N. May, "Neo-Assyrian Women: Their Visibility, and Their Representation in Written and Pictorial Sources," in *Studying Gender in the Ancient Near East*, ed. Saana Svärd and Agnès

Garcia-Ventura (University Park, PA: Eisenbrauns, 2018), 260，里面提出了不同的观点。

37　见 RINAP 5/1, 30-31。

38　关于希腊的萨尔达纳帕鲁斯传说，见本书第十七章。

第十三章　帝国的日常生活

1　SAA 15, no. 4.

2　关于希尼斯附近的石凿坑，见Kawa Omar, "Wine Press Dating Back 2700 Years Discovered in Northern Iraq," Reuters, November 1, 2021, www.reuters.com/world/middle-east/wine-press-dating-back-2700-years-discovered-northern-iraq-2021-11-01。关于辛那赫里布种植棉花的尝试，见 RINAP 3/1, 142: vii 56。

3　见 Karen Radner, "How Did the Neo-Assyrian King Perceive His Land and Its Resources?," in *Rainfall and Agriculture in Northern Mesopotamia*, ed. Remko M. Jas (Leiden: Netherlands Institute for the Near East, 2000), 233-246。

4　Andrew R. George and Junko Taniguchi, "The Dogs of Ninkilim, Part Two: Babylonian Rituals to Counter Field Pests," *Iraq* 72 (2010): 85.

5　SAA 1, no. 104. 见 Karen Radner, "Fressen und gefressen werden: Heuschrecken als Katastrophe und Delikatesse im Alten Vorderen Orient," *Altorientalische Forschungen* 34 (2004): 17-18。

6　SAA 13, nos. 19 and 20.

7　关于阿淑尔的家庭建筑，见 Peter Miglus, *Das Wohngebiet von Assur: Stratigraphie und Architektur* (Berlin: Gebrüder Mann, 1996); 关于杜尔-卡特利姆的"红房子"，见 Janoscha Kreppner, "Neuassyrische palatiale Architektur urbaner Eliten: Das Rote Haus von Dūr-Katlimmu," in *Der Palast im antiken und islamischen Orient*, ed. Dirk Wicke (Wiesbaden: Harrassowitz, 2019), 91-108。

8　见 Karen Radner, *Die neuassyrischen Privatrechtsurkunden als Quelle für Mensch und Umwelt* (Helsinki: Neo-Assyrian Text Corpus Project, 1997), 14-18。

9　Heather D. Baker, *Neo-Assyrian Specialists: Crafts, Offices, and Other Professional Designations* (Helsinki: Neo-Assyrian Text Corpus Project, 2017).

10　见 Karen Radner, "Diglossia and the Neo-Assyrian Empire's Akkadian and Aramaic Text Production," in *Multilingualism in Ancient Contexts: Perspectives from Ancient Near Eastern and Early Christian Contexts*, ed. Louis C. Jonker; Angelika Berlejung, and Izak Cornelius (Stellenbosch, South Africa: African Sun Media, 2021), 161-162, 170。

11　Nahum 3:16.

12　Karen Radner, "Economy, society, and Daily Life in the Neo-Assyrian Period," in *A Companion to Assyria*, ed. Eckart Frahm (Malden, MA: Wiley, 2017), 224-226.

13　SAA 16, no. 89.

14　乌拉德-古拉的话来自 SAA 10, no. 294 (shortened).

15　Gershon Galil, *The Lower Stratum Families in the Neo-Assyrian Period* (Leiden: Brill, 2007).

16　Andre R. George, "The Assyrian Elegy: Form and Meaning," in *Opening the Tablet Box: Near Eastern Studies in Honor of Benjamin R. Foster*, ed. Sarah Melville and Alice Slotsky (Leiden: Brill, 2010), 203-216. 这里忠实地再现了乔治的译文，与 SAA 3, no. 15 中的译文相比，乔治的译文并没有那么直白。

17　SAA 10, no. 187.

18　Walter Farber, *Lamaštu: An Edition of the Canonical Series of Lamaštu Incantations and Rituals and Related Texts from the Second and First Millennia B.C.* (Winona Lake, IN: Eisenbrauns, 2014), 157.

19　见 Nils P. Heeßel, *Pazuzu: Archäologische und philologische Untersuchungen zu einem altorientalischen Dämon* (Leiden: Brill, 2002)。虽然帕祖祖的传统形象似乎受到了贝斯的影响（贝斯同样与生育有关），但是帕祖祖的名字和特质可能有内在的美索不达米亚根源，见 Eckart Frahm, "A Tale of Two Lands and Two Thousand Years: The Origins of Pazuzu," in *Mesopotamian Medicine and Magic: Studies in Honor of Markham J. Geller*, ed. Strahil V. Panayotov and Luděk Vacin (Leiden: Brill, 2018), 272-291。

20　关于美索不达米亚的"摇篮曲"，一个版本见 Walter Farber, *Schlaf, Kindchen, schlaf! Mesopotamische Baby-Beschwörungen und -Rituale* (Winona Lake, IN: Eisenbrauns, 1989)。

21　Markham J. Geller, "Freud and Mesopotamian Magic," in *Mesopotamian Magic: Textual, Historical, and Interpretive Perspectives*, ed. Tzvi Abusch and Karel Van Der Toorn (Leiden: Brill, 1999), 54. 关于美索不达米亚的性功能仪式，新版本见 Gioele Zisa, *The Loss of Male Sexual Desire in Ancient Mesopotamia: "Nīš Libbi" Therapies* (Berlin: De Gruyter, 2021)。

22　Ulla Koch-Westenholz, *Babylonian Liver Omens* (Copenhagen: Museum Tusculanum Press, 2000), 33, 106.

23　Wilfred G. Lambert, *Babylonian Wisdom Literature* (Oxford: Oxford University Press, 1960), 146-147.

24　那句罗马谚语的拉丁语原文是：*domum servavit, lanam fecit*。

25　SAA 10, no. 191.

26　见 Heather Baker, "Slavery and Personhood in the Neo-Assyrian Empire," in *On Human Bondage: After Slavery and Social Death*, ed. John Bodel and Walter Scheidel (Malden, MA: Wiley-Blackwell, 2017), 15-30, esp. 21-24; Radner, "Economy, Society, and Daily Life," 223-224。关于新亚述时期奴隶的总体情况，另见Simonetta Ponchia, "Slaves, Serfs, and Prisoners in Imperial Assyria (IX to VII Cent. BC): A Review of Written Sources," *State Archives of Assyria Bulletin* 23: 157-179(2017)。

27　SAA 15, no. 74.

28　SAA 16, no. 105.

29　见 Erica Reiner, "'Runaway—Seize Him,'" in *Assyria and Beyond: Studies Presented to Mogens Trolle Larsen*, ed. Jan G. Dercksen (Leiden: Netherlands Institute for the Near East, 2004), 475-482。

30　见 Ponchia, "Slaves, Serfs, and Prisoners," 173; SAA 1, no. 21。

31　Greta Van Buylaere, "The Secret Lore of Scholars," in *Leggo! Studies Presented to Frederick Mario Fales on the Occasion of His 65th Birthday*, ed. Giovanni B. Lanfranchi, Daniele Morandi Bonacossiy, Cinzia Pappi, and Simonetta Ponchia (Wiesbaden: Harrassowitz, 2012), 859-860.

32　Sally M. Freedman, *If a City Is Set on a Height: The Akkadian Omen Series šumma ālu ina mēlê šakin*, vol. 1, *Tablets 1-21* (Philadelphia: University of Pennsylvania Museum, 1998), 33-34 (translation not absolutely certain), and vol. 3, *Tablets 41-46* (Winona Lake, IN: Eisenbrauns, 2017), 41-49; Eckart Frahm, *Babylonian and Assyrian Commentaries: Origins of Interpretation* (Münster: Ugarit-Verlag, 201), 41.

33　Gojko Barjamovic, Patricia Jurardo Gonzalez, Chelsea A. Graham, Agnete W. Lassen, Nawal Nasrallah, and Pia S örensen, "Food in Ancient Mesopotamia: Cooking the Yale Babylonian Culinary Recipes," in *Ancient Mesopotamia Speaks: Highlights of the Yale Babylonian Collection*, ed. Agnete W. Lassen, Eckart Frahm, and Klaus Wagensonner (New Haven, CT: Yale Peabody Museum of Natural History, 2019), 113. 此外，见 Georges Contenau, *La Vie quotidienne à Babylone et en Assyrie* (Paris: Hachette, 1950), 309 (in the original the quote reads, "On ne voit pas rire le Mésopotamien; il ne semble pas connaître le délassement"); Enrique Jiménez, "Two Foxy Notes," in *The Third Millennium: Studies in Early Mesopotamia and Syria in Honor of Walter Sommerfeld and Manfred Krebernik*, ed. Ilya Arkhipov, Leonid Kogan, and Natalia Koslova (Leiden: Brill, 2020), 333-334; and Maddalena Rumor, "There's No Fool Like an Old Fool: The Mesopotamian *Aluzinnu* and Its Relationship to the Greek *Alazôn*," *Kaskal* 14 (2017): 187-210。

34 Barjamovic et al., "Food in Ancient Mesopotamia," 111-113.

35 见 Stefan M. Maul, "Der Kneipenbesuch als Heilverfahren," in *La circulation des biens, des personnes et des idées dans le Proche-Orient ancien. Actes de la XXXVIIIe Rencontre Assyriologique Internationale (Paris, 8-10 juillet 1991)*, ed. Dominique Charpin and François Joannès (Paris: Éditions Recherche str les Civilisations, 1992), 389-396; SAA 16, no. 115; SAA 1, no. 154。

36 SAA 3, no. 30; translation after Nicla De Zorzi, "Rude Remarks Not Fit to Smell," in *Sounding Sensory Profiles in the Ancient Near East*, ed. Annette Schellenberg and Thomas Krüger (Atlanta: SBL Press), 227.

37 见 Karen Radner, "The Reciprocal Relationship Between Judge and Society in the Neo-Assyrian Period," *Maarav* 12 (2005): 41-68; Betina Faist, *Assyrische Rechtsprechung im I. Jahrtausend v. Chr.* (Minster: Zaphon, 2020)。

38 SAA 33, no. 26.

39 关于新亚述时期军队中主要单位的概况及其随着时间推移发生的变化，见 Tamás Dezsö, *The Assyrian Army*, vol. 2, *Recruitment and Logistics* (Budapest: Eötvös University Press, 2016)。

40 Henry Stadhouders and Strahil V. Panayotov, "From Awe to Audacity: Stratagems for Approaching Authorities Successfully. The Istanbul Egalkura Tablet A 373," in *Mesopotamian Medicine and Magic: Studies in Honor of Markham J. Geller*, ed. Strahil V. Panayotov and Luděk Vacín (Leiden: Brill, 2018), 632-633. 请愿者在进入宫殿前必须把这则咒语念三遍。

第十四章　帝国的黄昏

1 见 David Stronach, "Notes on the Fall of Nineveh," in *Assyria 1995*, ed. Simo Parpola and Robert M. Whiting (Helsinki: Neo-Assyrian Text Corpus Project, 1997), 307-324; Diana Pickworth, "Excavations at Nineveh: The Halzi Gate," *Iraq* 67 (2005): 295-316。加利福尼亚大学伯克利分校的考古队认为他们发掘出的是哈尔齐门（Halzi Gate），但是 Julian E. Reade, "The Gates of Nineveh," *State Archives of Assyria Bulletin* 22 (2016): 39-93, esp. 58-72 认为，该门实际上是沙马什门（尽管作者将其称为"恩利尔门"，以区别于经过精心修复的位于更南边的下一扇门，自20世纪60年代以来，南边的那扇一直被称为沙马什门）。

2 加雷利的评论原话是："亚述帝国在其最伟大的统治者取得胜利之后随即崩溃，这常常被视为一段屈辱历史。" Paul Garelli and André Lemaire, *Le Proche-Orient asiatique*, vol. 2, *Les Empires mésopotamiens, Israël*, 3rd ed. (Paris: Presses

universitaires de France 1997), 123.

3 Rocío Da Riva, *The Inscriptions of Nabopolassar, Amēl-Marduk, and Neriglissar* (Berlin: De Gruyter, 2013), 81.

4 下文引用的《巴比伦编年史》中的内容依据的是 A. Kirk Grayson, *Assyrian and Babylonian Chronicles* (Locust Valley, NY: J. J. Augustin, 1975), 87-98, and Jean-Jacques Glassner, *Mesopotamian Chronicles* (Atlanta: Society of Biblical Literature, 2004), 214-225。

5 关于阿淑尔巴尼拔统治时期的最后几年,见本书第十三章;关于斯基泰人的袭击,见Karl Jansen-Winkeln, "Psametik I., die Skythen und der Untergang des Assyrerreiches," *Orientalia Nova Series* 88 (2019) : 238-266, esp. 247-250, 以及下文的进一步讨论。

6 SAA 12, nos. 35 and 36 (shortened). 以下叙述主要利用了 Andreas Fuchs, "Die unglaubliche Geburt des neubabylonischen Reiches oder: Die Vernichtung einer Weltmacht durch den Sohn eines Niemand," in *Babylonien und seine Nachbarn in neu- und spätbabylonischer Zeit*, ed. Manfred Krebernik and Hans Neumann (Münster: Ugarit-Verlag, 2014), 26-71, 以及John MacGinnis, "The Fall of Assyria and the Aftermath of the Empire," in *I Am Ashurbanipal, King of the World, King of Assyria*, ed. Gareth Brereton (New York: Thames and Hudson, 2018), 276-285。

7 Glassner, *Mesopotamian Chronicles*, 214-215.

8 关于另一位试图篡夺王权但没有成功的亚述首席宦官,见本书第十一章。

9 Michael Jursa, "Die Söhne Kudurrus und die Herkunft der neubabylonischen Dynastie," *Revue d'Assyriologie* 101 (2006): 125-136.

10 Rocío Da Riva, "The Figure of Nabopolassar in Late Achaemenid and Hellenistic Historiographic Tradition: BM 34793 and CUA 90," *Journal of Near Eastern Studies* 76 (2017): 83 (shortened).

11 Da Riva, "Figure of Nabopolassar," 82. 由于被杀的敌人只用头衔而不是用名字来表示,因此我们不能完全确定这段文字是否真的和辛-舒穆-利希尔有关。一些学者认为,辛-舒穆-利希尔早在公元前627年就已经死去了。

12 鉴于当时所涉及的王国并不是现代意义上的民族国家,因此"国际"这个词确实略显不合时代背景。

13 关于米底人的政治组织,见最近的 Robert Rollinger, "The Medes of the 7th and 6th c. BCE: A Short-Term Empire or Rather a Short-Term Confederacy?," in *Short-Term Empires in World History*, ed. Robert Rollinger, Julian Degen, and Michael Gehler (Wiesbaden: Springer Fachmedien, 2020), 189-213。

14 见 Stuart C. Brown, "Media and Secondary State Formation in the Neo-Assyrian

Zagros: An Anthropological Approach to an Assyriological Problem," *Journal of Cuneiform Studies* 38 (1986): 107-119。

15　见 Peter Miglus, "Die letzten Tage von Assur und die Zeit danach," *ISIMU* 3 (2000): 85-99; Peter Miglus, "Assyrien im Untergang: Das Jahr 614 v. Chr. und der archäologische Befund," in *Befund und Historisierung: Dokumentation und ihre Interpretationsspielräume*, ed. Sandra Heinsch, Walter Kuntner, and Robert Rollinger (Turnhout, Belgium: Brepols, 2021), 7-19。

16　Diodorus 2.24.5 提到了阿拉伯人的存在；关于埃兰人在征服尼尼微过程中发挥的作用，见 Fuchs, "Unglaubliche Geburt," 49。

17　Pamela Gerardi, "Declaring War in Mesopotamia," *Archiv für Orientforschung* 33(1986): 30-38 (partly restored and shortened).

18　关于辛-沙鲁-伊什坤的信件，见 Wilfred G. Lambert, "Letter of Sîn-šarra-iškunto Nabopolassar", in *Cuneiform Texts in the Metropolitan Museum of Art II: Literary and Scholastic Texts of the First Millennium B.C.*, ed. Ira Spar and Wilfred G. Lambert (New York: Metropolitan Museum of Art and Brepols, 2005), 203-210。玛丽·弗雷泽即将重新编辑这两封信。

19　Rykle Borger, *Beiträge zum Inschriftenwerk Assurbanipals* (Wiesbaden: Harrassowitz, 1996), 54-55, K 3062+; Fuchs, "Unglaubliche Geburt," 49。

20　Joan Oates and David Oates, *Nimrud: An Assyrian Imperial City Revealed* (London: British School of Archaeology in Iraq, 2001), 65-68, 103-104。

21　Simo Parpola, "Cuneiform Texts from Ziyaret Tepe (Tušḫan) 2002— 2003," *State Archives of Assyria Bulletin* 17 (2008): 86-87 (partially restored and shortened)。

22　关于图什罕陷落前的最后日子，以及对曼努-基-里巴利的信件的看法，见 Karen Radner, "An Imperial Communication Network: The State Correspondence of the Neo-Assyrian Empire," in *State Correspondences of the Ancient World from the New Kingdom to the Roman Empire*, ed, Karen Radner (Oxford: Oxford University Press, 2014), 83, 225; John MacGinnis, "Middle and Neo-Assyrian Texts from Anatolia," in *The Assyrians: Kingdom of the God Aššur from Tigris to Taurus*, ed. Kemalettin Köroğlu and Selim F. Adalı (Istanbul: Yapı Kredi Yayınları, 2018), 215-221。

23　见 Karen Radner, "Late Emperor or Crown Prince Forever? Aššur-uballit II of Assyria According to Archival Sources," in *Neo-Assyrian Sources in Context*, ed. Shigeo Yamada (Helsinki: Neo-Assyrian Text Corpus Project, 2018), 135-142。有一份来自杜尔-卡特利姆的文件是在亚述中心地带失守后起草的，其中提到了"王储的盟约"，而不是通常所说的"国王的盟约"；而一份来自古扎纳的同一时期的文本显示，阿淑尔-乌巴利特的元帅名叫纳布-马尔-沙里-乌苏尔（Nabû-mar-sharriusur），该名字的含义是"纳布啊，请保护王储"。这个名字一定是在阿淑尔-乌巴利特二世在哈兰登基后不久，参照阿淑尔-乌巴利特二世的名字给他起的。

24 关于该文件，一个版本见 Koray Toptaş and Faruk Akyüz, "A Neo-Assyrian Sale Contract from the Province of the Chief Cupbearer (*rab-šāqê*) Kept at the Hasankeyf Museum (Batman)," *Zeitschrift für Assyriologie* III (2021): 77-87。关于乌巴基斯特里作为米底统治者的身份，见 Michael Roaf, "Cyaxares in Assyria," *Nouvelles Assyriologiques Brèves et Utilitaires*, no. 118 (2021)。

25 用"世界大战"来形容导致亚述帝国灭亡的一系列事件，见 Karen Radner, "Neo-Assyrian Empire," in *Imperien und Reiche in der Weltgeschichte*, ed. Michael Gehler and Robert Rollinger (Wiesbaden: Harrassowitz, 2014), 111。

26 见 John Curtis, "The Assyrian Heartland in the Period 612-539 BC," in *Continuity of Empire (?): Assyria, Media, Persia*, ed. Giovanni B. Lanfranchi, Michael Roaf, and Robert Rollinger (Padua, Italy: S.A.R.G.O.N. Editrice e Libreria, 2003), 157-168。日本考古学家在摩苏尔以北约40千米处的泰勒菲斯那（Tell Fisna）发现了一块用楔形文字刻写的希腊化时代的泥板，上面似乎刻有天文历法。见 Jeremy Black, "Hellenistic Cuneiform Writing from Assyria: The Tablet from Tell Fisna," *Al-Rafidan* 18 (1997): 229-238。不过，与其说它是北方楔形文字传统的延续，倒不如说它是从南方的巴比伦传入的，对这一观点的讨论见 David Brown, "Increasingly Redundant: The Growing Obsolescence of the Cuneiform Script in Babylonia from 539 BC," in *The Disappearance of Writing Systems*, ed. John Baines, John Bennet, and Stephen Houston (London: Equinox, 2008), 96-97。关于亚述文化某些特征的存留，以及后世的文化传统对亚述衰亡的记忆，见本书第十五章和第十七章。

27 Adam W. Schneider and Selim Adalı, "'No Harvest Was Reaped': Demographic and Climatic Factors in the Decline of the Neo-Assyrian Empire," *Climatic Change* 127 (2014): 435-346.

28 Ashish Sinha, Gayatri Kathayat, Harvey Weiss, Hanying Li, Hai Cheng, Justin Reuter, Adam W. Schneider, et al., "Role of Climate in the Rise and Fall of the Assyrian Empire," *Science Advances* 5, no. 11 (November, 2019).

29 Jansen-Winkeln, "Skythen," drawing on Herodotus 1.103-106.

30 相关细节见本书第五章。

31 关于来自经济文件的证据，见 Gerfrid G. W. Müller, "Zur Entwicklung von Preisen und Wirtschaft in Assyrien im 7. Jh. v. Chr.," in *Von Sumer nach Ebla und zurück: Festschrift Giovanni Pettinato zum 27. September 1999 gewidmet von Freunden, Kollegen und Schülern*, ed. Hartmut Waetzoldt (Heidelberg: Heidelberger Orientverlag, 2004), 189，以及本书第十二章。关于阿淑尔的情况，见 Miglus,

"Die letzten Tage von Assur," 89。

32 关于舒尔吉的文本，一个版本见 Eckart Frahm, "Schulgi Sieger über Assur und die Skythen?," *Nouvelles Assyriologiques Brèves et Utilitaires*, no. 25 (2006)。

33 关于政治学中的"收益递减"法则，见 Joseph Tainter, *The Collapse of Complex Societies* (Cambridge: Cambridge University Press, 1988)。

34 Radner, "Neo-Assyrian Empire," 109. 关于名年官，见 RINAP 5/1, 31-32，以及 Raija Mattila, "The Chief Singer and Other Late Eponyms," in *Of God(s), Trees, Kings, and Scholars: Neo-Assyrian and Related Studies in Honour of Simo Parpola*, ed. Mikko Luukko, Saana Svard, and Raija Mattila (Helsinki: Finnish Oriental Society, 2009), 159-166。更多相关分析见本书第十一章、第十二章和第十七章。

35 关于"没有使命的帝国"，见 Ariel Bagg, "Palestine Under Assyrian Rule: A New Look at the Assyrian Imperial Policy in the West," *Journal of the American Oriental Society* 133 (2013): 129-132。

第三部分　亚述的"身后事"

第十五章　亚述在地面上的遗存

1 Anabasis 2.4.28, 3.4.7-9 (shortened), and 3.4.10-11.

2 关于后帝国时期的亚述中心地带定居点的详情，见 Julian E. Reade, "Greco-Parthian Nineveh," *Iraq* 60 (1998): 65-83，以及 John Curtis, "Nineveh in the Achaemenid Period," in *Nineveh the Great City: Symbol of Power and Beauty*, ed. Lucas D. Petit and Daniele Morandi Bonacossi (Leiden: Sidestone Press, 2017), 253-255。Strabo (16.1.1) 特别提到了迦拉切尼。Robert Rollinger, "The Terms 'Assyria' and 'Syria' Again," *Journal of Near Eastern Studies* 65 (2006): 283-287 讨论了"叙利亚"这一地名的起源。丁尼生的话来自他的诗歌《尤利西斯》。

3 关于"后帝国"一词，见Stefan R. Hauser, "Post-Imperial Assyria," in *A Companion to Assyria*, ed. Eckart Frahm (Malden, MA: Wiley, 2017), 229-246, esp. 229。关于这一时期的总体情况和其他参考书目，见 ibid., passim。

4 Michael Jursa, "Observations on the Problem of the Median 'Empire' on the Basis of Babylonian Sources," in *Continuity of Empire (?): Assyria, Media, Persia*, ed. Giovanni B. Lanfranchi, Michael Roaf, and Robert Rollinger (Padua, Italy: S.A.R.G.O.N. Editrice e Libreria, 2003), 173.

5 关于 A 神庙的考古情况，见 Peter Miglus, "Das letzte Staatsarchiv der Assyrer,"

in *Von Uruk nach Tuttul—eine Festschrift für Eva Strommenger*, ed. Bartel Hrouda, Stephan Kroll, and Peter Z. Spanos (Munich: Profil Verlag, 1992), 135-142。

6　Eckart Frahm, *Historische und historisch-literarische Texte*, Keilschrifttexte aus Assur literarischen Inhalts III (Wiesbaden: Harrassowitz, 2009), 9.

7　Karen Radner, "Assur's 'Second Temple Period': The Restoration of the Cult of Aššur, c. 538 BC," in *Herrschaftslegitimation in vorderorientalischen Reichen der Eisenzeit*, ed. Christoph Levin and Reinhard Müller (Tübingen: Mohr Siebeck, 2017), 77-96. 对居鲁士圆柱铭文（第 30~32 行）的（简略）引用摘自 Hanspeter Schaudig, "Zum Tempel 'A' in Assur: Zeugnis eines Urbizids," in *Grenzüberschreitungen: Studien zur Kulturgeschichte des Alten Orients*, ed. Kristin Kleber, Georg Neumann, and Susanne Paulus (Münster: Zaphon, 2018), 624-625。关于来到乌鲁克的亚述人，更多信息见本书第十六章。

8　Schaudig, "Tempel 'A' in Assur," 621-636.

9　Hauser, "Post-Imperial Assyria," 234-235. 另见本书第十四章。

10　关于古扎纳的总督，见 Jursa, "Observations," 173；关于埃德萨的情况，见 Lucinda Dirven, "The Exaltation of Nabû," *Die Welt des Orients* 28 (1997); 113n71。我在 "Of Doves, Fish, and Goddesses: Reflections on the Literary, Religious, and Historical Background of the Book of Jonah," in *Sibyls, Scriptures, and Scrolls: John Collins at Seventy*, ed. Joel Baden, Hindy Najman, and Eibert J.C. Tigchelaar (Leiden: Brill, 2016), 432-450, esp. 443-447 中分析了保存在纳皮吉／希拉波利斯的亚述传统。更多讨论见本书第四章和第十六章。

11　Bisitun, Persian ii.90.

12　Hauser, "Post-Imperial Assyria," 230-231，以及其他文献。

13　见 Reade, "Greco-Parthian Nineveh"；Julian Reade, "More about Adiabene," *Iraq* 63 (2001): 188-193。

14　普林尼的话出自他的《博物志》（*Naturalis Historia*）5.13。

15　见 Simo Parpola, "National and Ethnic Identity in the Neo-Assyrian Empire and Assyrian Identity in Post-Empire Times," *Journal of Assyrian Academic Studies* 18, no. 2 (2004): 18-21; Karen Radner, *Ancient Assyria: A Very Short Introduction* (Oxford: Oxford University Press, 2015), 19-20。阿淑尔在帕提亚时代被称为拉巴纳的说法仍有争议，因为该城的旧名（译为 'twr'）仍见于古叙利亚语资料中。相关讨论和文献，见 Michal Marciak, *Sophene, Gordyene, and Adiabene: Three Regna Minora of Northern Mesopotamia Between East and West* (Leiden: Brill, 2017), 316-317, with n. 326。

16　关于这些人名，见 Alasdair Livingstone, "Remembrance at Ashur: The Case of the

Dated Aramaic Memorials," in *Of God(s), Trees, Kings, and Scholars: Neo-Assyrian and Related Studies in Honour of Simo Parpola*, ed. Mikko Luukko, Saana Svard, and Raija Mattila (Helsinki: Finnish Oriental Society, 2009), 151-158, esp. 153-154。关于后帝国时代亚述语言延续性的证据，见 Frederick Mario Fales, "Neo-Assyrian," in *History of the Akkadian Language*, ed. Juan-Pablo Vita (Leiden: Brill, 2021), 2:1347-1395, esp. 1348，以及更多文献。

17　Livingstone, "Remembrance at Ashur," 155. 相关文献被编进了Klaus Beyer, *Die aramäischen Inschriften aus Assur, Hatra und dem übrigen Ostmesopotamien (datiert 44 v. Chr. bis 238 n. Chr.)* (Göttingen: Vandenhoeck and Ruprecht, 1998), 11-25。关于新亚述时期阿淑尔的阿基图节，见本书第九章。

18　Livingstone, "Remembrance at Ashur," 155-157.

19　Hauser, "Post-Imperial Assyria," 241.

20　关于阿迪亚贝纳直到现代的历史，见 Marciak, *Sophene, Gordyene, and Adidbene*, 257-418。

21　Marciaky, *Sophene, Gordyene, and Adiabene*, 285-286，以及更多文献。关于阿淑尔巴尼拔是多么依赖阿尔贝拉的伊斯塔所做出的预言，见本书第十二章。

22　Tawny L. Holm, "Memories of Sennacherib in Aramaic Tradition," in *Sennacherib at the Gates of Jerusalem: Story, History, and Historiography*, ed. Isaac Kalimi and Seth Richardson (Leiden: Brill, 2014), 315-317.

23　Holm, "Memories of Sennacherib," 319-322.

24　关于东方教会直到今天的历史，见Christine Chaillot, *L'Église assyrienne de l'Orient—Histoire bimillénaire et géographie mondiale* (Paris: Editions L'Harmattan, 2020)。关于拉巴西，见本书第十四章。

25　Austen Henry Layard, *Nineveh and Its Remains* (London: John Murray, 1849), 1:215-216. 相关分析见 Aaron M. Butts, "Assyrian Christians," in Frahm, *Companion to Assyria*, 599-612。

26　关于在1894年至1924年间，导致土耳其的基督徒少数群体遭到大批杀害的事件，见Benny Morris and Dror Ze'evi, *The Thirty-Year Genocide: Turkey's Destruction of Its Christian Minorities* (Boston: Harvard University Press, 2019)。

27　关于雕像的照片，另见 Butts, "Assyrian Christians," 606。尽管有些说法显然是有依据的，但是并非所有关于古代亚述人与现代亚述人之间存在直接联系的说法都是有根据的。现代"亚述主义"运动的追随者强调过去与现代之间的延续性，他们与持怀疑态度的人的"维基百科之战"，见"Talk: Assyrian Continuity," Wikipedia, https://en.wikipedia.org/wiki/Talk:Assyrian_continuity, accessed December 31, 2020。基督教核心的神学概念，如三位一体或灵魂救赎的思想，似乎不可能植根于亚述帝国的官方宗教［Simo Parpola, *Assyrian Prophecies* (Helsinki: Helsinki University Press, 1997), XIII-CVIII］。

第十六章 模范帝国

1   Mario Liverani, *Assyria: The Imperial Mission* (Winona Lake, IN: Eisenbrauns, 2017), 258.

2   Peter Bedford, "The Neo-Assyrian Empire," in *The Dynamics of Ancient Empires*, ed. Ian Morris and Walter Scheidel (Oxford: Oxford University Press, 2009), 47.

3   关于从古至今世界帝国的最新概述，见 Peter F. Bang, C. A. Bayly, and Walter Scheidel, eds., *The Oxford World History of Empire*, 2 vols. (Oxford: Oxford University Press, 2021)。

4   见 Rocío Da Riva, "Assyrians and Assyrian Influence in Babylonia (626-539 BCE)," in *From Source to History: Studies on Ancient Near Eastern Worlds and Beyond Dedicated to Giovanni Battista Lanfranchi on the Occasion of His 65th Birthday on June 23, 2014*, ed. Salvatore Gaspa, Alessandro Greco, and Daniele Morandi Bonacossi (Münster: Ugarit-Verlag, 2014), 99-125。

5   相关细节，见本书第十四章。

6   Michael Jursa, "Der neubabylonische Hof," in *Der Achämenidenhof—The Achaemenid Court*, ed. Bruno Jacobs and Robert Rollinger (Wiesbaden: Harrassowitz, 2010), 67-106。mašennu 一词最初是从胡里安语传入亚述语的。

7   Rocío Da Riva, "A Lion in the Cedar Forest: International Politics and Pictorial Self-Representations of Nebuchadnezzar II (605-562 BC)," in *Studies on War in the Ancient Near East: Collected Essays on Military History*, ed. Jordi Vidal (Münster: Ugarit-Verlag, 2010), 165-185. 关于亚述的猎狮活动，见本书第十二章。

8   Paul-Alain Beaulieu, "Nebuchadnezzar's Babylon as World Capital," *Journal of the Canadian Society for Mesopotamian Studies* 3 (2008): 8-9.

9   关于亚述人为西帕尔的沙马什神庙所做工作的情况，见 John MacGinnis, "Assyrians After the Fall: The Evidence from the Ebabbar Temple in Sippar," in *At the Dawn of History: Ancient Near Eastern Studies in Honour of J. N. Postgate*, ed. Yağmur Heffron, Adam Stone, and Martin Worthington (Winona Lake, IN: Eisenbrauns, 2017), 781-796。关于亚述人在巴比伦担任官僚的情况，见 Olof Pedersén, "Neo-Assyrian Texts from Nebuchadnezzar's Babylon: A Preliminary Report," in *Of God(s), Trees, Kings, and Scholars: Neo-Assyrian and Related Studies in Honour of Simo Parpola*, ed. Mikko Luukko, Saana Svard, and Raija Mattila

(Helsinki: Finnish Oriental Society, 2009), 193-199。

10 Eckart Frahm, *Babylonian and Assyrian Commentaries: Origins of Interpretation* (Münster: Ugarit-Verlag, 2011), 165.

11 Paul-Alain Beaulieu, "The Cult of AN.ŠÁR/Aššur in Babylonia After the Fall of the Assyrian Empire," *State Archives of Assyria Bulletin* 11 (1997): 55-73; Angelika Berlejung, "Innovation als Restauration in Uruk und Jehud: Überlegungen zu Transformationsprozessen in vorderorientalischen Gesellschaften," in *Reformen im Alten Orient und der Antike. Programme, Darstellungen und Deutungen*, ed. Ernst-Joachim Waschke (Tübingen: MohrSiebeck, 2009), 71-111.

12 关于这枚印章，见Ronald Wallenfels, "The Impression of an Inscribed Middle Assyrian Cylinder Seal on a Late Babylonian Cuneiform Tablet," *Nouvelles Assyriologiques Brèves et Utilitaires*, no. 26 (2019)。关于阿淑尔巴尼拔的泥板及其可能的含义，请参见最近的 Paul-Alain Beaulieu, "The Afterlife of Assyrian Scholarship in Hellenistic Babylonia," in *Gazing on the Deep: Ancient Near Eastern and Other Studies in Honor of Tzvi Abusch*, ed. Jeffrey Stackert, Barbara Nevling Porter, and David P. Wright (Bethesda, MD: CDL Press, 2010), 1-18。

13 相关参考资料见Hanspeter Schaudig, *Die Inschriften Nabonids von Babylon und Kjros' des Großen* (Münster: Ugarit-Verlag, 2001), 708-711。更多相关讨论，见 Paul-Alain Beaulieu, "Assyria in Late Babylonian Sources," in *A Companion to Assyria*, ed. Eckart Frahm (Malden, MA: Wiley, 2017), 551，以及 Mary Frazer and Selim Adalı, "'The Just Judgements that Ḫammu-rāpi, a Former King, Rendered': A New Royal Inscription in the Istanbul Archaeological Museums," *Zeitschrift für Assyriologie* 111 (2021): 253-254。

14 RINBE 2, 70-71: x 32'-51' 提到了阿淑尔巴尼拔的碧玉印章。相关讨论见 Thomas E. Lee, "The Jasper Cylinder Seal of Aššurbanipal and Nabonidus' Making of Sîn's Statue," *Revue d'Assyriologie* 87 (1993): 131-136。

15 阿达-古皮的铭文被编进了 RINBE 2, 223-228。

16 见 Yuval Levavi, "The Neo-Babylonian Empire: The Imperial Periphery as Seen from the Centre," *Journal of Ancient Near Eastern History* 7 (2020): 59-84，以及更多文献。

17 Jursa, "Der neubabylonische Hof," 96-97.

18 关于公元前6世纪巴比伦的城市景观，见 Beaulieu, "Nebuchadnezzar's Babylon," 8-11。

19 这些数字只能看作非常粗略的近似值，来自 Walter Scheidel, "The Scale of Empire: Territory, Population, Distribution," in Bang et al., *Oxford World History of Empire*,

93。关于波斯帝国的历史，见 Pierre Briant, *Histoire de l'Empire Perse* (Paris: Fayard, 1996)。

20　见 Matt Waters, "The Far Side of the Long Sixth Century: Mesopotamian Political Influences on Early Achaemenid Persia," in *In the Shadow of Empire: Israel and Judah in the Long Sixth Century*, ed. Pamela Barmash and Mark W. Hamilton (Atlanta: SBL Press, 2021), 139-160。

21　居鲁士圆柱文本的一个版本见 Schaudig, *Inschriften Nabonids*, 550-556。

22　见 Beaulieu, "Assyria in Late Babylonian Sources," 552; Matt Waters, "Ashurbanipal's Legacy: Cyrus the Great and the Achaemenid Empire," in *Iran and Its Histories: From the Beginnings Through the Achaemenid Empire*, ed. Touraj Daryaee and Robert Rollinger (Wiesbaden: Harrassowitz, 2021), 149-161, esp. 157-159。有关居鲁士圆柱和亚述之间的联想，分析另见 Robartus J. van der Spek, "Cyrus the Great, Exiles, and Foreign Gods: A Comparison of Assyrian and Persian Policies on Subject Nations," in *Extraction and Control: Studies in Honor of Matthew W. Stolper*, ed. Michael Kozuh, Wouter F.M. Henkelman, Charles E. Jones, and Christopher Woods, Studies in Ancient Oriental Civilization (SAOC 68) (Chicago: Oriental Institute of the University of Chicago, 2014), 233-264。关于居鲁士统治初期的泥板上的日期格式，见 Caroline Waerzeggers, "The Day Before Cyrus Entered Babylon," in *Individuals and Institutions in the Ancient Near East: A Tribute to Ran Zadok*, ed. Uri Gabbay and Shai Gordin (Berlin: De Gruyter, 2021), 79-88。

23　见 Alireza Askari Chaverdi, Pierfrancesco Callieri, and Emad Matin, "The Monumental Gate at Tol-e Ajori, Persepolis (Fars): New Archeological Data," *Iranica Antiqua* 52(2017): 205-258，相关讨论和更多文献见 David S. Vanderhooft, "Babylon as Cosmopolis in Israelite Texts and Achaemenid Architecture," *Hebrew Bible and Ancient Israel* 9 (2020): 57-61。

24　见 John Curtis, "Nineveh in the Achaemenid Period," in *Nineveh the Great City: Symbol of Power and Beauty*, ed. Lucas D. Petit and Daniele Morandi Bonacossi (Leiden: Sidestone Press, 2017), 255，以及更多文献。

25　Waters, "Far Side of the Long Sixth Century," 142-143.

26　相关讨论见 Salvatore Gaspa, "State Theology and Royal Ideology of the Neo-Assyrian Empire as a Structuring Model for the Achaemenid Imperial Religion," in *Persian Religion in the Achaemenid Period*, ed. Wouter Henkelman and Céline Redard (Wiesbaden: Harrassowitz, 2017), 125-184。

27　见 Muhammad Dandamayev, "Assyrian Traditions in Achaemenid Times," in *Assyria 1995*, ed. Simo Parpola and Robert Whiting (Helsinki: Neo-Assyrian Text Corpus

Project, 1997), 41-48。

28　见 Waters, "Ashurbanipal's Legacy," 151; Gaspa, "State Theology," 137-138。

29　Waters, "Ashurbanipal's Legacy," 158-159。

30　Jennifer Finn, "Persian Collections: Center and Periphery at Achaemenid Imperial Capitals," *Studia Orientalia Electronica* 9, no. 2 (2021): 154-173, esp. 158-159。

31　本段及以下两段主要参考了 Liverani, *Imperial Mission*, 249-250。

32　关于亚述与"帝国转移",见 Robert Rollinger, "Assyria in Classical Sources," in Frahm, *Companion to Assyria*, 570-575。

第十七章　变形的镜像

1　最近有人指出,来自乌鲁克的一份保存不完整的天文历书是公元 79/80 年的作品,因此比公元 75 年的文本年代还要晚。见 Hermann Hunger and Teije de Jong, "Almanac W22340a from Uruk: The Latest Datable Cuneiform Tablet," *Zeitschrift für Assyriologie* 104 (2014): 182-194。不过,由于该泥板残缺不全,这一断代的准确性仍然存在着很大疑问。

2　见 Mogens Trolle Larsen, *The Conquest of Assyria: Excavations in an Antique Land* (London: Routledge, 1996), 164。

3　对德利奇的话的引用来自 Friedrich Delitzsch, *Die große Täuschung* (Stuttgart: Deutsche Verlags-Anstalt, 1920/1921), 1:95, translated by Mogens Trolle Larsen in "The 'Babel/Bible' Controversy," in *Civilizations of the Ancient Near East*, ed. Jack Sasson (New York: Scribner, 1995), 104-105。关于巴别塔与《圣经》之争的总体情况,参见最近的 Eva Cancik-Kirschbaum and Thomas L. Gertzen, eds., *Der Babel-Bibel-Streit und die Wissenschaft vom Judentum* (Münster: Zaphon, 2021)。

4　见本书第八章。

5　见 Eckart Frahm, "Text, Stories, History: The Neo-Assyrian Period and the Bible," in *Stones, Tablets, and Scrolls: Periods of the Formation of the Bible*, ed. Peter Dubovský and Federico Giuntoli (Tübingen: Mohr Siebeck, 2020), 166-171,以及更多文献。

6　2 Kings 19:35。

7　Nahum 3:1-5。

8　Genesis 10:10-12。许多《圣经》的译者认为建立亚述的是宁录而不是阿淑尔,但这似乎是不太可能的。

9　引自 Isaiah 10:14 and 6:3。

10　《继承条约》的一个版本见Jacob Lauinger, "Esarhaddon's Succession Treaty at Tell Tayinat: Text and Commentary," *Journal of Cuneiform Studies* 64 (2012): 87-

123。更多相关讨论，见 Frederick Mario Fales, "After Ta'yinat: The New Status of Esarhaddon's *adê* for Assyrian Political History," *Revue d'Assyriologie* 106 (2012): 133-158。

11　见 Deuteronomy 28:28-30 以及 SAA 2, no. 6, §§39-42。这些神灵的排列顺序受谱系因素的制约，因此不是随机的。

12　见 SAA 2, no. 6, § 24; Deuteronomy 6:5; Deuteronomy 17:14-20。亚述统治者曾在公元前 722 年俘获了撒马利亚的马匹和战车部队，在公元前 701 年夺取了犹大王国的王室女性和金银财宝。

13　见 SAA 2, no. 6, § 10; Deuteronomy 13:1-11。

14　见 Hans Ulrich Steymans, *Deuteronomium 28 und die adê zur Thronfolgeregelung Asarhaddons* (Fribourg: Academic Press Fribourg; Göttingen: Vandenhoeck and Ruprecht, 1995)。

15　见 Eckart Otto, *Gottes Recht als Menschenrecht: Rechts- und literarhistorische Studien zum Deuteronomium* (Wiesbaden: Harrassowitz, 2002), esp. 167-194。

16　关于《以赛亚书》第 14 章，见本书第七章；关于约瑟夫的故事，见本书第十章注释 18。

17　相关概述和补充书目，见 Robert Rollinger, "Assyria in Classical Sources," in *A Companion to Assyria*, ed. Eckart Frahm (Malden, MA: Wiley, 2017), 570-582。

18　关于塞弥拉弥斯传说的早期历史的思考，见 Eckart Frahm, "Of Doves, Fish, and Goddesses: Reflections on the Literary, Religious, and Historical Background of the Book of Jonah," in *Sibyls, Scriptures, and Scrolls: John Collins at Seventy*, ed. Joel Baden, Hindy Najman, and Eibert J.C. Tigchelaar (Leiden: Brill, 2016), 432-450（以及更多文献）；关于萨穆–拉玛特，见本书第四章。

19　Diodorus 2.4-20.

20　相关参考资料见 Kerstin Droß-Krüpe, *Semiramis, de qua innumerabilia narrantur* (Wiesbaden: Harrassowitz, 2020), 51, 70-71。关于"最知名的女性"的说法，见 Diodorus 2.4.1。

21　见 Ronald Wallenfels, *Uruk: Hellenistic Seal Impressions in the Yale Babylonian Collection I. Cuneiform Tablets* (Mainz: Philipp von Zabern, 1994), no. 23。

22　相关参考文献，见 Frahm, "Of Doves, Fish, and Goddesses," 436。

23　引文来自 Diodorus 2.23.1-3。

24　引自 Rollinger, "Assyria in Classica Sources," 577。

25　引文的全文以及参考文献，见本书第十二章。

26　见本书第十二章。阿淑尔巴尼拔给博尔西帕的学者写的信被编入了 SAA 21, no. 13。

27 "例外典范"来自 Julia M. Asher-Greve, "From 'Semiramis of Babylon' to 'Semiramis of Hammersmith,'" in *Orientalism, Assyriology, and the Bible*, ed. Steven W. Holloway (Sheffield, UK: Sheffield Phoenix Press, 2006), 322-373。

28 Juvenal, Satire 10 (transl. Lewis Evans, *Satires of Juvenal, Persisus, Sulpicia, and Lucilius*, New York: Harper, 1861). 有观点将德拉克洛瓦的萨尔达纳帕鲁斯画作视为现代艺术家的隐喻性表达,见 Christine Tauber, *Ästhetischer Despotismus: Eugène Delacroix' "Tod des Sardanapal" als Künstlerchiffre* (Konstanz: UVK Universitätsverlag, 2006)。

29 Rainer Bernhardt, "Sardanapal—Urbild des lasterhaften orientalischen Despoten: Entstehung, Bedeutung für die griechisch-römische Welt und Nachwirkung," *Tyche* 24 (2009): 1-25.

30 奥罗修斯的话见 Rollinger, "Assyria in Classical Sources," 575。但丁的作品段落来自 *Paradiso* XV: 107-108, *Inferno* V: 52-60, and *Purgatorio* XII: 52-54 [transl. C. H. Sisson, *Dante Alighieri: The Divine Comedy* (Oxford: Oxford University Press, 1998)]。

31 Droß-Krüpe, *Semiramis*.

32 John Oldham, *Sardanapalus: An Ode*,引自 Rachel J. Weil, "Sometimes a Scepter Is Only a Scepter: Pornography and Politics in Reformation England," in *The Invention of Pornography, 1500-1800: Obscenity and the Origins of Modernity*, ed. Lynn Hunt (New York: Zone Books, 1993), 125-153, esp. 128-129。我参考这首诗要归功于安·吉南(Ann Guinan)。

33 值得注意的是,画家出身的希特勒曾在1942年的一次晚餐谈话中说过:"如果一个人的房子没有继承人,那就最好把他自己连同里面的所有东西一起烧掉,就好像那是一个壮观的火葬堆。"关于更多讨论和参考资料,见 Eckart Frahm, "Images of Ashurbanipal in Later Tradition," *Eretz Israel* 27 (2003): 47*。

第十八章 第二次毁灭

1 其他名称包括"伊拉克和黎凡特伊斯兰国"(ISIL)、"伊拉克和沙姆(al-Sham,即黎凡特)伊斯兰国",以及它的阿拉伯语缩写"达伊沙"(Daesh)。

2 见 Aaron Tugendhaft, *The Idols of ISIS: From Assyria to the Internet* (Chicago: University of Chicago Press, 2020), 1-3, 译文摘自该书。关于破坏公牛巨像和摧毁摩苏尔博物馆的视频选段,可见 "ISIS Video Purports to Show Militants Smashing Ancient Iraq Artifacts," NBC, February 26, 2015。

3 "Nous n'aurons point tout démoli si nous ne démolissons même les ruines!" 这句话出

自雅里 1900 年的一部戏剧中的台词。

4　关于"伊斯兰国"在叙利亚和伊拉克摧毁的遗址，概况见"Destruction of Cultural Heritage by the Islamic State," Wikipedia。关于泰勒阿加加雕像的详细信息，见 Eckart Frahm, "'Whoever Destroys This Image': A Neo-Assyrian Statue from Tell 'Ağāğa (Šadikanni)," *Nouvelles Assyriologiques Brèves et Utilitaires*, no. 51 (2015)。

5　关于 20 世纪 90 年代尼尼微的情况，见 John M. Russell, *The Final Sack of Nineveh* (New Haven, CT: Yale University Press, 1998)。遗憾的是，Russell 的研究标题"尼尼微遭到的最后洗劫"放在大约 20 年以后更加合适。

6　关于"伊斯兰国"破坏伊拉克北部文化遗址的行动，Christopher Jones 的网站"尼尼微之门"是一个极好的资源。

7　该阿拉伯语文件经 Lamia Al-Gailani 翻译后引用，于 2016 年发布在了"阿卡德邮件列表"上。["阿卡德邮件列表"（Agade Mailing List），一个学术资讯平台，主要关注古代近东领域的最新出版物和研究成果。——编者注]

8　此案记录于美国司法部美国地区检察官办公室，见 www.justice.gov/usao-dc/press-release/file/918536/download, accessed January 20, 2022。

9　Resolution GA/11646。见 United Nations, "Expressing Outrage over Attacks on Cultural Heritage of Iraq, General Assembly Unanimously Adopts Resolution Calling for Urgent Action," 69th General Assembly, 91st Meeting (AM), GA/11646, May 28, 2015, www.un.org/press/en/2015/ga11646.doc.htm。博科娃的话见 Irina Bokova, "Fighting Cultural Cleansing: Harnessing the Law to Preserve Cultural Heritage," *Harvard International Review* 36 (2015): 40-45。

10　*Dabiq* 8 (2015): 22. 与这一期《达比克》中的其他文章不同，这篇文章没有注明具体作者。

11　《古兰经》中关于打碎偶像的经文，见 Surah 21:51-58。

12　关于亚述公牛巨像复合性的讨论，见本书第三章。

13　关于伊斯兰教的尼姆鲁德传说，见 Heinrich Schützinger, *Ursprung und Entwicklung der arabischen Abraham-Nimrod-Legende* (Bonn: Selbstverlag des Orientalischen Seminars, 1961)。2001 年 9 月 11 日的袭击事件发生后，伊斯兰教研究学者 Patrick Franke 在 *Frankfurter Allgemeine Zeitung* ("Der Turm und die Mücke: Allahs Strafgericht gegen Nimrod," September 13, 2001) 中提出，尼姆鲁德传说中的蚊子，可能启发了恐怖分子驾驶飞机撞击纽约双子塔。

14　Graeme Wood 的一篇文章强调了"伊斯兰国"文化政治的宗教基础，见"What ISIS Really Wants," *Atlantic* 315, no. 2 (March 2015): 78-94。关于该组织在媒体上宣传其破坏考古遗址行动的策略，详尽讨论见 Tugendhaft, *Idols of ISIS*, esp. 75-

96。2003 年 4 月，巴格达居民推倒萨达姆·侯赛因雕像的场景得到了广泛传播，这可能也启发了"伊斯兰国"成员在摩苏尔博物馆和其他地方推倒古代雕像并将其毁容的行动（Tugendhaft, *Idols of ISIS*, 65-67）。关于《古兰经》提到古代遗迹的例子，见 Surah 22:45-46。

15 奖章的图片见 "Second Empire, Les Fouilles de Ninive (Mésopotamie), 1853 Paris," iNumis。关于在 19 世纪来到伊拉克的西方探险家，请见本书的导言部分。

16 关于现代伊拉克的考古学与政治之间的关系，见 Magnús T. Bernhardsson, *Reclaiming a Plundered Past: Archaeology and Nation Building in Modern Iraq* (Austin: University of Texas Press, 2005)。

17 关于此处及以下的内容，见最近的 András Bácskay, "Elements of Ancient Mesopotamian Cultures in the National Ideology of Iraq," in *The Collapse of Empires in the 20th Century: New States and New Identities*, ed. Samvel Poghosyan, Garik Galstyan, and Edgar Hovhannisyan (Yerevan: Armenian State Pedagogical University, 2020), 305-316; Umberto Livadiotti, Andrea Ercolani, Marco Bonechi, and Silvia Alaura, "Evocazioni filateliche fra orientalismo e propaganda: Il Vicino Oriente antico nei francobolli di Turchia, Siria, Libano e Iraq," in *Digging in the Archives: From the History of Oriental Studies to the History of Ideas*, ed. Silvia Alaura (Rome: Edizioni Quasar, 2020), 437-496。

18 与该会议同时举行的活动中，包括一场灵感来自美索不达米亚艺术的奢华服装秀，这是本书作者有机会参加的人生中第一场时装秀。

19 设置于尼尼微附近的广告牌上的插图，见 Tugendhaft, *Idols of ISIS*, 64。对萨达姆的小说的讨论，见 David Damrosch in *The Buried Book: The Loss and Rediscovery of the Great Epic of Gilgamesh* (New York: Holt, 2007), 254-272。

20 邮票上的文字将该地点误称为尼尼微。见 Livadiotti et al., "Evocazioni filateliche," 482。

21 Livadiotti et al., "Evocazioni filateliche," 486。

22 照片见于该艺术家的网站。

23 关于解放摩苏尔的行动的综述，见 "Battle of Mosul (2016-2017)," Wikipedia。关于纳赫瑞恩网站的信息，见 "The Nahrein Network," University College London。

24 见 Stefan Maul and Peter Miglus, "Erforschung des ekal māšarti auf Tell Nebi Yunus in Ninive 2018-2019," *Zeitschrift für Orient-Archäologie* 13 (2020): 128-213。

尾声

1 Jo Ann Scurlock, *Review of Guerre et paix en Assyrie*, by Frederick Mario Fales,

Journal of the American Oriental Society 132. (2012): 312.

2 "Assour était son dieu, le pillage sa morale, les jouissances matérielles son idéal, la cruauté et la terreur ses moyens" [Jacques de Morgan, *Les Premières Civilisations* (Paris: E. Leroux, 1909), cited after René Labat, "Un prince éclairé: Assurbanipal," *Comptes rendus des séances de l'Académie des Inscriptions et Belles-Lettres* 116, no. 4 (1972): 670]. 关于本段中所提到的其他说法，见 Susan Pollock, "The Subject of Suffering," *American Anthropologist* 118 (2016): 726-741, esp. 737; Jonathan Jones, "Demons, Mummies, and Ancient Curses," *The Guardian*, March 24, 2014, www.theguardian.com/artanddesign/jonathanjonesblog/2014/mar/27/british-museum-assyrian-gallery-cuneiform-auction; Larry R. Gonick, *Cartoon History of the Universe*, vol. 1 (San Francisco: Rip Off Press, 1978), n.p。

3 见 Seneca, *Epistolae morales*, 95.30。关于古罗马的暴力和战争的总体情况，见 Gabriel Baker, *Spare No One: Mass Violence in Roman Warfare* (Lanham, MD: Rowman and Littlefield, 2021)。关于将亚述人视为古代纳粹分子的观点，见Jonathan Jones, "'Some of the Most Appalling Images Eyer Created': I Am Ashurbanipal Review," *The Guardian*, November 6, 2018, www.theguardian.com/artanddesign/2018/nov/06/i-am-ashurbanipal-review-british-museum："就像汉娜·阿伦特认为大屠杀是由毫无个性的文职官僚而非张扬的虐待狂执行的那样，我们在这里也发现，亚述人的暴行（包括强迫成千上万的以色列人重新定居）并不是随机骚乱的产物，而是精心组织的结果。"

4 Walter Benjamin, *Über den Begriff der Geschichte* IX, in *Gesammelte Schrifien*, 7 vols., ed. Rolf Tiedemann and Hermann Schweppenhäuser (Frankfurt am Main: Suhrkamp, 1972-1989), I/2:697-698 (trans. Harry Zohn). Eckart Frahm, "Images of Assyria in Nineteenth- and Twentieth-Century Western Scholarship," in *Orientalism, Assyriology and the Bible*, ed. Steven W. Holloway (Sheffield, UK: Sheffield Phoenix Press, 2006), 93-94, and Pollock, "Subject of Suffering," 737-738 也引用了这段话。

5 Frahm, "Images of Assyria," 94.

地图

古代近东

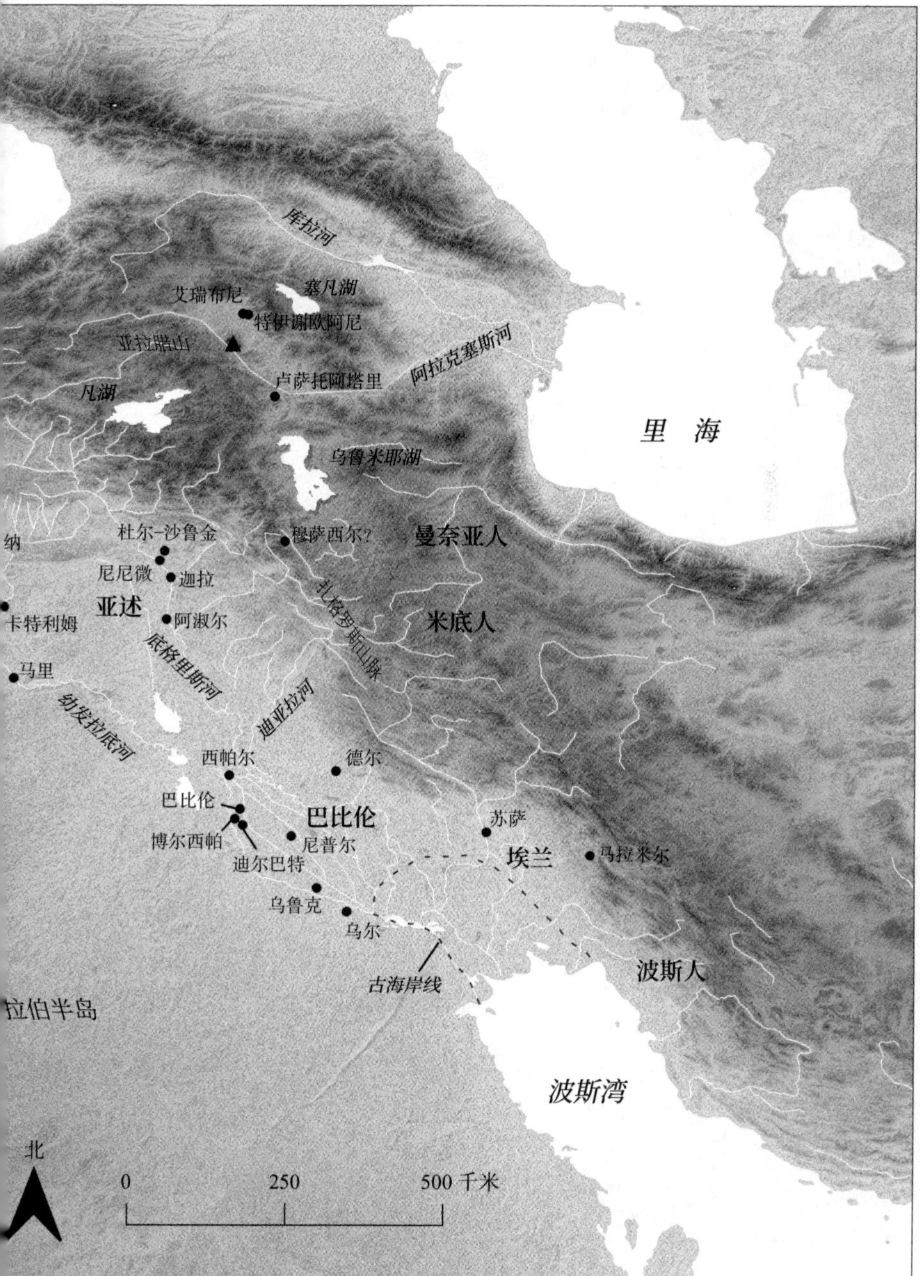

库拉河
塞凡湖
艾瑞布尼
特伊谢欧阿尼
亚拉腊山
阿拉克塞斯河
卢萨托阿塔里
凡湖
里 海
乌鲁米耶湖
杜尔-沙鲁金
穆萨西尔?
曼奈亚人
纳
尼尼微
迦拉
扎格罗斯山脉
亚述
阿淑尔
米底人
卡特利姆
底格里斯河
马里
幼发拉底河
迪亚拉河
西帕尔
德尔
巴比伦
巴比伦
苏萨
博尔西帕
尼普尔
迪尔巴特
埃兰
马拉米尔
乌鲁克
乌尔
古海岸线
波斯人
拉伯半岛
波斯湾
北
0
250
500 千米

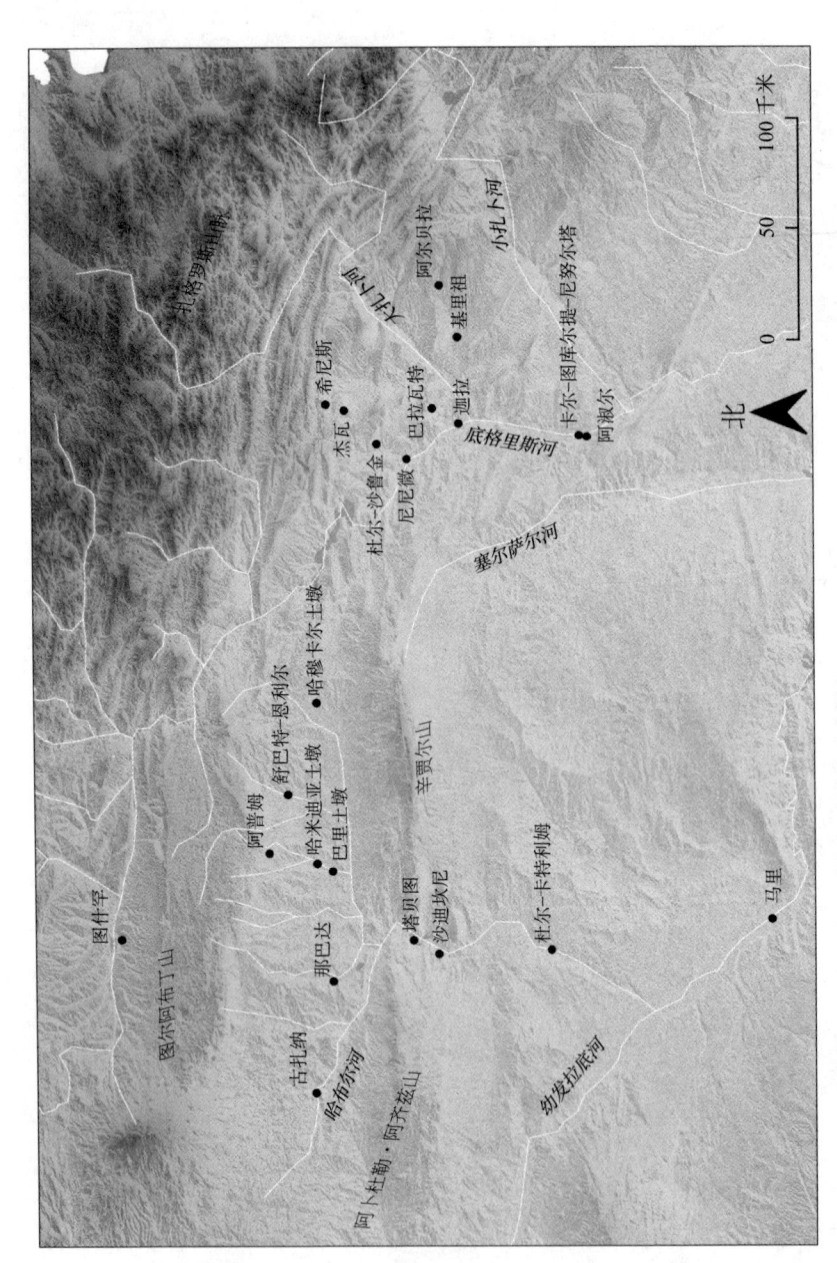

底格里斯河畔的亚述核心区域，以及哈布尔河流域的毗连领土

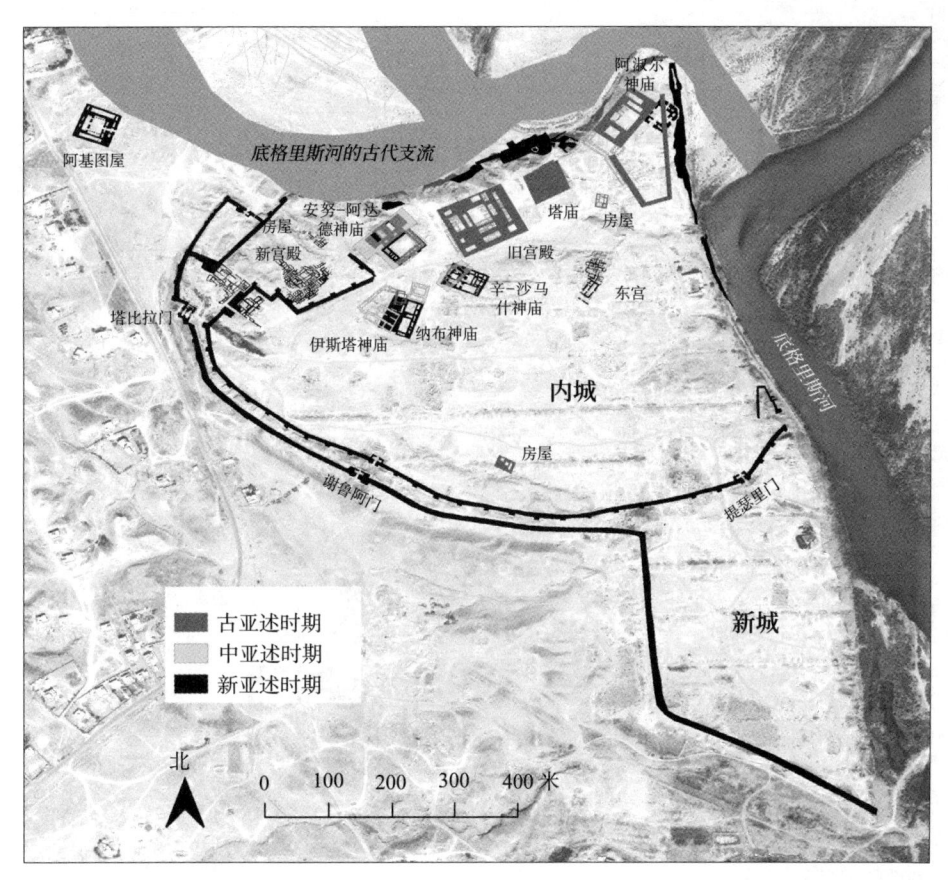

阿淑尔，亚述的长期首都和宗教中心

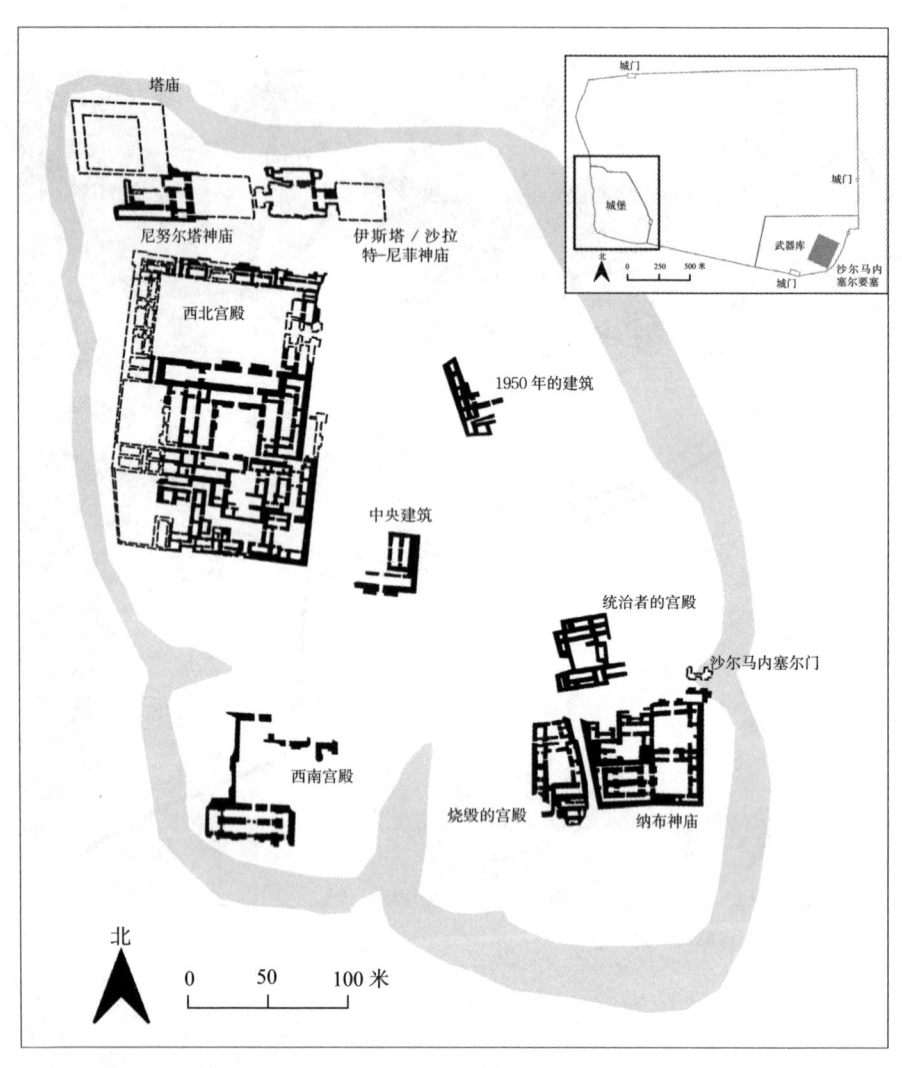

迦拉（公元前 9 世纪与前 8 世纪的亚述首都）及其城堡

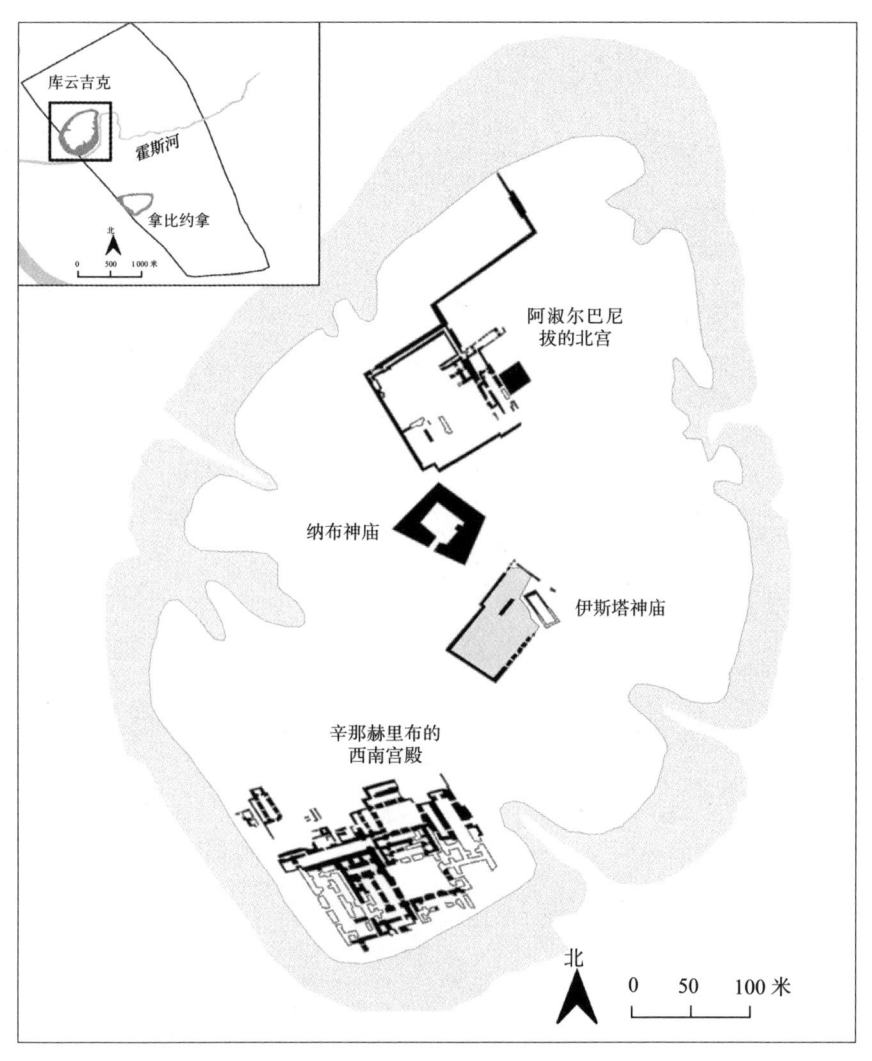

尼尼微（公元前7世纪的亚述帝国首都）及其主城堡